Amy Dockser Marcus
Tempelberg und Klagemauer

Amy Dockser Marcus

# Tempelberg und Klagemauer

*Die Rolle der biblischen Stätten*
*im Nahost-Konflikt*

Aus dem Amerikanischen
von Sebastian Vogel

**Deuticke**

ISRAEL HEUTE

Mittelmeer
LIBANON
Damaskus
SYRIEN
See Genezareth
WEST-JORDAN-LAND
Amman
Gaza-STREIFEN
Jerusalem
Totes Meer
ISRAEL
ÄGYPTEN
JORDANIEN

N

Damaskus

ARAMÄER-REICHE

Tyre
PHÖNIZIEN
Dan
BASHAN

Hazor
Bethsaida

Akko
HOCHLAND VON GALILÄA
See Genezareth
GALILÄA

Nazareth

Megiddo
JEZREEL-TAL
Taanach
Beth-Shean
GILEAD

Caesaria

Samaria
Ebal
Shechem
Gerizim
ISRAEL
Shiloh
AMMON

HOCHLAND VON SAMARIA
Bethel
Rabbah

Ekron
Gezer
Gibeon
Jericho
Heshbon
Ashkelon
Jerusalem
Qumran
Nebo
GEBIET DER PHILISTER
Bethlehem

Lachish
JUDA
Hebron
Ein Gedi
Dibon
Gaza
WÜSTE VON JUDA
Totes Meer
MOAB

Beersheba
Arad
Tel Malhata

NEGEV

SINAI

HISTORISCHES
ISRAEL
und Umgebung

EDOM

ARAHAB-TAL
Feinan

Km.
0          20

Kadesh-Barnea

© A. Karl /J. Kemp, 2000

Petra

Mittelmeer

Jordan

# Inhalt

# Danksagung

Dieses Buch entstand, nachdem ich sieben Jahre – von 1991 bis 1998 – im Nahen Osten gelebt und gearbeitet hatte. Mein Dank gilt Paul Steiger, dem leitenden Redakteur des *Wall Street Journal*, der mich dorthin schickte und mich dann auch noch ein Jahr von meiner Tätigkeit für die Zeitung beurlaubte, so dass ich dieses Buch schreiben konnte. Andere Freunde und Kollegen vom *Journal* trugen dazu bei, dass meine Reise umso lohnender und das Manuskript immer besser wurden. John Becher und Bill Grueskin druckten auf der ersten Seite jene Artikel, die zu diesem Buch führten. John Bussey und Michale Williams, zuständig für die außenpolitischen Seiten, ließen mich im Nahen Osten vagabundieren, und ich konnte schreiben, was mir ins Auge stach. Ich hatte das Glück, dass ich schon zu Beginn meiner Berufslaufbahn Steve Adler kennen lernte, einen stellvertretenden Redakteur des Journal; von ihm lernte ich die meisten meiner journalistischen Fähigkeiten. Ihm gilt mein tiefer Dank für jahrelange Freundschaft, Unterstützung und kluge Ratschläge.

Mein Agent Kris Dahl war schon von dem Buch überzeugt, als es sich noch in der Planungsphase befand, und er überzeugte auch andere davon. Rick Kot, mein Lektor beim Verlag Little, Brown, verbesserte den Text in jeder Hinsicht. Ich bin ihm dankbar für seine aufschlussreichen Anmerkungen und die sorgfältige Redaktion. Michael Liss, sein Assistent, war während der ganzen Entstehung eine große Hilfe. Mein Dank geht auch an Judy Clain, die das Projekt am Ende übernahm und die letzten Stadien vor dem Erscheinen mit Begeisterung und Fröhlichkeit begleitete. Auch dass Peggy Leith Anderson den Text nach strengen Maßstäben korrigierte, weiß ich sehr zu schätzen.

Ann Killebrew, eine Archäologin und Freundin, führte mich ein in die Welt der nahöstlichen Archäologie und war bei vielen Fahrten zu den Ausgrabungsstätten eine großartige Begleiterin. Sie las auch sehr gründlich die frühen Entwürfe zu einigen Kapiteln. Piotr Bienkowski las große Teile des Werkes und half mit konstruktiver Kritik. Außerdem danke ich Jane Cahill, Steven Fine und Ronald Hendel, die einzelne Kapitel lasen und kommentierten.

Das Buch hätte nicht ohne die Hilfe der vielen Archäologen entstehen können, die mir ihre Ausgrabungen zeigten, ihre Forschungsergebnisse erläuterten und sich endlose Befragungen gefallen ließen. Mein Dank für ihre Großzügigkeit und Aufgeschlossenheit geht an: Israel Finkelstein und David Ussishkin in Megiddo; Amnon Ben-Tor in Hazor; Adam Zertal in Har Eval; Itzhaq Beit-Arieh in Tel Malhata; Gabriel Barkay, Dan Bahat, Jane Cahill und Ronny Reich in der Stadt Davids; Amihai Mazar in Rehov; Jeffrey Zorn in Mizpah; Shlomo Bunimovitz in Beit Shemesh; Motti Aviam in Yodfat; Yizhar Hirschfeld in Ein Gedi; Shimon Gibson in Modiin; Eliezer Oren und Steve Rosen in Beersheba; Khaled Nashef in Khirbet Bir Zeit; Jalal Kazzouh in Nablus; Zahi Hawass, Mansour Radwan und Kent Weeks in Kairo; weiter Larry Herr, Douglas Clark, Larry Gerarty und Oystein LaBianca vom Madaba Plains Project. Auch Avi Ofer, Rami Arav, Randall Younker, R. Thomas Schaub und David Ilan teilten ihre Forschungen, Theorien und Grabungsberichte mit mir. William Dever, Richard Elliot Friedman, Nadav Na'aman, Oded Lipschits, Marwan Abu Khalaf, Neil Asher Silberman, Philip Davies, Niels Lemche und Thomas Thompson trugen zur Erklärung mancher politischer Kontroversen bei, die es rund um die Ausgrabungen in der Region gibt. Ramit Khouri machte mir großzügig seine Berichte über Archäologie und Ausgrabungen in Jerusalem zugänglich. Charles Carter sorgte dafür, dass ich ein Vorabexemplar seiner faszinierenden Untersuchung von Yehuds Schicksal während der Perserzeit erhielt. Ornit Ilan veranstaltete mit mir eine Privatführung durch das Rockefeller-Museum, bei der mir die komplexen Verwicklungen von Archäologie und Nationalismus im Nahen Osten sehr eindringlich deutlich wurden.

Nancy Shekter-Porat in Jerusalem gelang es, Antworten auf die außergewöhnlichsten Anfragen ausfindig zu machen. Mein Dank gilt auch Khaled Abu Toameh für seine Hilfe in Hebron und Ghadeer Taher, die mich bei den Berichten aus Amman unterstützte. Ranya Khader in Amman, Wassim Wagdi in Kairo und Ahmad Mashal in Ramallah sorgten dafür, dass meine Arbeit in diesen Städten ein Erfolg wurde und über Jahre hinweg interessant blieb.

Meine Eltern Bob und Golda Dockser haben meine Laufbahn mit allen ihren Wendungen unterstützt, auch als sie mich um die halbe Welt führte. Sie taten alles, was in ihrer Macht stand, damit ich Zeit und Freiheit zum Schreiben hatte – sie verbrachten die heißesten Sommer seit Menschengedenken im Nahen Osten, um auf meine Tochter aufzupassen, spürten Artikel in abgelegenen Zeitschriften auf und kochten das Essen, als ich mich mit der Arbeit an dem Buch im Endspurt befand. Sie lasen und kommentierten alle Kapitel; ihre Gedanken über mögliche und unmögliche Formulierungen waren von unschätzbarem Wert. Ihre Liebe, Klugheit und Selbstlosigkeit durchdringen mein Leben und jede Seite dieses Buches. Meine Liebe und Dankbarkeit gilt auch meiner Schwester Lynne, die das Projekt mit ständiger Begeisterung begleitete.

Wie immer teilte mein Mann Ronen von Anfang an das ganze Abenteuer mit mir. Viele Stätten besichtigten wir gemeinsam, und jedes Kapitel erinnert mich an glückliche Augenblicke in abgelegenen Wüstengegenden. Seine Liebe für die Bibel und die darin beschriebenen Länder halfen mir, meine eigenen Gedanken schärfer zu formulieren. Und schließlich danke ich unseren Kindern Eden und Yuval einfach dafür, dass sie da sind; mehr als alles andere waren sie von Bedeutung.

# Der Blick vom Berg Nebo

*Und Mose stieg aus dem Jordantal auf den Berg Nebo, den Gipfel des Gebirges Pisga, gegenüber Jericho … und der Herr sprach zu ihm: Dies ist das Land, von dem ich Abraham, Isaak und Jakob geschworen habe: Ich will es deinen Nachkommen geben – Du hast es mit deinen Augen gesehen, aber du sollst nicht hinüber gehen.*

(5. Mose 34, 1–4)

Einen halben Tag ist man vom Berg Nebo nach Jerusalem unterwegs. Die beiden Orte liegen nahe beieinander: Wenn sich der für die Gegend typische sommerliche Dunst einmal hebt, kann man vom Gipfel des Berges die Hügel Judäas rund um Jerusalem sehen – den gleichen Blick hatte Mose dem biblischen Bericht zufolge vor seinem Tod. Auf dem Weg zum Nebo muss man die Allenby-Brücke überqueren, die Israel und die Westbank mit Jordanien verbindet. Die Wartezonen an beiden Enden der Brücke sind stets voller Menschen – junge Rucksacktouristen, die den Nahen Osten bereisen, ältere Frauen, die auf ihrem breiten Schoß große Taschen mit Obst und Gemüse abgestellt haben oder in einem Sack ein Huhn festhalten, Familien auf dem Rückweg vom Einkauf und Verwandtenbesuch im Westjordanland. Auf der israelischen Seite ist der Raum mit einer Klimaanlage ausgestattet, aber in Jordanien drängeln sich die Menschen auf der Bank unmittelbar vor den großen Ventilatoren, die die feuchtwarme Luft durchschneiden. Die Prozedur ist beiderseits der Grenze die Gleiche: Nach einiger Wartezeit – manchmal dreißig Minuten, manchmal drei oder vier Stunden – kommt ein Bus; vielfach taucht er aus diesem oder jenem Grund überhaupt nicht auf – dann werden alle für heute wieder zurückgeschickt und resignieren vor den Geheimnissen der Bürokratie. Polizisten durchsuchen die Habseligkeiten der Reisenden, öffnen Pakete und überprüfen Rucksäcke. Nach einer Reihe beiläufiger Fragen stempeln sie geräuschvoll ihre Visa in die Pässe, die sich vor ihnen auftürmen. Anschließend steigen alle ein und lassen sich auf den Sitzen nieder.

Der Bus rumpelt auf die Brücke, und aus dem Fenster kann man unten einen kurzen Augenblick lang den Jordan fließen sehen. Der mächtige Strom der Bibel, den Gott auf wundersame Weise aufhielt, damit Josua die Israeliten nach Moses Tod in das Land Kanaan führen konnte, ist heute nur ein plätschernder Bach, und in einem besonders heißen Sommer schrumpft er zu einem Rinnsal. Dass dies der Fluss ist, der zum Anlass so vieler Lieder und Evangelien wurde, mag man kaum glauben. Es ist eine kurze Fahrt: Nach ein bis zwei Minuten hat der Bus sich über die Brücke geschleppt. Die Zeit reicht nicht, damit Pilger ihr Lied vollenden können, bevor sich das Tor auf der anderen Seite öffnet. Noch einmal Personenkontrollen, und dann werden die Reisenden endlich nach draußen entlassen, wo schon eine Reihe von Taxis wartet, um sie an ihr Ziel zu bringen.

Wer zum Nebo will, fährt auf einer ebenen Straße durch eine Wüstenlandschaft mit braunen Flecken, die an der Chaussee entlang sanft ansteigen und abfallen. Je nach Jahreszeit und Lage der besten Quellen schlagen Beduinenstämme hier ihr Lager auf. Und dann plötzlich erhebt sich der Nebo aus der Wüste. Die Hochebene des Berges verläuft in westlicher Richtung und erstreckt sich weit am Horizont entlang, um dann plötzlich steil in das darunter liegende Tal abzufallen. An den Abhängen des Berges fließen das ganze Jahr über mehrere Bäche, und in ihrem Umfeld gedeihen Gras, kleine Büsche und andere Grünpflanzen. Die Mauern an der Kante des Nebo-Gipfels bilden seltsame Muster und schaffen einen ungewöhnlichen Aussichtspunkt mit gutem Blick über das Tal. Die Touristen steigen hinauf, klettern über die grob behauenen Steinbrocken und stellen sich mitten in die Ruinen, um einen besseren Überblick zu bekommen. Die weiter entfernten Berge erstrecken sich bis zum letzten Gipfel, der sich nach den Worten eines Reisenden aus dem 19. Jahrhundert »gegen das Tote Meer erhebt«. Nach einem letzten Anstieg fällt der Berg dort in das Tal ab, das sich wie eine Hand zu der Stadt Jericho hin öffnet.

Der Nebo hat mehrere Gipfel, deren höchster sich mehr als 800 Meter über die umgebenden Hügel erhebt. Auch die niedrigeren Spitzen bringen es auf 700 Meter oder mehr, so auch Siyagha, der berühmteste, der sich auf der Westseite des Massivs befindet. Von hier aus soll Mose zum ersten Mal das Land gesehen haben, nach dem er so lange gestrebt hatte, nur um am Ende von Gott zu erfahren, er werde nicht nach Kanaan gehen dürfen. Diese Ehre wurde seinem Nachfolger gewährt, dem Feldherrn Josua.

Die heutigen Besucher kommen wegen dieser eindringlichen Geschichte hierher. Es ist eine der bewegendsten Episoden des Alten Testaments: Nachdem die Israeliten sich aus der ägyptischen Knechtschaft befreit haben und vierzig Jahre durch die Wüste gewandert sind, gelangen sie endlich ans Ziel. Sie kommen nach Moab im heutigen Jordanien, unmittelbar an der Grenze zum gelobten Land Kanaan. Aber als Mose die Menschen auf die letzte Etappe ihrer langen Wanderschaft einstimmt, teilt er ihnen gleichzeitig mit, er werde sie bei der Überquerung des Jordan nicht mehr begleiten. »Ich bin heute hundertzwanzig Jahre alt«, sagt er dem Volk Israel, das sich versammelt hat, um seine letzten Worte zu hören, »ich kann nicht mehr aus- und eingehen. Dazu hat der Herr zu mir gesagt: Den Jordan hier sollst du nicht überschreiten.«

Es ist eine herzzerreißende Stelle. Nach so vielen Jahren der Aufopferung, in denen er unter den Leiden und Klagen der Menschen gelitten hat, die er als »halsstarrig« bezeichnet, hat Mose endlich das Ziel seiner lebenslangen Mühen vor Augen. Aber die letzte Belohnung wird ihm vorenthalten. Gottes Entscheidung fällt nicht willkürlich. Er erklärt Mose, dieser werde den Jordan nicht überqueren, weil er ein Vergehen begangen habe. Gott erinnert ihn an einen kurzen Augenblick, lange zuvor in der Wüste an den Wassern von Meribah-kadesh, wo Mose sich Gottes Befehlen widersetzt hatte. Er erhielt damals die Anweisung, einmal gegen den Felsen zu schlagen und so Wasser für sein durstiges Volk hervorsprudeln zu lassen, aber in einer Anwandlung von Verzweiflung – über die ständigen Klagen der Israeliten oder auch über Gottes strenge Befehle – versetzte er dem Felsen zwei Schläge. Der heutige Bibelleser versteht kaum, warum eine scheinbar so geringfügige Übertretung mit einer so harten Strafe geahndet wird. Wären die vielen Jahre der treuen Gefolgschaft nicht Grund genug für eine weniger drastische Bestrafung wegen eines Augenblicks des Ungehorsams gewesen? Aber obwohl sich Mose und Gott dem biblischen Bericht zufolge von Angesicht zu Angesicht gegenüber stehen, versucht Mose nicht, sich zu verteidigen oder um eine geringere Bestrafung zu bitten. Nachdem ihm der Zutritt zum Gelobten Land verwehrt wurde, erteilt Gott den Befehl, Mose solle auf den Berg Nebo steigen und sich das Land Kanaan ansehen, das sich vor ihm ausbreitet: »Dann stirb auf dem Berge, auf den du hinaufgestiegen bist, und lass dich zu deinem Volk versammeln.«

Moses Tod wirkt auf den heutigen Leser verwirrend und bedrückend, denn man kann nur schwer beurteilen, ob Gott seinen Diener mit dem letzten Blick vom Gipfel des Nebo auf das Gelobte Land quälen oder trösten will. In Moses letzter Rede an das Volk Israel wird deutlich, dass er verbittert ist. Er macht die Israeliten und ihr widerspenstiges Verhalten für seine Strafe verantwortlich. Zum Trost bleibt Mose aber immer vor der Erkenntnis verschont, dass die Wirklichkeit nicht an seine Träume heranreicht. Da ihm der Einzug nach Kanaan verwehrt bleibt, werde ihm der wunderschöne Blick vom Nebo und das Versprechen auf etwas Besseres erhalten bleiben.

Durch dieses Ereignis wurde der Nebo vielleicht zum berühmtesten biblischen Berg nach dem Sinai, wo Mose die Thora erhielt – Gottes Gebote und Anweisungen, die er seinem Volk verkünden sollte. Dennoch liefert die Bibel sehr wenig Aufschlüsse über das Aussehen des Nebo oder seiner Umgebung. Die Bibelautoren hielten ihre Arbeit für Geschichtsschreibung, aber sie interessierten sich mehr für die Frage, warum das Volk Israel erschaffen wurde, weniger für das Wo. Gerade die fehlende Genauigkeit gibt der Geschichte aber ihr Gewicht als Metapher. Die Bibelautoren begriffen instinktiv, dass ihre Leser überall und jederzeit in ihrem Leben auf einem eigenen Nebo stehen konnten. Nur Bibelkundige bemerken und schätzen wahrscheinlich Details wie die Tatsache, dass die Heilige Schrift drei verschiedene Bezeichnungen für die Gipfel des Nebo kennt und dass der Berg auch in mehreren anderen Geschichten als Hintergrund auftaucht. Nebo ist die Bühne für den berühmten Bericht im vierten Buch Mose über den Moabiterkönig Balak, der den Seher Balaam auffordert, Israel zu verfluchen, weil die Streitmacht der Israeliten gerade in der Ebene vor Moab lagert. Aber obwohl Balaam seiner eigenen Gottheit viele Opfer bringt, greift Gott jedes Mal ein, wenn er Israel zu verfluchen versucht, und am Ende murmelt der bestrafte Seher sogar einen Segen über Israel.

Die umfangreichsten Einzelheiten über den Nebo erfahren wir an anderer Stelle des vierten Buches Mose in einer Geschichte über die Stämme Rubens, des ältesten Sohnes von Jakob, und seines Bruders Gad. Dem biblischen Bericht zufolge besitzen die beiden Stämme zahlreiche Rinder, und als sie das üppige Land rund um den Nebo sehen, wollen sie nicht mehr mit den anderen Israeliten nach Kanaan ziehen. Sie verzichten auf die göttliche Verheißung zu Gunsten der gegenwärtigen Sicherheit und gehen zu Mose, um die Sache mit ihm zu besprechen. »Haben wir Gnade vor dir gefunden, so gib dies Land deinen Knechten zu eigen«, bitten sie ihn, »und lass uns nicht über den Jordan ziehen.«

Der entgeisterte Mose rügt sie und appelliert zunächst an ihre Loyalität; er erinnert sie daran, dass die Israeliten sich in Kürze in die entscheidende Schlacht um ihr Land stürzen werden:

»Eure Brüder sollen in den Kampf ziehen, und ihr wollt hier bleiben?« Noch wichtiger ist Moses zweite Befürchtung: Wenn die anderen Stämme sehen, dass diese beiden zurückbleiben, werden sie den Mut verlieren und ebenfalls nicht mehr aufbrechen wollen. Darüber aber wäre Gott sicher erzürnt. Mose klagt: »Warum macht ihr die Herzen der Israeliten abwendig, dass sie nicht hinüberziehen in das Land, das ihnen der Herr geben wird?« Dann geht er sogar noch einen Schritt weiter: Er erinnert die beiden daran, was sich ereignete, als einige Israeliten nicht ausreichend Dankbarkeit für das Land zeigten, das Gott ihnen verheißen hatte; daraufhin hatte Gott geschworen, keiner von denen, die beim Auszug aus Ägypten bereits zwanzig Jahre alt waren, solle nach Kanaan einziehen; er verdammte die Israeliten zu einer vierzigjährigen Wanderung durch die Wüste, bis eine neue, mutigere Generation geboren und herangewachsen wäre. Und Mose wollte auf keinen Fall, dass seinem Volk wieder ein solches Unglück widerfuhr.

Also versuchen sich die Männer auf einen Kompromiss zu einigen. Die Gefolgsleute von Ruben und Gad erklären, sie würden mit den anderen Stämmen bis zum Sieg der Israeliten kämpfen, wenn sie anschließend die gewünschten Ländereien erhielten. »Wir wollen nur Schafhürden hier bauen für unser Vieh und Städte für unsere Kinder«, erklären sie Mose. »Wir aber wollen gerüstet vor Israel einherziehen, bis wir sie an ihren Ort gebracht haben … Wir wollen nicht heimkehren, bis von den Israeliten ein jeder sein Erbe eingenommen hat.« Durch ihr Versprechen lässt Mose sich erweichen und teilt ihnen das Land zu.

Vor diesem Hintergrund können wir davon ausgehen, dass das Gebiet um den Nebo fruchtbar und wasserreich und somit für Rinderhalter attraktiv ist. Aber genau wie in der Geschichte von Moses Tod auf dem Berg sieht es auch hier so aus, als sei es den Autoren der Bibel im Wesentlichen um die allgemeine Botschaft gegangen und nicht um die genauen Einzelheiten von Ort und Zeit. Die Nachkommen von Ruben und Gad sind für uns vertraute Gestalten. Um zu verstehen, warum sie den Nebo nicht mehr verlassen wollten, brauchen wir eigentlich nicht genau zu wissen, auf welchen Grundbesitz genau sie aus waren. Wenn man auf dem Nebo steht und das Vertraute vor sich sieht, kann man sich ohne weiteres in ihren Widerwillen hineinversetzen, die Gefahren des Unbekannten auf sich zu nehmen, selbst wenn es eine bessere Zukunft verspricht.

Das ist einer der wichtigsten Widersprüche der Bibel: Einerseits teilt sie alles mit, was man wissen muss, und andererseits möchte man immer noch mehr wissen. Man will den Nebo selbst vor Augen haben, auf den Gipfel des Berges steigen, nach Kanaan blicken und sehen, was Mose sah. Die ersten Bibelausleger waren Gelehrte, Männer wie Ben Sira im zweiten Jahrhundert v. u. Z. und Philo, ein Griechisch sprechender Jude, der um 40 u. Z. lebte und mit seinen Arbeiten viele Generationen von Bibelforschern beeinflusste. Beide geben in ihren Büchern häufig Geschichten aus der Heiligen Schrift wieder. Sie erkannten, was vielen der eifrigsten Nebo-Pilger nicht klar ist: Je nachdem, ob man eine biblische Geschichte oder einen archäologischen Fund interpretiert, verändern sich zwangsläufig die Inhalte. Der Blick vom Gipfel des Nebo ist keineswegs immer der Gleiche. Er wandelt sich ständig, weil sich neue Möglichkeiten eröffnen, die man zuvor nicht in Betracht gezogen hat.

Das hatte nie größere Bedeutung als heute. Wenn die Besucher den steilen Berg hinaufsteigen, kommen sie an einem Schild vorüber, das die Franziskaner aufgestellt hatten – der Orden verwaltet die Stätte seit den dreißiger Jahren des 20. Jahrhunderts. Auf dem Gipfel Sighaya steht ein großes steinernes, liebevoll restauriertes Kloster. Seine Fußböden schmücken Mosaiken aus byzantinischer Zeit, und deren Farben sind, obgleich verblasst, immer noch wunderschön. Bei näherem Hinsehen erkennt man, dass viele Tier- und Menschenfiguren in den Mosaiken zu einer Zeit der religiösen Spaltung von christlichen Bilderstürmern des Gesichts beraubt wurden. Im Schatten des Hauptklosters entstand im Laufe mehrerer Jahrhunderte ein ganzer Komplex aus Kirchen, Kapellen und kleinen Anbetungsstätten.

Die ersten wichtigen archäologischen Ausgrabungen in diesem Gebiet unternahm man 1933, als man in dem Berg endgültig den Nebo erkannt hatte. Die Erkenntnis stützte sich auf die Berichte christlicher Pilger aus dem vierten Jahrhundert u. Z., die hierher gereist waren, um ein Heiligtum zu sehen, das man zu Ehren Moses errichtet hatte. Seither wird, von kurzen Pausen während politischer Krisen oder Kriege abgesehen, ununterbrochen gegraben. Anfangs verfolgten die Archäologen auf dem Berg und im Tal das Ziel, die verschiedenen Schichten der Bauwerke freizulegen, die im Laufe der Jahrhunderte zu Ehren Moses und der Bibel errichtet worden waren. Aber im weiteren Verlauf der Grabungen geschah etwas Verblüffendes. Zunehmend stießen die Archäologen auch auf Funde und Überreste aus einer Zeit, die deutlich vor jener lag, in der die meisten Fachleute die Geschichte von Mose ansiedelten. Plötzlich war der Nebo auch außerhalb des biblischen Zusammenhanges von Bedeutung; man hatte es mit einer ganzen Historie zu tun, die in biblischer Zeit vermutlich nicht bekannt war. Schließlich hatte man mehr als 600 archäologisch interessante Stellen entdeckt. Unter den Funden waren sechs Faustkeile sowie Pfeilspitzen und Schaber aus der prähistorischen Altsteinzeit vor 18 000 Jahren.

Die faszinierendsten Funde stammten jedoch aus dem vierten Jahrtausend v. u. Z., also einer Zeit, die Archäologen als spätes Chalcolithikum und frühe Bronzezeit bezeichnen. In der ganzen Gegend um den Nebo, auf den Hügeln und Bergen, welche die Ruinen alter Siedlungen darstellen, gruben die Archäologen eine Reihe riesiger Dolmen aus. Dolmen sind von Menschen errichtete Bauwerke, die meist als Grabstätten dienten; sie bestehen aus großen Steinen, die einen Ring mit einer nach Osten gerichteten Öffnung bilden, und einem runden Deckstein. In der Gegend des Nebo gibt es ganze Felder, auf denen die Dolmen einzeln oder in großen Gruppen stehen. Zwischen den Hügeln östlich und südöstlich des Siyagha sind die Bauwerke noch heute zu sehen. An einer Stelle stehen fast zweihundert von ihnen, verbunden in einigen Fällen durch weitere aufrecht stehende Steine. Man fand sogar die Werkzeuge, die zum Bau der Dolmen benutzt wurden: Sie lagen mitunter ganz in der Nähe, zusammen mit Schabern aus Flintstein, die dem Einritzen von Zeichen dienten, und Bruchstücken von Basaltgefäßen, die vermutlich mit den Bestattungsritualen zu tun haben. Nicht weit davon fand man eine zweite Gräbergruppe, die zweitausend Jahre jünger ist als die erste. Sie wurde ebenfalls auf erhöhtem Terrain errichtet und überblickt die Nebo-Hochebene. In der Mitte der einzelnen Gräber befand sich jeweils eine Grabkammer, die von einer oder zwei Steinreihen umgeben war. Wie man aus solchen Entdeckungen schließen kann, waren schon vor sechstausend Jahren, lange bevor Mose seine Anweisungen von Gott erhielt, Menschen zu diesem Berg gekommen, um hier ihre Toten zu begraben. Nach den Vermutungen der Archäologen diente der Nebo nicht deshalb als Begräbnisstätte, weil er bereits als heiliger Berg gegolten hätte, sondern weil die hier sprudelnden kühlen Quellen ständig Nomadengruppen auf ihrer Suche nach Wasser anzogen.

Wie Mose im Einzelnen starb, offenbart die Bibel nicht. Wie so viele ihrer Berichte ist auch dieser sehr karg, und viele Details bleiben unscharf. Wir erfahren nur: »So starb Mose, der Knecht des Herrn, daselbst im Lande Moab nach dem Wort des Herrn. Und er begrub ihn im Tal, im Lande Moab gegenüber Bet-Peor. Und niemand hat sein Grab erfahren bis auf den heutigen Tag.« Den archäologischen Grabungen der letzten Jahre zufolge wurde Mose, wo sein Grab auch sein mag, in einem bereits bestehenden, riesigen Dolmenfeld beigesetzt. Er war in diesem Tal der verlorenen Hoffnungen weder der Erste noch der Letzte, der am Ufer des Jordan aufgehalten wurde.

Die ersten Besucher, die bekanntermaßen in nachbiblischer Zeit zum Nebo kamen, gehörten im 4. Jahrhundert u. Z. zu einer Pilgergruppe und hatten ausdrücklich den Wunsch, vom Gipfel des Berges den gleichen Blick auf die Landschaft zu werfen wie Mose vor seinem Tod. Kurz zuvor hatte der römische Kaiser

Konstantin das Christentum als Religion zugelassen, und seine Mutter Helena machte sich wenig später auf, um in Jesu Fußstapfen zu treten und die berühmtesten in der Bibel erwähnten Orte zu besuchen. Die Königin Helena wurde als erfolgreichste Archäologin der Welt bezeichnet. Sie ließ sich vorwiegend von religiösen Visionen leiten und fand immer, was sie gesucht hatte; für jede ihrer Entdeckungen im Nahen Osten ließ Konstantin dann eine Basilika errichten. So erreichte die Königin auch die Berge Sinai und Nebo, und auf dem Gipfel des Nebo wurde kurz danach ein christliches Heiligtum zum Andenken an Mose eingerichtet. In byzantinischer Zeit (ungefähr 324 bis 640 u. Z.) besuchten Gelehrte und Pilger regelmäßig den Nebo; sowohl der römische Pilger Egeria als auch Petrus der Iberer, Bischof von Maiumas bei Gaza, hielten die Einzelheiten ihrer Besuche in der Mose-Gedächtniskirche in genauen Berichten fest und stellten Verbindungen zwischen ihren Eindrücken und der biblischen Geschichte her. Der Pilger Theodosius kam in der ersten Hälfte des 6. Jahrhunderts u. Z. auf den Nebo und schrieb, man könne in der Nähe der Stadt Livias östlich des Jordan »das Wasser sehen, das er aus dem Fels springen ließ, aber auch den Ort von Moses Tod und Moses heiße Quellen, wohin die Aussätzigen kommen, damit sie geheilt werden«. In späteren Jahrhunderten gingen diese Berichte und die Kenntnisse über die Örtlichkeiten des Nebo verloren.

Als die Amerikaner Edward Robinson und Eli Smith 1838 darangingen, die in der Bibel erwähnten Orte mit tatsächlichen geographischen Stellen in Palästina in Verbindung zu bringen, standen sie also vor einer schwierigen Aufgabe. Sie trieben ihre Suche mit mehreren Strategien voran. Unter anderem sprachen sie mit den Beduinen der Gegend, weil sie herausfinden wollten, ob sich manche Ortsnamen in den arabischen Bezeichnungen für die einzelnen Stellen erhalten hatten. Diese Methode führte das unermüdliche Gespann schließlich zum Nebo: Sie hatten festgestellt, dass die Einheimischen eine Erhebung als Berg Nabo oder Berg Musa (arabisch für Mose) kannten. Wie sie außerdem feststellten, gab es am Nordhang des Berges eine Quelle, die als »Mose-Quelle« bezeichnet wurde.

Mit Hilfe der Beschreibungen über die Topografie des Nebo in älteren Berichten und anhand der Legenden, die rund um die Stelle im Laufe der Jahre entstanden waren, erkannte man in den Ruinen von Siyagha schließlich den Ort, wo einst die Mose-Gedächtniskirche gestanden hatte. In späteren Jahrhunderten war die Hauptkirche zum Mittelpunkt einer ganzen Ansammlung von Heiligtümern geworden, die alle Mose geweiht waren und buchstäblich im Schatten des ersten Gotteshauses errichtet wurden. Ein bemerkenswertes Beispiel ist eine dreischiffige Basilika mit einer Kapelle voller Wand- und Bodenmosaiken. Im 7. Jahrhundert u. Z. kam ein weiteres Heiligtum hinzu. Darin befindet sich die Kapelle der Theotokos (Muttergottes) mit einem besonders schönen Mosaik: Der Künstler versuchte, seine Vision vom Altar des Tempels in Jerusalem wiederzugeben, und zeigt in einem rechteckigen Tableau zahlreiche Blumen, Gazellen und zwei Stiere. Alle Kapellen und Kirchen waren räumlich getrennt und standen durch ihre gemeinsame Widmung dennoch untereinander in Verbindung. Darüber hinaus gab es an den Hängen und auf dem Gipfel des Berges kleine, aus dem Fels gehauene Ein-Personen-Zellen, in denen ein Teil der Mönche lebte. Die Ruinen dieser Wohnstätten entdeckte als Erster der Herzog von Luynes, ein Franzose, der die Überreste der Kirchen 1864 während einer Reise fotografierte und einen genauen, aber unvollständigen Plan der Umgebung zeichnete. Die Reisegesellschaft des Herzogs besichtigte zudem die tiefer gelegene Mose-Quelle; auch sie wurde fotografiert.

Wann der Religionstourismus zu Ende ging und die ernsthafte biblische Archäologie begann, ist nicht genau festzustellen. Viele der ersten Reisenden kamen als Pilger, aber oft hatten sie auch einen Blick für archäologische und historische Details, und so hinterließen sie Reiseberichte, die späteren Forschern wichtige geographische Anhaltspunkte lieferten. Ganz allgemein sind sich die Fachleute aber einig, dass eine eigenständige biblische Archäologie im heutigen Sinn während des

19. Jahrhunderts entstand. Die ersten Bibelarchäologen trieb es aus ähnlichen Beweggründen zum Nebo wie die Pilger: Sie wollten die historische Richtigkeit der Geschichte Moses beweisen, der hier gewirkt haben und gestorben sein soll. Der Forscher Henry B. Tristram, der alle Gipfel des Berges bestiegen hatte, schrieb 1872, er habe den Nebo drei Mal besucht, weil er »liebend gern genau Moses Ausblick verifizieren wollte«. Tristram war so weit ein Mann der modernen Zeit, dass er sein Ziel mit einer gewissen Skepsis verfolgte. Bevor er zum Nebo kam, stellte er sich in seinen Tagebüchern die Frage, ob der Berg wirklich etwas mit der biblischen Geschichte zu tun habe oder ob er Teil einer raffinierten Täuschung sei; vielleicht, so meinte er, wolle der örtliche Scheich damit nur Kapital aus den reichen, leichtgläubigen Leuten aus dem Westen schlagen, die erpicht darauf waren, den angeblichen Ort von Moses Tod zu sehen. Tristram räumt auch ein, seine Expedition werde die Stelle, wo Mose zuletzt gestanden haben mochte, voraussichtlich nicht genau ermitteln können. Beim Berg angekommen, machte seine Neigung zu Skepsis und Wissenschaftlichkeit religiöser Inspiration Platz. Steht man auf dem Berg, so schrieb er, sei »das erste Gefühl eines der Bewunderung für die göttliche Macht, welche das Volk Israel aus dem wunderbar fruchtbaren Land nach Osten und Norden leitete, damit es sich entschlossen und mit Gewalt die zerklüfteten Berge Palästinas aneignete, die nicht fruchtbarer waren als das bereits gewonnene Gilead«.

Kurz nach Tristrams Expedition nahm die American Palestine Exploration Society die bis heute umfangreichste Untersuchung des Nebo in Angriff. Die Organisation war 1870 in New York gegründet worden, nachdem man in London kurz zuvor eine ähnliche Gesellschaft namens Palestine Exploration Fund of England ins Leben gerufen hatte. John A. Paine, der Leiter der amerikanischen Expedition von 1873, formulierte seine Ziele in einem Reisetagebuch, das man als Manifest der im Umbruch befindlichen Bibelarchäologie betrachten kann. Ausschließlich wissenschaftliche Daten über den Nebo und die

Umgebung zu sammeln, so Paine, reiche nicht aus. Vielmehr wolle er »in den Schriften alle Bezüge zu diesen Orten sammeln … und auf diese Weise zeigen, wie die Bergkette mit ihren Höhen, Ausläufern, Tälern und Quellen bis in die kleinsten Einzelheiten die Bibel erfüllt und bestätigt«.

Paines Expedition war eine der letzten, die sich ausschließlich mit dem Nachzeichnen der biblischen Vergangenheit befassten. In den folgenden Jahren wurde es immer schwieriger, archäologische Zielsetzungen von den strategischen Absichten der American Palestine Exploration Society, des Palestine Exploration Fund of England und anderer Gruppen zu unterscheiden, deren Funktionäre häufig enge Beziehungen zu ihren jeweiligen Regierungen unterhielten. Anfang der siebziger Jahre des 19. Jahrhunderts lag das Reich Napoleons III. in Trümmern, und Frankreichs Einfluss in Ägypten ging zu Ende. Das Londoner Kriegsministerium wollte sicherstellen, dass der kurz zuvor fertig gestellte Suezkanal dem britischen Handel mit Indien und dem Fernen Osten weiterhin offen stand. Ungefähr zur selben Zeit wurde deutlich, dass auch das osmanische Reich, das den gesamten Nahen Osten beherrscht hatte, vor dem Untergang stand. Die europäischen Großmächte waren darauf bedacht, in der Region Fuß zu fassen: Sie rechneten damit, dass sie in nicht allzu ferner Zukunft die früheren Gebiete des Reiches unter sich würden aufteilen können. Und zur wichtigsten Arena solcher territorialer Bestrebungen wurde die Suche nach antiken Kunstschätzen und biblischen Stätten. Im Jahr 1913 hatten sich die Türken mit Deutschland gegen Großbritannien, Frankreich und Russland verbündet, sodass die Welt dem offenen Krieg immer näher rückte. Im Dezember des gleichen Jahres entschloss sich der Palestine Exploration Fund zu einer archäologischen Übersichtsuntersuchung der Wildnis von Zin im Süden Palästinas, eines Gebietes, das die Israeliten dem biblischen Bericht zufolge auf ihrem Weg nach Kanaan durchquert hatten. Einer der zu diesem Zweck angeworbenen Archäologen war ein junger Mann namens T. E. Lawrence, der später, während des Ersten Weltkrieges, als Anführer des Araberaufstandes berühmt werden sollte. Lawrence war erpicht darauf, seiner Leidenschaft für die Bibel zu frönen, aber gleichzeitig verschaffte ihm seine Teilnahme an den Ausgrabungen auch die einzigartige Gelegenheit, sich ein Bild von den osmanischen Verteidigungslinien in der Wüste zu machen. Pflichtschuldigst berichtete er von seinen Eindrücken. General Edmund Allenby, der die britischen Truppen 1917 in Jerusalem zum endgültigen Sieg führte, studierte während der Kriegsvorbereitungen die Veröffentlichungen des Palestine Exploration Fund. Nach einer Schlacht mussten die britischen Streitkräfte deutsche Stellungen schleifen, die man bei Tel Gezer in den Überresten der archäologischen Grabungsstätten eingerichtet hatte – an der Stelle, wo nach dem biblischen Bericht einst eine Festung des Königs Salomo stand.

Auch nach dem Ende des Ersten Weltkrieges musste noch fast das gesamte restliche 20. Jahrhundert vergehen, bevor die biblische Archäologie eine scharfe Wendung vollzog: weg vom Beweis der historischen Richtigkeit biblischer Erzählungen hin zu einer umfassenden Untersuchung der nahöstlichen Kultur, ein Wandel, der sich eigentlich erst während der letzten zehn Jahre richtig durchgesetzt hat. Aber ein Fachgebiet, das von Anfang an so eng mit der Konkurrenz der Großmächte um Einfluss in der Region verknüpft war, konnte sich nie ganz von der Politik lösen. In den meisten Staaten des Nahen Ostens ist die Archäologie noch heute eine nationale Aufgabe, und die Grabungsbefunde haben politische Folgen. Als die Palästinenser nach Unterzeichnung der Friedensabkommen von 1993 im Westjordanland und dem Gaza-Streifen immer mehr Macht von den Israelis übernahmen, bestand eine der ersten Maßnahmen ihrer Regierung darin, ein Ministerium für Archäologie einzurichten. Aber auch durch diesen Frieden wurde der Konflikt nicht beigelegt, sondern nur in eine andere Richtung gelenkt. Zu den strittigen Punkten zwischen den beiden Parteien gehört, dass die Palästinenser nach dem Willen Israels nur die Kontrolle über die islamischen und arabischen Ausgrabungsstätten im Westjordanland erhalten sollten. Die Palästinenser dagegen beharren auf ihrem Recht, in den Gebieten unter ihrer politischen Hoheit an allen Stellen zu graben und die Ergebnisse zu interpretieren. Außerdem verlangen sie die Rückgabe von Funden, die ebendort im Laufe der Jahre ausgegraben wurden – darunter die Schriftrollen vom Toten Meer –, um sie in ihren eigenen Museen unterzubringen. Diese Streitigkeiten sind bis heute nicht vollständig ausgeräumt, und eines ist klar: Die Vergangenheit zu teilen ist eine ebenso schwierige Aufgabe wie die Aufteilung des Landes.

Die nun folgenden Kapitel dieses Buches berichten über die Arbeiten einer neuen Archäologengeneration, die mit ihren Ausgrabungen an entscheidenden biblischen Stätten wie Megiddo, Jerusalem und Hazor sowohl die biblischen Berichte als auch die Landkarte des Nahen Ostens in einem neuen Licht erscheinen lassen. In den meisten Fällen handelt es sich nicht im finanziellen Sinn um staatlich geförderte Projekte, denn nur die wenigsten Regierungen des Nahen Ostens können die gewaltigen Geldsummen aufbringen, die für jahrelange komplizierte Ausgrabungen notwendig sind. Aber genau das ist der Grund, warum die Arbeiten so große Bedeutung haben. Befreit von der Notwendigkeit, den territorialen Bestrebungen einer Regierung zu dienen oder den Beweis für die angebliche Überlegenheit einer religiösen oder ethnischen Gruppe zu erbringen, eröffnen diese Ausgrabungen eine andere Sicht auf die Frage, woher die Bevölkerungsgruppen der Region kamen und wer sie heute sind. In manchen Fällen bringen die Ergebnisse herkömmliche – biblische oder nationalistische – Weisheiten zu Fall. Vorwiegend tun die heutigen Archäologen, was die Leser der Bibel und ihre ursprünglichen Autoren immer getan haben: Sie deuten den Text im Lichte sich wandelnder Umstände. Auf diese Weise macht jede Generation den Bericht zu dem ihren.

Ein nützlicher Gradmesser für diesen Wandel der Einstellungen ist die Entwicklung der franziskanischen Ausgrabungen am Nebo. Ursprünglich war es dem Franziskanerorden – vor allem durch die Tätigkeit eines Mönchs, des einfallsreichen Bruders Jerome Mihaic – gelungen, sich eine Exklusivlizenz für archäologische Grabungen am Nebo zu verschaffen. Mihaic führte auf seinen vielen Reisen von Jerusalem zum Nebo stets Obst, Gemüse und andere Geschenke mit sich, die ihm eine sichere Passage durch die gefährlichen Wege sicherten. Er stellte Arbeitskräfte und Geld zum Bau einer Straße zur Verfügung, die den Gipfel Siyagha mit der Hauptstraße aus der Kleinstadt Madaba verband, und eröffnete so dem Tourismus einen Weg. Ebenso sorgte er für Geld und Material zum Bau eines kleinen Hauses für die Mönche, das als Ausgangslager für die Expeditionen einer Gruppe dienen konnte, und er stellte die große byzantinische Zisterne am südlichen Abhang des Berges wieder her, so dass nun sauberes Trinkwasser zur Verfügung stand.

In seinem Tagebuch hielt Bruder Mihaic fest, was seine Reisegruppe als Erstes tat, als sie 1931 im Zuge einer Pilgerfahrt den Gipfel Siyagha erreichte: Sie schlug die Bibel auf und las das letzte Kapitel aus dem fünften Buch Mose, in dem Moses Tod beschrieben wird. Wenig später, nämlich 1933, begannen die Mönche offiziell zu graben, und dabei entdeckten sie im Umfeld der Hauptkirche sowohl die Basilika als auch das große Kloster. Bei diesen Expeditionen und anderen, die in den folgenden Jahrzehnten von neuen Archäologenteams durchgeführt wurden, konzentrierten sich die Arbeiten zum größten Teil auf die Freilegung und Wiederherstellung dieses Gebäudekomplexes. Da die Hauptkirchen in byzantinischer Zeit erbaut wurden, als im Nahen Osten das Christentum die Vorherrschaft hatte, ist es kaum verwunderlich, dass eine Gruppe von Franziskanermönchen ihre Aufmerksamkeit auf die Ausgrabung solcher Überreste richtete. Im Laufe der Jahre taten sich die Franziskaner jedoch mit anderen Archäologen zusammen, und nun reichte das Spektrum ihrer Bemühungen weit über die christliche Zeit hinaus. Nach Angaben des Franziskanermönchs Michele Piccirillo, der heute die Ausgrabungen am Nebo leitet, waren zumindest einige Funde, über welche die Gruppen berichteten, bereits bei den allerersten Untersuchungen des Berges aufgefallen. Aber Bruder Piccirillo unterscheidet sich von seinen Vorgängern: Er verweigert hartnäckig jede Diskussion über Mose oder über die Frage, was er vom Gipfel des Nebo gesehen, oder nicht gesehen haben könnte. Das heißt nicht, dass die Franziskaner sich nicht für das Thema interessieren würden. In einem umfangreichen, 1998 erschienenen Buch, in dem sie ihre archäologischen Funde und deren Deutung im Einzelnen beschreiben, finden sich mehrere Kapitel über die biblischen Traditionen im Umfeld des Nebo, darunter eines über das Grab Mose in der jüdischen Literatur und die Bedeutung des Berges für die biblische Überlieferung. Jedes Jahr Anfang September feiert die örtliche christliche Gemeinde in der Kirche das Fest des heiligen Mose, auch das ein Weg, den Fortschritt der Restaurierung und der archäologischen Arbeiten zu würdigen; Piccirillo und viele andere Mitglieder seines Archäologenteams nehmen begeistert daran teil.

Die Tatsache, dass man sich anfangs auf die biblischen Zusammenhänge des Ortes und die christliche Zeit konzentrierte, führte, wie spätere Arbeitsgruppen feststellten, zu einem verzerrten Bild. Im Mittelpunkt der Archäologie stand zunächst die Ausgrabung von Funden, die am engsten mit den Traditionen der Gegend im Zusammenhang mit Moses Tod verknüpft waren. Nachdem man 1993 im Rahmen einer Übersichtsuntersuchung Gegenstände aus der Steinzeit gefunden und weitere Daten gesammelt hatte, erweiterte sich die Geschichte des Nebo um 6000 Jahre in die Vergangenheit, und das Schwergewicht verlagerte sich auf die Aufgabe, die Geschichte der menschlichen Besiedelung des Ortes seit ihren Anfängen zu rekonstruieren. Aber trotz dieser Erweiterung des Forschungsgegenstandes klaffen in der Geschichte des Nebo immer noch Lücken, und manche davon werden sich nur schwer schließen lassen. Die örtliche Bevölkerung plünderte jahrzehntelang die archäologischen Fundstellen und entnahm ihnen Steine für ihre eigenen Gebäude. Eine Festung namens Rujm al-Mukhayyat aus der Eisenzeit fiel den Archäologen schon in den dreißiger Jahren des 20. Jahrhunderts auf, blieb aber in der Folgezeit unbeachtet. Die Ergebnisse von Ausgrabungen, die man in den sechziger Jahren an dem Gebäude vornahm, wurden nie veröffentlicht, und – noch schlimmer – heute weiß niemand mehr, wo Material und Funde von diesen Ausgrabungen gelagert wurden. Als die Franziskaner 1993 eine neue Untersuchung der Stelle planten, war das Gebäude derart stark zerstört, dass sie zu dem Schluss gelangten, es werde sich kaum rekonstruieren lassen. Um den Komplex von Nebo vor weiteren Verlusten zu bewahren, setzen sich die Mönche beim König von Jordanien dafür ein, dass das Gelände zum archäologischen Park erklärt wird; aber diesem Vorschlag steht die Tatsache entgegen, dass sich ein Teil der Grundstücke in Privatbesitz befindet. Piccirillo sagte mir in einem Interview: »Wir interessieren uns immer weniger für Mose und immer mehr für Archäologie.«

Die Verlagerung des Schwergewichts von der biblischen Geschichte auf eine eher allgemeine, auch in vorbiblische Zeit zurückreichende Untersuchung der Kultur im gesamten Nahen Osten hat ihre Ursache zum Teil in den wissenschaftlichen Fortschritten der letzten fünfzig Jahre. Als am Nebo die ersten Ausgrabungen stattfanden, war Archäologie noch im Wesentlichen eine Tätigkeit von Amateuren, und die beherrschende Rolle spielten jene, die durch die Bibelgeschichten oder Kirchenpredigten angezogen worden waren. Heute findet Archäologie nicht nur unter freiem Himmel, sondern auch im Labor statt. Die grundlegenden Methoden haben sich allerdings nicht nennenswert verändert – zur Ausgrabung dienen auch heute noch Spitzhacke und Schaufel. Man trägt die Erde in Planquadraten ab, und der dabei entfernte Abraum wird fein säuberlich neben dem Arbeitsbereich aufgehäuft oder mit Schubkarren an eine andere Stelle des Geländes transportiert. In anderer Hinsicht jedoch hat sich das Fachgebiet drastisch gewandelt. An manchen Grabungsstellen benutzen die Archäologen den elektronischen Abstandsmesser, ein Gerät, das mit einem Laserstrahl automatisch die Tiefe und Breite der ausgehobenen Gräben ermittelt und zur Aufzeichnung an einen Computer weiterleitet. Mit anderen Instrumenten kann man die geringsten Veränderungen der magnetischen Empfindlichkeit an jeder beliebigen Stelle eines Ausgrabungsgeländes nachweisen und so die Punkte ermitteln, an denen Grabungen den größten Erfolg versprechen. Mit Radar und Echolot spürt man zuvor unbekannte Funde und Bauwerke auf. Als Anfang des 20. Jahrhunderts im Nahen Osten die ersten größeren Ausgrabungen stattfanden, mussten die Archäologen den Boden mit einem Viertelzoll-Gitter durchsieben, um Pflanzenreste und kleine Keramikscherben zu finden. Heute haben die Siebe eine Maschenweite von einem halben Millimeter, und man kann mit ihnen sogar Knöchelchen von Kleintieren wie Spitzmäusen aufspüren. Bei Ausgrabungen, die kürzlich in Jericho vorgenommen wurden, waren solche Siebe ein unschätzbares Hilfsmittel zur Klärung der Frage, wie der Anbau von Weizen und Gerste begann; auch auf Klimaveränderungen konnte man durch Samen und Pollen schließen.

Einer der wichtigsten technischen Fortschritte, der aber bei den Grabungen in Israel und anderen Ländern des Nahen Ostens erst seit kurzer Zeit in großem Umfang genutzt wird, ist die Radiokarbonmethode zur Datierung von Funden. Die Anfänge der Radiokarbondatierung gehen auf die Zeit nach dem Zweiten Weltkrieg zurück: Damals erkannte ein Chemiker, der während der Kriegsjahre die kosmische Strahlung untersucht hatte, dass man das Alter organischen Materials bestimmen kann, indem man die Restmenge des darin enthaltenen Isotops Kohlenstoff-14 ermittelt. Die ersten Versuche, die Radiokarbonmethode in der Archäologie anzuwenden, machte man unglücklicherweise mit Holzstücken, wo sich die Ergebnisse häufig als ungenau erwiesen. Insbesondere ergaben Querschnitte aus verschiedenen Teilen eines Baumes häufig eine sehr unterschiedliche Datierung, je nachdem, wann das Wachstum des Baumes begonnen hatte und wann er gefällt worden war. Ebenso konnte man nicht ermitteln, wie lange das Holz möglicherweise schon gelegen hatte, bevor es als Baumaterial verwendet wurde. In jüngerer Zeit wurde die Methode jedoch verfeinert, und die Archäologen untersuchten damit die Überreste von Samen – beispielsweise Olivenkerne –, bei denen sich nicht die gleichen Probleme stellen wie beim Holz; hier gelangte man zu einer wesentlich genaueren Datierung. Manche Fachleute analysieren mittlerweile auch die DNA in Knochen und Mumien, um auf diese Weise herauszufinden, wann neue ethnische Gruppen in bestimmte Gebiete einwanderten, eine Information, die früheren Wissenschaftlergenerationen schlicht nicht zugänglich war.

Auch diejenigen, die am gezieltesten die traditionellen Ziele der biblischen Archäologie verfolgten – Fachleute wie die Amerikaner William Foxwell Albright, der 1926 bis 1932 mit seinen Arbeiten in Tel Beit Mirsim zur Aufstellung einer Zeittafel für die Keramik in Palästina beitrug, und Nelson Glueck, ein Rabbiner und Archäologe, der ebenfalls am Nebo war – wandten bei ihren Ausgrabungen die jeweils neuesten Methoden an. Glueck war sogar einer der Pioniere archäologischer Übersichtsuntersuchungen, bei denen man unter anderem auf heute noch genutztem Grund Keramikscherben sammelt. Aber das zentrale Ziel der Arbeiten blieb das gleiche, unabhängig von den jeweils verwendeten Methoden: Im Mittelpunkt standen die Bibel und die Suche nach Wegen, mit der Bibel zusammenhängende archäologische Entdeckungen zu machen. »Mit einer Entdeckung nach der anderen wurde die Genauigkeit unzähliger Details nachgewiesen, so dass die Bibel zunehmend als historische Quelle anerkannt wird«, schrieb Albright 1932 in seinem klassischen Werk *Archaeology of Palestine and the Bible*. Albright, Glueck und eine kleine Gruppe weiterer Archäologen und Bibelforscher spielten für die Archäologie im Nahen Osten von den zwanziger bis zu den siebziger Jahren des 20. Jahrhunderts die beherrschende Rolle.

Für fortschrittlichere Archäologen jedoch führten die grundlegend neuen Forschungshilfsmittel dazu, dass nicht nur der Bereich der Bibel, sondern eine ganz neue Welt nachgebildet wurde. Entdeckungen werden heute ganz selbstverständlich mit anderen Funden der Region verglichen, aber auch mit solchen von außerhalb der Grenzen Kanaans, also aus Gebieten, für die sich die früheren Bibelautoren in der Regel nicht interessierten. Die Ansicht, das Studium der Bibel und der biblischen Welt könne nützlich sein, haben die Archäologen zwar mit Sicherheit nicht aufgegeben, aber sie gehen die Sache heute ganz anders an als ihre Vorgänger. Der Archäologe Bruce Routledge, der Ausgrabungen in Jordanien leitet, sagte 1998 an der University of Pennsylvania auf einer Tagung über die israelische Antike: »Wenn man mehr über die Bibel erfahren möchte, sollte man nicht mehr die Bibel betrachten. Wenn man mehr über das antike Israel erfahren will, sollte man nicht mehr das antike Israel betrachten.« Damit meinte er, man könne die Bibel vor dem Hintergrund der allgemeinen Entwicklung in der Region besser verstehen. »Im 10. Jahrhundert v. u. Z. waren im Nahen Osten vermutlich viele Davids und Salomos aktiv«, fügte er hinzu. Die Vorstellung von der einzigartigen Geschichte Israels hat nach und nach der Erkenntnis Platz gemacht, dass man die Vergangenheit des Landes am besten im Zusammenhang mit der allgemeinen Geschichte des antiken Nahen Ostens versteht.

Solche Vorstellungen sind nicht unumstritten. Im Jahr 1998 feierte die Israel Exploration Society bei ihrer Jahrestagung im Israel-Museum in Jerusalem ihren 50. Jahrestag. Die nationale archäologische Organisation entstand kurz nach der Gründung des Staates Israel, und dieser Zeitpunkt war kein Zufall. In Israel, dem Kernstück der biblischen Landschaft, bildeten archäologische Funde die Grundlage für praktisch alle nationalen Symbole, vom Staatssiegel bis zu den von der Regierung verliehenen Medaillen. Auf Briefmarken wurden archäologische Motive abgebildet, und israelische Münzen prägt man mit Bildern, die von jüdischen Silbermünzen aus dem ersten Jahrhundert u. Z. übernommen worden sind. Selbst die Bezeichnung Schekel für die Landeswährung ist die gleiche wie in der Antike. Israelische Panzerbesatzungen wurden jahrelang auf dem Gipfel des Masada-Felsens vereidigt, in der Bergfestung, wo nach dem Bericht des Historikers Josephus die letzten jüdischen Rebellen in dem Aufstand gegen die römische Herrschaft Selbstmord begingen, anstatt sich der Belagerungsarmee zu ergeben.

In den ersten Jahrzehnten ihres Bestehens zogen die Jahrestagungen der Israel Exploration Society immer große Besuchermengen an. Aber im Laufe der Jahre nahm die Zahl der Amateure, die für einen Tag mit Vorträgen und Diskussionen nach Jerusalem reisten, immer mehr ab – offensichtlich interessierten sich immer weniger Menschen dafür, was Archäologen über ihre Grabungen zu sagen und zu zeigen hatten. Im Jahr 1998 bestand das Publikum zum größten Teil aus Archäologen, die höflich zuhörten, wie ihre Kollegen zum wiederholten Mal die herkömmlichen Theorien über die Grabungsstätten darlegten. Aber es sollte ein besonderes Jahr werden. Israel Finkelstein, der Leiter des archäologischen Instituts der Universität Tel Aviv, hielt die Eröffnungsansprache und lehnte darin alle anerkannten Ansichten über die Entstehung des antiken Israel ab, Ansichten, welche die Israel Exploration Society als nationale Institution vertrat.

Finkelsteins Vortrag war der bisher deutlichste Ausdruck jener grundlegenden Verschiebung, die in der Archäologie im Gange war. Er vertrat allerdings nicht als Erster die Ansicht, die Israeliten hätten – anders als man bisher geglaubt hatte – keine großen technischen Durchbrüche in Landwirtschaft, Keramik oder Architektur erzielt. Seit mehreren Jahren untersuchten die Archäologen auch jenseits des Jordan, an Grabungsstellen im antiken Ammon, die so genannten Vier-Zimmer-Häuser, die einst als typisches Kennzeichen für die Bauweise der Israeliten galten. Andere Archäologen hatten die Vermutung geäußert, die typischen Gefäße mit Kragenwulst – die man für eine Neuerung der Israeliten gehalten und so benannt hatte, weil der Rand des Gefäßes sich am Hals wie ein Hemdkragen nach unten wendet – seien schon im 13. Jahrhundert v. u. Z. in Gebrauch gewesen, lange bevor es die Israeliten als eigenständige Gruppe überhaupt gab. Ähnliche Gefäße aus späteren Perioden fand man auch an Stellen, die nichts mit den Israeliten zu tun hatten. »Die gesamte materielle Kultur gab es schon vor den Israeliten«, erklärte Finkelstein dem Publikum, »und wer sie hergestellt hat, ob Israeliten, Ammoniter oder andere, wissen wir nicht.«

Die Israel Exploration Society vertrat die allgemein verbreiteten Ansichten der Archäologie und betrachtete sich als Hüterin des wahren archäologischen Glaubens. Aber als ihre Spitzenfunktionäre Finkelstein als Redner für den Eröffnungsvortrag auswählten, wussten sie, was von ihm zu erwarten war. Man kann sich kaum vorstellen, dass irgendjemand in der Organisation vor 50 Jahren seiner Grundhaltung zugestimmt hätte, nämlich dass es zwischen der kulturellen Entwicklung in Kanaan vor mehreren tausend Jahren und den Vorgängen in der gesamten östlichen Mittelmeerregion keine nennenswerten Unterschiede gab.

»Wir lassen jetzt einen riesigen Fehler hinter uns, den sowohl die Bibelforscher als auch in einem gewissen Umfang – allerdings vielleicht weniger – die Archäologen begangen haben«, sagte Philip Davies, ein Bibelfachmann der Universität Sheffield in England, als ich ihn eines Nachmittags in Tel Aviv traf. »Dieser Fehler besteht einfach in der Annahme, man könne erwarten, dass eine literarische Anthologie wie die Bibel und die von Archäologen ausgegrabenen Befunde die gleiche Geschichte erzählen. Gerade mit dem Versuch, beide zu einer einzigen Geschichte zu verschmelzen, sind wir in die Irre gegangen. Warum sollen wir das Bestreben haben, aus zwei Geschichten eine einzige zu machen?«

Für die Autoren der Bibel waren Israel und alles, was in seinen Grenzen geschah, ganz und gar einzigartige Phänomene. Dagegen zeigen heute die archäologischen Funde, die nach und nach ans Tageslicht kamen, dass das Land insgesamt in Wirklichkeit den gleichen historischen und umweltbedingten Einflüssen unterlag wie seine Nachbarn in der Region. Die Israeliten lebten im Großen und Ganzen wie ihre Zeitgenossen im Nahen Osten, eine Vorstellung, die von den Bibelgelehrten mit ihrem ausschließlichen Blick für die Schaffung einer israelitischen Identität entweder mit Desinteresse gestraft oder ins Lächerliche gezogen wurde.

Der neue Ansatz, die Gemeinsamkeiten von Israeliten und ihren Nachbarn in den Vordergrund zu stellen, erwies sich zwar als höchst aufschlussreich, aber er hat nicht nur Stärken, sondern auch Schwächen. Wahre Erkenntnisse über die Vergangenheit, die Fähigkeit, die tatsächlichen Vorgänge nachzuvollziehen, war immer etwas schwer Fassbares. Die beiden Zooarchäologen Brian Hesse und Paula Wapnish vom anthropologischen Institut der University of Alabama in Birmingham widmeten ihre gesamte Berufslaufbahn der Untersuchung tierischer Knochenreste von Fundstellen im Nahen Osten. In den letzten Jahren richtete sich ihre Aufmerksamkeit vor allem auf die Überbleibsel von Schweinen und auf die Frage, wie das Meiden dieser Tiere zu einem charakteristischen Merkmal der jüdischen und später der islamischen Identität werden konnte. Viele Archäologen, insbesondere in Israel, verfolgen die Arbeiten mit großer Spannung: Sie hoffen, man werde sichere Aufschlüsse darüber gewinnen, wann die Israeliten als eigenständige ethnische Gruppe entstanden sind. Israel Finkelstein nahm sich ebenfalls der Frage an und erklärte in einem Aufsatz begeistert: »Lebensmitteltabus, genauer gesagt das Verbot von Schweinefleisch, kristallisieren sich als wichtigstes oder vielleicht sogar einziges Mittel heraus, mit dem man Licht in die ethnischen Abgrenzungen [während der ersten Eisenzeit] bringen kann. Insbesondere dürften sie das wertvollste Hilfsmittel sein, wenn man sich mit der ethnischen Einordnung einer einzelnen Fundstelle aus der Eisenzeit befasst.«

Viele Archäologen nahmen an, vorhandene oder fehlende Schweineknochen an verschiedenen Fundstellen könnten ein nützlicher Anhaltspunkte für die ethnischen Verhältnisse in einer bestimmten Region sein. Dieser Gedankengang ist in vielerlei Hinsicht höchst sinnvoll. Ernährungsvorschriften gehören zu den zentralen und auffälligsten Ausdrucksformen der jüdischen Religionsgemeinschaft, und keine davon ist bekannter als das Verbot des Schweinefleisches. Es wird schon im fünften

Buch Mose erwähnt; dort heißt es: »Das Schwein, das zwar durchgespaltene Klauen hat, aber nicht wiederkäut, soll euch darum unrein sein. Ihr Fleisch sollt ihr nicht essen, und ihr Aas sollt ihr nicht anrühren.« Ein ähnliches Verbot findet sich auch im dritten Buch Mose. Wie Hesse und Wapnish in einer ihrer Untersuchungen berichten, suchten Archäologen, Soziologen und Historiker viele Jahre lang nach »dem ›wahren‹ Beweggrund hinter der Abscheu gegen das Schweinefleisch, die in der Bibel zum Ausdruck kommt«. Das Thema war umstritten, und man konnte zwischen zahlreichen Theorien wählen. Manche Fachleute nahmen beispielsweise an, die Israeliten hätten aus hygienischen Gründen kein Schweinefleisch gegessen, und das Verbot habe demnach der Gesundheit gedient. Andere Vermutungen lauteten, die Ablehnung habe ihre Ursache im Verhalten der Schweine und in ihrem wenig reizvollen äußeren Erscheinungsbild; sie sei eine Reaktion auf den Rückgang der Wälder, in denen die Schweine lebten; sie sei ein aus der ägyptischen Religion übernommenes Element; oder sie sei sogar eine Art abergläubisches Ritual, mit dem die Israeliten den Erfolg ihrer Wanderung ins Gelobte Land sichern wollten. Hesse und Wapnish lehnten alle diese Erklärungen ab und schlugen eine ganz andere Sichtweise vor. Sie wollten über die Ideologie hinausblicken und die zahllosen – wirtschaftlichen, politischen und ökologischen – Einflüsse identifizieren, die für die Nutzung oder Ablehnung der Schweine sprachen.

Ihre Schlussfolgerung stand im Widerspruch zu den Ergebnissen, die Finkelstein in seinem Vortrag optimistisch vorausgesagt hatte. In ihren Untersuchungen an Knochenresten von archäologischen Fundstellen im gesamten Nahen Osten stellten sie fest, dass in biblischer Zeit praktisch niemand in der gesamten Region Schweinefleisch aß. Auch die Gewohnheit, auf Schweine als Opfer in offiziellen religiösen Ritualen zu verzichten, beschränkte sich nicht auf die Israeliten, sondern war ein gemeinsames Merkmal aller Religionen im Nahen Osten. Um das zu erklären, entwickelten Hesse und Wapnish eine Reihe so genannter »Schweineprinzipien«.

Schweine brauchen mehr Wasser als andere Nutztiere, und das bedeutet, dass man sie nur in Gebieten mit ausreichendem Niederschlag züchten kann. Außerdem ist die Schweinehaltung recht schwierig: Sie erfordert, dass eine Bevölkerungsgruppe ihre Lebensweise als Nomaden aufgibt und sesshaft wird. Auch Veränderungen in der landwirtschaftlichen Tätigkeit einer Gruppe bestimmen mit darüber, ob Schweine gezüchtet werden. Wie sich bei Untersuchungen der Schweinezucht im alten Ägypten herausstellte, wurden bei wachsenden Getreideerträgen wegen der besonderen Anforderungen an die Nutzung der Flächen eher Rinder und Ziegen an Stelle von Schweinen gehalten. Und in allen Teilen der Region waren Produktion und Verzehr von Schweinefleisch eher für die Unter- oder Arbeiterschicht typisch als für die Elite. Bei Fundstellen von alten Städten in Mesopotamien hatten die Archäologen festgestellt, dass der Abfall in Arbeitersiedlungen zahlreiche Schweineknochen enthielt, während sie im Müll der gehobenen Wohnviertel aus der gleichen Periode fehlten. Um die Arbeiter billig mit Nahrung zu versorgen, hatten die örtlichen Behörden ihnen offenbar Schweinefleisch zu essen gegeben.

Alle diese Faktoren führten dazu, dass die Tiere auf lange Sicht immer weniger genutzt wurden. Seinen Höhepunkt hatte der Schweinefleischverzehr nach den Befunden von Hesse und Wapnish in prähistorischer Zeit erreicht. Am geringsten war er in der frühen Eisenzeit zwischen dem 12. und 10. Jahrhundert v. u. Z., als nach dem Bericht der Bibel die Könige David und Salomon regierten. Die Israeliten, so die Schlussfolgerung von Hesse und Wapnish, aßen kein Schweinefleisch, aber alle anderen taten es auch nicht.

Deshalb konnte man kaum stichhaltige, allgemeine Aussagen darüber machen, wer überhaupt Schweine hielt und warum. Eine Reihe von Küstenstädten im Süden Palästinas war bekanntermaßen von den Philistern erobert worden, einem Volk von Seefahrern aus der Ägäis, das im 12. Jahrhundert v. u. Z. nach Kanaan gekommen war, und in diesen Städten hatte man Schweineknochen gefunden; deshalb nahmen einige Archäologen anfangs an, solche Funde könnten auch an anderen Stellen ein Hinweis auf die Gegenwart der Philister sein. Wie sich jedoch in der Untersuchung von Hesse und Wapnish herausstellte, war die Nutzung der Schweine zwar in einigen Städten der Philister in Kanaan nachzuweisen, so beispielsweise in der Hafenstadt Ashkelon und den im Gebirge gelegenen Orten Ekron und Timna, aber Schweineknochen fanden sich durchaus nicht in allen Philistersiedlungen. Am interessantesten war die Feststellung, dass die Philister offenbar nur in den ersten ein bis zwei Jahrhunderten nach ihrem Eindringen in Kanaan noch Schweine nutzten. Im Jahr 604, als der babylonische Herrscher Nebukadnezar während eines seiner Feldzüge in Palästina die Stadt Ashkelon zerstörte, aßen die Philister wie ihre Nachbarn im Allgemeinen kein Schweinefleisch mehr. »Streng genommen würde die Vorgehensweise, das Fehlen von Schweinen mit kultureller Identität gleichzusetzen, zu einer bemerkenswerten (und verfrühten) Ausweitung des frühen Herrschaftsgebietes der Israeliten führen«, schrieben Hesse und Wapnish.

So betrachtet macht die Diskussion um das Schweinefleisch sehr lebhaft deutlich, welche Möglichkeiten und Grenzen die neue Vorgehensweise der biblischen Archäologie hat. Die Suche nach den alten Israeliten reicht bis in die Anfänge der biblischen Archäologie zurück. Aber die neuesten Befunde bedürfen ebenso der kritischen Interpretation wie das alte Verfahren, jeden Bibelvers wörtlich zu nehmen. Nach der Untersuchung der Schweineknochen waren viele Fachleute versucht zu glauben, sie müssten schon bald nur noch einen Knochen betrachten und wüssten dann, ob Israeliten, Ammoniter oder Philister an der betreffenden Stelle gelebt hätten. Aber die Vergangenheit ist zu verworren, und die sozialen Wechselbeziehungen und materiellen Befunde sind zu kompliziert und überschneiden sich zu stark, als dass man solche übermäßig vereinfachten Zusammenhänge herstellen könnte. Es gibt in diesem Bereich nicht nur eine Wahrheit, sondern viele.

Dennoch bringen uns Methoden wie die Untersuchung der Schweineknochen sowohl den alten Israeliten als auch ihren Nachbarn näher als je zuvor, und das ist keine geringe Leistung. Viele Fachleute hatten im Laufe der Jahre die biblischen Verbote des Schweinefleisches studiert und angenommen, sie gehörten zu den ältesten Geboten der Israeliten. Aber indem sie sich so ausschließlich auf den biblischen Text konzentrierten, ließen sie den größeren Zusammenhang unbeachtet. Vorschriften, die sich gegen das Schweinefleisch richteten, waren zu jener Zeit ein weit verbreitetes Phänomen, das die Israeliten mit ihren Nachbarn gemeinsam hatten. Eine Änderung trat hier erst später ein. In hellenistischer Zeit zum Beispiel, als die Griechen im Nahen Osten herrschten, wurde der Verzicht auf den Verzehr und die Zucht von Schweinen für die Juden zu einem wichtigen Mittel des politischen, gesellschaftlichen und religiösen Protestes. Mündliche Überlieferung und sowohl jüdische als auch griechische Texte sprechen davon, die Juden jener Zeit hätten sich trotz Folter oder Todesdrohungen geweigert, Schweinefleisch zu essen. Der Bibelforscher Gösta Ahlström fasst in seiner 1993 erschienenen *History of Ancient Palestine* die verschiedenen Verbote der biblischen Texte zusammen und vertritt die Ansicht, sie hätten zu einer Situation geführt, in der »der Begriff ›Israel‹ eine neue, enger gefasste Bedeutung erhielt ... Seine Grundlage war jetzt eine religiöse Ideologie, die andere Anhänger Jahwes ausschloss«. Nach Hesses und Wapnishs Rekonstruktion der Nutzung von Schweinen im antiken Nahen Osten dagegen nahm »Israel« die bisher umfassendste Bedeutung an. Ihre Arbeiten erinnern uns daran, dass selbst Dinge, die Israel später zu etwas Einzigartigem machten, ihre Wurzeln in einem größeren Zusammenhang haben.

Indem die Archäologen sich mit der Frage befassten, was sich historisch nicht nur in Israel abspielte, sondern auch bei seinen Nachbarn – den Ammonitern, Edomitern, Moabitern und Kanaanitern –, erweiterten sie nicht nur die Grenzen der biblischen Welt, sondern sie eröffneten auch die Möglichkeit eines ganz neuen Bibelverständnisses. Mein letzter Besuch am Nebo fand Mitte Juli statt, zu einer Jahreszeit, als nur wenige Touristen bereit waren, den Aufstieg in der sengenden Hitze auf sich zu nehmen. Auf dem Gipfel, auf dem Hauptaltar des großen steinernen Klosters, brannten Kerzen, die aber in der feuchten Kirche flackerten. In dem Gebäude herrschte Stille, die steinernen Bänke waren kühl. Das einzig Farbige waren die Glasfenster hinter dem Hauptaltar. In der Hitze, das Gewehr quer über den Knien, döste ein Wärter auf der Kirchentreppe, aber schließlich erwachte er und führte mich an den Rand des Gipfelplateaus. Er zeigte auf das Tote Meer, die Wüste, die Berge Judäas und Samarias. »Da liegt Jerusalem«, sagte er, und sein Finger zitterte einen Augenblick lang über dem Horizont. Dann kehrte er zu seinem Posten auf der Kirchentreppe zurück und legte sich ohne ein weiteres Wort wieder zur Ruhe.

Wenn das fünfte Buch Mose überhaupt ein Anhaltspunkt ist, muss Mose kurz vor seinem Tod von dem Berg aus einen großartigen Ausblick gehabt haben. »Und Mose stieg aus dem Jordantal der Moabiter auf den Berg Nebo, den Gipfel des Gebirges Pisga, gegenüber Jericho«, heißt es dort. »Und der Herr zeigte ihm das ganze Land: Gilead bis nach Dan und das ganze Naftali und das ganze Land Ephraim und Manasseh und das ganze Land Juda bis an das Meer im Westen; und das Südland und die Gegend am Jordan, die Ebene von Jericho, der Palmenstadt, bis nach Zoar.«

Der Bibel zufolge sah Mose »das ganze Land« – vom Nebo aus konnte er den Blick von Dan, das etwa 140 Kilometer nördlich an der heutigen Grenze zwischen Israel und dem Libanon liegt, bis zur Wüstenstadt Beersheba rund 110 Kilometer südwestlich schweifen lassen. Über die Frage, ob man solche Entfernungen überblicken kann, diskutieren Bibelforscher, Archäologen und Schreibtischstrategen schon seit Jahren. War es ein Wunder, ein letztes Geschenk an Mose, das ihm den Verlust erleichtern sollte? Einige der ersten Forscher, die den Berg besuchten, diskutierten hitzig darüber, wo Mose genau gestanden haben müsse, damit sich ihm bei klarem Wetter ein derart spektakulärer Anblick bieten konnte. Selbst heute setzen sich die Spekulationen fort. Der jordanische Historiker Kamal Salibi widmete ein ganzes Buch seiner Argumentation, der Nebo müsse woanders gelegen haben – er schlägt Saudi-Arabien vor –, weil es physikalisch unmöglich sei, von einem Berggipfel in Jordanien aus von Dan bis Beersheba zu blicken.

Es gibt aber noch eine andere Möglichkeit. Sie ist bescheidener als ein Wunder und umgeht die Debatte um den historischen Wahrheitsgehalt der Bibel, der nicht bewiesen werden kann und für die wirklich Gläubigen ohnehin keine Bedeutung hat. Was Mose vom Nebo aus gesehen haben mag, es gehörte nach Ansicht der Bibelautoren und der vielen, die nach ihnen kamen und ihre Texte voller Demut und Inbrunst gelesen haben, mit Sicherheit den Israeliten. Heute hat man vom Gipfel des Berges einen umfassenderen Blick. Man sieht die Hügel von Amman, der Hauptstadt Jordaniens und der alten Ammoniter, die Israels Rivalen und Nachbarn waren. Ebenso erkennt man Jericho, wo die Kanaaniter wohnten, und das Tal von Moab, die Heimat der Moabiter, die eng mit den Israeliten verwandt und dennoch ihre lebenslangen Feinde waren. Am Rand der Wüste liegt das Tote Meer, und nicht weit von dessen Nordufer befinden sich die Ruinen des alten Qumran, wo die berühmten Schriftrollen gefunden wurden und wo die Essener gelebt haben dürften, eine alte Sekte von Asketen. Die Silhouette von Bethlehem taucht auf, und unmittelbar daneben sieht man das Herodium, die antike Festung des großen Bauherrn Herodes. Und verschwommen in großer Entfernung flimmert das wunderschöne, geheimnisvolle Jerusalem, die Stadt, die König David nach seinem Auszug aus Hebron zur Hauptstadt machte. Das Tal zu Füßen dieses Berges birgt die Geschichte von Völkern, die es nicht in allen Fällen auf die Seiten der Bibel schafften – verlorener Stämme, übersehener Menschenleben. Jede Gruppe wartet mit einer anderen Geschichte auf und blickt sehnsuchtsvoll auf das Gelobte Land, das knapp außerhalb ihrer Reichweite liegt.

## Kapitel 1
# Genesis –
# Abrahams Irrfahrt

*Und der Herr sprach zu Abram: Geh aus deinem Vaterland und
von deiner Verwandtschaft und aus deines Vaters Hause in ein
Land, das ich dir zeigen werde. Und ich will dich zum großen
Volk machen und will dich segnen und dir einen großen
Namen machen, und du sollst ein Segen sein. Ich will segnen,
die dich segnen, und verfluchen, die dich verfluchen; und in
dir sollen gesegnet werden alle Geschlechter auf Erden.*
(1. Mose 12, 1–3)

Am Anfang der Geschichte Israels steht ein Familiendrama: der
Bericht über die Irrfahrt Abrahams, seiner Frau Sara, seines Sohnes Isaak mit dessen Frau Rebekka, des Enkels Jakob und dessen zwölf Söhnen. Durch die gesamte Bibel, insbesondere aber
in ihren ersten fünf Büchern – den Büchern Mose, auch Genesis, Exodus, Levitikus, Numeri und Deuteronomium genannt –
können wir ihren immer komplizierteren Lebenslauf in allen
Einzelheiten verfolgen, und wir erfahren von ihren Verräterei-
en, Irrungen und zahlreichen Sünden. Erst viel später, nach der
wundersamen Flucht aus Ägypten, einer vierzigjährigen Wanderschaft durch die Wüste und der Eroberung Kanaans, wird es
endgültig deutlich: Irgendwann auf diesem Weg ist aus der
Familie eine Dynastie und schließlich eine ganze Nation geworden.

Viele der bekanntesten biblischen Geschichten – darunter
die von Abraham, der sich aus dem Haus seines Vaters in Ur in
Mesopotamien zum gelobten Land Kanaan aufmacht – gehen

41

auf eine sehr frühe Zeit zurück, manche sind 3000 Jahre alt. Die Bibel bezieht ihre große Wirkung zum Teil aus der Tatsache, dass ihre Autoren uns trotz des großen zeitlichen Abstandes zwischen Abrahams Leben und unserem eigenen davon überzeugen konnten, die Ereignisse seien ebenso real, als hätten sie sich gerade erst abgespielt.

Mehr als jede andere Patriarchengestalt ist Abraham im Nahen Osten bis heute ein lebendiger, allgemein vertrauter Teil des täglichen Lebens – und der Tagespolitik. Praktisch jedes Land, das der Stammvater auf seinem Weg nach Kanaan durchquerte, hat seine eigene heilige Stätte einschließlich der dazugehörigen, mit ihm verbundenen Geschichte, und die Tourismusindustrie greift alles begeistert auf. In Urfa, einer Stadt an der Grenze zwischen Syrien und der Türkei, ehrt die örtliche Bevölkerung mit regelmäßigen Besuchen eine Höhle, in der das Kleinkind Abraham und seine Mutter sich angeblich drei Jahre lang versteckt hielten, nachdem der König von Ur die Tötung aller neu geborenen Knaben angeordnet hatte. Einer anderen Legende aus Urfa zufolge hörte derselbe König, der junge Abraham habe die Anbetung von Götzenbildern verweigert, die er auf einem Berggipfel in einen Feuerofen geworfen habe. Das Wasser aus einem Teich am Fuß des Berges sei durch ein Wunder aufgestiegen und habe das Feuer gelöscht, und die Fische aus dem Teich hätten Abraham an einen sicheren Ort getragen. Bis heute berührt niemand die Karpfen in dem kleinen Gewässer, das als Abrahams Teich gilt – sie sind nach allgemeiner Überzeugung die Nachkommen jeder Fische, die den Patriarchen retteten. Wer den Fischen etwas zuleide tut, so heißt es, wird blind.

Im Zentrum der irakischen Stadt Bagdad steht eine Moschee an der Stelle, wo Abraham nach Überzeugung der Iraker in seiner Kindheit lebte, und die Gläubigen versammeln sich dort fünf Mal am Tag, um zu ihm zu beten. An der syrisch-israelischen Grenze unterhalten Araber aus der Gruppe der Drusen eine Stätte, die ihnen als heilig gilt: Hier soll Gott seinen Bund mit Abraham geschlossen haben, und heute pilgern kinderlose

Frauen dorthin, wenn sie um Nachkommenschaft beten wollen. Am Rand von Hebron im Westjordanland pflegen die Angehörigen eines russischen Hospizes in ihrem Garten sehr sorgfältig eine Eiche: An diesem Ort, so ihre Überzeugung, eilte Abraham nach draußen, um die drei Engel Gottes zu begrüßen und gastfreundlich aufzunehmen, als sie zu ihm kamen und ihm verkündeten, seine Frau Sara werde bald ein Kind zur Welt bringen. In den Cafés in der Innenstadt von Hebron wird bis heute in dampfenden Schüsseln ein Linsengericht namens »Abraham-Suppe« serviert, und in den Straßen von Damaskus verhökern fliegende Händler einen »Abraham-Saft« aus der Rinde der Tamarisken – einen solchen Baum pflanzte Abraham dem biblischen Bericht zufolge in Beersheba. Bei der Höhle der Patriarchen in Hebron, die in der Bibel als Begräbnisstätte von Abraham und Sara bezeichnet wird, streiten sich Israelis und Palästinenser bis heute um das Erbe des Stammvaters: Sie beten in getrennten Bereichen des geteilten Heiligtums neben der Höhle, die beide Gruppen für sich beanspruchen.

Während Abraham also nach wie vor in das Leben vieler Menschen hineinwirkt, stellt sich die Lage bei Bibelforschern, Archäologen und Historikern ganz anders dar. Sie diskutieren immer noch lautstark über die Ausmaße von Davids Reich und ereifern sich leidenschaftlich über die Frage, ob Salomo dieses oder jenes Gebäude errichtet habe. Sie durchstöbern historische Texte nach neuen Hinweisen auf Omri und Ahab, um Leben und Herrschaft dieser wenig bekannten Könige Israels zu rekonstruieren, und wollen durch Erforschung der späteren Bücher des Alten Testaments herausfinden, ob die Berichte von Esra und Nehemia den persischen Aufzeichnungen über die gleichen Ereignisse entsprechen. Hinter vielen ihrer verbitterten Meinungsverschiedenheiten steckt die Überzeugung, dass die biblische Geschichte der Interpretation offen steht und sich als lohnender Gegenstand energischer wissenschaftlicher Debatten und Forschungsarbeiten eignet. Die einzige krasse Ausnahme in diesem breiten Themenspektrum stellen Abraham und seine Zeit dar. An der Erforschung dessen, was allgemein als Zeitalter der Patriarchen bezeichnet wird, besteht praktisch keinerlei Interesse. »Viele Bibelforscher und Archäologen haben die Frage nach den Patriarchen praktisch völlig aufgegeben«, sagt Ronald Hendel, selbst Bibelfachmann. »Nach ihrer Ansicht sagt Abraham überhaupt nichts Historisches aus.«

Bis in die siebziger Jahre des 20. Jahrhunderts hinein waren die Archäologen darauf aus, die historische Wahrheit der Berichte über die Patriarchen zu beweisen. Aber stattdessen führte die Überzeugung, die Archäologie könne Belege für solche uralten religiösen Erzählungen finden, zu schwer wiegenden Fehlern. Im Jahr 1975 stießen italienische Archäologen bei Grabungen am Tell Mardikh, dem Ort der antiken Stadt Ebla etwa 50 Kilometer südlich von Aleppo in Syrien, auf 16 000 Keilschrifttafeln – ein Aufsehen erregender Fund. Die meisten Tafeln enthielten offenbar Routineaufzeichnungen der Palastverwaltung, beispielsweise Quittungen für Käufe und die Buchführung über Einnahmen und Ausgaben. Für eine Sensation sorgten die Tafeln von Ebla, wie sie schon bald genannt wurden, nachdem ein italienischer Assyrologe sie übersetzt hatte und bekannt gab, sie enthielten die Namen biblischer Stätten wie Hazor, Megiddo, Gaza, Sodom und Gomorrha. Es fand sich sogar ein Schöpfungsbericht, der zumindest in der bald darauf veröffentlichten Übersetzung ganz ähnlich lautete wie jener im ersten Buch Mose. Nicht alle waren von dieser Entdeckung begeistert. Die syrischen Behörden forderten die Archäologen auf, die möglichen biblischen Bezüge der Tafeln herunterzuspielen, insbesondere die um sich greifende Vermutung, die Bewohner Eblas könnten Vorfahren der Hebräer gewesen sein. Der bedeutsamste Rückschlag stellte sich jedoch erst später ein und kam von wissenschaftlicher Seite: Genauere Übersetzungen zeigten, dass auf den Tafeln in Wirklichkeit keine biblischen Orte erwähnt wurden; auch die Übersetzung des Schöpfungsberichtes lehnte man jetzt ab.

Ungefähr zur gleichen Zeit erschienen zwei einflussreiche Bücher amerikanischer Bibelforscher: *The Historicity of the Patriarchal Narratives* von Thomas L. Thompson und *Abra-*

*ham in History and Tradition* von John van Seters. Diese Werke untersuchen den biblischen Text und gelangen zu der Schlussfolgerung, die historische Wahrheit der Patriarchenerzählungen sei in Frage zu stellen. Beide Autoren äußern die Vermutung, die Geschichten um Abraham und die anderen Stammväter seien erst im 5. Jahrhundert v. u. Z. erfunden worden, tausend Jahre nach dem Patriarchenzeitalter, als die Bibelautoren nach einer Begründung für die Ursprünge des entstehenden israelischen Nationalstaates suchten.

Bis in die siebziger Jahre des 20. Jahrhunderts hatten Bibelexperten und Archäologen die Ansicht vertreten, die Berichte über die Patriarchen wären authentisch; dabei stützte man sich auf die Tatsache, dass sie in vielen Einzelheiten mit den Berichten in Keilschrift-Archiven übereinstimmten, die man in der antiken Stadt Nuzi in Mesopotamien gefunden und auf das zweite Jahrtausend v. u. Z. datiert hatte. Aber diese Theorie erlitt das gleiche Schicksal wie die Tafeln von Ebla: Es stellte sich heraus, dass manche angeblichen Parallelen zwischen den biblischen Geschichten und den Archiven von Nuzi, so beispielsweise Personennamen und Gewohnheiten des Familienrechts, aus der wissenschaftlichen Fehlinterpretation der Dokumente erwachsen waren oder ebenso für spätere historische Epochen galten. »Als sich nach den wissenschaftlichen Schlachten der Staub verzogen hatte«, berichtet Hendel, »war man ein Stück weitergekommen. Und man blickte nie mehr zurück.«

Heute sind wir zum ersten Mal in der Lage, zumindest Teile von Abrahams Welt mit einem vernünftigen Maß an Sicherheit zusammenzufügen. Aus archäologischen Ausgrabungen und Untersuchungen die Hügel von Judäa betreffend in Israel erwuchs eine umfassendere Rekonstruktion der wirtschaftlichen, gesellschaftlichen und landwirtschaftlichen Entwicklung von Hebron während einer Periode von mehreren tausend Jahren, und daraus wird deutlich, dass die derzeitigen politischen Streitigkeiten um Abrahams Erbe ihre Wurzeln in der biblischen Zeit haben. Neuere Forschungsarbeiten beschäftigten sich mit der mittleren Bronzezeit (2000 bis 1550 v. u. Z.), jener Periode, in die man bis heute jene Gestalt namens Abraham einordnet; wie sich dabei herausstellte, versteht man Abrahams Handlungen am besten in Zusammenhang mit den sich wandelnden Lebensbedingungen im Nahen Osten. Weitere Aufschlüsse darüber, wie sich die Geschichte von Abraham im Laufe der Zeit entwickelte, liefert die Textkritik der Patriarchenerzählungen.

Die Bedeutung solcher Unternehmungen kann man gar nicht hoch genug einschätzen, insbesondere in einer Region der Welt, wo die Vergangenheit noch heute so großen Einfluss auf die Menschen hat. Mit Hilfe der Archäologie verstehen wir nicht nur die Bibel besser, sondern auch das, was die Bibel ausgespart hat. Bibeldeutung ist ein uraltes Phänomen, das fast zur gleichen Zeit entstand wie die Berichte selbst. Die Geschichten, Historien, Psalmen und Vorschriften zu bewahren, die wir heute lesen, war Aufgabe der Schriftgelehrten: Sie kopierten mühevoll die Texte, wenn das Pergament alterte und zerfiel, und dabei übertrugen sie die Geschichten nicht einfach Wort für Wort und Komma für Komma. Die Geschichten veränderten sich, ihre Bedeutung verschob sich ein wenig oder manchmal auch tief greifend. »Wenn ein Autor manche Dinge wegließ und andere hinzufügte, gestaltete er die Vergangenheit neu und machte sie so zu einem vollkommeneren Vorbild für das, was er selbst für die Zukunft vorschreiben wollte«, urteilt der angesehene Bibelexperte James L. Kugel über die Bibeldeuter der Antike. Das Gleiche hätte er ebenso gut über die heutigen Bibelforscher sagen können. Die Archäologie spürt auf, was weggelassen wurde, und fügt Dinge hinzu, die man nie in Erwägung gezogen hatte; auf diese Weise gestaltet sie ebenfalls die Geschichte und ihre Konsequenzen neu.

Einer dieser neuen Deuter ist der israelische Dokumentarfilmer Yehuda Yaniv. Er suchte einige Grabungsstätten in Israel und Jordanien auf und verfolgte den Verlauf der neuesten Forschungsarbeiten sowie ihre Konsequenzen für die Berichte über die Patriarchen. In der festen Überzeugung, dass man den so ans Licht tretenden Abraham als Brücke zwischen Juden und Moslems nutzen konnte, entschloss Yaniv sich 1994, einen Film über den Stammvater zu drehen. »Ich suchte nach einem Weg, um nicht das Trennende, sondern das Verbindende zwischen uns zu untersuchen«, sagt er.

Das war, wie er sofort erkannte, keine einfache Aufgabe, obwohl Abraham in beiden Glaubensrichtungen als Prophet verehrt wird. Die Berichte über den Stammvater, die sich im Laufe der Jahre entwickelten und heute sowohl in der Bibel als auch im Koran auftauchen, scheinen praktisch unvereinbar zu sein. In der Bibel gibt es die berühmte Geschichte über das Opfer Isaaks. Nachdem Abraham und Sara jahrelang um ein Kind gebetet haben, wird ihr Sohn Isaak geboren. Eines Tages erhält Abraham von Gott den Befehl, seinen Sohn zu opfern und so seinen Glauben unter Beweis zu stellen. Abraham ist angesichts dieser Forderung merkwürdig schweigsam – er bittet nicht einmal um das Leben seines Sohnes. Stumm wetzt er sein Messer und geht mit Isaak an den Ort, den Gott ihm zeigt. An der bezeichneten Stelle bindet der Vater den Sohn gekonnt fest und hebt dann in einer Szene, die einem das Blut gefrieren lässt, die Waffe. Erst im allerletzten Augenblick fällt Gott ihm in den Arm, verschont den Knaben und schickt stattdessen einen Widder als Opfertier. In der Koran-Version dieser Geschichte soll Abraham seinen älteren Sohn Ishmael opfern, das Kind von Hagar, der Magd seiner Frau. Nach Ishmaels wundersamer Rettung baut dieser zusammen mit Abraham die Kaaba, den heiligen Schrein des Islam in Mekka, zu dem noch heute jedes Jahr viele Millionen Moslems pilgern. Die Gläubigen gehen im Gebet sieben Mal um die Kaaba – eine Erinnerung an Hagar, die in der Wüste siebenmal im Kreis lief, um Wasser für ihr Kind zu suchen, nachdem Abraham sie und Ishmael auf Betreiben der eifersüchtigen Sara verstoßen hatte. Nach dem Koran entwickelte Mohammed den von Abraham begründeten Glauben weiter, und Abraham gilt als erster Prophet des Islam, das heißt als erster Moslem.

Trotz solcher unterschiedlicher Überlieferungen hielt Yaniv an der Vorstellung fest, er könne ein gemeinsames religiöses Fundament legen. Kurz nachdem 1994 der Friedensvertrag zwischen Israel und Jordanien unterzeichnet war, tat er sich mit einer jordanischen Filmfirma zusammen und ging daran, Abrahams Weg nach den Beschreibungen der Bibel nachzuzeichnen. Im Gegensatz zu den Fachleuten vor ihm wollte der Filmemacher nicht herausfinden, ob Abraham tatsächlich an jeder einzelnen Station der biblischen Reiseroute Halt gemacht hat. Stattdessen suchte er nach dem Menschen Abraham. Er wollte deutlich machen, wie das Leben zur Zeit des Stammvaters ausgesehen haben könnte. Als Erzähler gewann Yaniv den berühmten jordanischen Komödien- und Charakterdarsteller Hisham Younis sowie den in Israel aus Radio und Fernsehen bekannten Alex Ansky. An der Allenby-Brücke, der wichtigsten Verbindungsstelle zwischen Jordanien und Israel, begrüßten die beiden Männer einander herzlich mit den Namen Isaak und Ishmael. Aus Koran und Bibel lasen sie Passagen vor, die mit der Geschichte von Abraham zu tun hatten. Zum größten Teil aber war die Produktion des Films nicht einfach. Nur die wenigsten islamischen Religionsführer waren bereit, in einer israelisch-jordanischen Koproduktion vor die Kamera zu treten. Aus Jordanien beteiligte sich kein einziger Professor oder Religionsführer, und nur ein einziger palästinensischer Dozent, der im Westjordanland arbeitete, erklärte sich zu Aufnahmen bereit. Bei der Mehrzahl der Beteiligten handelte es sich um israelische Juden oder israelische Araber. Yaniv vollzog mit großem Aufwand Abrahams Route nach und reiste dabei bis nach Haran an der türkisch-syrischen Grenze, denn er wollte auch das Dorf aufsuchen, von dem aus Abraham sich in das Gelobte Land aufmachte, nachdem er seine Heimat in Ur verlassen hatte. Wegen der Spannungen zwischen den kurdischen Widerstandsgruppen und der türkischen Regierung erhielt Yaniv nur unter Schwierigkeiten eine Einreisegenehmigung in die Türkei – die dortigen Behörden fürchteten, er könne entführt oder getötet werden. Auf dem Weg zu dem Dorf schlief Yanivs Fahrer am Lenkrad des Geländewagens ein, als gerade ein Mann mit einem Traktor quer über die gefährliche Straße fuhr. Der Fahrer kam ums Leben, der Jeep kam von der Straße ab und überschlug sich, und sowohl Yaniv als auch seine Frau wurden verletzt. Dennoch blieb er hartnäckig: Er filmte Moscheen, Höhlen, Gräber und Synagogen im gesamten Nahen Osten, überall da, wo Abraham der Bibel oder anderen Überlieferungen und Legenden zufolge auf dem Weg nach Kanaan Station gemacht hatte.

Der fertige Film mit dem Titel *Abraham's Odyssey* ist ein fesselndes Werk, aber noch interessanter ist vielleicht, welche Passagen Yaniv schließlich im Schneideraum opfern musste. In einer Szene des ursprünglichen Films standen Younis und Ansky zusammen in Jordanien auf dem Nebo, wo Mose dem biblischen Bericht zufolge das Land sah, das Abraham verheißen worden war. Die beiden Männer diskutieren: Ansky beharrt darauf, die Verheißung sei für das jüdische Volk am wichtigsten gewesen. Younis widerspricht: Sie gelte für alle Kinder Abrahams, für Ishmael ebenso wie für Isaak. »Der Ausdruck ›Gelobtes Land‹ war so bedeutungsschwer, dass wir die ganze Szene rauswerfen mussten«, erzählt Yaniv.

Auch andere Passagen fielen der Schere zum Opfer. Der jordanische Produzent bestand auf die Entfernung eines Bildes, in dem der Moslem Younis mit der traditionellen Kopfbedeckung der Juden an der Jerusalemer Klagemauer steht – man wollte islamische Fundamentalisten nicht beleidigen. Ebenso weggelassen wurde der Bericht über den Besuch einer Moschee in Amman, in dem sich am Ende eine Gruppe fundamentalistischer Moslems versammelt und schreiend den »Tod den Juden« fordert.

Yaniv erklärt, er interessiere sich nicht für Politik. In einem Interview für eine französische Zeitung während der Filmfestspiele von Cannes 1998 bezeichnet ihn der Journalist als Atheisten. Diese Stelle zitierten Angehörige der islamischen Bewegung im jordanischen Parlament während einer Debatte, in der die beteiligte jordanische Filmfirma aufgefordert wurde, sich aus dem Koproduktionsabkommen zurückzuziehen; ebenso sollte sie den Plan aufgeben, den Film ins Arabische zu übersetzen und so in der arabischen Welt besser bekannt zu machen. Seither beschreibt Yaniv seine religiösen Ansichten nur noch sehr zurückhaltend. Heute räumt er ein, er sei sich nicht sicher, ob Abraham tatsächlich gelebt habe. Aber durch die Arbeit an dem Film gelangte er zu der Erkenntnis, dass die Antwort auf diese Frage eigentlich bedeutungslos sei und keinen fruchtbaren Ansatzpunkt für wissenschaftliche Forschungen darstelle. »Ob Abraham eine historische Gestalt war oder nicht, ist wirklich nicht mehr von Bedeutung«, sagt Yaniv. »Wichtig ist, dass Abraham heute lebt.«

Abraham lebt, aber die Ursprünge einer so alten religiösen Gestalt aufgrund archäologischer Indizien schlüssig nachzuweisen, ist nach wie vor außerordentlich schwierig. Im Jahr 1975, ungefähr zur gleichen Zeit, als die Tafeln von Ebla entdeckt wurden und die Authentizität der Patriarchenerzählungen von namhaften Autoren in Zweifel gezogen wurden, begab sich eine Expedition unter Leitung der beiden amerikanischen Professoren R. Thomas Schaub und Walter Rast zum südöstlichen Teil des Toten Meeres in Jordanien, um nach den untergegangenen Städten Sodom und Gomorrha zu suchen. Hier handelt es sich wohl um zwei der berühmtesten biblischen Orte: Sie werden von Gott zerstört, weil ihre Bewohner sich der Wollust und dem Frevel hingaben. Auch Abrahams Neffe Lot wohnt dort, und Abraham fleht Gott an, er möge die Städte verschonen, wenn man dort zehn rechtschaffene Männer finden könne. Gott rettet Lot – vor allem wegen seiner engen Verwandtschaft mit Abraham –, aber die Städte vernichtet er. »Da ließ der Herr Schwefel und Feuer regnen vom Himmel herab auf Sodom und Gomorrha und vernichtete die Städte … Abraham aber machte sich früh am Morgen auf an den Ort, wo er vor dem Herrn gestanden hatte, und wandte sein Angesicht gegen Sodom und Gomorrha und alles Land dieser Gegend und schaute, und siehe, da ging ein Rauch auf vom Lande wie der Rauch von einem Ofen«, so der biblische Bericht im ersten Buch Mose, Kapitel 19.

Während der nächsten fünfzehn Jahre überstanden Schaub und Rast alle akademischen Meinungsverschiedenheiten; es gelang ihnen, über 30 Stätten auszugraben und zu identifizieren, von befestigten Städten bis zu gewaltigen Friedhöfen aus den ältesten historischen Zeiten bis zur islamischen Periode. Sodom und Gomorrha, das sind nach ihrer Spekulation vermutlich die beiden Städte Bab edh-Dhra' – die größte der Ansiedlungen, die am Südostufer des Toten Meeres heranwuchsen – und ihre Nachbarstadt Numeira.

Beide gehen auf die Bronzezeit um 3300 bis 2100 v. u. Z. zurück. Diese Datierung verlegt sie in eine Epoche lange vor der üblicherweise anerkannten Periode für Abrahams Leben. Früher hätten die Archäologen wahrscheinlich darauf beharrt, bei diesen Orten handle es sich trotz der zeitlichen Diskrepanz um das Sodom und Gomorrha der Bibel. Selbst Schaub und Rast hatten in dem Bericht über ihre ersten Arbeiten an den Stätten diese Ansicht vertreten. Im Laufe der Jahre dämpften sie jedoch ihre anfängliche Euphorie und wurden mit Schlussfolgerungen wesentlich vorsichtiger.

Die Grabungen in Bab edh-Dhra' und Numeira eröffneten einen noch nie da gewesenen Blick auf Leben und Untergang der Dörfer vor mehreren tausend Jahren. Der Grundriss war ähnlich und beide waren auf Berggipfeln erbaut, sodass die Städte einen Ausblick auf das Meer boten und sich in der Nähe von Süßwasserquellen befanden. Obwohl Bab edh-Dhra' schon seit tausend Jahren bewohnt war, begannen seine Bürger erst in der frühen Bronzezeit, Verstorbene in Gräbern auf einem Friedhof am Stadtrand zu bestatten. Der Friedhof lieferte einige der ergiebigsten Funde; neben den Knochen entdeckte man zahlreiche Gegenstände, darunter Gefäße, Figuren und Perlen aus Ton, hölzerne Werkzeuge und Nahrungsopfer. Die ausgegrabenen Skelette waren in ihrer Mehrzahl unvollständig, und deshalb spekulierten die Archäologen, man habe die Verstorbenen nach ihrem Tod zunächst an einem anderen Ort begraben und erst später auf den Friedhof von Bab egh-Dhra' gebracht, vermutlich in Familien- oder Sippengräber. Anfangs wurden hier nur zu bestimmten Jahreszeiten Tote bestattet, vermutlich von Nomaden, die hier das Wasser nutzten und alle auf ihren Wanderungen Verstorbenen hier zurückließen. Aber im Laufe der Zeit entwickelte sich die nahe gelegene Siedlung zu einem ständig bewohnten Dorf. Die Einwohner bauten auf steinernen Fundamenten einfache Häuser aus Lehmziegeln. Diese Gebäude waren für die Archäologen der erste Anhaltspunkt, dass sich hier irgendwann ständig Menschen aufzuhalten begannen. Man züchtete verschiedene Nutzpflanzen, darunter Weizen, Gerste, Weintrauben, Oliven, Linsen und Kichererbsen. Die Knochenfunde weisen darauf hin, dass es auch Schafe und Ziegen, Eidechsen, Esel und Kamele gab. Dann, etwa 2350 v. u. Z., fand die Stadt ein plötzliches, gewaltsames Ende. Was ihren Untergang auslöste, kann niemand mit Sicherheit sagen; es könnte ein Erdbeben oder eine andere Naturkatastrophe gewesen sein, aber auch ein militärischer Angriff von außen oder eine Seuche. Noch augenfälligere Zeichen der Zerstörung fand man an der Ausgrabungsstätte von Numeira. Hier fanden die Archäologen in der ganzen Stadt dicke Ascheschichten vor, verbrannte Dachbalken und eingestürzte Mauern, ja sogar frisch gepflückte Weintrauben mit unversehrter Haut. Sie waren durch den Brand, der die Stadt verwüstet hatte, verkohlt und lieferten den Beweis, dass die Katastrophe im Spätsommer oder Frühherbst eingetreten sein musste. Die Haustüren waren in Numeira mit Steinen verrammelt – das deutete man als Indiz, dass die Einwohner möglicherweise mit einem Erdbeben oder einer anderen Naturkatastrophe rechneten und flohen, um später vielleicht zurückzukehren. Tatsächlich enthielten die meisten Häuser nicht den Schmuck und andere kleine Gegenstände, die man in der Regel bei Grabungen findet, und auch Überreste von Menschen konnte man in den Trümmern nicht ausmachen.

An den Ausgrabungsstätten selbst gab es nichts, was eine schlüssige Verbindung zur biblischen Überlieferung zugelassen hätte, aber Schaub weist darauf hin, dass Bab edh-Dra' und Numeira nach der Zerstörung nie wieder bewohnt wurden. Die Ruinen lagen frei. »Jeder, der vorüber kam, konnte sie sehen, und der Verfall war für alle offensichtlich«, sagt Schaub. Nach seiner Ansicht kann man sich ohne weiteres vorstellen, was für eine Geschichte die Bibelautoren aus derart dramatischen Zerstörungen ableiteten. Das Tal muss ausgesehen haben, als sei es von Gott verflucht. Die Geschichte von Sodom und Gomorrha »geht wohl tatsächlich auf ein historisches Ereignis zurück«, sagt Schaub, »aber heute werden wir nicht mehr herausfinden, was es war.«

Dennoch gibt es trotz aller Zweifel allmählich Fortschritte. Der Archäologe David Ilan, der an der großen Ausgrabungsstätte von Tel Dan nahe der Grenze zwischen dem heutigen Israel und Libanon arbeitet, ist ein Spezialist für die mittlere Bronzezeit. Er charakterisiert diese Periode als »Heraufdämmern des Internationalismus« im Nahen Osten, denn nun wurde ein Fremder, der plötzlich vor dem eigenen Zelt auftauchte, Teil des Alltags. In der ganzen Region befanden sich Menschen in großen Wellen auf Wanderschaft, und ihre Mobilität führte zur Entstehung komplexer Handelsbeziehungen zwischen den Städten. In Tel Dan fand man überall Anhaltspunkte, dass Menschen aus Städten in Mesopotamien, darunter auch Abrahams Geburtsort Ur, tatsächlich großen Einfluss auf die Verteilung der Siedlungen und den Charakter der ganzen Gegend hatten.

Als Ilan mich durch die Jerusalemer Niederlassung des Skirball Museums führte, das Funde von einer ganzen Reihe wichtiger Grabungsstätten in Israel beherbergt, wies er mich auf einen Nachbau des Lehmziegeltores von Tel Dan hin, das als einziges bogenförmiges Bauwerk aus der Bronzezeit am südöstlichen Mittelmeer überlebt hat. Nach seinen wissenschaftlichen Befunden war das Tor sehr lange nicht benutzt worden, und offenbar hatte man es schon bald nach seiner Errichtung absichtlich mit Erde aufgefüllt. Warum man es aufgegeben hatte, lag auf der Hand: Wie die Befunde zeigten, zerfiel das Tor schon bald nach seiner Vollendung. Der nördliche Turm löste sich vom Fundament, und ein Versuch, eine steinerne Stütze für die zusammenbrechenden Lehmziegel zu bauen, war fehlgeschlagen. Im Inneren des Tores waren die Schäden noch schlimmer: Die aus Erde errichtete Brustwehr war auf die zur

Stadt führende Straße gestürzt. Bei jedem Regen brachen Schlamm und Trümmer ab und häuften sich in der Hauptdurchfahrt. »Wäre Abraham auf seinem Esel durch dieses Tor geritten, hätte er einen Bogen um einen großen Trümmerhaufen machen müssen.« Ilan lachte. Nach seiner Vermutung hatten die Stadtbewohner anfangs wahrscheinlich versucht, die Trümmer wegzuräumen, aber irgendwann gestanden sie die Niederlage vor den Elementen ein und füllten das ganze Gebäude auf, um dann an einer anderen Stelle ein neues Tor zu bauen. Tatsächlich hatten die Archäologen nicht weit von dem Lehmziegelbau ein steinernes Tor gefunden.

Die Frage, die Ilan beschäftigte, betraf den Grund für den Zerfall des Tores. »War den Erbauern nicht klar, dass das Tor in einer Gegend, wo es relativ viel regnet, zusammenbrechen musste?«, fragte er. Ein Rätsel ist für ihn auch, dass sie nicht Steine und Holz aus der Gegend verwendet hatten, obwohl beides in den ländlichen Gebieten rundum reichlich zur Verfügung stand – eine besonders eklatante Unterlassung angesichts der Tatsache, dass man aus dem gleichen Material zu jener Zeit an nahe gelegenen Orten wie Megiddo oder Hazor erfolgreich steinerne Tore errichtet hatte. Ilan erklärt diesen Widerspruch damit, dass die Architekten aus Mesopotamien stammten. »In Mesopotamien waren Lehmziegel praktisch das einzige leicht verfügbare Baumaterial«, erklärte er mir. »Die gleiche Bogentechnik wie in Dan wurde auch in Ur allgemein zum Überspannen von Toreinfahrten verwendet, aber dort gab es viel weniger Niederschläge als im Norden von Kanaan. Die Architekten von Dan übertrugen einfach fälschlich die Technik, die sie von zu Hause kannten, auf diese Region. Und nachdem sie sahen, dass es nicht funktionierte, wurde sie schnell aufgegeben.«

Ilan schlenderte zwischen den Museumsvitrinen herum, vorbei an Steinsarkophagen, Keramik und anderen Ausstellungsstücken. Die Funde von Dan Stück für Stück zu betrachten war wie eine Reise auf der Spur derer, die aus Mesopotamien nach Kanaan gewandert waren und dabei ihre eigenen Sitten und

Gebräuche mitgebracht hatten. In Dan und wenigen Städten im Norden Kanaans machten sie neue Bestattungspraktiken bekannt, welche die alten Rituale ergänzten. Auch in Untersuchungen an menschlichen Skelettresten aus dieser Periode zeigten sich bedeutsame demographische Veränderungen, die sich nicht durch Umwelt- oder Evolutionseinflüsse erklären lassen, sondern auf neue Menschengruppen hinweisen, die dort lebten und starben. Unter anderem gruben Ilan und seine Kollegen in Dan bemalte Keramik eines besonderen Typs aus, die in Technik und Stil offensichtlich weiter aus dem Norden stammte.

Neuere Forschungsarbeiten lieferten weitere spannende Anhaltspunkte über die mittlere Bronzezeit. Die wenigen Keilschrifttafeln aus jener Zeit, die man in Palästina – unter anderem in Hebron – gefunden hat, enthalten Namen vermutlich hurritischen Ursprungs; die schwer fassbare ethnische Gruppe der Hurriter beherrschte im zweiten Jahrtausend v.u.Z. den Norden Mesopotamiens sowie Teile von Syrien und Anatolien, ein weiteres Indiz, dass Gruppen aus dem Norden sich mit der örtlichen Bevölkerung vermischten. Andere Archäologen beschäftigen sich mit Pflanzenresten, unter anderem mit den Teilen der so genannten Spanischen Platterbse, die in der Ägäis verzehrt wurde, am östlichen Mittelmeer und im Nahen Osten aber nicht heimisch ist. Die Pflanze enthält Giftstoffe, die Lähmungen und Nervenschäden verursachen können, wenn sie nicht vor dem Verzehr durch Kochen abgetötet werden. Menschen, die diese Pflanze nach Kanaan brachten und aßen, so die Argumentation der Archäologen, müssen über die erforderliche Zubereitung Bescheid gewusst haben. Wie Ilan ausdrücklich betont, erklärt das alles aber nicht, wie und warum es zur Einwanderung kam, und es ist auch keine Bestätigung für den historischen Wahrheitsgehalt der Geschichte von Abrahams Wanderung. Aber nachdem die Archäologie nun Vermutungen über die Geschichte vergessener Städte und Nomadenvölker anstellt, wandelt der biblische Bericht allmählich sein Gesicht.

In jenen vergangenen Zeiten liegen auch die Wurzeln des heutigen politischen Konfliktes. Nach dem Bericht im ersten Buch Mose lebte Abraham in Hebron, auf der anderen Seite des Toten Meeres wie sein Neffe Lot, als seine Frau Sara mit 127 Jahren starb. Abraham macht sich auf und verhandelt mit den Stadtbewohnern über den Kauf einer Begräbnisstätte; dabei hat er bereits ein Auge auf die Höhle Machpelah (auch Höhle der Patriarchen genannt) geworfen, die am Rand eines Ackers liegt. Das Feld gehört Efron, der als Hethiter und Bewohner der Stadt bezeichnet wird. Efron bietet zunächst an, Abraham Höhle und Land zu schenken, aber als Abraham auf Bezahlung besteht, nennt er einen hohen Preis: 400 Silberstücke. Abraham wiegt die Münzen ab und nimmt nicht nur die Höhle, sondern den ganzen Acker in Besitz. Später wird auch er von seinen Söhnen Isaak und Ishmael hier begraben – es ist eine der wenigen Handlungen, die sie dem Bericht zufolge gemeinsam vollziehen.

Dass sich Ähnliches im heutigen Hebron abspielen könnte, wo einige der radikalsten Extremisten beider Seiten des arabisch-israelischen Konfliktes wohnen, ist kaum vorstellbar. Die Araber wandten sich 1929 in nationalistischen Pogromen gegen ihre jüdischen Nachbarn und brachten 67 jüdische Bewohner um, die sie vielfach zuvor ein Leben lang gekannt hatten. In einem kleinen, von den heutigen jüdischen Einwohnern der Stadt eingerichteten Museum zeigen Fotos die abgeschnittene Hand einer Frau und Menschen mit klaffenden Wunden am Rücken. Auch die islamische Gemeinde von Hebron erlebte viel Leid und hat ihre eigenen Gedenkstätten, eine Folge des Massakers von 1994, als der israelische Jude Baruch Goldstein im islamischen Fastenmonat Ramadan während der Gebete in die Höhle der Patriarchen eindrang, mindestens 29 Gläubige erschoss und 150 weitere verwundete. Seit diesem Vorfall ist das Abraham gewidmete Heiligtum durch eine Mauer geteilt, und die israelischen Soldaten, die es bewachen, haben für die Gebete einen strengeren Zeitplan eingeführt, sodass die beiden Gruppen sich dort nicht begegnen können.

Die Geschichte Hebrons wurde vor allem durch die Arbeiten des israelischen Archäologen Avi Ofer aufgeschlüsselt; wie sich herausstellte, war die Stadt seit jeher eine Heimstatt für Radikale, ein Zufluchtsort für jene, die Kompromisse verabscheuten. Im Rahmen seiner archäologischen Doktorarbeit hatte Ofer Anfang der achtziger Jahre die bis dahin umfassendste und wichtigste Untersuchung des gesamten Hochlandes von Judäa in Angriff genommen, eines Gebietes von etwa 800 Quadratkilometern, zu dem das Kernland von Juda (einschließlich Hebron) gehört und das sich im Süden bis nach Beersheba erstreckt. Während dieser Untersuchung hatte man das Bergland durchgekämmt, Keramikscherben gesammelt und die Überreste von Häusern und anderen Bauwerken erkundet, immer in der Hoffnung, man könne die Siedlungsgeschichte der Region während aller nur denkbaren historischen Epochen nachvollziehen, angefangen im 4. Jahrtausend v. u. Z. bis hin zur osmanischen Zeit unmittelbar vor der Gründung des heutigen Staates Israel. Ofer müsste dafür natürlich mehrere Jahre lang in Hebron graben. Dort interessierte er sich vorwiegend für die biblische Periode in der Bronze- und Eisenzeit, insbesondere für die Verbindung der Stadt mit den Patriarchen und für Hebrons Rolle als Hauptstadt des Königs David, die sie sieben Jahre lang behielt, bevor David das Jerusalem der Jebusiter eroberte und das Zentrum seines wachsenden Reiches dorthin verlegte. Ofers vorläufige Forschungsergebnisse weisen darauf hin, dass Hebron in diesen Phasen ein entscheidendes Handels- und Wirtschaftszentrum der Region war; aber – und das ist vielleicht noch interessanter – es war auch immer eine selbstständige Gemeinde, die sich gesellschaftlich, wirtschaftlich und politisch von den größeren jüdischen Zentren wie Jerusalem unterschied, obwohl sie offiziell als untergeordnete Verwaltungseinheit galt.

Trotz Hebrons großer historischer Bedeutung war es für Ofer nicht einfach, Mittel für die Grabungen zu beschaffen. Schon kurz nach dem arabisch-israelischen Sechs-Tage-Krieg von 1967, nach dem Israel die Kontrolle über das Westjordanland übernommen hatte, galt Hebron als politischer Brennpunkt. Eine Gruppe jüdischer Siedler war in ein Hotel der Innenstadt gezogen, angeblich um das Passahfest in der Stadt der Patriarchen zu feiern. Aber nach dem Feiertag weigerten sie sich wieder abzureisen; die Regierung ging letztlich einer Konfrontation aus dem Weg und genehmigte eine kleine jüdische Siedlung. Als Ofer mit seinen Ausgrabungen begann, waren die politischen Spannungen zwischen Israelis und Palästinensern im Westjordanland und dem Gaza-Streifen noch schlimmer als gewöhnlich, bis sie 1987 schließlich ihren Höhepunkt mit der Intifada fanden, dem Palästinenseraufstand gegen die fortgesetzte militärische Präsenz Israels.

Dass es Ofer schließlich gelang, sich die notwendige finanzielle Unterstützung für Grabungen zu beschaffen, hatte er vor allem einem politischen Glücksfall zu verdanken. Die jüdischen Siedler in Hebron hatten sich kurz zuvor entschlossen, ihre Position zu stärken, und bauten zu diesem Zweck ein Wohnviertel in Tel Romeideh, einem hügeligen Teil der Stadt. Ofers Forschungen bestätigten, dass Tel Romeideh das Zentrum des biblischen Hebron war, und nun wandte er sich zusammen mit seinen Beratern und Kollegen, den bekannten israelischen Archäologen Benjamin Mazar und Moshe Kochavi, an den Verteidigungsminister – zu jener Zeit Itzhak Rabin; sie argumentierten, es seien dringend Mittel für die Grabungen erforderlich, bevor die Siedler auf dem Hügel eine ganze Wohnanlage errichteten und das darunter gelegene archäologische Material zerstörten. Tatsächlich hatte man auf einem kleinen Teil des Hügels bereits provisorisch Wohnwagen aufgestellt, und letztlich kam Ofer nie dazu, dort zu graben. Aber mit den 20 000 Schekel, die Rabin für die Grabungen genehmigt hatte, konnte er andere Teile von Tel Romeideh untersuchen.

Im Vergleich zu anderen Städten in Juda blieb Hebron im Laufe seiner Geschichte immer relativ arm. Als abgelegener, schwer zu erreichender Ort war die Siedlung landwirtschaftliches Pioniergebiet, das unmittelbar an die Wüste grenzte. Als im 10. Jahrhundert v. u. Z. eine neue Siedlungswelle einsetzte, wandte sich das Schicksal der Stadt zum Besseren. Es gibt Anhaltspunkte für eine verstärkte Bautätigkeit; im Laufe der Zeit errichtete man Befestigungen, und die Stadt wuchs heran, sodass sie schließlich zum größten und wichtigsten Zentrum im Süden Judas wurde. Die Krönung des Königs David, über die in der Bibel berichtet wird, und die sieben Jahre als Hauptstadt, bevor Jerusalem diese Funktion übernahm, stellen nach Ofers Überzeugung den archäologischen Funden zufolge Hebrons Blütezeit dar. Eilig weist er aber darauf hin, dass es auch zu jener Zeit nur die reichste Stadt eines armen, abgelegenen Teils Judas war. Hebron war zwar Davids Hauptstadt, aber damit wurde es nur zum Zentrum einer eng umgrenzten Region. »Der Bibel zufolge zog David nach Jerusalem, so schnell er konnte, und wer wollte es ihm verdenken?«, sagte Ofer 1999 in einem Interview. »Von Hebron aus kann man keinen nennenswerten Teil Judas kontrollieren, denn es liegt nicht in der Mitte. Und nachdem David die Stadt verlassen hatte, wird sie in der Bibel kaum noch erwähnt.«

Aber Hebron bereitete David weiterhin Sorgen. Seine Pläne, die Besitzungen zu erweitern, wären durch seinen aufständischen Sohn Absalom fast zunichte gemacht worden, und der wählte Hebron als Ausgangspunkt für einen Putschversuch. In einer Geschichte im zweiten Buch Samuel kommt Absalom zu seinem Vater und bittet ihn um Erlaubnis, zum Gebet nach Hebron gehen zu dürfen. David gibt ihm seinen Segen mit den Worten »Gehe hin mit Frieden«. Aber Absalom hat etwas anderes vor, und sobald er in Hebron ist, zettelt er den Aufstand gegen seinen eigenen Vater an: »Wenn ihr den Schall der Posaune hört, so ruft: Absalom ist König geworden zu Hebron«, befiehlt er seinen Anhängern, die er überall in Davids Reich als Spione unterbringt. Der Aufstand wird letztlich niedergeschlagen, und Absalom kommt ums Leben, aber zuvor vertreibt er David aus Jerusalem und übernimmt beinahe die Macht. Ofer hält es für wahrscheinlich, dass der wirtschaftliche und demographische Niedergang Hebrons im Anschluss an die Verlegung des Regierungssitzes nach Jerusalem bei vielen Bewohnern zu Verbitterung und Widerwillen geführt hat, und dass sie Absalom deshalb die notwendige Unterstützung in der Gegnerschaft zu Jerusalem gewährten.

Aus den biblischen Texten wie auch aus Aufzeichnungen der Verwaltung wurde deutlich, dass die zentralen Behörden Hebron gesondert behandelten. Steuer- und Einwohnerlisten wurden getrennt von denen für Jerusalem geführt, in dessen rechtlichen Zuständigkeitsbereich es eigentlich gehörte. In Ofers Augen weist diese Tatsache darauf hin, dass Hebron eine Sonderstellung einnahm und dass seine Bürger sich sowohl für einen Teil des größeren Staatsgebildes Judäa als auch für etwas irgendwie davon Getrenntes hielten. Über die Gründe kann Ofer nur spekulieren. Die von ihm entdeckten Kultgegenstände legen die Vermutung nahe, dass Hebron ein eigenständiges religiöses Zentrum war und dass seine Einwohner nicht darauf angewiesen waren, zum Beten nach Jerusalem zu reisen. Das bedeutete, dass sie weder Tribut an die Jerusalemer Priester zahlen noch deren Predigtinhalten folgen mussten. Auch das Fehlen jeder florierenden lokalen Landwirtschaft muss in Verbindung mit der abgelegenen Lage der Stadt dazu beigetragen haben, dass hier ein besonderer Menschenschlag gedeihen konnte, so Ofers Überlegung.

Daran hat sich offenbar auch im heutigen Hebron mit seiner schwierigen Existenzgrundlage und seinen Bewohnern, die mehr zum Konflikt als zu Kompromissen neigen, kaum etwas geändert. Die traurige, mühevolle Geschichte hängt wie ein Schatten über der Stadt. Aber gerade in dieser Vergangenheit liegt auch der Ansatz zu einer Lösung. Anders als in Jerusalem, wo David eine starke politische Dynastie errichtete, die nach seinem Tod noch viele Generationen lang erhalten blieb, konnte in Hebron keine Gruppe für längere Zeit die Oberhand behalten. Das Leben in der Stadt war schwierig, und das Schicksal nahm besonders launische Wendungen. »Die Einwohner blieben, so lange sie konnten«, sagte Ofer. Wenn dann die ökologischen oder politischen Verhältnisse sich änderten, zogen sie weiter und ließen sich in Nachbargemeinden nieder, um auf eine Gelegenheit zur Rückkehr zu warten.

Die Archäologie eröffnete die Möglichkeit, Hebrons Entwicklung umfassender zu rekonstruieren, und die Textkritik der Berichte über die Patriarchen zeigt etwas Unerwartetes: Abrahams Verbindung zu Hebron ist ursprünglich kein Teil der Überlieferung über die Stammväter, sondern wurde später hinzugefügt, weil man damit die wechselnden innenpolitischen Verhältnisse in Juda wiedergeben wollte. Nach einer unter Fachleuten weitgehend anerkannten Vorstellung war die Entstehung der Bibel ein langwieriger Prozess, der sich über mehrere Jahrhunderte hinzog, und viele Berichte machten von der Zeit, als sie zum ersten Mal niedergeschrieben wurden, bis zur Herausgabe des Alten Testaments – vermutlich im 5. Jahrhundert v. u. Z. – beträchtliche Wandlungen durch. Beispiele dafür gibt es in Hülle und Fülle. Nach Ansicht des Bibelexperten Kyle McCarter Jr. spiegelt sich in den zwölf Stämmen Israel, die in den heute bekannten biblischen Geschichten von Jakob und Josef vorkommen, die zu einem späteren Zeitpunkt der Bibelbearbeitung übliche Stammesliste wider. Als Beleg nennt er eine Stelle im Buch der Richter, wo der Sieg der Stämme Israel über die feindlichen Kanaaniter beschrieben wird. Dort findet sich eine andere Liste, in der die südlichen Stämme Juda und Simeon nicht aufgeführt sind. Nach McCarters Vermutung galt der Süden Kanaans, den spätere Autoren mit Abraham in Verbindung brachten, bei der Entstehung des Textes noch nicht als Teil des israelitischen Gebietes, und deshalb wurde er in der Liste nicht erwähnt.

In früheren Versionen der Geschichte soll Abraham sich im Jezreel-Tal im Norden Zentral-Israels niedergelassen haben, und sein Neffe Lot siedelte jenseits des Jordan; Hagar dagegen, die Magd Saras und Mutter von Abrahams Sohn Ishmael, wird mit einem Stamm aus Nordarabien in Verbindung gebracht. Später jedoch, als der Stamm Juda unter David zur beherrschenden Kraft in Israel wurde, übernahmen seine Schriftgelehrten auch die Aufgabe, die heiligen Schriften zu bearbeiten. Nach McCarters Überzeugung schrieben sie die Überlieferung später um, und in den neuen Versionen wurde Abraham samt seiner Familie weiter südlich in den Bergen von Juda angesiedelt. Nachdem Abraham sich von Lot getrennt hat, lässt er sich nicht im zentralen Hochland nieder, sondern bei den Eichen von Mamre in Hebron. Dort zahlt er auch an Efron die 400 Silberstücke, um die Familien-Begräbnisstätte zu kaufen.

Zwar herrscht recht breite Einigkeit darüber, dass Abrahams Verbindung mit Hebron eine spätere Hinzufügung darstellt, aber wie spät sie vorgenommen wurde, ist immer noch umstritten. Nach McCarters Vermutung wandelten die Autoren den Bericht unter anderem auch aus politischen Erwägungen ab, weil sie ihre Sicht der Dinge während der Herrschaft des Königs David im 10. Jahrhundert v. u. Z wiedergeben wollten. Andere Fachleute nennen für die endgültige Form der Abraham-Überlieferung sogar noch spätere Daten; danach entstand sie vielleicht erst nach der Niederlage Israels gegen die assyrische Streitmacht 722 v. u. Z. und dem nachfolgenden Aufstieg der Monarchie von Judäa mit ihrem Versuch, eine gesamtisraelische nationale Identität zu schaffen. Eine der interessantesten Theorien über die Datierung der Abraham-Geschichte stammt von Oded Lipschits, einem jungen Historiker der Universität von Tel Aviv, der sich auf die so genannte babylonische Gefangenschaft spezialisiert hat, eine fünfzigjährige Periode der babylonischen Herrschaft in Palästina, die 587/586 v. u. Z mit der Zerstörung des Tempels in Jerusalem begann.

Nach Lipschits' Ansicht sprechen viele geographische und andere Bezüge im Abraham-Bericht dafür, dass der Text in babylonischer Zeit verfasst wurde und dass die Geschichte über den Kauf von Land und Begräbnisstätte in Hebron ganz gezielt eine politische Funktion erfüllte. »Hebron war ein traditionelles Zentrum der Judäer, eine der Hauptstädte Judas und eine wichtige Metropole. Aber als die Judäer nach dem babylonischen Exil allmählich wieder nach Jerusalem zogen, war Hebron kein Teil von Juda mehr«, sagt er. »Die Babylonier hatten bei ihrer Machtergreifung die Grenzen neu gezogen, und als die Perser später von ihnen die Herrschaft übernahmen, behielten sie diese Grenzen bei. Deshalb gestalteten die Bibelautoren und

-bearbeiter die Geschichte um: Sie wollten zeigen, dass Hebron den Judäern gehörte, obwohl es nicht mehr in ihrem Machtbereich lag. Sie meldeten einen Anspruch an für den Fall, dass die politischen Verhältnisse sich irgendwann einmal änderten.«

Die mit der Höhle zusammenhängenden volkstümlichen Überlieferungen entwickelten sich auch in der Zeit des Zweiten Tempels noch weiter. Nach den Schriften jüdischer Weiser aus dem 2. Jahrhundert v. u. Z. wurden nicht nur Abraham, Isaak, Jakob und ihre Ehefrauen Sara, Rebekka und Lea in Abrahams Grab bestattet, sondern auch Jakobs sämtliche Söhne. Wie der Historiker Steven Fine feststellte, fügten die Weisen darüber hinaus einige weitere biblische Gestalten hinzu, deren Gräber die frühere Überlieferung nicht mit Hebron in Verbindung gebracht hatte, so beispielsweise Mose und seinen Bruder Aaron. Ein Rabbiner habe bei einem Besuch der Stätte gesehen, wie Adam in Abrahams Grab wanderte. Am Ende, so Fine, stellte die Höhle eine Art nationales Grabmal für alle Helden der Bibel dar.

Mustafa Abdel Nabi Natsheh, der heutige Bürgermeister von Hebron, interessiert sich kaum für solche Legenden. Mit den Worten »Das hier war immer eine arabische Stadt« tut er das Thema ab. Wie die islamische Gemeinschaft von Hebron die jüdischen Bezüge zu der Stadt übersieht, so übersehen auch die jüdischen Siedler, dass sie in den letzten 700 Jahren unter islamischer Herrschaft stand. »So wurden Abraham der Acker und die Höhle darin zum Erbbegräbnis bestätigt«, entgegnet David Wilder, Sprecher der jüdischen Gemeinschaft in Hebron. Mit diesem Bibelzitat – es schmückt die Rückseite von Erinnerungsmünzen, welche die Siedler zusammen mit anderen Abraham-Artikeln verkaufen – wird häufig begründet, warum etwa 50 Familien die Stadt niemals verlassen werden, obwohl sie auf den Schutz israelischer Soldaten angewiesen sind, um zwischen 120 000 Arabern leben zu können. Aber schon die architektonischen Veränderungen, die das Grab der Patriarchen im Laufe der Jahrhunderte erfuhr, lassen die Exklusivansprüche beider Seiten zur Farce geraten. Zu dem Bauwerk haben alle Eroberer und Religionen in Hebron beigetragen, und damit wurde es zu einem Spiegel der konkurrierenden Überlieferungen, die sich um Abraham herum im Laufe der Jahre entwickelten. Wer das ursprüngliche Denkmal errichtete, das heute das Grab beherbergt, kann niemand mit Sicherheit sagen; gewöhnlich wird es dem jüdischen König Herodes dem Großen zugeschrieben, der von 37 bis 4 v. u. Z. herrschte. Das Bauwerk entstand irgendwann während der dreißig oder vierzig Jahre, als der herodianische Architekturstil in Mode war, und zwar wahrscheinlich über einem älteren Gebäude, das man traditionell mit dem Ort von Abrahams Begräbnis in Verbindung brachte.

Heute steht man vor einem wirren Durcheinander unterschiedlicher Stile. Man findet gewaltige Mauern im herodianischen Stil aus den exakt behauenen Quadersteinen, die auch in Jerusalem häufig zu sehen sind. Die Römer bauten oberhalb der Höhle eine Kirche, und als die Araber Hebron im Jahr 638 u. Z. eroberten, wandelten sie die Kirche in eine Moschee um. Im 12. Jahrhundert nahmen Kreuzritter die Stadt ein und machten die Moschee wieder zur Kirche, aber dann fiel Hebron an die Mamelucken, an Moslems also, sodass sie erneut zur Moschee wurde. Die Mamelucken verboten obendrein den Juden und Christen, das Heiligtum oder die Höhle zu betreten. Nicht-islamische Gläubige durften auf der äußeren Treppe zum Grab nicht höher als bis zur siebten Stufe steigen, und von dort konnten sie durch ein Loch in der Mauer über dem Eingang bis zur Höhle sehen.

Aus der Einfriedung unter einem der Minarette, die Saladin an dem Bauwerk errichten ließ, ragt eine Moschee mit Kuppel hervor. Dem biblischen Bericht zufolge wurden Josefs sterbliche Reste aus Ägypten mitgenommen, als Mose und die Israeliten flohen, und dann bestattete man sie in Shechem (dem heutigen Nablus); spätere islamische und jüdische Legenden behaupten jedoch, die Gebeine seien in dem Grab in Hebron beigesetzt worden. Im 10. Jahrhundert u. Z., so eine Geschichte, schickte der islamische Kalif mehrere Arbeiter zu dem Grab, damit sie das Geheimnis lüfteten. Sie suchten sich einen großen

Felsbrocken, brachen das Grab auf und fanden darin Josefs Leichnam. Daraufhin baute der Kalif an dem Ort die Moschee mit der Kuppel. Saladin, der islamische Eroberer, der das Grab 1188 u. Z. nach Kämpfen mit christlichen Kreuzrittern in seine Gewalt brachte, fügte die Minarette und Zinnen hinzu, die noch heute auf dem Dachfirst des Gebäudes zu sehen sind. Eine verbliebene Säule der Kreuzritter steht unmittelbar neben einer weiteren aus Marmor, die von den Mamelucken errichtet wurde, den Herrschern des Gebietes vom 13. bis zum 16. Jahrhundert u. Z. Auch die Israelis nahmen Veränderungen vor. Als sie 1967 nach dem Sechs-Tage-Krieg die Macht in Hebron übernahmen, wurde die Treppe zum Grab teilweise entfernt, und das Loch, durch das Juden und Christen seit der Mameluckenzeit in das Heiligtum zu blicken pflegten, wurde zubetoniert. Allen Bemühungen der vielen konkurrierenden Gruppen zum Trotz ist es keiner von ihnen gelungen, die Beiträge ihrer Vorgänger völlig auszumerzen.

Sowohl der biblische Text als auch die kürzlich aufgeklärte archäologische Vergangenheit der Stadt sprechen dagegen, dass Hebron jemals ausschließlich einer einzigen Gruppe gehören könnte. Das hat offensichtlich schon Abraham erkannt und entsprechend gehandelt. Gott verspricht ihm, das ganze Land Kanaan werde das seine sein, und die Verpflichtung, das Land anzunehmen, sei absolut entscheidend. Aber als Abraham und sein Neffe Lot erkennen, dass sie nicht mehr friedlich zusammenleben können, ist Abraham derjenige, der die Aufteilung des Landes vorschlägt, und er bietet Lot sogar die Chance, sich als Erster seinen Teil auszusuchen. »Lass doch nicht Zank sein zwischen mir und dir … Steht dir nicht alles Land offen? Trenne dich doch von mir! Willst du zur Linken, so will ich zur Rechten, oder willst du zur Rechten, so will ich zur Linken.« Das sagt Abraham im ersten Buch Mose zu Lot – es sind wohl kaum die Worte eines Mannes, der um jeden Preis Eroberungen machen will. Später, als Abraham die Höhle der Patriarchen kaufen und Sara darin bestatten will, benimmt er sich wie ein Gast: Er demütigt sich vor den Einheimischen, statt sich auf Gottes Versprechung zu berufen oder seine historischen und göttlichen Rechte an der Stadt wie eine Waffe vor sich herzutragen. Die Bibel schildert diese Geste der Demut mit einfachen Worten: »Da verneigte sich Abraham vor dem Volk des Landes.« Noch etwa 400 Jahre sollten vergehen, der größte Teil davon nach dem biblischen Bericht in ägyptischer Sklaverei, bevor Abrahams Nachkommen ein besseres Leben zuteil wurde.

# Kapitel 2
# Exodus –
# Pharao spricht

*Ich bin der Herr, dein Gott, der ich dich aus Ägyptenland, aus der Knechtschaft, geführt habe.*
  (2. Mose 20, 2)

Das entscheidende Ereignis in der Geschichte des Volkes Israel war nach Ansicht der Bibelautoren die Befreiung aus einem Leben in ägyptischer Knechtschaft, und diese Befreiung fand unter der Leitung von Mose statt. Mit Seuchen, der Teilung der Wasser und einer ganzen Sammlung weiterer Wunder bietet der Exodus eine geeignete Bühne, auf der Jahwe seine göttlichen Muskeln spielen lassen konnte. Bei der darauf folgenden vierzigjährigen Wanderung durch die Wüste werden die Israeliten endgültig zu einer Nation. Sie schließen einen dauerhaften Bund mit Jahwe und erhalten die Zehn Gebote, die zur Grundlage der jüdisch-christlichen Überlieferung wurden, wie wir sie heute kennen; und schließlich kommen sie ins Gelobte Land. Der Exodus wurde im Laufe der Jahre zu einem zentralen Teil der jüdischen wie auch der christlichen Liturgie und Tradition, aber auch zur Inspirationsquelle unzähliger Befreiungsbewegungen, so unter anderem für den Kampf der Farbigen um die Bürgerrechte in den Vereinigten Staaten. Aber obwohl Mose auch im Koran als wichtiger Prophet gilt, ist die Sichtweise des alten Ägypten auf die entscheidenden Ereignisse, die innerhalb seiner Grenzen stattfanden, nicht überliefert.

Dass Ägypten ausgespart bleibt, ist in gewisser Hinsicht zu erwarten. Es diente in dieser großartigen Geschichte immer als eine Art Kulisse, als Hintergrund, vor dem die Beziehung der Israeliten zu Gott definiert wurde, und deshalb konzentrierte sich die Forschung traditionell fast ausschließlich auf den biblischen Bericht selbst. Aber im Laufe der Zeit warf diese Vorgehensweise offenbar mehr Fragen auf als sie beantwortete. Zunächst einmal gibt es schon im Bibeltext selbst viele Widersprüche und Zweideutigkeiten. Moses Schwiegervater trägt unterschiedliche Namen; die Tatsache, dass Mose einen älteren Bruder und eine Schwester hatte, wird in den Berichten über seine Geburt und Rettung nicht erwähnt; und im zweiten Buch Mose 34, in einer der verschiedenen Versionen der Geschichte über den Empfang der Gesetze, handelt es sich nicht um zehn Gebote, sondern um zwölf. Eine ganze Reihe zeitlicher Diskrepanzen und Widersprüche wurden durch archäologische Entdeckungen bestätigt, und das führte schließlich dazu, dass viele Fachleute den Ursprung der Israeliten in das Land selbst verlegten – das heißt nicht nach Ägypten, sondern nach Kanaan.

Dennoch konnte man die Suche nach dem historischen Wahrheitsgehalt des Exodus bisher nicht völlig aufgeben. Die Menschen haben ein großes Bedürfnis nach dieser Geschichte – sie ist einfach zu überzeugend, als dass man sie ausschließlich in den Bereich der Theologie verbannen könnte. Was könnte der Beweggrund gewesen sein, eine solche Erzählung zu erfinden und die Schmach der Sklaverei in Ägypten zu unterstellen, wenn sie in der historischen Realität nicht wenigstens teilweise eine Grundlage hätte? Auch jene, die daran zweifeln, dass die Ereignisse sich wirklich genau wie in dem biblischen Bericht abgespielt haben, konnten auf diese Frage keine befriedigende Antwort geben.

Im Laufe der Jahre entwickelte man eine ganze Reihe fantasievoller Theorien, um die Vorgänge in der Frühgeschichte der Israeliten zu erklären. Manche Bibelforscher äußerten die Vermutung, es habe nicht nur einen Exodus gegeben, sondern mehrere solcher Wanderungen, die sich über längere Zeit hinzogen. Diese Behauptung stützen sie mit der Feststellung, dass bestimmte Einzelheiten in der Geschichte offenbar tatsächlich eine reale Grundlage haben, beispielsweise die Eigennamen der ägyptischen Hebamme, die sich dem Befehl des Pharao widersetzen, alle männlichen hebräischen Kinder nach der Geburt zu töten. Einer anderen Ansicht zufolge lassen sich mehrere im zweiten Buch Mose beschriebene Phänomene, darunter die Teilung des »Meeres der Rohre« (das in manchen Bibelversionen falsch als »Rotes Meer« übersetzt wurde), mit dem Ausbruch des Vulkans Thera auf der Mittelmeerinsel Santorini in Verbindung bringen, einem Ereignis, das nach Meinung der meisten Fachleute in der Zeit um 1500 v. u. Z. stattfand. Diese Vermutung setzt voraus, dass der Exodus viel früher einsetzte, als man herkömmlicherweise annimmt.

Wieder andere Fachleute sprachen sich für eine noch tiefer greifende Verschiebung der Sichtweise aus und schlugen vor, man solle zur Quelle großer Teile des Rätsels zurückkehren: nach Ägypten. Dieser neue Ansatz gewann zu einer Zeit an Boden, als man in Ägypten selbst einige neue Entdeckungen gemacht hatte – unter anderem gab es neue Aufschlüsse über die Lebensweise der Menschen, welche die großen Denkmäler, Tempel und Pyramiden zu Ehren der Pharaonen gebaut hatten. Ägyptische Archäologen suchen nicht gezielt nach der Wahrheit in Sachen Exodus; selbst wenn sie sich dafür interessieren würden, gäbe es keinen ägyptischen Text, der die im Alten Testament beschriebenen Ereignisse auch nur erwähnen würde, und keinen Fund, der den Aufenthalt der Israeliten in Ägypten beweisen könnte. In der Anfangszeit der archäologischen Forschung im Nahen Osten standen fast ausschließlich die Tempel und Gräber Ägyptens im Mittelpunkt. Die Wissenschaftler, die vielfach im Auftrag großer Museen in London, Paris und Berlin arbeiteten, waren auf Schätze für ihre Ausstellungen zu Hause aus. Die Ägypter, die sowohl allein als auch zusammen mit den ausländischen Grabungsleitern arbeiten, gehen die Sache anders an: Sie konzentrieren sich nicht nur auf die Pharaonen und

Könige, sondern untersuchen auch das Leben der Arbeiter und Sklaven, weil sie sich daraus neue Aufschlüsse über die Gesamtgesellschaft des antiken Ägypten erhoffen. Während dieser Forschungen stießen sie auch auf das Ägypten der Bibel; was sie dabei herausfanden, stellt die Version des zweiten Buches Mose nicht nur im Hinblick auf den Aufenthalt der Israeliten in Ägypten in Frage, sondern auch in der Hinsicht, aus welchem Land sie überhaupt geflüchtet sein könnten.

Ägypten, wie es im zweiten Buch Mose dargestellt wird, ist ein Land der Zwangsherrschaft und Götzendienerei, der Arroganz und Unterdrückung. Aber insgesamt zeichnet die Bibel von dem Land am Nil ein vielschichtigeres, an manchen Stellen sogar schmeichelhaftes Bild. Das erste Buch Mose zum Beispiel ist ein wahres Loblied auf seine Pracht. Hier ist Ägypten alljährlicher Zufluchtsort für all jene, die den häufigen Hungersnöten im Nahen Osten entkommen wollen. Abraham, der in einer solchen Phase auf der Suche nach Nahrung dorthin kommt, bemerkt des Pharaos begehrliche Blicke auf Sara, und um sein Leben fürchtend gibt er sie als seine Schwester aus. In dem Glauben, Sara sei ledig, nimmt der Pharao sie in seinen Harem auf; als der Fehler schließlich aufgeklärt wird, belohnt der Herrscher Abraham als Entschädigung mit Rindern, Silber und Gold; er geht also großzügig mit dem Reichtum seines Landes um, und Abraham kehrt als wohlhabender Mann nach Kanaan zurück. Noch mehr Chancen bietet Ägypten dem Urenkel Abrahams, Josef, dem Lieblingssohn Jakobs; ihm gelingt der Aufstieg aus Sklaverei und ungerechter Gefangenschaft zum Vertrauten des Herrschers.

Die Hungersnot treibt Josefs Familie und andere Israeliten schließlich nach Ägypten, wo sie dem biblischen Bericht zufolge eine Zeit lang ein angenehmes Leben führen. Aber nachdem Josef gestorben ist und ein neuer Pharao die Macht übernommen hat, fehlt den Israeliten ein Beschützer, und die Schwierigkeiten nehmen zu. Und gerade diese späteren Geschichten über die Mühsal der Israeliten und den hartherzigen Pharao, der sie nicht freilassen will, beherrschen unser Bild von diesem Land. Für die islamische Überlieferung gilt das Gleiche. Der Koran beschreibt den Pharao als bösartigen Tyrannen, als Unterdrücker von Musa und Harun (Mose und Aaron), und in den Geschichten treten die Pharaonen sowohl vor als auch nach Mose als gleichermaßen unangenehme Gestalten auf. Für gläubige Moslems wurde das Zeitalter der Pharaonen zum Symbol für das Leben vor dem Islam, für eine Zeit der Sünde und Verzweiflung.

Die modernen ägyptischen Regierungen bemühten sich um ein Gegengewicht zu dieser Sichtweise, um einerseits die Herrscher selbst zu verherrlichen, andererseits aber durch Übertragung auch sich selbst als deren moderne Wiedergeburt zu feiern. Anwar el-Sadat, ägyptischer Staatspräsident von 1970 bis 1981, legte großen Wert darauf, dass man den Körper von Ramses II. – er gilt vielfach als wahrscheinlichster Kandidat für den Pharao des zweiten Buches Mose – mit dem gleichen Respekt behandelte wie ein ausländisches Staatsoberhaupt, als die Mumie zu Restaurierungsarbeiten per Flugzeug nach Frankreich gebracht wurde; selbst 21 Salutsalven durften nicht fehlen. Im Sommer 1998 feierte Präsident Hosni Mubarak mit einem großen Empfang den Abschluss der internationalen Restaurierungsarbeiten an dem Sphinx von Gizeh; dabei traten Schauspieler als Hohepriester auf und ließen die Zeit der Pharaonen wieder aufleben. Wenn es dagegen um den Exodus geht, zeigen die ägyptischen Behörden weniger Begeisterung. Im Cairo Museum, wo die offizielle Version von Ägyptens Vergangenheit gepflegt wird, ist der Exodus ein Tabuthema.

Das Cairo Museum liegt am Freiheitsplatz, einem der belebtesten Verkehrsknotenpunkte in der Kairoer Innenstadt. Touristenbusse entlassen einen steten Strom an Museumsbesuchern, und unmittelbar daneben erhebt sich der graue Quader des Hilton-Hotels, der ein wenig an die Sowjetunion der fünfziger Jahre erinnert. Im Garten vor dem Museumsportal findet man einen spiegelnden Teich, Statuen von Pharaonen und antiken Göttern, ja sogar den Steinsarkophag des französischen

Ägyptologen Auguste-Ferdinand Mariette, der das Museum 1863 gegründet hat. Die Grünanlage soll eine Oase der Ruhe inmitten des Großstadtgetriebes sein, aber in jüngster Zeit halten sich die Besucher nicht allzu lange im Freien auf. Im Jahr 1998 griffen zwei militante islamische Gegner der weltlichen Regierung von Präsident Mubarak eine Touristengruppe in ihrem Bus vor dem Museum an.

Im Büro des Museumsdirektors ist es eng. Das Pressereferat der Regierung, das alle Interviewwünsche mit Beamten des Museums genehmigen muss, hat für mich und andere ein Treffen mit der Assistentin des Direktors arrangiert; Thema ist die Darstellung der Vergangenheit durch das Museum. Aber der Assistentin, einer strenggläubigen Moslemin, deren weißes Kopftuch bis über die Schultern fällt und keinen Blick auf ihre Haare erlaubt, ist bei dem Gedanken offensichtlich überhaupt nicht wohl.

»Welche Vorstellung von Ägypten sollen die Touristen mit nach Hause nehmen, nachdem sie die Funde gesehen haben?«, wird sie gefragt. Sie hält einen Augenblick inne, spielt mit der Kaffeetasse voller Bleistifte auf ihrem Schreibtisch und erwidert schließlich: »Ich weiß es wirklich nicht.«

»Glauben Sie, dass es hier Ausstellungsstücke gibt, die Licht in die biblischen Geschichten über Mose und den Aufenthalt der Israeliten in Ägypten bringen?« Dieses Mal kommt die Antwort schnell, aber es ist die gleiche: »Ich weiß es wirklich nicht.« Auch auf alle weiteren Fragen erwidert sie ihre Formel; schließlich greift sie zum Telefon, bellt eine Anweisung hinein und wendet sich dann wieder den Besuchern zu: »Ihre Fragen sind mir unangenehm«, gibt sie bekannt. »Wünschen Sie eine Museumsführung?«

Fast im gleichen Augenblick klopft es an der Tür, und ein junger Mann in hellem Hemd und dunkler Hose betritt das Büro: Muhammad, der Englisch sprechende Guide; er bietet an, die Besucher herumzuführen. Angeblich spricht er fließend englisch, und außerdem, so fügt er hinzu, wisse er eine Menge über die Schätze des Museums, die mit dem Exodus zu tun haben, denn die meisten Touristen aus dem Westen wollten in Zusammenhang mit dieser Geschichte etwas sehen. Wie sich aber schnell herausstellt, hat Muhammad in beiden Punkten übertrieben. Schon nach wenigen Minuten tut er nicht mehr so, als spräche er englisch; jetzt behauptet er, der amerikanische Akzent sei schwer zu verstehen, doch er habe keinerlei Probleme mit dem Englisch der Touristen aus Australien. Auch seine Kenntnisse über den Besitz des Museums scheinen nicht mehr ganz aktuell zu sein. Als Erstes zeigt er uns die Merneptah-Stele, einen riesigen dunklen Granitbrocken, der Ende des 19. Jahrhunderts in Theben gefunden wurde. Die Stele berichtet über den Pharao Merneptah (auch Merenptah genannt), den dreizehnten Sohn und Nachfolger von Ramses II. und seine Heldentaten während eines Feldzuges in Libyen sowie über seine früheren Siege bei Kämpfen in Kanaan. Die auf 1207 v. u. Z. datierte Stele enthält die älteste außerbiblische Erwähnung Israels. »Kanaan wurde in allerlei Übel gestürzt«, prahlt die Inschrift, »Ashkelon wurde besiegt, Gezer wurde eingenommen, Yanoam wurde dem Erdboden gleich gemacht; Israel liegt in Trümmern und hat keinen Samen mehr.« Die Hieroglyphen auf dem Stein weisen darauf hin, dass mit »Israel« hier kein Ort, sondern ein Volk gemeint ist. Muhammad zeigt auf das Zeichen für »Israel« im unteren Teil der Stele. »Sehen Sie, dass die Farbe hier ein wenig anders ist als auf dem übrigen Stein?«, fragt er. »Deshalb hat man sie gefunden – der Name Israel springt ins Auge!«

Er geht an Vitrinenreihen vorüber, ohne sie eines Blickes zu würdigen. »Die Hyksos-Periode lassen wir aus«, erklärt er beiläufig; damit tut er die Eroberung Ägyptens durch fremde Mächte um 1670 v. u. Z. als unwichtig und unangenehm ab, ein Ereignis, das nach Ansicht vieler Fachleute die Grundlage der Josefslegende sein könnte. »Die Hyksos waren schlechte, schlechte, sehr schlechte Menschen. Hier gibt es nichts zu sehen, sie haben nichts Schönes geschaffen.« Er eilt treppauf in den Mumiensaal, wo die Leichname der Pharaonen in Glasvitrinen aufbewahrt werden, und stellt sich neben die Reste von Ramses II.

und Merneptah. Ramses II. hat noch Haarsträhnen auf dem Kopf – wie sich in Untersuchungen gezeigt hat, war er rothaarig –, und die Haut hat sowohl die Beschaffenheit als auch die nussbraune Farbe jener Kinderfiguren, die man aus vertrockneten Äpfeln herstellt. Merneptah wirkt irgendwie kleiner und empfindlicher; sein Gesicht ist kalkweiß, und diese Tatsache veranlasst Muhammad zu der Schlussfolgerung, Merneptah und nicht sein Vater, der langjährige mächtige Herrscher Ramses II., sei der Pharao der Bibel gewesen: »Seine Haut ist weiß vom Salz des Meeres, weil er ertrunken ist, als Gott die Wasser teilte, damit Musa entkommen konnte, und sie danach über dem Pharao wieder zusammenfließen ließ«, meint er begeistert. Um ihn herum bildet sich ein kleiner Kreis von Ägyptern, während er seine Theorie weiterspinnt; sie war im 19. Jahrhundert bei den Wissenschaftlern beliebt, aber später gab man sie auf: Bei der Untersuchung der Mumie hatte sich gezeigt, dass zur Mumifizierung eine salzähnliche Substanz verwendet wurde, die kalkweiße Rückstände hinterlässt. Die Menschenansammlung wächst; manche Besucher rufen Muhammad begeistert Fragen zu und drängen sich eifrig um die Vitrinen, um einen Blick auf das zu werfen was er blumig als »den Mann, der Musa ins Antlitz gesehen hatte«, beschreibt.

Der moderne Pharao von Gizeh heißt Zahi Hawass, er ist der offizielle Verwalter der Pyramiden. Sein Büro in der Nähe des Sphinx sieht aus wie eine alte Armeebaracke, ständig werden Sand und Staub von den Pyramiden hereingeweht. Als mein Dolmetscher und ich das Wartezimmer betreten, faucht uns eine grünäugige Katze an. Hawass' eigentliches Arbeitszimmer ist eng; auf dem Schreibtisch stapeln sich Faxe und Aktendeckel, aber er herrscht hier mit dem herrischen Auftreten des Mannes, der an die Macht und das Erteilen von Befehlen gewohnt ist. Zahlreiche Bilder an den Wänden zeigen ihn zusammen mit berühmten Besuchern der Pyramiden: Zahi mit Chelsea und Hillary Clinton, Zahi mit dem Schauspieler Omar Sharif, Zahi mit König Juan Carlos von Spanien und Prinzessin

Diana. Nachdem er uns Stühle angeboten hat, lässt er von einem Helfer ein Fernsehgerät ins Zimmer bringen, damit er sich ein Spiel der ägyptischen Fußball-Nationalmannschaft ansehen kann. Er brüllt Befehle in zwei Telefone gleichzeitig, seine Ausführungen werden durch das Geschrei der Fußballfans unterbrochen. Hawass erklärt, was ihn am meisten ärgert.

»Niemand will anerkennen, dass wir die Pyramiden gebaut haben«, klagt er. Seit er im Amt sei, habe er alle möglichen Erklärungen gehört, Außerirdische eingeschlossen. Aber noch mehr stört ihn die Theorie, die Israeliten seien für diesen Bau verantwortlich. Tatsächlich kommt das Wort »Pyramide« in der Bibel nirgendwo vor. Es wird nur berichtet, die Israeliten seien in Ägypten Sklaven gewesen und hätten in den königlichen Städten Pithom und Ramses Getreidespeicher für den Pharao gebaut. Tatsächlich beschäftigte Ramses II. Zwangsarbeiter, darunter auch Ausländer, beim Bau seiner Hauptstadt Pi Ramesse und bei anderen großen Bauvorhaben. Aber Ramses baute nicht die Pyramiden von Gizeh – die wurden schon tausend Jahre vor seiner Zeit vollendet; allerdings finanzierte er umfangreiche Bemühungen zu ihrer Restaurierung, für die er ebenfalls eine große Zahl zwangsweise herangezogener Arbeiter brauchte.

Das – später von Hollywood unsterblich gemachte – Bild von den Sklaven, die unter der ägyptischen Knute stöhnen, war in Wirklichkeit das Werk späterer Historiker, so des Griechen Herodot (5. Jahrhundert v. u. Z.) und des Juden Josephus sowie später der Bibelforscher des 19. Jahrhunderts. Bis vor sehr kurzer Zeit wusste man praktisch nichts über die Menschen, die eines der bekanntesten Baudenkmäler der Welt errichteten: die drei Pyramiden, die als Grabstätten für die Pharaonen Cheops, Chephren und Mykerinos dienen sollten, und den Sphinx. Diese Bauwerke wurden um 2500 v. u. Z. errichtet, und allein die Gesamtzeit, die zu ihrer Fertigstellung notwendig war, wird auf rund 70 Jahre geschätzt. Hieroglyphenbeschriftungen, alte Kritzeleien und Zunftzeichen der Arbeiter veranlassten die Wissenschaftler zu der Annahme, qualifizierte Handwerker hätten das ganze Jahr über im Umfeld der Pyramiden-Baustelle gelebt. Dennoch konzentrierte sich die Forschung vor allem auf die Schätze aus den Königsgräbern – beispielsweise aus der Gruft von Tut-ench-Amun im Tal der Könige – und nicht auf die Arbeitskräfte, die all das möglicherweise errichtet haben.

Aber im Jahr 1990 fiel ein amerikanischer Tourist bei einem Ritt in Gizeh vom Pferd, weil das Tier mit dem Huf durch eine bis dahin unbekannte Lehmziegelmauer gebrochen war. Später stellte sich heraus, dass die Mauer zu einem Grab gehörte. Es bestand aus einer langen Gewölbekammer und zwei falschen Türen, durch die die Toten nach Ansicht der Erbauer mit den Lebenden in Verbindung treten konnten, um Geschenke und Opfer anzunehmen. In den folgenden Monaten fanden Hawass und seine Mitarbeiter in dem gleichen Gebiet, nur wenige Kilometer südlich des Sphinx, mehrere hundert weitere Gräber. Ihre Untersuchung ergab, dass es sich hier um den Friedhof der Arbeiter handelte, welche die Pyramiden errichtet hatten.

Der Friedhof gliedert sich in zwei Hauptabschnitte: 60 große Gräber für die Aufseher, 650 kleinere waren je nach Rangstellung weiter unterteilt. Die der untersten Kategorie waren für die ärmsten Arbeiter bestimmt – diese bewegten zu Lebzeiten die riesigen Kalksteinblöcke, aus denen die Pyramiden bestehen; sie wurden in kleinen Gräbern bestattet. Die zweite Kategorie war der höheren Klasse der Künstler und Handwerker vorbehalten. In den Gräbern der Aufseher findet man Hieroglyphen-Inschriften mit den offiziellen Titeln der Bestatteten: Direktor für den Grabstättenbau, Inspektor für den Grabstättenbau, Direktor für die Arbeiten des Königs und viele andere. Ihre letzten Ruhestätten waren voller kleiner Statuen, Reliefs und komplizierter, schmückender Hieroglyphen an den Wänden, alles nach Hawass' Ansicht Anzeichen für ihre hohe gesellschaftliche Stellung. Aus Inschriften in den Gräbern geht hervor, dass ein Arbeiter namens Mehi als Zeuge beim Kaufvertrag für ein Haus fungierte, eine Rolle, die den Sklaven verboten war. Aus solchen Einzelheiten zog Hawass den Schluss, die Arbeiter seien keine Sklaven gewesen, sondern hoch qualifizierte Handwerker, und je nach Jahreszeit seien Bauern als Fronarbeiter hinzugekommen, wenn der Ackerbau wegen der Überschwemmungen nicht möglich war.

Der Bau der Pyramiden brachte einen der mächtigsten Beamtenapparate der Welt hervor. Arbeiter aus ganz Ägypten trafen an der Baustelle zum ersten Mal zusammen und mussten hier gemeinsam leben. Dörfer aus dem ganzen Land hatten im Rahmen des entstehenden nationalen Steuersystems entweder Lebensmittel und Wein für die Quartiere zu liefern, oder sie mussten Arbeitskräfte für die Bauvorhaben des Königs stellen. Sogar aus Oberägypten kamen Lebensmittel in polierten Gefäßen, von denen man früher geglaubt hatte, sie seien nur von der Oberschicht benutzt worden. »Ohne den Bau der Pyramiden gäbe es vermutlich keine ägyptische Nation. Die Pyramiden haben Ägypten gebaut«, so Hawass. Dann wandte er sich wieder kurz zum Fernseher und gab einen lauten Ausruf von sich. Die Nationalmannschaft hatte endlich ein Tor geschossen.

Mansour Radwan ist für alle laufenden Ausgrabungen in Gizeh verantwortlich, und aus Neugier, wie das Leben der alten Ägypter ausgesehen haben mochte, übernahm er persönlich die Grabungen auf dem Friedhof. Am interessantesten ist für ihn die Frage, wie genau die Arbeiter die offizielle Begräbnisstätte der Könige nachzuahmen versuchten. Sie errichteten ihre Grabstätten aus getrockneten Ziegeln und übrig gebliebenem Baumaterial der königlichen Tempel und Pyramiden, darunter Granit-, Kalkstein- und Basaltblöcke. Die Gräber sind in unterschiedlichen Stilen ausgeführt – hier eine kleine Pyramide, da eine kreisförmige oder ovale Kuppel – und vollständig ausgestattet: mit winzigen Innenhöfen, falschen Türen aus Stein und Zaubersprüchen, die Grabräuber abhalten sollten. Viele Arbeiter wurden zusammen mit kunstvollen Steinfiguren bestattet, die häufig einen ganzen Haushalt darstellen, oder mit Statuetten, die sie auf der Reise ins Jenseits beschützen sollten.

Ich lernte Radwan 1998 in seinem kleinen Büro in Gizeh kennen. Es liegt auf einem Hügel mit Blick auf die Arbeitergräber, die Spitzen der Pyramiden im Hintergrund und – noch weiter entfernt – die Siedlung, die nach den Vermutungen der Archäologen entstand, um die Arbeiter zu versorgen: die Innenstadt des antiken Kairo. Im Jahr 1984 machte sich ein amerikanisches Archäologenteam unter Leitung von Mark Lehner daran, das gesamte Gebiet der Ebene von Gizeh zu kartieren. Bei Ausgrabungen stießen sie in einem Abschnitt auf Tausende und Abertausende von Backformen; es waren vermutlich die Überreste der örtlichen Bäckerei, eine der ersten aus dem Alten Reich, die man unversehrt gefunden hatte. Die Formen für das Brot waren unglaublich schwer: Jede von ihnen wog etwa zehn Kilo. Außerdem fand man riesige Behälter zum Anrühren des Teiges. Die Bäcker arbeiteten in verrauchten Räumen, und Tag für Tag sammelte sich die Asche, während sie das Brot für 30 000 Menschen buken.

Wie man auf den Reliefs in den Gräbern erkennt, wurden die Brotformen zunächst gestapelt und über offenem Feuer erhitzt; anschließend stellte man sie in Backgruben in der Erde, füllte sie mit Teig aus einem daneben stehenden Behälter, und deckte sie zum Backen mit einem weiteren Gefäß sowie mit glühender Kohle und Asche zu. Irgendwann versuchten Lehner und ein Team der National Geographic Society eine solche Bäckerei nachzubauen, und sie konnten dort tatsächlich Brot herstellen. Nach den an der Stelle gefundenen Getreideresten zu schließen, verwendeten die Ägypter für ihr Brot offensichtlich Gerste, die kein Gluten enthält, und Emmer, in dem es nur in geringen Mengen enthalten ist. Gluten ist der Bestandteil des Weizens, der dem Brotteig seine Elastizität verleiht und dafür sorgt, dass die Luftblasen beim Backen aufgehen können, sodass ein Laib mit knuspriger Kruste und weichem Kern entsteht. Der Größe der Formen nach zu schließen musste Brot aus einem solchen Gemisch so schwer sein, dass es nicht essbar war. Aber nach vielen Versuchen gelang es der Arbeitsgruppe, mit der richtigen Kombination aus Gerste und Emmer einen essbaren Brotlaib herzustellen; allerdings, so räumt Lehner ein, war er wohl »selbst für die meisten Sauerteiganhänger ein wenig zu sauer«.

Radwan schloss sich der Idee von Hawass an, dass die Arbeiter keine Sklaven waren, betrachtete sie aber aus einem anderen Blickwinkel. Die Knochenreste aus dem Friedhof wurden zur medizinischen Untersuchung an das ägyptische nationale Forschungszentrum geschickt, und die Ergebnisse zeigten, welchen Tribut ein Leben voller unsäglich harter Arbeit forderte. Viele Arbeiter waren mit 30 oder spätestens 35 Jahren gestorben, und sowohl an der Wirbelsäule als auch an den Knien waren Verschleißerscheinungen (Arthritis) zu erkennen. Die Skelette von Männern und Frauen, insbesondere aus den Friedhöfen für die untere Arbeiterschicht, zeigten zahlreiche Knochenbrüche, vor allem an Oberarmen und Unterschenkeln. Allerdings hatten die Arbeiter offensichtlich eine qualifizierte medizinische Behandlung erhalten: Die meisten Brüche waren mit Schienen eingerichtet worden und vollständig abgeheilt; in zwei Fällen liegt sogar die Vermutung nahe, dass Gliedmaßen amputiert wurden.

Auf einem Tisch vor seinem Büro öffnete Radwan mehrere Verpackungen und zeigte mir einige kleinere Funde von der Ausgrabungsstelle, Dinge, die ihn nach seinen eigenen Angaben noch mehr bewegt hatten als die Pyramiden. Ein Stein war in zwei Hälften gespalten, und schwarze Kritzeleien darauf waren vermutlich der Plan für ein Grab. Eine Statuette aus Ton, die man in einer kleinen Grabnische gefunden hatte, sollte die Grabräuber und böse Geister abwehren. Dann hielt Radwan ein Messer aus Flint in die Höhe, einem Stein, der genau in die Vertiefung seiner Hand passte und vermutlich zum Polieren diente; außerdem zeigte er mir kleine Seilstücke.

Am gegenüberliegenden Rand der Ausgrabungsstätte, von Radwans Büro durch den in gewaltigen Wellen heranwehenden Sand kaum zu erkennen, führte ein Durchgang von der Arbeitersiedlung zu den Pyramiden; auf ihm waren auch die Archäologen Tag für Tag zur Arbeit gefahren, ohne einen

Gedanken auf seine Konstruktion zu verschwenden. Später stellte sich bei Grabungen heraus, dass ein großer Teil des Bauwerks noch im Sand verborgen lag und dass es zu einer gewaltigen Mauer gehörte, die früher zehn Meter über dem Wüstenboden in die Höhe ragte. Radwan und die anderen Archäologen vermuten, diese Mauer habe den heiligen Bezirk vom weltlichen Bereich getrennt, die Pyramiden und Gräber für das Leben im Jenseits von den alltäglichen Lehmziegelbauten der Arbeitersiedlung. Wahrscheinlich glaubten viele der Arbeiter, sie errichteten die Gräber der Götter. Hawass sinniert darüber, wie inspirierend es gewesen sein muss, aus der düsteren Passage durch das Mammuttor in das alabasterhelle Licht der Pyramiden zu treten. Die Annahme, diese Arbeiter seien keine Sklaven gewesen, war zwar nicht unvernünftig, aber dass man das riesige Tor errichtete, hatte seinen Grund – und mit ziemlicher Sicherheit diente es nicht nur der religiösen Kennzeichnung. Es sollte die Arbeiter auch ermahnen, nicht an ihrer Stellung in einem System zu zweifeln, in dem eine kleine Gruppe sich beispiellosen Reichtums erfreute, während die anderen aus den Resten ihrer täglichen Plackerei die eigenen Gräber bauten.

Im Zentrum des Gräberfeldes hatte ein Grabungsarbeiter ein Skelett entdeckt, nach dem Mittagessen wollte man es bergen. Manche saßen in langen weißen Gewändern und mit turbanähnlich gewundenen Kopfbedeckungen im Inneren der Gräber und verzehrten in dem kühlen Schatten ihre Mahlzeit aus Gurken und Brot. Auf unserem Weg über den Friedhof blieb Radwan kurz vor einem Grab stehen, das wie ein riesiger Bienenstock aus Lehm aussah, es war eine seiner Lieblingsstellen. Ansonsten hatten die Arbeiter damals in vielerlei Hinsicht versucht, die Oberschicht in der Gestaltung ihrer Begräbnisstätten nachzuahmen, aber dieses Bauwerk war einzigartig. Trotz aller Bemühungen hatten die Archäologen auf der anderen Seite des Tores keine Parallele zu diesem Grabmal gefunden. Hier endlich war von jenseits des Grabes die leise, flüsternde Stimme der Individualität zu vernehmen, ein Echo gegen die Macht und

Gewalt der Pyramiden, die sich über uns auftürmten. »Wofür haben sie gearbeitet?«, grübelte Radwan, während er mit der Hand kurz das Grab berührte. »Um die Leichen von Königen zu schützen. Und dann blieben nur noch diese kleinen Gräber übrig, mit denen sie sich selbst schützen konnten.« Radwan ist mit dem Leben der alten Ägypter in vielerlei Hinsicht ebenso vertraut wie mit dem seiner Nachbarn in dem Dorf, wo er aufgewachsen ist. Die Entfernung, die beide Klassen trennte, war so klein und doch so riesig wie der Weg durch den eindrucksvollen Torbogen und hinauf zu den Pyramiden. »Ich gehe mit den Funden um, als wäre ich einer von ihnen«, bemerkt Radwan, wobei er sich ein leises Lächeln gestattet. »Ich weiß, ich wäre da draußen bei ihnen, und nicht bei den Königen.«

Die Bibel nennt nirgendwo ausdrücklich den Namen des ägyptischen Herrschers, der im zweiten Buch Mose eine so herausragende Rolle spielt; er heißt immer einfach nur »Pharao«. Aber obwohl er namenlos bleibt, wird er in seiner Arroganz und seinem Vertrauen in die eigene Macht sehr lebendig. Als Mose ihn zu beeindrucken versucht, indem er seinen Stab in eine Schlange verwandelt, lacht der Pharao nur: Er lässt seine Hofmagier kommen und erklärt, dass alles könne er auch. Die späteren Ereignisse strafen ihn Lügen: Ägypten wird von Fröschen heimgesucht und von Heuschrecken verwüstet, und nachdem er schließlich alle erstgeborenen Söhne verloren hat, lässt der Pharao sich erweichen. Aber dann überlegt es sich anders und setzt sein Heer in Marsch, damit es die gerade befreiten Sklaven zurückbringt. Am Schilfmeer sieht der Pharao zu, wie seine ganze Armee geradewegs in den Durchgang stürzt, den Mose mit Gottes Hilfe eröffnet hat, und dann muss er hilflos miterleben, wie das Wasser die Reste von Ägyptens Macht verschlingt.

Das Bild des Pharao als verbohrtem Tyrannen blieb über die Jahrtausende hinweg erhalten, und heute geben manche Archäologen und Historiker ihm sogar einen Namen. Wenn der Exodus tatsächlich ein historisches Ereignis war, handelte es sich bei dem fraglichen Pharao nach allgemeiner Ansicht um Ramses II. Diese Annahme stützt sich einerseits auf die zeitlichen Verhältnisse. Ramses II. herrschte in Ägypten ungefähr von 1304 bis 1237 v. u. Z. – mit 67 Jahren eine beispiellos lange Regierungszeit in einer Epoche, die mit dem späteren Auftauchen der Israeliten im zentralen Hochland von Kanaan übereinstimmt. Außerdem war er einer der produktivsten Bauherren Ägyptens mit einem besonderen Hang zum Monumentalen. Nicht alle Vorhaben, die seinen Namen tragen, gehören zu den schönsten Ägyptens – meist baute Ramses schnell, aber nicht unbedingt mit hoher Qualität –, aber in ihren Ausmaßen sind sie Aufsehen erregend: gewaltige, aus den Klippen gehauene Statuen in Abu Simbel an der Grenze Ägyptens zum Sudan; der Totentempel des Ramesseums; die Stadt Pi Ramesse. Außerdem ließ Ramses während seiner Herrschaftszeit auch die damals bereits über 1000 Jahre alten Pyramiden und Gräber, wie Hawass und Radwan sie in Gizeh ausgraben, in ihrer alten Pracht restaurieren. Solche Projekte sprachen für die Vorstellung, Ramses könne der Pharao gewesen sein, der den Sklaven aus Israel ein so hartes Leben bereitete.

Seit einigen Jahren vertreten Ägyptologen jedoch die Ansicht, Ramses sei in der biblischen Geschichte verleumdet worden. Bei den Ägyptern hatte der Herrscher immer einen ganz anderen Ruf als den, der durch die Bibel verbreitet wurde. Nach ihm werden Straßen, Parks und Gebäude benannt. Sein Standbild steht mitten auf einer der belebtesten Kreuzungen von Kairo und wacht in aller Ruhe über die Autos, die ihn mit halsbrecherischer Geschwindigkeit umrunden. Unter Ägyptern gilt er allgemein nicht als der von der Bibel beschriebene Tyrann, der seine Untertanen Denkmäler zu seiner Verherrlichung zu bauen zwang, sondern als Architekt eines Staatssystems, das die Welt tief greifend veränderte.

In jüngster Zeit hat auch die Ägyptologie dieser Einschätzung mehr Gewicht verliehen. Bei Ausgrabungen wenige Kilometer südlich des Tales der Könige in dem Dorf Deir el-Medineh, wo die Arbeiter wohnten, die die Königsgräber aushoben, kamen viele Einzelheiten über das Alltagsleben jener Ägypter ans Licht, die für Ramses II. tätig waren. Diese Menschen hinterließen Tausende von Ostraka (beschriftete Keramikstücke) und andere Gegenstände, die uns ein reichhaltiges Bild des dörflichen Lebens zwischen 1550 und etwa 1050 v. u. Z. vermitteln. Das Dorf war nach dem gleichen Prinzip gebaut wie eine moderne Wohnsiedlung: Reihenhäuser standen an einer Hauptstraße. Im Inneren hatten alle Häuser ähnliche Grundrisse mit drei hintereinander liegenden Zimmern. Im vorderen Teil stand in der Regel ein Webstuhl, im mittleren fanden die Mahlzeiten und Treffen mit Bekannten statt, und ganz hinten befanden sich ein kleines Schlafzimmer sowie die Küche. Die Wohnungen waren mit Gegenständen aus Lehmziegeln, Geflecht und Keramik einfach möbliert. Das Leben in einem solchen Dorf war nicht leicht. Die Männer arbeiteten in Zehn-Tage-Schichten, auf die eine Ruhepause von zwei Tagen folgte. Der nächste Brunnen lag zu Fuß eine halbe Stunde entfernt, und deshalb wurden die Bewohner von Wasserträgern versorgt. Die Frauen hielten vielfach kleine Tiere als Nahrungsmittellieferanten. Wenn sie bei den Kunsthandwerkern des Ortes kleine Statuetten beliebter Hausgötter wie Bes, Isis oder Hathor bestellten, bezahlten sie in Naturalien. In einem kleinen gegrabenen Keller bewahrten die Bewohner die Lebensmittel auf, die sie als Bezahlung für die Arbeit an Ramses' Großvorhaben erhalten hatten. Ein Ostrakon enthält die Bestellung des Bürgermeisters für den Lohn, der den Arbeitern an den Gräbern geliefert werden soll: Gemüse, Fische, Brennholz, Keramik, kleine Rinder und Milch. Manchmal steuerte einer der Adligen vom Königshof als besondere Belohnung auch Wein bei.

In Pi Ramesse, einer der Städte, die dem biblischen Bericht zufolge von hebräischen Sklaven erbaut wurden, lieferte eine noch laufende Ausgrabung zahlreiche Indizien für eine sehr weltoffene Kultur. Die Arbeiter lebten nach Volksgruppen in kleinen Siedlungen. Es gibt Viertel mit typisch ägyptischen Häusern, andere wurden in minoischem Stil gebaut, und wieder andere bestehen aus vielen Reihen halb unterirdisch angelegter Wohnungen, wie man sie auch in Kanaan findet. In manchen Häusern wohnten Hethiter, besondere Bezirke beherbergten Diplomaten und Kaufleute, und sogar das ägyptische Heer hatte hier ein Hauptquartier. Bei den Ausländern, die in Ägypten arbeiteten, handelte es sich vielfach um Kriegsgefangene, und sie wurden in ihre Herkunftsländer entlassen, sobald sie lange genug gearbeitet hatten und sich die Bestechungsgelder für ägyptische Beamte leisten konnten. Möglicherweise wurden diese Fremden anders behandelt als Ägypter, die in derselben Gemeinde wohnten, aber »nicht wie lästige Tiere oder Untermenschen«, so Kent Weeks, ein Ägyptologe der American University of Cairo: »Das Leben im pharaonischen System war schwierig, aber das galt für alle.«

Weeks trägt mehr als jeder andere Wissenschaftler zu einem neuen Bild von Ramses II. in der Öffentlichkeit bei. Zusammen mit einem Archäologenteam entdeckte er 1995 im Tal der Könige bei Luxor ein Grab, das die Gruppe als KV5 bezeichnete. Wie sich herausstellte, war es die Grabkammer für zumindest einige der vielen Söhne von Ramses. Das Tal der Könige war die letzte Ruhestätte der Pharaonen des Neuen Reiches, dessen Beginn die Geschichtswissenschaft um 1550 v. u. Z. ansetzt und 500 Jahre später mit dem Tod Ramses IX., des letzten hier bestatteten Pharaos, zu Ende gehen lässt.

Die Letzten, die das Grab vor Weeks gesehen hatten, waren europäische Reisende, die das Tal im 19. Jahrhundert erkundeten. Sie waren aber nur bis zum Eingang vorgedrungen, hatten einige flüchtige Skizzen angefertigt und dann den Rückzug angetreten. Die Hinterlassenschaften der Überschwemmungen mehrerer Jahrtausende hatten nur eine kleine sichtbare Spalte als Zugang gelassen. Howard Carter, der sich 1922 mit der Entdeckung des Grabes von Tutenchamun weltweiten Ruhm sicherte, nahm 1902 die Öffnung von KV5 in Angriff, aber als die Arbeiter sich bis kurz hinter den Eingang vorgearbeitet und nichts Bedeutsames gefunden hatten, ließ er die Grabung einstellen. Später, in den zwanziger Jahren, erklärte er den Hügel zur Schutthalde für die Ausgrabung am Tutenchamun-Grab. Viele Tonnen Kalksteinbrocken wurden über KV5 abgeladen und verbargen es bis vor kurzer Zeit. Aber selbst nachdem Weeks die Stätte wieder entdeckt hatte, standen die Archäologen bei den Ausgrabungen vor einer Reihe von Problemen. Die Abwasserleitung der Touristentoiletten verlief quer über dem Eingang, und aus einem undichten Rohr hatte es über Jahrzehnte in das Grab getropft. Und seit zwanzig Jahren hatten riesige Touristenbusse mit im Leerlauf brummendem Motor unmittelbar über dem Grab gestanden und das Bauwerk weiter in Mitleidenschaft gezogen. Dennoch bot KV5 die beste Gelegenheit, den Pharao von einer Seite zu sehen, die noch niemand kannte: als Familienvater.

In der ganzen langen Geschichte Ägyptens taten die Herrscher nichts lieber, als ihre eigenen Leistungen zu feiern: Sie errichteten gewaltige Bauwerke und schmückten sie mit einer Fülle von Inschriften, die über ihre militärischen Siege berichteten. Bei Ramses gehörten dazu auch umfangreiche Aufzeichnungen über die Schlacht von Kadesh, einen großen Kampf gegen die Hethiter, der nach heutiger Kenntnis im besten Fall unentschieden ausging. Ramses beschrieb sie als großen Sieg Ägyptens, der seiner eigenen Tapferkeit vor dem Feind zu verdanken sei. Aber trotz dieser Neigung zur Prahlerei wissen wir über die Kinder der Pharaonen aus dem Neuen Reich so gut wie nichts – weder welche Rolle sie für die Leitung des Reiches spielten noch auch nur ihre Namen. Die wenigen vorhandenen Erwähnungen liefern keine Aufschlüsse. Wenn das älteste Kind den Thron bestiegen hatte, verschwanden die Namen der jüngeren Söhne in der Regel ein für alle Mal aus den offiziellen Aufzeichnungen. Und für die Leser des zweiten Buches Mose sind Einzelheiten über die Familie des Pharaos natürlich von allergrößter Bedeutung.

Die Beschreibung der Tötung aller Erstgeborenen im Kapitel 12 des zweiten Buches Mose, die als letzte der zehn Plagen den Pharao endlich zum Einlenken und zur Freilassung der Sklaven bewegt, ist von grausamer Nüchternheit: »Und zur Mitternacht schlug der Herr alle Erstgeburt im Ägyptenland vom ersten Sohn des Pharaos an, der auf seinem Thron saß, bis zum ersten Sohn des Gefangenen im Gefängnis und alle Erstgeburt des Viehs. Da stand der Pharao auf in derselben Nacht und alle seine Großen und Ägypter, und es ward ein großes Geschrei in Ägypten; denn es war kein Haus, in dem nicht ein Toter war.« Was die Gefühle des Pharaos angeht, beschreibt die Bibel keine Einzelheiten, aber sie berichtet im weiteren Verlauf, er habe Mose und Aaron mitten in der Nacht zu sich kommen lassen und ihnen gesagt, sie sollen Ägypten mit den israelischen Sklaven verlassen. Als Weeks mit der Untersuchung des Grabes begann, entdeckte er als eine der ersten Ausschmückungen ein Bild von Amun-her-khepeshef, Ramses' erstgeborenem Sohn, der vom Vater nach seinem Tod den Göttern Hathor und Sokar dargebracht wird.

Ramses war in mancher Hinsicht die größte Patriarchengestalt Ägyptens – vielleicht zu groß, jedenfalls aus archäologischer Sicht. Mit seinen beiden offiziellen Frauen Nefertari und Istnofret hatte er mindestens 30 Söhne, aber diese Zahl schließt weder jene ein, die schon im Säuglingsalter starben, noch die Kinder der verschiedenen Nebenfrauen und Konkubinen, die er im Laufe der Jahre schwängerte. Zu seinem Harem gehörten anscheinend zuletzt auch mehrere Hethiterprinzessinnen, seine Schwester und zwei seiner Töchter, aber ob er die inzestuösen Ehen tatsächlich vollzog, können die Ägyptologen nicht mit Sicherheit sagen. Einem erhaltenen ägyptischen Text zufolge erhielt Ramses von seinem Vater ein für den fünfzehnten Geburtstag recht ungewöhnliches Geschenk: zwei Hauptfrauen, sechs Nebenfrauen, zweihundert Konkubinen und die Schlüssel zu allen Harems im Lande.

Angesichts eines solchen Geburtstagsgeschenks wird die Frage, wer Ramses' erster Sohn war, recht kompliziert. »Wer weiß, ob er nicht schon viele Kinder gezeugt hatte, bevor die erste oder zweite Hauptfrau schwanger wurde?«, muss sich Weeks fragen. »Wir wissen nur, dass Amun-her-khepeshef der erste Sohn einer Hauptfrau war.«

Glücklicherweise machte es Ramses im Gegensatz zu seinen Vorgängern Spaß, nicht nur Schlachten und militärische Strategien schriftlich festzuhalten, sondern auch Details über seine große Familie. Auf Tempelwänden und Denkmälern ließ er die Namen seiner Söhne und – noch ungewöhnlicher für einen Pharao – auch vieler Töchter anführen. Die Namen der Söhne stehen auf den Listen immer in der gleichen Reihenfolge, die vermutlich der Geburtsreihenfolge entspricht. An den Wänden von mindestens fünf Tempeln sind Prozessionen der Kinder abgebildet. Manche Szenen zeigen, wie einige Sprösslinge ihrem Vater Ramses in die Schlacht folgen, Kriegsgefangene nach Ägypten bringen oder in ihren Kampfwagen stehen. Ramses selbst ließ überall in Ägypten Statuen seiner Frau Nefertari aufstellen.

Das Grab KV5 erweitert die bisherigen Kenntnisse über seine Familie beträchtlich. Neben Inschriften und den Namen von dreien seiner Söhne enthielt es auch zwei beschriftete Stücke einer Alabasterkanope mit dem Namen von Ramses' sechzehntem Sohn Mery-Atum. Es ist ein sehr ungewöhnliches Grab. Die meisten anderen Begräbnisstätten im Tal bestehen im Durchschnitt nur aus acht Kammern, im Inneren von KV5 hat man jedoch bereits über 150 Räume entdeckt. Die Begräbnisstätten von Söhnen, die ihrem Vater nicht auf den Thron nachfolgten, wurden kaum einmal gefunden, aber KV5 verdankt seine Existenz nach Weeks' Vermutung einer Entscheidung, die Ramses II. gegen Ende seiner Regierungszeit traf: Er hatte sich selbst bereits zu Lebzeiten zum Gott erklärt, eine Ehre, die den meisten Pharaonen erst nach ihrem Tod zuteil wurde. Und dann, so Weeks, »kann ein Fleisch gewordener Gott natürlich keine Haarspaltereien über Bewässerung betreiben oder sich Beschwerden über die Landverteilung anhören. Ich glaube, er beschränkte sich auf die göttlichen Seiten seiner königlichen Verpflichtungen und überließ die weltlichen Aufgaben seinen Söhnen«.

Damit verlieh er seinen Nachkommen eine Stellung, die bis dahin in der ägyptischen Geschichte ihresgleichen suchte. Sie waren keine richtigen Pharaonen, aber auch keine Kronprinzen im herkömmlichen Sinn. Vielmehr standen sie irgendwo dazwischen und hatten fast die Rolle säkularer Halbkönige. Bei so viel Macht und Ansehen war es nur natürlich, dass man ihnen auch ein prunkvolleres Begräbnis bereitete, als es dem Sohn eines Königs normalerweise zustand. Und Ramses hatte am Ende bereits viele seiner Kinder begraben. Er litt zwar im mittleren Alter an einer schmerzhaften Zahnbetterkrankung, und sein Rücken war durch Arthritis gebeugt, so dass er langsam und auf einen Stab gestützt gehen musste, aber er wurde alt: Er starb erst mit weit über achtzig Jahren und überlebte zwölf seiner Erben. Der dreizehnte Sohn, jener Merneptah von der berühmten Stele mit der ersten außerbiblischen Erwähnung Israels, folgte ihm erst mit über 60 Jahren auf den Thron.

Außer über Merneptah, der später als Pharao in einem eigenen Grab und nicht zusammen mit seinen Brüdern bestattet wurde, besitzen die Ägyptologen auch über Ramses' vierten Sohn Khaemwese beträchtliche Kenntnisse. Ihn bewunderte man wegen seiner Fähigkeiten als Verwalter, seiner religiösen Kenntnisse und seiner praktischen Erfahrung in der Magie. Er leitete den Bau vieler berühmter Monumente seines Vaters, darunter auch Ramses' Totentempel, des Ramesseums. Ebenso überwachte er die Restaurierung älterer Tempel, Heiligtümer und Pyramiden, die verfallen waren und nach tausend Jahren in Sonne und Sand zusammenzustürzen drohten, so auch bei den Baudenkmälern in Gizeh, wo Hawass und Radwan auf den Arbeiterfriedhof stießen.

Aber wie erging es Amun-her-khepeshef, dem Sohn von Ramses und Nefertari? Weeks und seine Arbeitsgruppe gruben sich durch mehrere Schichten von Betontrümmern; schließlich stießen sie auf gemalten Gips und Bruchstücke von Bildern, die auf dem Boden in Pfützen lagen, nachdem sie während der Überschwemmungen von den Wänden gefallen waren. Die Bemühungen machten sich bezahlt. Die von den Archäologen restaurierten Zeichnungen zeigten, dass Amun mehrere Titel trug. Er war Fächerträger zur Rechten des Königs, Erbe und königlicher Schreiber. Als sein Vater noch Thronfolger war, nannte er ihn Amun Is zu Seiner Rechten Hand. Nachdem Ramses als Pharao die Macht übernommen hatte, änderte er den Namen seines Sohnes in Amun Is mit Seinem Starken Arm, aber manche seiner Titel, beispielsweise der des Fächerträgers, standen auch den meisten oder allen anderen Söhnen zu. Amun trug noch weitere Namen wie Höchster Vertrauter oder Sein Liebling, die ihm allein vorbehalten waren. Nach Weeks' Vermutung bedeuten diese vielen Ehrungen, dass Amun in der Armee eine wichtige Funktion erfüllte. Ägyptischen Berichten zufolge nahm er auf Feldzügen seines Vaters an Kämpfen in Nubien und im Westen Asiens teil. Auch an der übel ausgegangenen Schlacht von Kadesh gegen die Hethiter wirkte er mit.

Die Wände von Weeks' Büro in der Innenstadt von Kairo sind mit Computerdiagrammen und Landkarten geschmückt, der Tisch ist übersät mit Büchern und Papieren. An dem Tag, als ich ihn aufsuchte, war Weeks gerade von einer langwierigen Besprechung mit der obersten Altertumsbehörde zurückgekehrt, in der es um die Arbeiten an KV5 in der nächsten Saison gegangen war. Seine rötliche Haut stand in einem fast grellen Kontrast zu den blonden Haaren, und die große Sonnenbrille, die er immer trägt, ließ ihn ein wenig unnahbar erscheinen. Er würzte das Gespräch mit Kraftausdrücken und kleinen Scherzen. Als er von der Theorie des Fremdenführers im Kairoer Museum hörte, wonach Merneptah vielleicht wegen seiner kalkweißen Hautfarbe der Pharao des zweiten Buches Mose wäre, wedelte er mit den Händen in der Luft und platzte heraus: »So was Dummes!« Bis vor kurzem habe er kaum einen Gedanken an den Exodus verschwendet: »Ich bin Ägyptologe«, erklärte er, »und der Exodus ist keine ägyptische Geschichte.«

Aber dann schrieb er ein Buch über das von ihm entdeckte Grab, und auf seiner Werbetournee wollten die Leser immer etwas über den erstgeborenen Sohn des Pharaos und die zehn Plagen wissen. Zu jener Zeit konnte Weeks ihnen dazu nicht viel sagen, aber nachdem er nach Ägypten zurückgekehrt war, ließ er die Überreste der drei Skelette von Labors in Europa und den Vereinigten Staaten mit DNA-Tests und Röntgenaufnahmen untersuchen: Er wollte herausfinden, wie wahrscheinlich es war, dass es sich um Brüder handelte. Die Befunde wollte er mit bereits vorhandenen Daten über die Mumie von Ramses II. vergleichen. Der Wissenschaftler erkannte jedoch rasch, dass trotz der enormen neuen Datenmenge noch viel Arbeit zu tun blieb. Er glaube, dass man eines Tages mit wissenschaftlichen Untersuchungen feststellen könne, durch welche Ursache und in welchem Alter Amun gestorben sei. »Aber wie sollen wir beweisen, dass er eines unnatürlichen Todes starb?«, fragte Weeks. »In seiner Brust wird kein Donnerkeil stecken, wenn Gott ihn niedergestreckt hat.«

Die Autoren der Bibel hatten kein Interesse, den Pharao menschlich darzustellen, aber die Szenen in den Wandmalereien von KV5 zeigen nicht nur den Führer einer Großmacht. Hier, unter der Erde und am Ende einer endlosen Reihe von Grabkammern, begegnet uns ein sehr persönlicher, einfühlsamer Mann mit sanftem, nachdenklichem Gesicht, der seinen toten Sohn in den Armen hält und die Götter anfleht, dem Kind die Reise ins Jenseits zu erleichtern. In KV5 erhält der unbenannte Pharao der Bibel endlich einen Namen. Er darf aus der Kategorie der Tyrannen heraustreten, in die die religiöse Tradition ihn eingeordnet hat, und eine andere, um nichts weniger klischeehafte Rolle annehmen: die des trauernden Vaters.

Am deutlichsten ist die verblüffende Veränderung der Einstellungen auf der Kinoleinwand zu erkennen, dem alljährlichen Barometer des kulturellen Wandels. Früher wurde der Pharao stets als Variation des Themas vom Erzschurken dargestellt, und zu Wandlungen war nur Mose in der Lage. In den fünfziger Jahren war Mose in *Die zehn Gebote*, dargestellt von Charles Heston, das Urbild von mutiger Moral und körperlicher Kraft. In den sechziger Jahren wurde er in *Exodus* zur Inspiration für die heutigen Juden; der Film mit Paul Newman entstand auf der Grundlage des Bestsellers von Leon Uri und setzte die Schaffung des modernen Staates Israel mit der biblischen Befreiung von der Sklaverei gleich. In der neuesten Version, dem Zeichentrickfilm *Prinz von Ägypten*, ist Mose ein Kind der neunziger Jahre, ein Mann der gespaltenen Loyalität; mehrfach blitzt in ihm das auf, was Psychologen als verdrängte Erinnerung bezeichnen, er begegnet dem Trauma seiner Jugend, als er in einem Korb den Nil hinuntertrieb.

Penney Finkelman Cox, die Produzentin, flog zu den Recherchen für den Film nach Ägypten. Anfangs sah sie in der Reise nach eigenen Angaben ein interessantes Abenteuer, eine Gelegenheit, die biblische Geschichte mit ein paar farbigen Details anzureichern, nachdem die Kreativen des Teams sich entschlossen hatten, das Ganze als historische Tatsache zu präsentieren. Die ägyptischen Behörden stellten der Gruppe einen Dolmetscher und Fremdenführer zur Seite, der sie durch das ganze Land begleitete. Cox und ihre Kollegen besuchten während ihres zweieinhalbwöchigen Aufenthaltes das Kairoer Museum und die Pyramiden, fuhren den Nil hinauf und hinunter und machten im Tal der Könige bei Luxor Station. Dabei stimmten sie sich auf die ägyptische Sichtweise in Bezug auf den Exodus ein.

Nach Cox' Eindruck war es eine Geschichte, die die Ägypter »am liebsten ungeschehen machen würden«. Die Äygptologen, mit denen sie zusammentraf, und insbesondere ihr staatlich finanzierter Führer wiesen darauf hin, dass die Ägypter als Moslems ebenfalls Mose verehren und dass er die drittwichtigste Gestalt des Korans sei. Gleichzeitig waren sie aber verärgert darüber, dass ihre Vorfahren in der Geschichte immer als die Bösewichter hingestellt wurden.

Cox und ihr Produktionsteam hörten sich die Klagen aufmerksam an und konnten an den nach Ramses II. benannten Straßen und Denkmälern überall im Land auch selbst sehen, dass der Pharao in Ägypten hohes Ansehen genoss. »Die Ägypter vertraten die Ansicht, jede Gesellschaft habe ein Klassensystem«, berichtete Cox, als ich mich zwischen den Presseterminen, mit denen sie im ganzen Land Werbung für den Film machte, mit ihr unterhielt. »Wenn das System der Pharaonen die Menschen zu Sklaven und Opfern machte, dann waren die Ägypter ebenfalls davon betroffen. Dann haben die Israeliten nicht als Einzige gelitten.«

Diese Sichtweise wirkte sich in Hollywood auf die Produktion des Filmes aus, und am Ende stellten die Drehbuchautoren das Verhältnis zwischen Mose und Ramses deutlich anders als ursprünglich geplant dar. Im fertigen Film werden die beiden als liebende Brüder gezeichnet, »die durch Geschichte und Schicksal getrennt sind«, so Cox. Außerdem kommen in dem Streifen auch Beispiele für die von Cox so genannten »freundlichen Ägypter« vor, insbesondere die Königin: Sie weiß, dass Mose ein Kind der Israeliten ist, als sie ihn aus dem Nil zieht, aber sie hilft aus menschlichem Mitgefühl für den Säugling. Die zehn Plagen bringen in dem Film großes Leid über die Ägypter, die unschuldig in den Streit zwischen Mose und Pharao hineingezogen werden. Und die Arbeitskräfte sind nun eine ganz und gar multikulturelle Gruppe. »Wir haben den Sklaven unterschiedliches Aussehen und verschiedene ethnische Zugehörigkeiten verliehen, weil wir zeigen wollten, dass nicht nur die Hebräer Sklaven sind«, erklärte Cox.

In einem Punkt aber machten die Produzenten keine Zugeständnisse: Auch ihre Version des Exodus ist eine Geschichte über Sklaven. »Man kann keine Menschen befreien, die nicht vorher Sklaven waren«, meint Cox. »Wenn man das weglässt, ist es kein Exodus mehr. Man könnte hier auch eine ägyptische Geschichte erzählen, aber das war nicht unsere Geschichte.« Dennoch hatten sich die Bestrebungen der Ägypter, den Exodus anders zu deuten, ausgezahlt. Aber als der Film rund um die Welt am gleichen Tag Premiere hatte, erfuhr Cox zu ihrer Enttäuschung, dass Ägypten eines der wenigen Länder war, in denen er nicht gezeigt wurde. Die Zensur waren eingeschritten und hatte *Prinz von Ägypten* verboten.

Nachdem das Bild des Pharao neu gezeichnet war, konnte es vermutlich nicht ausbleiben, dass es der Darstellung Moses genauso erging. Die Bibel enthält nicht nur andere Beschreibungen des Lebens in Ägypten, die freundlicher sind als jene im zweiten Buch Mose, sondern auch eine »Anti-Mose-Überlieferung«, wie der Bibelforscher Jonathan Kirsch sie nennt, eine Überlieferung, die allerdings in den Predigten vieler Jahre weit weniger Aufmerksamkeit fand. An einer solchen Stelle (4. Mose 31) schickt Mose die Israeliten in den Kampf gegen die Midaniter, einen Stamm von Wüstenbewohnern, dem auch seine Frau Tziporah angehört und in dem er demnach Verwandtschaft hat. Alle männlichen Midaniter werden erschlagen, aber als die Israeliten im Triumphzug mit ihren Gefangenen zurückkehren, befiehlt Mose umgehend auch die Ermordung aller Frauen und männlichen Kinder sowie die Vergewaltigung der jungen Mädchen. In einer anderen Episode (4. Mose 16) lehnen sich Korach und andere Rebellen dagegen auf, dass Mose allein ihr Vermittler zu Gott sein will: Sie fordern, alle Menschen sollten unmittelbar mit dem Herrn sprechen können. Daraufhin werden sie von Mose vernichtet – er ruft den göttlichen Zorn auf sie herab und sieht zu, wie die Erde sie vom Fleck weg verschlingt.

Diese anderen Seiten Moses wurden lange Zeit von Institutionen und kulturellen Kräften übergangen, die ihn lieber ausschließlich als machtvolles Symbol der Befreiung sehen wollten, als Verkörperung demokratischer Werte. Wie vielschichtig sein Erbe aber in Wirklichkeit ist, wird besonders in Zusammenhang mit der »mosaischen Unterscheidung« deutlich, einem Begriff, den der deutsche Ägyptologe Jan Assmann geprägt hat. Dabei geht es um die Vorstellung des Monotheismus, die am stärksten mit Mose in Verbindung gebracht wird – danach sind alle Götter außer Jahwe falsche Götzen, und ihre Anbetung ist nicht nur ein Irrtum, sondern etwas Böses. Trotz ihres Erfolges – immerhin wurde diese Überzeugung zentraler Teil der drei Weltreligionen Judentum, Christentum und Islam – brachte diese Vorstellung auch eine Art von Fundamentalismus hervor, der häufig zur Auslöschung der so genannten Ungläubigen führte.

Bei den Bibelautoren geriet Ägypten schließlich zum Symbol für alles, was religiös anstößig war, zum Ort der Götzenverehrung. Aber Hass und Diffamierung beruhten nach Assmanns Bericht auf Gegenseitigkeit. Der ägyptische Priester Manetho, der in der ersten Hälfte des 3. Jahrhunderts v. u. Z. eine Geschichte seines Landes schrieb (erhalten sind davon nur einige Passagen, die der jüdische Historiker Josephus zitiert), stellte Mose als aufrührerischen Priester dar. Manethos Mose hatte sich zum Anführer einer Kolonie von Aussätzigen erklärt und wurde dann zusammen mit seiner kranken Anhängerschaft aus Ägypten vertrieben. Hecataetus von Abdera, der im Jahr 320 v. u. Z. nach Ägypten kam, gibt die biblische Geschichte in seinen Werken in über einem Dutzend unterschiedlichen Versionen wieder, die alle sehr judenfeindlich sind. Nach Assmanns Feststellungen haben viele besonders bösartige Bilder des späteren europäischen Antisemitismus – Juden als fremdartige, gesetzlose Menschen, als Leprakranke und Überträger der Pest – ihre Wurzeln in der ägyptischen Geschichtsschreibung, die sich mit dem Exodus befasste. Assmann vertritt die Ansicht, die lange Tradition der religiösen Gegnerschaft habe ihre Anfänge in der Konfrontation zwischen Israel und Ägypten und führe von dort auf geradem Weg in die Katastrophe des Dritten Reiches.

In der Hoffnung, er könne Israel und Ägypten versöhnen, untersuchte Assmann Moses ägyptische Wurzeln. Nach seiner Überzeugung konnte nicht Mose, der Hebräer der Bibel, sondern Mose der Ägypter als Brücke zwischen den beiden Seiten dienen. Aber der Mose, den Assmann finden wollte, erwies sich als schwer fassbar. Der Bibeltext liefert keinerlei Aufschlüsse darüber, wie seine Kindheit aussah, als er am Hofe des Pharao heranwuchs. Zum ersten Mal begegnet er uns als eines der vielen männlichen Babys der Hebräer, deren Leben in Gefahr war, nachdem der Pharao so hartherzig ihre Tötung angeordnet hatte. Anschließend vollzieht der Bericht einen Sprung ins Erwachsenenalter. Mose bekennt sich nun zu einem Glauben, nach dessen zentraler Vorstellung alle Götter außer dem Jahwe der Israeliten falsch sind. Die Bibeldeuter der Antike schrieben häufig Passagen und Berichte in den Schriften um und hatten keinerlei Interesse daran, weitere Einzelheiten über Moses ägyptische Herkunft hinzuzufügen. Und die ägyptischen Historiker verfolgten ihrer eigenen, antijüdischen Ziele. Durch ihre Bemühungen, der biblischen Darstellung entgegenzuarbeiten, werden nach Assmanns Befürchtung alle Hoffnungen zunichte, den historischen Mose zu finden. In einem Interview sagte er: »Stattdessen bleibt uns nur eines übrig: Wir müssen nach dem suchen, was Mose der Ägypter symbolisiert.«

Für eine solche Suche gibt es kein besseres Gebiet als die Sinai-Wüste, jene weite, wunderschöne und rätselhafte Landschaft, die seit Jahrtausenden die Brücke zwischen Israel und Ägypten darstellt. Zwischen 1967, als Israel den Sinai während des arabisch-israelischen Krieges besetzte, und 1982, als er im Rahmen des Friedensvertrages mit Ägypten zurückgegeben wurde, erkundeten und kartierten mehrere Dutzend israelische Expeditionen die antiken Stätten, Siedlungen und Friedhöfe, die sich über die mehr als 100 000 Quadratkilometer des Gebietes verteilten.

Völkerrechtlich betrachtet, durfte Israel auf dem Sinai eigentlich keine archäologischen Ausgrabungen vornehmen. Aber die Archäologen waren darauf erpicht, in der Region Anhaltspunkte für den Exodus zu finden, und nutzten eine Gesetzeslücke aus: Gestattet waren nämlich Rettungsgrabungen zur Bergung von Stätten, bei denen die Gefahr der Schädigung oder Zerstörung durch Bauprojekte bestand. Deshalb wurden alle von israelischen Archäologen vorgenommenen Untersuchungen als Rettungsgrabungen deklariert, obwohl viele oder die meisten davon eindeutig rein wissenschaftliche und kulturelle Ziele verfolgten.

Ethnografische Übersichtsstudien über die Beduinen, die als Nomaden auf dem Sinai lebten, hatten bereits aufschlussreiche Indizien dafür geliefert, dass man möglicherweise etwas Neues entdecken und die Geschichte in anderem Licht betrachten würde. Dem israelischen Archäologen Ze'ev Meshel fiel beispielsweise auf, dass es in dem biblischen Text gewisse Vorbilder für Sitten der Beduinen gibt, beispielsweise für eine regelmäßige Pilgerreise an einen Ort in der Wüste, den der Stammesführer bestimmt und an dem sie dann mehrere Tage lang beten. Schon Mose und Aaron bitten anfangs den Pharao für die israelitischen Sklaven um die Erlaubnis, drei Tage lang in die Wüste zu ziehen und Jahwe anzubeten. Darüber hinaus entdeckten die Archäologen auf dem Sinai eine Fülle von Nawamis – das arabische Wort bedeutet »Mücken«. Nawamis sind Bienenstock-ähnliche Bauwerke aus Kalkstein, die man vielfach mit noch unversehrtem Dach fand. Den Legenden der Beduinen zufolge wurden sie von den Israeliten während ihrer Wanderung durch die Wüste als Schutz vor Mücken erbaut. Bei weiteren Forschungsarbeiten stellte sich jedoch heraus, dass die Nawamis in Wirklichkeit Grabstätten waren.

Unter dem Gesichtspunkt, dass man Unterstützung für den traditionellen Exodus-Bericht finden wollte, waren die Ausgrabungen auf dem Sinai ein Fehlschlag: Man fand keinen einzigen Beweis, dass die Israeliten überhaupt durch die Wüste gewandert waren, von 40 Jahren ganz zu schweigen. Was die Wissenschaftlerteams aber entdeckten, war in mancherlei Hinsicht ebenso wichtig und folgenschwer. Eine Expedition unter Leitung des Archäologen Eliezer Oren von der Ben-Gurion University in Beersheba untersuchte im Laufe von zehn Jahren über 1300 Stätten entlang der Mittelmeerküste des Sinai, also auf der historischen Route, die Ägypten mit Kanaan und den jenseits davon liegenden Gebieten verband. Dabei fand man alles Mögliche, von kleinen Lagerstätten über vollständige Städte mit Friedhöfen bis hin zu Getreidespeichern zur Versorgung der ägyptischen Armee während des Feldzuges nach Kanaan.

Während die Archäologen das Auf und Ab der Besiedlung im nördlichen Sinai nachzeichneten, wurde ihnen allmählich klar, dass die bisherigen Versuche der Rekonstruktion kultureller Zusammenhänge in diesem Gebiet keinen Sinn ergaben. Die Wissenschaft hatte im Sinai immer ein Hindernis für Beziehungen zwischen den beiden Kulturen gesehen, eine Schranke für den Austausch. Hier wurde der symbolische Abstand zwischen Israel und Ägypten auf eine sehr reale Weise lebendig – und zwar in Form einer riesigen Wüste, welche die Seiten entweder trennte oder als Route für militärische Invasionen beider Seiten diente. Dennoch, so Oren, blieb zwischen Ägypten und Kanaan über alle Zeiten hinweg eine enge Beziehung bestehen. Während der meisten Phasen diente die Wüste nicht als Schranke, sondern als Brücke, und insbesondere der Küstenstreifen war dicht besiedelt. Der Sinai war der wichtigste Handelskorridor zwischen beiden Seiten. Die Menschen trafen sich in der Mitte, auf der Sinai-Brücke, und auch die beiden Kulturen vermischten sich und beeinflussten einander. An den von Oren entdeckten vorübergehenden Lagerstellen hatten die Bewohner verschiedene Gefäße zurückgelassen, die ihren Ursprung sowohl in Ägypten als auch in Kanaan hatten. Auch im Inneren der Begräbnishütten, der Nawamis, spiegelten schimmernde Perlen, Flintsteinwerkzeuge und Wassergefäße die Tatsache wider, dass die Menschen, die sie einst benutzten, sowohl mit Ägypten als auch mit Kanaan in Verbindung standen.

Die archäologischen Funde auf dem Sinai, das gesamte durch sie repräsentierte kulturelle Geben und Nehmen, das später von den Archäologen nachgewiesen wurde, haben uns etwas zu sagen. Hier ist der Ort, wo Ägypten und Israel sich endlich begegnen können, und zwar nicht als Gegner, sondern als Nachbarn. Aus dem zweiten Buch Mose wird das nicht deutlich, aber einen Anhaltspunkt gibt die alte Geschichte aus dem fünften Buch Mose: Ein letztes Mal ruft Mose die Israeliten am Fuß des Berges Nebo zusammen. Am Vorabend ihres neuen Lebens in Kanaan beschwört er sie, sich an Ägypten zu erinnern. Es ist Moses letzte Rede: Er weiß, dass er bald sterben wird und das Gelobte Land nicht betreten kann, und dieses Los erfüllt ihn mit Bitterkeit und Ärger. Zunächst drängt er die Israeliten, sie sollten die Bevölkerung Kanaans so behandeln, wie Gott die Ägypter behandelt habe, und alle vernichten, die sich ihnen in den Weg stellen. Aber dann erreicht seine Wut ihren

Höhepunkt, und in diesem kurzen Augenblick kann man sich vorstellen, wie Mose sich an die vielen Jahre erinnert, in denen er bei den Stämmen in der Wüste gelebt hat, inmitten der Werkzeuge, der Bruchstücke von Muscheln aus dem Roten Meer und der Inschriften, welche die Archäologen später fanden. »Darum sollt ihr auch die Fremdlinge lieben; denn ihr seid auch Fremdlinge gewesen in Ägyptenland«, ermahnt er die Israeliten. Dann machen sie sich endgültig auf den Weg nach Kanaan.

*Kapitel 3*
# Die neuen Kanaaniter

*Nach Geschlecht und Geburt bist du aus dem Lande der Kanaaniter ...*
(Hesekiel 16, 3)

Worin unterscheidet sich ein Israelit von einem Kanaaniter?

Diese Frage stellten viele Historiker und andere Wissenschaftler, als sie sich mit den Ursprüngen Israels befassten. Der Bibel zufolge ist die Antwort einfach: Die Kanaaniter beten Götzenbilder an. Sie feiern religiöse Zeremonien mit Sex und Alkohol, und das alles gehört zu ihren umfassenden Bestrebungen, die Israeliten vom rechten Weg des Monotheismus abzubringen. Sie sind den Israeliten moralisch unterlegen und kulturell unscheinbar. Im Buch Josua werden ganze Dörfer der Kanaaniter mit allen Männern, Frauen und Kindern ausgelöscht – von einer siegreichen Armee israelitischer Stämme, die aus der Sklaverei in Ägypten befreit worden sind, um das Land zu besetzen und zu erobern.

Der Haken dabei: So war es nicht. Alle Indizien aus neuerer Zeit deuten darauf hin, dass um 1250 bis 1225 v. u. Z., also in der Zeit, in die man gewöhnlich den Beginn der Besiedlung Kanaans durch die Israeliten verlegt, keine schnelle Invasion stattfand. Viele Orte, die laut biblischem Bericht erobert wurden – darunter der berühmteste von allen, die Stadt Jericho – wurden in dieser Periode nicht einmal besetzt, von einer Zerstörung ganz zu schweigen. Noch bedeutsamer sind archäologische Funde aus den biblischen Gebieten der Stämme Ephraim und Manasseh – die Region liegt im zentralen Hochland des Westjordanlandes und gilt üblicherweise als Kernstück der ersten israelitischen Siedlungen in Kanaan. Nachdem Archäologen die Überreste zahlreicher Dörfer aus jener Zeit untersucht hatten, gelangten sie zu dem Schluss, dass die dort lebenden Menschen die traditionellen Götter der Kanaaniter anbeteten, das Alphabet der Kanaaniter anwandten und Keramik im Stil der Kanaaniter verwendeten. Israeliten und Kanaaniter zu unterscheiden ist so schwierig, weil Israeliten und Kanaaniter ein und dasselbe Volk waren.

In den letzten Jahren kam es zu einer archäologischen Neubewertung der Kanaaniter, und neue Entdeckungen zeichnen von ihnen und ihrer Kultur ein Bild, das sich völlig von dem in der Bibel vorherrschenden unterscheidet. Im vierten Buch erhält Mose von Gott die Anweisung, zehn Spione nach Kanaan zu schicken, damit sie das Land auskundschaften und anschließend darüber berichten. Als die Männer von ihrer Mission zurückkehren, geben nur Kaleb und Josua den Israeliten eine Chance, Kanaan zu erobern. Die anderen berichten von riesigen, wohlhabenden Städten, die in voller Blüte stünden und für Schlachten befestigt seien. »Wir sind in das Land gekommen, in das ihr uns sandtet; es fließt wirklich Milch und Honig darin«, berichten die Kundschafter. »Aber stark ist das Volk, das darin wohnt, und die Städte sind befestigt und sehr groß.« In der letzten Rede, die Mose vor seinem Tod an das Volk Israel richtet, bekräftigt er dieses Bild von Kanaan noch einmal: »Höre, Israel, du wirst heute über den Jordan gehen, damit du hineinkommst, das Land der Völker einzunehmen, die größer und stärker sind als du, große Städte, ummauert bis an den Himmel.«

Die ersten in Palästina arbeitenden Archäologen waren sehr erpicht darauf, die Städte der Kanaaniter auszugraben, die in der biblischen Beschreibung von Josuas Feldzügen aufgeführt sind. Aber als sie dann Städte wie Tel Beit Mirsim, Jericho und Shechem freilegten, erlebten sie eine Überraschung: Es gab keinerlei Befestigungen. Das Gleiche fanden sie bei den meisten anderen Städten aus der späten Bronzezeit zwischen dem 15. und 13. Jahrhundert v. u. Z. Die Gründe wurden nie vollständig aufgeklärt, aber 1997 veröffentlichte der Archäologe Ze'ev Herzog von der Universität Tel Aviv, ein Spezialist für die fragliche Periode, eine umfassende Übersichtsuntersuchung mit einer Zusammenfassung der archäologischen Befunde, die man bei Ausgrabungen in den Kanaaniterstädten gewonnen hatte. Dabei fiel ihm nicht nur das Fehlen von Befestigungen auf, sondern auch etwas, das er als »Verfall aller urbanen Parameter« bezeichnete: Es gab in den Städten keine Wohnhäuser, wenige oder keine Vorrichtungen für das Abwasser und kein dichtes Straßennetz. Die meisten Siedlungen bestanden eigentlich nur aus einem einzigen großen Gebäude, das nach Herzogs Ansicht als befestigter Palast für den örtlichen Herrscher diente. Zu der Zeit, als die Israeliten sich angeblich in Kanaan vorankämpften, so Herzog, hatten die meisten Städte des Landes keine Befestigungen, und ihr Zentrum bestand vermutlich nur aus dem Sitz des Herrschers und einiger Höflinge. Diese Tatsache deutet er als Anzeichen, dass das politische, wirtschaftliche und gesellschaftliche Leben in den Kanaaniterstädten jener Zeit insgesamt geschwächt war. Die Herrscher waren nicht so mächtig, dass sie für ein blühendes urbanes Leben hätten sorgen können. Der befestigte Palast stand in der Regel am Eingang der Stadt neben einem Tor, das meist aus einer früheren Periode erhalten geblieben war. Das verschaffte den Herrschern eine wirksame Kontrolle über die landwirtschaftlichen Flächen und die dort arbeitenden Bauern, aber ein Zeichen für eine blühende Stadt war es kaum.

Nach Herzogs Behauptung muss zwischen der gesellschaftlichen Elite der Kanaaniter und der übrigen Bevölkerung eine soziale Kluft geherrscht haben. Die Stadtgrundrisse lassen eindeutig erkennen, dass die Bautätigkeit praktisch ausschließlich den Bedürfnissen der Herrschenden diente, während außerhalb des Regierungskomplexes so gut wie nichts errichtet wurde. »Die biblische Beschreibung der befestigten Städte sollte deutlich machen, dass man die mächtigen Kanaaniterstädte nur schwer unterwerfen konnte«, so Herzog, »aber die archäologischen Befunde zeichnen ein anderes Bild.«

Zwei wichtige Ausnahmen gab es von diesem Szenario des allgemeinen Niedergangs. Die erste war die Stadt Megiddo; sie blieb während der ganzen fraglichen Zeit ein wichtiges urbanes Zentrum; aber selbst dort war die Realität nach Herzogs Feststellungen weit von pulsierender städtischer Macht entfernt. Die zweite war Hazor, das in der Bibel als »Haupt aller Städte« in Kanaan bezeichnet wird.

Hazor, im Norden Israels näher zu Damaskus als zu Jerusalem gelegen, war einer der wichtigsten kanaanitischen Stadtstaaten. Über seinen Untergang, der nach den Schätzungen der Archäologen in das 13. Jahrhundert v. u. Z. fällt, bietet die Bibel zwei verschiedene Geschichten an. Im Buch Josua bringt Jabin, der König von Hazor, eine Koalition der Kanaaniterkönige gegen die wachsende Macht Israels zustande. »Alle diese Könige versammelten sich und kamen und lagerten sich gemeinsam am Wasser von Merom, um mit Israel zu kämpfen.« Gott sagt zu Josua, er solle sich nicht fürchten, und die zahlenmäßig weit unterlegenen Israeliten würden den Kampf für sich entscheiden, was dann am nächsten Tag auch geschieht. Von den Feinden kommt keiner davon. Obendrein wendet Josua sich gegen Hazor und tötet den König mit seinem Schwert. »Nichts, was Odem hatte« blieb übrig, und die Stadt wurde bis auf die Grundmauern niedergebrannt. Das Buch der Richter pflegt eine andere Erinnerung an die Zerstörung Hazors. Hier erhält Jabin, der König Hazors, von Gott die Erlaubnis, zwanzig Jahre lang über die Israeliten zu herrschen – eine Strafe für ihre Missetaten. Schließlich stellt die Kriegerin und Prophetin Debora aus Vertretern der verschiedenen Stämme eine Gruppe von Israeliten zusammen, die gegen die Kanaaniter kämpfen sollen. Hier findet keine schnelle Schlacht unter Leitung eines hartleibigen Generals statt, sondern eine Reihe kleiner Scharmützel, die sich bis zum endgültigen Sieg der Israeliten hinziehen. »Und die Hand der Israeliten legte sich immer härter auf Jabin, den König von Kanaan, bis sie ihn vernichteten.«

Die Bibelforscher stritten jahrzehntelang darüber, welcher der beiden Berichte älter sei und demnach – so ihre Überzeugung – die wahren Geschehnisse genauer wiedergibt. Der berühmte, zum Archäologen gewandelte israelische General Yigael Yadin, der in Hazor die ersten Ausgrabungen vornahm, war ebenfalls dieser Frage auf der Spur. Er fand eine Schicht voller Zerstörungen, die nach seiner Auffassung aus der Zeit von Josuas Feldzug stammen konnte. Ende der neunziger Jahre jedoch war Amnon Ben-Tor, der unter Yadins Leitung gearbeitet hatte und jetzt neue Ausgrabungen an der Stelle vornahm, seiner Sache nicht mehr so sicher; er neigt mittlerweile mehr zu der Ansicht, die Stadt sei früher zerstört worden, als Yadin geglaubt hatte.

Tatsächlich kennt man große Teile der Geschichte von Hazor aus Archiven der alten Kanaaniterpaläste in Syrien und im Libanon. In Mari am Westufer des Euphrat entdeckte man 25 000 Schrifttafeln, und auf 20 davon wird Hazor erwähnt. Sie beschreiben die Stadt als Knotenpunkt umfangreicher Handelsbeziehungen, der häufig von Karawanen voller Gold und Silber aufgesucht wurde. Drei in Ägypten gefundene Briefe, die der König von Hazor im 14. Jahrhundert v. u. Z. an den Pharao Akhenaton schrieb, berichten von den Kämpfen der Kanaaniter gegen andere lokale Herrscher um neue Ländereien. In Israel dagegen entdeckte man keine ähnlichen Archive. »Es ist wie mit dem Öl im Nahen Osten«, klagte Ben-Tor. »Das gibt es überall, außer in Israel.« Aber dann entdeckte Ben-Tors Arbeitsgruppe in den Resten eines Kanaaniterpalastes mehrere Keilschrifttafeln. Sie waren ein erstes Indiz für ein mögliches Archiv in diesem Boden, und seither sucht Ben-Tor danach. Er war überzeugt, es müsse sich irgendwo in dem ursprünglich von Yadin freigelegten Kanaaniterpalast befinden, und konzentrierte sich mit den Ausgrabungen auf diesen Bereich. Es waren anstrengende, langwierige Arbeiten. Einige Freiwillige brachten einen ganzen Sommer damit zu, einen kleinen Teil des riesigen

Gebäudekomplexes auszugraben. Der Palast hatte gewaltige Mauern – an einer Stelle waren sie 2,70 Meter dick.

Dieser Palast war der beste Beleg für das hohe Ansehen Hazors bei den Kanaanitern. Später erlangte die Stadt ihre einstige Pracht nie mehr wieder, nicht einmal während der Herrschaft der Könige David und Salomo, also in jener Periode, die in der Bibel als ihre Blütezeit bezeichnet wird. Die Funde von jener Stadt, die nach Ben-Tors Überzeugung von den Israeliten während der gemeinsamen Monarchie von David und Salomo errichtet wurde, bestanden aus dem Stadttor, den Befestigungsmauern und einigen armseligen Überresten im Inneren. Die darunter liegende Kanaaniterstadt jedoch war wirklich Aufsehen erregend. Man hatte die Grabungen so angelegt, dass man die beiden Städte nun nebeneinander betrachten konnte. Die Kanaaniter waren Meister des Städtebaus gewesen und hatten feste Mauern aus Basalt und Lehmziegeln errichtet. Nicht weit vom Palast standen noch zwei Säulen, nach Ben-Tors Schätzung wogen sie jeweils fünfeinhalb Tonnen. Man entdeckte hübsches Kunsthandwerk, raffinierte Elfenbeinschnitzereien, zwei Löwen aus Basalt, die vermutlich den Palasteingang bewacht hatten, und vergoldete Statuen. »Die Architektur der Kanaaniter ist doch erstaunlich, oder?«, fragte Ben-Tor eines Tages, während er mich durch die Grabungsstätte führte. Er sprang in die flache Grube, wo der Palast freigelegt wurde. »Es sind großartige, verblüffende Arbeiten. So gut ist die israelitische Architektur nicht.«

In der Bibel werden Kanaaniter und Israeliten ständig verglichen, und stets kommen die Kanaaniter schlecht weg. Die Ausgrabungen in Hazor sprechen eine andere Sprache. Seit Jahren mehren sich die Belege, dass die Israeliten die Kultur der Kanaaniter einschließlich der religiösen Praktiken übernommen und ausgebaut hatten. Die alttestamentarischen Feste – Laubhüttenfest, Fest der ungesäuerten Brote und Fest der Wochen – entsprechend den jüdischen Feiertagen Sukkoth, Passah und Shabuoth. Das waren ursprünglich bäuerliche Festtage, und zu allen gab es bei den Kanaanitern eine Entsprechung.

Mehrere in der Bibel vorkommende religiöse Begriffe ähneln jenen, die bei den Kanaanitern in Gebrauch waren; ob die Israeliten sie von diesen übernahmen, können die Bibelforscher zwar nicht mit Sicherheit sagen, aber wahrscheinlich ist es. Während die Bibel sehr abfällig über den Fruchtbarkeitskult im Zusammenhang mit der Verehrung von Ba'al urteilt, setzt sie ohne weiteres El, den höchsten Gott der Kanaaniter, mit dem Jahwe der Israeliten gleich. Große Teile des ersten Buches Mose beschreiben, wie die Patriarchen Abraham, Isaak und Jakob die verschiedenen Erscheinungsformen von El anbeten. Auch manche religiösen Themen aus dem Umfeld von Ba'al werden von der Bibel übernommen. So wird der Sapan, Ba'als heiliger Berg, zum Berg Zion, dem Wohnsitz Jahwes.

In Hazor und an anderen Orten bauten die Israeliten ihre Häuser nach Konstruktionsprinzipien der Kanaaniter. Ich begleitete Ben-Tor auf einer seiner Führungen für freiwillige Mitarbeiter auf dem Gelände. Wir kletterten über die Felsen und stiegen eine enge Wendeltreppe hinunter zu dem unterirdischen Wasserkanal, wo die Stimmen von den feuchten Wänden widerhallten. Überall in der Stadt waren kanaanitische Spuren zu sehen. Ben-Tor führte die Helfer zur Massebah, einem Kultplatz unter freiem Himmel neben dem Stadttor, wo eine schiefe Basaltsäule stand. Nach Ben-Tors Überzeugung war das eine heilige Stätte für die israelitischen Bewohner der Stadt, wo man den Göttern Dankopfer für die Geburt eines Kindes oder eine gute Ernte darbrachte oder um Gnade und gutes Geschick betete. Der Ort war in den fünfziger Jahren während der ersten, von Yadin geleiteten Ausgrabungen entdeckt worden. Ben-Tor berichtete von einem kleinen Gefäß, das ein Gläubiger vor langer Zeit als Opfer auf einem Stein stehen gelassen hatte. Darin befanden sich kleine Gegenstände aus Bronze, so unter anderem die winzige Figur einer kanaanitischen Gottheit. Als man auf das Gefäß stieß, so Ben-Tor weiter, »behaupteten alle, einen solchen Fund könne es nicht geben. Die Leute waren schockiert. Sie fragten, wie es denn möglich sei, dass die Israeliten ihrem Jahwe einen kanaanitischen Gott als Opfer darbrachten«.

Vor dem Hintergrund der steinernen Säule stehend, legte Ben-Tor eine wirkungsvolle Pause ein. Die Diskussion war in seinen Augen abgeschlossen. »Heute würde niemand mehr so argumentieren«, erklärte er.

Die wichtigste Form der Religionsausübung war in alter Zeit das Tieropfer. Erst weit dahinter stand an zweiter Stelle das Gebet. Die Menschen legten große Entfernungen zurück, um an den wichtigen religiösen Zentren zu opfern, die sich gewöhnlich in großen Stadtstaaten wie Hazor und Megiddo befanden. In diesen Städten wurde derart viel geopfert, dass die Tempel und anderen religiösen Einrichtungen zu richtigen Metzgerläden wurden, wo man die Tiere zerlegte und ihre Stücke in der ganzen Stadt verteilte. Bei der Aufteilung der Tiere richtete man sich häufig nach den gesellschaftlichen Schichten. Die besten Teile und auch die Haut gingen an die Priester. Die Reichen schätzten besonders die Schwänze von Schafen (wegen des hohen Fettgehalts), die Köpfe und die zartesten Fleischstücke von Jungtieren. Den Rest bekamen die Armen.

Unsere Kenntnisse über die Opfer der Kanaaniter stammen zum größten Teil aus dem Alten Testament. In Ugarit im heutigen Syrien entdeckte man zwar ein riesiges Archiv, aber es enthält praktisch keine Texte, die sich unmittelbar mit der Opferpraxis befassen. Allerdings gibt es Berichte darüber, welche Tierarten man den Göttern darbrachte: vorwiegend Schafe, Ziegen und Rinder. Ein literarischer Text aus Ugarit führt auf, was der Gott Ba'al anderen Göttern opferte, und darin spiegelt sich wahrscheinlich ein Teil der Praxis wider, die auch ganz allgemein in der Bevölkerung weit verbreitet war. Aber auch hier gibt es Grenzen. Für viele Tiernamen, die in Zusammenhang mit den Opferritualen aufgeführt werden, kennt niemand die genaue Übersetzung; Experten nehmen zwar an, dass manche dieser Wörter den besser untersuchten Begriffen aus dem Hebräischen und Akkadischen entsprechen, aber es gibt durchaus Raum für Zweifel. Die Opferpraxis der Kanaaniter wird deshalb in der Regel als Gegensatz zu den Ritualen der

Israeliten dargestellt und in einem sehr negativen Licht betrachtet.

In Megiddo wurde bei den jüngsten Ausgrabungen ein sehr früher Komplex von Kultbauten freigelegt. In seinen vielen Tempeln stieß man auf Zehntausende von Tierknochen, einen der größten derartigen Funde in der Region. Zum ersten Mal bot diese Entdeckung die Gelegenheit, die Opferpraxis der Kanaaniter unabhängig von allen schriftlichen Berichten einschließlich der biblischen zu untersuchen.

Die vorläufige Analyse macht deutlich, wie eng die späteren Opferriten der Israeliten mit denen der Kanaaniter verflochten sind. Der Komplex, in dem man die Knochen fand, war rund 2000 Jahre älter als alle bekannten Hinterlassenschaften der Israeliten. Und dennoch »haben wir große Schwierigkeiten, anhand der Opferpraxis zwischen ethnischen Gruppen zu unterscheiden«, so Paula Wapnish, die in Megiddo die Untersuchung der Knochenfunde leitet. Im gesamten Nahen Osten wurden die gleichen wenigen Tierarten für Opfer verwendet, vorwiegend Schafe, Rinder und Ziegen. Wie bereits erwähnt, waren die Wissenschaftler bis vor kurzem überzeugt, man könne Gebiete der Israeliten an den fehlenden Schweineknochen erkennen. Leider aber, so Wapnish, »benutzten eigentlich auch die Kanaaniter keine Schweine als Opfertiere. Wenn sich manches davon in der späteren Praxis der Israeliten wiederholt, macht das nur deutlich, dass Tabus im Zusammenhang mit Schweinen in der ganzen Region tief verwurzelt waren«.

Damit soll nicht gesagt werden, es habe in der Einstellung gegenüber Gott oder Religion keine Unterschiede zwischen Kanaanitern und Israeliten gegeben, aber Wapnish vertritt die Ansicht, dass diese Unterschiede an den Knochen praktisch nicht zu erkennen sind. Als einen solchen wichtigen begrifflichen Unterschied nennt sie das in der Bibel betonte Verbot, Blut zu verwenden oder auch nur zu berühren. Viele biblische Texte berichten, das Blut des Opfertieres müsse stets abfließen und vom Priester gesammelt werden, während dieser den erforderlichen Segen ausspricht. In den Texten aus Ugarit findet sich nichts über vergleichbare Rituale zur Beseitigung von Blut. Da diese Praxis der Israeliten in den Schriften so häufig auftaucht, hat sie nach Wapnishs Überzeugung tiefe Wurzeln, aber selbst das lässt sich nur schwer handfest belegen. »Wenn wir viele Halswirbel entdeckt hätten, könnte das ein Hinweis sein, dass die Halsschlagadern der Tiere durchgeschnitten wurden. Aber solches Material findet man kaum. Wirbel zerbrechen leicht, weil sie schwammartig aufgebaut sind. Außerdem hängt eine Menge Fleisch daran. Sie landeten wahrscheinlich in vielen Suppentöpfen«, sagt sie.

Dennoch ist eines an den Funden von Megiddo besonders bemerkenswert: Offensichtlich zeigen sie, dass Opfer im gesamten Nahen Osten mehr oder weniger auf die gleiche Weise praktiziert worden sind. »Wenn es Unterschiede gab«, sagt Wapnish, »dann sind sie heute für uns nicht zu erkennen.«

Eines scheint klar: Die Kanaaniter hatten mit ihren Traditionen einen wichtigen, entscheidenden Einfluss auf die Israeliten. »Wenn sie nicht selbst Kanaaniter waren«, so Wapnish mit Blick auf die Israeliten, »dann kannten sie sicher deren sämtliche Traditionen.« Außerdem sind die Kanaaniter in den letzten Jahrzehnten in den Mittelpunkt des Interesses gerückt und aus dem übermächtigen Schatten der Israeliten und der Bibel herausgetreten. Einen entscheidenden Puzzlestein fand man 1995 im Rahmen eines kleinen Grabungsprojektes in der Davidsstadt gleich südlich der Altstadt von Jerusalem. Das Projekt unterhalb eines geplanten Touristenzentrums wurde von einer jüdischen Siedlergruppe namens Elad finanziert. Im Verlauf der Grabungen entdeckten die Archäologen zu ihrer Verblüffung, dass die antike Wasserversorgung der Stadt, die man seit langem der Verwaltung des Königs David nach seiner Eroberung Jerusalems zugeschrieben hatte, in Wirklichkeit acht Jahrhunderte früher von den Kanaanitern gebaut worden war. Der britische Forscher Charles Warren, der Jerusalem Ende der sechziger Jahre des 19. Jahrhunderts erkundet hatte, war in einen drei Meter breiten Schacht geklettert, den man offensichtlich künstlich in das Gestein ganz in der Nähe der Gihon-Quelle geschlagen hatte, der wichtigsten Wasserquelle der Stadt. Vom westlichen Abhang der Davidsstadt führte ein Tunnel zum oberen Ende des Schachtes, und sein Boden war nicht weit von der Gihon-Quelle entfernt. Warrens Schacht galt seit seiner Entdeckung als Dreh- und Angelpunkt für das Wasserleitungsnetz der Staat und als wichtigster Weg, auf dem die Bewohner sich in der Antike das Wasser aus der nahe gelegenen Quelle beschafft hatten.

Während der Ausgrabungen, die Ende der 70-er und Anfang der 80-er Jahre des 20. Jahrhunderts in der Davidsstadt stattfanden, ließ der Archäologe Yigal Shiloh noch einmal drei Bergsteiger bis zum oberen Ende von Warrens Schacht klettern, dieses Mal im Rahmen eines Projektes, mit dem man das Gebiet aufräumen und den Komplex für Touristen zugänglich machen wollte. Seither ist er zu einer der beliebtesten Sehenswürdigkeiten Jerusalems geworden. Keramik, mit deren Hilfe man die Stätte hätte datieren können, wurde in dem Schacht nicht gefunden. Die Archäologen vermuteten, schon Warren habe bei seiner Expedition alle Tonscherben aus dem Hohlraum entfernt; stattdessen fanden sie einen rostigen Eimer, die ein Angehöriger der britischen Arbeitsgruppe zurückgelassen hatte. Shilos Mitarbeiter wussten aber, dass kunstvoll angelegte unterirdische Wasserleitungssysteme ein entscheidendes Element aller wichtigen befestigten Städte in Israel gewesen waren. Ein solches System gab es in Megiddo ebenso wie in Hazor, und deshalb datierte man es auch hier auf die Zeit, als die Israeliten in Jerusalem herrschten. Offenbar steckte dahinter auch die unausgesprochene Annahme, das Leitungssystem sei einfach zu raffiniert, als dass die Kanaaniter es geschaffen haben könnten.

Der israelische Archäologe Ronny Reich, der die Grabungen unter dem geplanten Besucherzentrum leitet, hält den Warren-Schacht für eine natürliche Felsspalte, die nichts mit den Wasserleitungen von Jerusalem zu tun hat. Bei Reichs Grabungen kam ein Tunnel zum Vorschein, der den Schacht völlig umgeht und unmittelbar zu einem Teich in der Nähe der Quelle führt.

Die Quelle selbst, von der man bis dahin meist geglaubt hatte, sie liege außerhalb der Stadtmauern und sei demnach nicht befestigt, war in Wirklichkeit von einem beeindruckenden Ring aus Türmen umgeben. Soldaten, die auf einem davon Wache hielten, hätten leicht jede Person festnehmen können, die sich in die Stadt einschleichen wollte. Funde aus den Türmen und ihrer Umgebung weisen darauf hin, dass die Bauwerke aus der Zeit vor König David stammen. Das würde bedeuten, dass die Kanaaniter und nicht die Israeliten das Wasserversorgungssystem gebaut haben.

Eines Morgens im August 1998 hängte Reich sich einen großen Wasserkanister über die Schulter und machte sich durch den unterirdischen Gang auf den Weg zu dem Becken. Er hatte überall Lampen aufgehängt, die gespenstische Schatten auf die feuchte Tunnelwände warfen. Während Reich vorsichtig durch den Tunnel ging, machte er eine kleine Gruppe von Archäologen und Journalisten darauf aufmerksam, wie schlau die Kanaaniter gewesen waren: Sie hatten in der weichsten Gesteinsschicht gegraben und präzise Messungen angestellt, die eine genaue Kenntnis der Geometrie erforderten. Auf diese Weise hatten sie sich nur so weit wie nötig im Fels vorgearbeitet. An einer Stelle gleich rechts neben dem Teich, praktisch im Kellergeschoss des geplanten Besucherzentrums, hatte Reich sich durch eine über acht Meter dicke Halde aus Staub, Geröll und Abfällen gegraben, die vorwiegend von den dortigen Bewohnern aus der Zeit des Zweiten Tempels im 6. Jahrhundert v. u. Z stammte.

Schließlich stießen Reich und sein Team auf die Innenkante einer Struktur, die sie für die Überreste eines Turmes hielten. Er war offensichtlich als Schutz um die Quelle herum gebaut worden. Der Turm bestand aus gewaltigen Steinbrocken, von denen manche bis zu 1,80 Meter lang, 90 Zentimeter hoch und 90 Zentimeter breit waren. Sie waren in geraden Schichten aufgetürmt und bildeten eine massive Mauer. Derartiges Mauerwerk tauchte nach Reichs Angaben in Jerusalem erst später zur Zeit von Herodes dem Großen wieder auf, der im ersten Jahrhundert v. u. Z. regierte und als größter Bauherr des antiken Palästina gilt.

Hätte es für das Wasser der Quelle keinen Abfluss gegeben, wäre das Innere des Turmes sehr schnell überschwemmt worden. Reich und die anderen Archäologen fanden einen ins Gestein gehauenen Kanal, der sich an der gesamten Ostseite der Davidsstadt entlangzog und das Wasser schließlich in Teiche entließ. Anders als Warrens Schacht versetzte das System der Kanaaniter die Stadtbewohner in die Lage, sich nicht nur gefahrlos ihr eigenes Wasser zu holen, sondern man konnte es damit auch viel leichter aus der Quelle entnehmen, als wenn man es durch den Schacht nach oben gezogen hätte, wie die Archäologen es lange Zeit vermuteten.

Dass Reich ein solches System den Kanaanitern zuschrieb – seine Erkenntnis war kurz zuvor auf der ersten Seite der führenden israelischen Zeitung gemeldet worden – hörte man insbesondere bei Elad nicht gern. Die Organisation hatte die Grabungen mit über zwei Millionen Dollar unterstützt, weil man hoffte, sie würden neues Licht in »die Kettenglieder zwischen dem Volk Israel und König David bringen«, so die Formulierung von Yigal Naveh, dem Leiter des derzeitigen Besucherzentrums von Elad. Reichs Befunde erinnerten vielmehr daran, dass auch König David ein Glied in einer Kette von Eroberern war, die in Jerusalem ihre Spuren hinterlassen hatten, und diese Kette begann lange vor der ersten Einwanderung der Israeliten. Naveh stellte Reichs Ergebnisse in Frage; er verwies Journalisten, die Genaueres über die Entdeckung erfahren wollten, an die Kritiker von Reichs These. Aber trotz der Skepsis seines Geldgebers sagte Reich, er sei sich mit seiner Datierung sicher, weil er auf dem Boden eines Turmes und in den Ritzen zwischen den großen Steinblöcken eines anderen entsprechende Keramikscherben gefunden hatte. Die Keramik stammte aus dem 18. und 17. Jahrhundert v. u. Z., also aus der mittleren Bronzezeit.

»Man wird sich ein neues Bild davon machen müssen, wie die Stadt der Kanaaniter aussah«, sagte Reich an dem Vormittag, als er Archäologen und Journalisten durch den Tunnel führte. Von den Schlagzeilen über die Funde angezogen, war auch der Historiker Tom Segev zu der Ausgrabungsstätte gekommen. Den Rücken gegen den Turm der Kanaaniter gelehnt, saß er geduldig da, während Reich seine Stadtpläne herauszog und die Funktionsweise der Wasserversorgung erklärte. Während er noch redete, hörte man im Hintergrund den Lärm der Arbeiter, die das moderne Besucherzentrum von Elad errichteten. Segev musste die Stimme erheben, um sich trotz des anschwellenden Getöses Gehör zu verschaffen: »Das neue Bild der Stadt ist nicht der Grund, warum die Leute über Ronnys Funde beunruhigt sind«, sagte er. »Es ist vielmehr der Gedanke, man müsse sich ein neues Bild von den Kanaanitern machen.«

Wenige Wochen nachdem Reich bekannt gegeben hatte, die Kanaaniter hätten einen wichtigen Teil der Wasserversorgung von Jerusalem gebaut, beriefen palästinensische Archäologen in Nablus eine Pressekonferenz ein. Sie verkündeten, sie hätten Häuser der Kanaaniter entdeckt und auf etwa 3000 v. u. Z. datiert. Die Gebäude lagen in einem Wohnviertel Tel Sofer im westlichen Teil von Nablus, einer der größten Städte des Westjordanlandes. Auf der Pressekonferenz erklärte Jalal Kazzouh, der Leiter des archäologischen Institutes an der An-Najah-Universität in Nablus, worin nach seiner Ansicht die große Bedeutung dieser Entdeckung lag: Sie würde dazu beitragen, dass die Palästinenser ihre eigene Version von der Vergangenheit der Region schreiben können. »Die israelische Forschung war regelmäßig zu Ende, sobald man in der Region etwas aus der Zeit der Israeliten gefunden hatte«, erklärte er einer kleinen Journalistengruppe an der Fundstätte.

Schon seit mehreren Jahren vertritt eine Gruppe palästinensischer Intellektueller, Politiker und Wissenschaftler die Vorstellung, die Palästinenser seien die wahren Nachkommen der ersten Bewohner von Kanaan. Im August 1996 versammelten sich Palästinenser aus dem ganzen Westjordanland in der Stadt Sabastiyah, um die Legende von Ba'al wieder aufleben zu lassen, dem Himmels- und Fruchtbarkeitsgott der Kanaaniter, der mit seinem Bruder, dem Unterweltgott Mut, um die Vorherrschaft kämpfte. Junge Leute in wallenden weißen Gewändern zogen leichte hölzerne Wagen durch schmale Gassen zu einer steinernen Bühne, die man speziell zu diesem Zweck im Stadtzentrum errichtet hatte. Dort berichtete ein Geschichtenerzähler von Ba'als schweren Prüfungen. Als er in dem Text an die Stelle gelangte, wo vor den Habiru – den hebräischen Stämmen – gewarnt wurde, die sich damals auf dem Weg nach Kanaan befanden, bemühte er sich offensichtlich mit jeder Faser seiner Miene, dem Publikum die Bedeutung dieser Aussage zu vermitteln. Er rezitierte über das tragische Schicksal, das die Krieger der verschiedenen Kanaanitervölker erlitten hatten – die Armoriter, Girgashiter, Jebusiter und Perizziter, die alle von Josuas wütender Armee heimgesucht wurden. Als die Geschichte mit Ba'als Tod und Wiedergeburt ihren dramatischen Höhepunkt erreichte, drängten sich Fackeln tragende Jugendliche um den palästinensischen Kulturminister und begannen mitten auf dem Platz mit ihm zu tanzen.

Bei diesem Kanaaniterfest schenkte man der historischen Wahrheit keine große Beachtung. Sabastiyah, das antike Samaria, war die Hauptstadt des israelischen Nordreiches und hatte vorwiegend Überreste aus der Zeit von Israeliten und Herodes vorzuweisen, aber kaum solche der Kanaaniter. Auf die hölzernen Wagen waren Vögel der Philister gemalt, Motive einer ursprünglich nicht hier heimischen Gruppe, die in Kanaan eine Blütezeit erlebte, und auf den Erinnerungs-T-Shirts war ein Gefäß der Philister abgebildet. Aber die Ereignisse des Tages hielten an einer langen Tradition der Nationalfeierlichkeiten fest, deren Schwergewicht auf Schauspiel und Unterhaltung lag.

Hinter alledem steckte jedoch auch eine ernsthafte Aussage. Nachdem das Meinungsspektrum jahrelang von Desinteresse bis zu blanker Feindseligkeit gereicht hatte, wenn es darum ging, die Bibel als historische Quelle zu nutzen, befassten sich nun viele Palästinenser zum ersten Mal zumindest in ausgewählten Teilen mit biblischer Geschichtsschreibung. In der palästinensischen Elite machte sich zunehmend die Ansicht breit, dass die Israelis den derzeitigen Zustand nicht nur ihren Erfolgen im Krieg oder den politischen Umständen verdankten, sondern auch ihrer Fähigkeit, die – insbesondere biblische – Vergangenheit zu nutzen und daraus moderne Ziele zu entwickeln. Davon wollten nun auch die Palästinenser Nutzen ziehen. In Sabastiyah hatten sie sich eigentlich zu den neuen Kanaanitern erklärt, und das war nur der Anfang. Die Al-Quds-Universität in Jerusalem verlangt heute von allen Studenten, unabhängig von ihrem gewählten Studiengang, dass sie Einführungsseminare zur Geschichte und Archäologie Palästinas und Jerusalems belegen. Die Kanaaniter sind dabei ein wichtiger Bestandteil des Lehrstoffs. »Es ist sinnvoll, zwischen der Kultur von Palästinensern und Kanaanitern einen Zusammenhang herzustellen«, so Marwan Abu Khalaf, der Direktor des archäologischen Instituts der Universität. Abu Khalaf ist eine der treibenden Kräfte des Wandels. »Unsere Sitten und Traditionen gehen auf die Kanaaniter zurück. Wussten Sie, dass die Kanaaniter eigentlich Araber waren? Sie kamen auf der Suche nach Wasser von der arabischen Halbinsel. Abraham folgte erst 2000 Jahre später.«

Abu Khalafs Rückgriff auf die arabische Vorgeschichte der Kanaaniter mag nicht sonderlich stichhaltig begründet sein, aber seine Idee, den arabischen Beitrag zur kulturellen Vergangenheit Palästinas zu belegen, passte ins Bild. Ganz ähnlich argumentierte auch der verstorbene amerikanische Archäologe Albert Glock, einer der Gründer und Leiter des archäologischen Instituts der Bir-Zeit-Universität. Statt sich sofort oder ausschließlich auf den biblischen Bericht zu konzentrieren, wie israelische und westliche Wissenschaftler es nach seiner Überzeugung getan hatten, wollte Glock von der jüngsten Vergangenheit ausgehen, das heißt von der osmanisch-türkischen Herrschaft vor der Zeit des britischen Mandats, dass dann 1948 zur Gründung des Staates Israel führte. Erst dann konnten die Palästinenser nach seiner Überzeugung immer weiter in ihre Vergangenheit vordringen, wobei sie stets Verbindungen zwischen Gegenwart und Vergangenheit suchen und nachweisen sollten, Verbindungen in Form der kulturellen Kontinuität bei dörflichen Siedlungsformen, privater und öffentlicher Architektur und gesellschaftlicher Organisation. Glock selbst organisierte zu diesem Zweck Ausgrabungen in dem Dorf Ta'annek im Westjordanland. Schon in den sechziger Jahren des 20. Jahrhunderts hatte eine Gruppe österreichischer und amerikanischer Archäologen die Ruinen der biblischen Stadt Taanach freigelegt, deren Hügel das palästinensische Dorf überragte. Glock wollte zuerst das moderne Dorf ausgraben sowie die zerstörten Mauern und Brennöfen freilegen, welche die Dorfbewohner vor langer Zeit benutzt hatten, um dann osmanische Steueraufzeichnungen zu durchstöbern und die älteren Dorfbewohner zu befragen – alles mit dem Ziel, zunächst die neuere Geschichte von Ta'annek nachzuzeichnen und sie erst danach mit Taanach in Zusammenhang zu bringen.

Aber Glock kam nie nach Taanach. Im Januar 1992 – er verließ gerade sein Büro an der Bir-Zeit-Universität – wurde er aus nächster Nähe von einem nicht identifizierten Heckenschützen ermordet. Nach zwei Schüssen, einem von hinten in den Nacken und einem von vorn ins Herz, war er sofort tot. Das Spektrum der Verdächtigen reichte von israelischen Geheimdiensagenten, die sich in einer Zeit des wachsenden palästinensischen Nationalismus über seine provokanten archäologischen Theorien ärgerten, bis zu einem Palästinenser, dessen Anstellung an dem Institut er angeblich verhindert hatte. Der Mord wurde nie aufgeklärt. Viele seiner Studenten verließen das Land oder verabschiedeten sich von der Archäologie. Zwar erschienen einige Fachaufsätze über die Grabungen in dem Dorf, aber ein Abschlussbericht wurde nie veröffentlicht. Die Bir-Zeit-Universität kaufte Glocks Privatbibliothek mit fast 6000 Bänden und brachte die Keramik sowie andere in den sechziger Jahren entdeckte Grabungsfunde aus dem biblischen Taanach in ihrem Keller unter. Erst in allerletzter Zeit erschienen einige Berichte, die sich mit dem Material befassen.

Im Jahr 1993, nach der Unterzeichnung des israelisch-palästinensischen Friedensvertrages, suchte die Bir-Zeit-Universität nach einem neuen Direktor für das Institut. Auf diese Bemühungen warf der Mord an Glock einen düsteren Schatten. Schließlich bekam Khaled Nashef den Posten, ein Experte für Keilschrifttexte, nicht aber für Archäologie. Er, und noch mehr seine Studenten, gingen mit Glocks Hinterlassenschaften hart ins Gericht. Glocks Idee, nach kultureller Kontinuität zu suchen, hatte ihn überlebt, aber für seine Theorie, von der osmanischen Zeit auszugehen und sich dann in die Vergangenheit vorzuarbeiten, galt das nicht. Die meisten von Nashefs Studenten wollten sofort bei der späten Bronzezeit und den Kanaanitern anfangen. Nail Jelal, einer von Nashefs Doktoranden, hatte die über 250 palästinensischen Keramikobjekte in der Sammlung der Universität katalogisiert. Die meisten waren in den 70-er und 80-er Jahren des 20. Jahrhunderts von älteren Töpfern hergestellt worden, die in kleinen Dörfern im Westjordanland und im Gazastreifen lebten und ihrer Methoden vom Großvater gelernt hatten. Jelal hielt sorgfältig fest, mit welchen Begriffen die einzelnen Stücke, ihre unterschiedlichen Formen und ihre Herstellungsweise bezeichnet wurden, um auf diese Weise eine in seinen Augen sterbende Tradition zu bewahren. Wie er in einem Interview berichtete, wurde ihm im Verlauf seiner Arbeiten klar, dass die Henkel und gewisse andere Formen stark der Keramik ähnelten, die in der späten Bronzezeit von den Kanaanitern hergestellt wurde. »Manchmal stammte sogar der Ton von denselben Stellen«, berichtete Jelal begeistert.

Ein anderer Student, mit dem ich mich unterhielt, stellte gerade eine Sammlung von Tierknochen zusammen, die man für Vergleiche mit den an antiken Stätten gefundenen Knochen verwenden konnte. Er hatte dreißig Skelette zusammengetragen, vor allem von Vögeln, Pferden und Rindern, die er bei Metzgern im Westjordanland gekauft oder tot in seinem Dorf gefunden hatte. An traditionellen islamischen Festtagen, wenn Schafe und andere Tiere geschlachtet und gegessen wurden, hatte er mit Bekannten und Angehörigen verabredet, dass die Knochen aufgehoben werden sollten. Das Ziel war eine Sammlung von Knochen aller in Palästina heimischen Tierarten. Er wies darauf hin, die Verantwortlichen der Grabungen von Taanach hätten den Fund zahlreicher Gelenksknochen von Tieren erwähnt. Viele Archäologen behaupteten, manche Knochen seien für Wahrsagungsriten verwendet worden, aber er hatte eine andere Idee. In den Dörfern der Palästinenser spielte man mit solchen Gelenksknochen ein beliebtes Gesellschaftsspiel.

Die palästinensischen Archäologen hatten Amnon Ben-Tors Grabungen in Hazor und die Suche nach den verschollenen Archiven der Kanaaniter aufmerksam verfolgt. Begeistert waren sie Zeuge gewesen, als Reichs Arbeitsgruppe die gewaltigen Türme freilegte, welche die Quellen innerhalb der Mauern von Jerusalem bewachten. Die Entdeckung der Kanaaniterhäuser in Nablus – hier wurden die Grabungen von palästinensischen Archäologen in Partnerschaft mit einer Universität im Westjordanland geleitet – betrachtete man als Gelegenheit, die neu entstehende historische Sicht für die Kanaaniter so zu gestalten, wie es unter der israelischen Militärherrschaft nicht möglich gewesen war. In seinem Büro an der An-Najah-Universität schwärmte Kazzouh, man könne ein Kanaaniterdorf bauen und damit Touristen anlocken, ganz ähnlich wie es in Ägypten mit den ausgegrabenen und rekonstruierten pharaonischen Dörfern geschehen war. Die Erfolgsaussichten für seine Idee erschienen allerdings gering angesichts der Tatsache, dass man schon die Grabungen mit einem sehr geringen Etat bewerkstelligen musste – gerade ein paar tausend Dollar hatte die Universität aufgetrieben. Kazzouh konnte nicht einmal einen Zaun bezahlen, der die Nachbarschaft davon abgehalten hätte, Müll in die beiden kleinen Gruben mit den Kanaaniterhäusern zu werfen.

Ebenso karg war sein Büro. Es enthielt ein einziges Bücherregal mit ein paar Büchern, einem Stück alter Keramik und einem Schädel. In dem Gefäß wurde der Schlüssel zur Toilette aufbewahrt. »Wir wollen, dass die Gegenstände für sich selbst sprechen«, sagte er und führte seine Besucher eine Treppe höher zu einer von ihm eingerichteten Ausstellung mit Keramikobjekten aus dem Besitz der Universität. Es war ein buntes Sammelsurium von Gefäßen; nirgendwo wurde erklärt, worum es sich handelte, wo man sie gefunden hatte oder in welche Zeit sie gehörten. Man hatte aus Europa ein paar modernere Vitrinen bestellt, aber Kazzouh behauptete, ihm seien die alten lieber, die örtliche Handwerker aus dunkelbraunem Holz gebaut hatten. »Sie sind etwas Traditionelles«, sagte er, »und sie zeigen, dass die Palästinenser in der Kontinuität der alten Kanaaniterkultur stehen.«

Mahagoni mag ein zentraler Bestandteil der Kanaaniterkultur gewesen sein oder auch nicht, Kazzouhs Begeisterung wirkte jedenfalls ansteckend. Er entschloss sich, nach Tel Sofer zu fahren und die Kanaaniterhäuser zu besichtigen. Seit seinem letzten Besuch hatte man leere Zigarettenschachteln, Schokoladenpapiere und eine alte Zeitung in die Gruben geworfen, und als Jungen aus dem Dorf zu seinem Auto gelaufen kamen, brüllte er sie an, sie hätten keinen Respekt vor dem kulturellen Erbe Palästinas. »Wir müssen so viel wie möglich über die Kanaaniter in Erfahrung bringen«, sagte Kazzouh, während er in die Gruben starrte. Er war sich noch nicht im Klaren, ob diese so genannten Kanaaniterhäuser als Wohnungen, Grabstätten oder Lagerräume gedient hatten, aber in einem Punkt gab es für ihn keinen Zweifel: Die Menschen, die sie benutzt hatten, seien »die Väter und Großväter der Palästinenser« gewesen. In den Kanaanitern sah er ein Mittel zur Wiedergutmachung des politischen Unrechts, dass man den Palästinensern nach seiner Überzeugung angetan hatte. »Wir müssen der ganzen Welt erklären, wer die wirklich alten Bewohner dieser Region sind«, sagte er. »Was glauben die Leute eigentlich, woher wir kommen?«

Im Zusammenhang mit dem, was man allgemein als Besiedlung Kanaans durch die Israeliten bezeichnet, gibt es traditionell drei Theorien. Um 1200 v. u. Z. fanden im Nahen Osten tief greifende Wandlungen statt. Ägypten, lange Zeit die beherrschende

Macht in der Region, sah seinen Einfluss schwinden. Mehrere Piratengruppen, die so genannten Seevölker, verließen die Ägäis und ließen sich auf Zypern sowie an der Küste Kanaans nieder. Dem wichtigsten Rivalen Ägyptens, dem Hethiterreich, erging es nicht besser: Es zerfiel in kleine Stadtstaaten, die untereinander ständig im Krieg lagen. Die große Kanaaniterstadt Ugarit im Norden des heutigen Syrien wurde zerstört. Die Frage nach den Ursachen all dieser Probleme lässt sich bis heute nicht abschließend beantworten. Das Spektrum der zahlreichen Theorien reicht von Dürre bis zu allgemeinem wirtschaftlichem Zusammenbruch, aber dass es in der gesamten Region drunter und drüber ging, steht außer Zweifel.

Ungefähr in die gleiche Zeit verlegen manche Archäologen die Entstehung Israels. Die meisten Theorien über den Ursprung der Israeliten stammen aus der Bibelforschung. Die Fachleute dieser Disziplin diskutieren schon seit vielen Jahren über die beiden geringfügig unterschiedlichen biblischen Berichte, die von der Besetzung Kanaans durch die Israeliten erzählen. Das Buch Josua beschreibt eine schnelle militärische Eroberung. Nach einer Reihe von Siegen teilen die Stämme der Israeliten das Land westlich des Jordan unter sich auf. Im Buch der Richter dagegen entscheiden die Stämme zuerst, wer welches Gebiet erhalten soll, und machen sich erst dann an die Eroberung; anders als bei Josua gingen sie dabei nicht als einheitliche Gruppe vor. Außerdem lässt das Buch der Richter die Frage weitgehend offen, inwieweit der Eroberungsversuch der Israeliten fehlschlug. Es nennt zwanzig Städte, in denen weiterhin Kanaaniter wohnten, darunter entscheidende Zentren wie Jerusalem, Megiddo und Taanach.

Die meisten archäologischen Untersuchungen wurden vor dem Hintergrund dieser Interpretationen unternommen. William Albright, der bis zu seinem Tod 1971 als Papst der biblischen Archäologie galt, vertrat eine Theorie, die heute als Eroberungsmodell bezeichnet wird. Er hielt sich an die Version im Buch Josua, wonach mehrere Stämme von außerhalb einen kühnen, schnellen Feldzug unternahmen, die meisten Städte des Landes auslöschten und sich dann auf den Ruinen niederließen. Das Modell der friedlichen Einwanderung, das sich auf das Buch der Richter beruft, hatte seinen bekanntesten Fürsprecher in Albrecht Alt, einem hervorragenden deutschen Bibelforscher. Alt war der Ansicht, die Israeliten hätten Kanaan nicht erobert, sondern seien friedlich und in aller Stille in die zentrale Gebirgsgegend des Landes gezogen. Erst später, als sie in die fruchtbareren Täler und Ebenen vordringen wollten, habe der Konflikt mit den Kanaanitern begonnen. Mehrere archäologische Befunde sprachen für eine solche Wanderungsbewegung, aber schließlich wuchsen die Zweifel an Alts Idee: Wie die Archäologen deutlich machten, kann man nicht wissen, ob die Bewohner der Gebirgsgegend sich zu jener frühen Zeit bereits als Israeliten betrachteten. Die Wissenschaftler wiesen darauf hin, dass Lebensweise, Architektur und Keramik dieser Menschen denen aus anderen Gebieten Kanaans ähnelten. In den sechziger Jahren kristallisierte sich schließlich eine dritte Denkschule heraus. Diese Gruppe – ihre wichtigsten Vertreter waren George Mendenhall von der University of Michigan und später Norman Gottwald von einem theologischen Seminar in New York – ging von der Annahme aus, die Israeliten stammten überhaupt nicht von außerhalb des Landes, sondern hätten schon immer in Kanaan gelebt. Sie waren demnach schlicht unzufriedene Kanaaniter, Landbewohner, die sich in einer Revolution marxistischen Zuschnitts auflehnten und das Land von der gesellschaftlichen Ungleichheit befreien wollten. Anschließend zogen sie sich ins Gebirge zurück, wo sie später als Israeliten wieder auftauchten.

Diesen drei Theorien ist bei allen Unterschieden eine wichtige Überzeugung gemeinsam. Sie gehen davon aus, dass es sich um ein »einzigartiges, Epoche machendes Ereignis in der Geschichte des Landes« handelt, so die Formulierung von Israel Finkelstein, der das archäologische Institut der Universität Tel Aviv leitet und ein führender Fachmann für die Geschichte der israelitischen Besiedlung ist. Ob die Wissenschaftler nun den biblischen Bericht anerkannten oder nicht, ob sie Josua für zuverlässiger hielten als das Buch der Richter oder umgekehrt: die meisten von ihnen waren sich darin einig, dass die Israeliten ein einzigartiges Phänomen waren, welches das Ende einer alten Ordnung bedeutete und etwas völlig Neues ankündigte.

Zunächst schien es, als würden die archäologische Befunde für diese Idee sprechen. Ein typisches Beispiel waren Ben-Tors Grabungen in Hazor. Hier gab es Anzeichen für eine gewaltsame Zerstörung, darunter die verkohlten Ziegel aus einem Großbrand, der eine reiche Stadt vernichtet hatte. Darüber fand man viel armseligere, kleinere Überreste, Hinterlassenschaften der nächsten Welle von Siedlern, bei denen es sich nach Ben-Tors Ansicht um Israeliten handelte. Einige der ersten umfassenden archäologischen Untersuchungen in der ländlichen Gebirgsgegend hatten gezeigt, dass ungefähr zu jener Zeit eine ganze Reihe neuer Dörfer entstanden war.

Finkelstein hatte für das Phänomen eine andere Deutung parat. Für ihn waren die Israeliten überhaupt nichts Einzigartiges. »Zwischen den israelitischen Idioten und den kanaanitischen Dummköpfen gab es keinen großen Unterschied«, sagte er mir 1997 in seinem Büro an der Universität Tel Aviv. Draußen wartete ein Kamerateam aus Italien wegen eines Interviews. Seine umstrittenen Ansichten, seine drastischen Formulierungen und sein fotogenes Äußeres hatten ihn dort zu einer kleinen Berühmtheit gemacht. Später hatte er eine neue Idee vertreten: Danach waren Palast, Stadttor und andere Monumentalbauten in Megiddo, wo er neue Ausgrabungen beaufsichtigte, aber auch Orte wie Hazor und Gezer nicht von König Salomon gebaut worden, sondern hundert Jahre später von König Ahab. Wenn Finkelstein damit Recht hat, folgte die Architektur in der Zeit, die in der Bibel als goldenes Zeitalter der israelitischen Kultur dargestellt wird – während der Herrschaft Davids und seines Sohnes Salomon – noch im Wesentlichen einem kanaanitischen Stil. Alles lief auf die Frage hinaus, was eigentlich so einzigartig an den Israeliten war, und die widerwillig gegebene Antwort lautete: in der Frühzeit nach ihrem Auftauchen kaum etwas. Die in der biblischen Literatur so nachdrücklich betonten Unterschiede zwischen Israeliten und Kanaanitern, so Finkelstein, entwickelte sich erst viel später.

Den Beleg brachte eine Reihe von Übersichtsuntersuchungen, die im zentralen Hochland des Westjordanlandes in den Jahren nach dem Krieg von 1967 durchgeführt worden sind. Zu jener Zeit waren Finkelstein, Adam Zertal von der Universität Haifa und die anderen beteiligten Archäologen junge Doktoranden. Finkelstein beschäftigte sich damals mit den biblischen Besitzungen des Stammes Ephraim, und Zertal konzentrierte sich auf den Anteil des Stammes Manasseh. Mit der Veröffentlichung seiner Ergebnisse in dem 1988 erschienenen Buch *The Archaeology of the Israelite Settlement* machte Finkelstein sich in der Welt der Archäologie einen Namen. Heute verfolgt nur noch Zertal, der frühere Leiter des archäologischen Instituts der Universität Haifa, die Untersuchung weiter: Er verbringt seit 22 Jahren jeden Freitag in einer anderen Region von Manasseh. In dieser Zeit konnte er einen großen Teil der rund 2000 Quadratkilometer untersuchen, die der Stamm dem biblischen Bericht zufolge erhielt, ein Gebiet zwischen dem Jordan, der als Via Maris bezeichneten Hauptstraße in der größten Ebene, dem Tal von Jezreel sowie den Städten Shechem (heute Nablus) im Westjordanland und Jericho.

Archäologische Übersichtsuntersuchungen sind zeitaufwändig. An einem Freitag begleitete ich Zertals Arbeitsgruppe mit ihren Geländewagen zur Arbeit. Zertal selbst ist wegen seiner Ansichten umstritten. Unter Archäologen gelten seine Deutungen als fundamentalistisch, weil sie meist die biblische Version der Vorgänger unterstützen. Seine Kollegen räumen aber auch ein, dass seine Aufzeichnungen die umfassendsten darstellen, die derzeit zur Verfügung stehen – Namen, Orte, Architekturstile, Keramiktypen, Art und Qualität des Bodens, Nutzpflanzen, geologische Verhältnisse, Wasserquellen, Nähe zu Straßen, und alles peinlich genau zur statistischen Analyse in Computer eingegeben. Seine Daten zeichnen ein faszinierendes demografisches Bild des Lebens in einem der größten, wichtigsten Siedlungsgebiete der Israeliten. Aber Zertals exzentrische Persönlichkeit und sein Widerwille, seine Ansichten auf Tagungen zu vertreten, haben seine Arbeiten in akademischen Kreisen an den Rand gedrängt.

Unter seinen eingeschworenen Freunden, die jede Woche mit ihm ins Freiland ziehen, und unter den saisonweise beteiligten Studenten genießt Zertal die Stellung einer Kultfigur. Als die arabischen Länder 1973 einen Überraschungsangriff gegen Israel starteten, war Zertal Student an der Universität Tel Aviv und bereits Vater von drei Kindern. Seine Armeeeinheit wurde in die Sinaiwüste abkommandiert, auf einen der blutigsten Kriegsschauplätze. In der Nähe des Suezkanals wurde er von einer russischen Granate getroffen, aber als einer der wenigen aus seiner Einheit kam er mit dem Leben davon. Mehr als ein Jahr lang musste er ein Gipskorsett tragen, und die Ärzte glaubten, er werde nie wieder gehen können. Im Rahmen seines Rehabilitationsprogramms zwang er sich, mit Krücken gehen zu lernen, und gleichzeitig führte er im Westjordanland archäologische Untersuchungen durch. Heute wirft er die Krücken an einer Steigung nach oben und klettert dann ohne Hilfe hinterher. Besonders gern nimmt er mit seiner Arbeitsgruppe im Schatten eines Olivenbaumes das Mittagessen ein, und dazu gibt es Kaffee, der über einem kleinen Feuer bereitet wird. Dann zieht er die Bibel hervor, um irgendeinen Zusammenhang mit den Funden herzustellen, und sagt mit donnernder Stimme: »Archäologie ohne die Bibel ist Archäologie ohne Seele.«

Die Ergebnisse seiner Forschungsarbeiten werden nach wie vor Band für Band veröffentlicht. Sie zeigen einen deutlichen Wandel zwischen der späten Bronzezeit (etwa 1200 v. u. Z.) und der ersten Eisenzeit (um 1000 v. u. Z.), dem Beginn der Herrschaft von König David. Zwischen diesen beiden Perioden stieg die Zahl der Siedlungen in Manasseh von 39 auf über 220. Anders als in der späten Bronzezeit konzentrierten sich die Siedler in der Eisenzeit nicht mehr auf die Täler, sondern auf das schwieriger zu bewirtschaftende Bergland, und sie lebten auch nicht mehr in Städten, sondern in nicht eingefriedeten Dörfern. Nach Zertals Überzeugung deuten diese Neuheiten auf das in der Bibel wiedergegebene Bild von einer neuen Bevölkerung hin, die das Gebiet nun erreicht hatte und in abgelegene Gebiete vergedrängt wurde, weil die fruchtbaren Täler bereits besiedelt waren.

Zertal zeichnet von den Beziehungen zwischen Kanaanitern und Israeliten ein etwas anderes Bild als das Buch Josua, aber in einigen seiner Aussagen klingt auch das Buch der Richter an. Seine archäologischen Befunde lassen ihn nicht auf Konflikt und Kampf, sondern auf Kooperation und Koexistenz schließen. Die Israeliten, so meint Zertal, hatten keine andere Wahl. Bei seinen Grabungsarbeiten kamen nur sehr wenige Wasserzisternen ans Licht, vielleicht weil die Bearbeitung des harten Gebirgsgesteins ohne eiserne Werkzeuge nicht möglich war. Stattdessen geht er davon aus, dass die Israeliten große Gefäße mit jeweils 60 Litern Inhalt als Wasserspeicher verwendeten. Aber irgendwoher musste das Wasser kommen, und nach Zertals Überzeugung stammte es von den Nachbarn, den Kanaanitern. Die Mehrzahl der 39 Fundstellen, die auf die frühere Zeit zurückgehen, lagen in der Nähe natürlicher Wasserstellen wie Quellen und Flüssen. Möglicherweise waren das die Orte, wo die Kanaaniter weiterhin lebten, während die Israeliten im Gebirge sesshaft wurden. Demnach hätten sie mehrere Kilometer weit durch Gebiete gehen müssen, die von anderen Stämmen kontrolliert wurden, um zu den Quellen zu gelangen und das Wasser in den großen Behältnissen nach Hause zu tragen. Dazu brauchten sie eine Erlaubnis. Sie kämpften nicht mit den Kanaanitern, sondern trieben vermutlich Handel mit ihnen.

Zertals Daten weisen darauf hin, dass sich in den Bergen Kanaans zu jener Zeit etwas Interessantes abspielte. Aber wie ist es zu deuten? Nach Finkelsteins Ansicht sind alle von Zertal beschriebenen Phänomene – die drastische Zunahme der Zahl der Siedlungen, die von den Siedlern bewohnten Gebiete und die Verwendung des Wassers – auch schon davor vorgekommen. Folgten die Besiedelungswellen im Bergland auf eine Phase des Niedergangs? Gab es große Städte, die heranwuchsen und schließlich verfielen? Nach Finkelsteins Berechnungen geschah das gleiche auch zuvor schon mindestens zwei Mal, nämlich im zweiten und dritten Jahrtausend. Das Ganze lief sogar in ähnlichen Stadien ab: Auf eine erste Besiedlungswelle folgten zunächst die Entstehung einer höher entwickelten Verwaltung und dann ein krisenhafter Zusammenbruch.

Mit seinen Untersuchungen lieferte Zertal umfassende, detaillierte Erkenntnisse über die Dinge, die sich in diesem Bereich Kanaans in einer wichtigen Übergangsphase abspielten, zu einer Zeit, als man nach dem Zusammenbruch der Stadtstaaten der Kanaaniter zum ersten Mal wieder etwas Neues aufbaute. Finkelstein stellte die Befunde aller dieser Untersuchungen in einen größeren zeitlichen Zusammenhang. In der unterschiedlichen wissenschaftlichen Vorgehensweise spiegeln sich die unterschiedlichen Weltanschauungen der beiden Experten wieder. Menschlich kommen sie sehr gut miteinander zurecht: Früher, als sie zusammen durch die Berge des Westjordanlandes wanderten, waren sie Freunde, aber im Laufe der Jahre haben sie sich auseinander entwickelt. Während Zertal mit seinen umstrittenen Interpretationen außerhalb der archäologischen Hauptrichtung steht, ist Finkelstein durch seine nicht minder kontroversen Ideen zum Medienstar geworden. Zum Teil liegt das an Charakterunterschieden: Zertal vermeidet es ganz offensichtlich, sich zu eng an die verschworene Gemeinschaft der Archäologen zu binden, für Finkelstein dagegen sind zahlreiche Fachtagungen fester Bestandteil seines alljährlichen Terminkalenders. Finkelstein tritt auf wie ein guter Verkäufer: charmant, leutselig und schlagfertig; Zertal ist nicht weniger charismatisch, aber seine Ausstrahlung ist die eines geistlichen Führers auf der Suche nach neuen Anhängern. Keiner von beiden hat bisher ein völlig überzeugendes, umfassendes Bild gezeichnet. Allerdings scheint es Anhaltspunkte dafür zu geben, dass die Siedler der Eisenzeit die Methoden der Kanaaniter in geringfügig anderer Kombination anwandten, und das würde auf einen Wandel hinweisen, den Finkelstein nicht vollständig erklären kann. Anscheinend gibt es aber kein eindeutiges Erkennungszeichen für die ethnische Zugehörigkeit, anhand dessen man so zwischen Kanaanitern und Israeliten unterscheiden könnte, wie Zertal es sich wohl vorstellt.

Zusammen bieten ihre Materialien und Gedanken dennoch ein überzeugendes demografisches Bild, wie es bisher nicht existierte. Man kann sich Zertals Argumentation anschließen, wonach die Siedler sich im östlichen Teil des Berglandes konzentrierten, weil sie als Nomaden von jenseits des Jordan nach Kanaan kamen, wie es die Bibel berichtet, oder man kann wie Finkelstein der Ansicht sein, dass Siedler im Laufe der Jahrtausende grundsätzlich stärker in den östlichen Teil strebten, weil er ein gemäßigteres Klima, bessere Wasserstellen und leichter zu bearbeitendes Ackerland bot. In beiden Fällen gelangt man zu der gleichen Schlussfolgerung: Die Besiedelung begann im Osten. Wie Finkelsteins Forschungsarbeiten außerdem gezeigt haben, bleiben manche Aspekte in der Lebensweise der Menschen trotz des zeitlichen Abstandes von tausend Jahren in allen drei Phasen mit Zusammenbruch und nachfolgender Besiedelung erhalten: Das Repertoire der Keramikformen beschränkte sich weitgehend auf Vorratsgefäße und Kochtöpfe, und es gab keine Luxusgegenstände, wie man sie in der Küstenebene und anderen Gebieten findet. Die Menschen, die hier lebten, waren eigentlich immer eine isolierte, kleine, autarke Gruppe, die sich unter schwierigen äußeren Bedingungen ihren Lebensunterhalt erarbeitete.

Schließlich wurden die von Finkelstein und Zertal nachgewiesenen Zyklen durch die Entstehung der Nationalstaaten unterbrochen, eine Entwicklung, die sich nicht nur in Kanaan abspielte, sondern im gesamten südöstlichen Mittelmeerraum. Irgendwann hatten die fremden Großreiche der Region mehr Einfluss auf das Schicksal der Bewohner als die von Finkelstein entdeckten ökologischen Faktoren. Erst Jahrhunderte nach den eigentlichen Ereignissen stellten die Bibelautoren die Besiedelung durch die Israeliten als einzigartigen Vorgang in der Geschichte des Landes dar; davon waren sie tatsächlich überzeugt, denn in ihren Augen zeigte es, dass Gott sie auserwählt und ihnen das Überleben unter widrigsten Bedingungen ermöglicht hatte. Aber was Israel erlebte, erlebten in Wirklichkeit viele andere Siedlergruppen im Laufe der Jahrhunderte, und zwar sowohl in Kanaan als auch anderswo. Das Schicksal Israels lässt sich niemals völlig von den übrigen Ereignissen in der Region trennen.

Ich schloss mich Adam Zertal bei einer Fahrt zum Berg Ebal an, wo Israel der Bibel zufolge zum ersten Mal eine Nation wurde. Die Zeremonie wird im Buch Josua beschrieben. Nachdem Josua die Bewohner der Stadt Ai hingemetzelt, die Mauern von Jericho geschleift und in ganz Kanaan große Zerstörungen angerichtet hat, hält er am Ebal inne und baut einen steinernen Altar, um Gott ein Dankopfer darzubringen. Bevor Josua die Israeliten über den Jordan führte, hatte Mose im Anweisungen für das weitere Vorgehen erteilt, und den Israeliten hatte er gesagt, wenn sie die Aufgabe vollendeten, seien sie »am heutigen Tage ein Volk des Herrn, deines Gottes, geworden«.

Josua erfüllt sein Versprechen an Mose. Wie befohlen teilt er die zwölf Stämme in zwei Gruppen: Sechs Stämme sollen sich nicht weit entfernt am Berg Gerizim aufstellen, die sechs anderen am Ebal. Dann zählt er auf, welche Segnungen die Israeliten erwarten, wenn sie Gottes Gesetzen gehorchen, und welcher Fluch ihnen anderenfalls droht. Laut liest er Moses Gesetze vor. Anschließend bricht das Volk Israel auf und zieht weiter. Wieder liegt ein Tag des Kampfes gegen die Kanaaniter vor ihnen.

Die Suche nach Josuas Altar setzte in den sechziger Jahren des 19. Jahrhunderts ein. Damals begaben sich zwei Expeditionen zu dem Berg. Sie konzentrierten sich auf den Südhang des Ebal und suchten dort auf Eseln reitend oder zu Fuß nach Spuren einer heiligen Stätte. Schließlich stießen sie auf das flache Gebäude eines Bauernhofes aus der persischen Zeit. Nachdem die Forscher zwei Tage lang Ausgrabungen vorgenommen hatten, gelangten sie zu dem Schluss, sie würden den Altar nicht finden, und schickten einen entsprechenden Bericht an ihre

Geldgeber in London. Zwei weiteren, französischen Expeditionen war nicht mehr Erfolg beschieden.

Adam Zertal gelangte 1980 im Rahmen seiner archäologischen Übersichtsuntersuchungen an die Stelle. Erst später erfuhr er, dass schon vier Expeditionen an dem Berg vergeblich nach einem Altar gesucht hatten. Als seine Arbeitsgruppe in dem Gebiet Daten sammelte, stieß sie auf einen großen Steinhaufen, und bei näherer Untersuchung stellte sich heraus, dass sich Asche in seinem Inneren befand. Angebaut waren zwei Höfe mit mehreren Dutzend kleinen Räumen, die man in den Fels gehauen hatte. Auch sie waren mit Asche gefüllt, und dazwischen fand man Tierknochen sowie über hundert Gefäße – vorwiegend Krüge, kleine Töpfe und Schalen, alles Teile von »Geschenken an die Götter«, so Zertal. In der Mitte des Komplexes befand sich eine große Rampe, die zum oberen Teil des Gebäudes führte. Die Form des Bauwerks, die Asche und die Tierknochen sowie seine isolierte Lage auf einem Berg veranlassten Zertal zu der Schlussfolgerung, er sei auf eine Kultstätte gestoßen.

Im Jahr 1999 konnte Zertal eine christliche Gruppe aus Norwegen dazu bewegen, Mittel für die Rekonstruktion des Altars zur Verfügung zu stellen, damit man ihn später für Touristen zugänglich machen konnte; die jüdischen Siedler der Gegend sammelten Geld, um die zu der Stelle führende Straße zu verbreitern und auszubauen. Mittlerweile ist der Ebal zum Sammelpunkt für einen Teil der israelischen Rechten geworden. Das Yesha Council, die wichtigste politische Vertretung der Siedler im Westjordanland und dem Gazastreifen, organisierte Treffen von Regierungsbeamten und führenden Siedlern, bei denen es um die Zukunft des Ebal ging. Man will die Öffentlichkeit davon überzeugen, dass nicht nur die Sicherheit, sondern auch die Geschichte in Gefahr ist, wenn man den Palästinensern die Kontrolle über den Berg anvertraut. »Es ist unsere Vergangenheit«, sagt Shuki Levin, der oberste Sicherheitsbeamte der jüdischen Siedlungen in dieser Region, der für Zertals Fahrten zu der Stelle regelmäßig Geländewagen und bewaffnete Fahrer zur Verfügung stellt. »Und unsere Vergangenheit sollte in unseren Händen bleiben.«

Im Jahr 1985 hatte Zertal sich in einer populärwissenschaftlichen archäologischen Zeitschrift zu der Behauptung verstiegen, an dieser Stelle könne Josuas Altar gestanden haben. Heute ist er vorsichtiger: »Ich behaupte nicht, Josua habe hier den Altar gebaut«, sagte er, während wir die Stätte besichtigten. »Ich weiß nicht einmal, ob Josua eine historische Gestalt war. Aber hier ist ein Altar, sein Bau erforderte eine gewisse Organisation, und die Opfer fanden hier mehr oder weniger nach den gleichen Gesetzen statt wie im späteren Judentum. Wie kann man angesichts dieser Tatsachen leugnen, dass die biblische Überlieferung im Zusammenhang mit dem Ebal einen wahren historischen Kern hat?«

Der Tag, den Zertal für unseren Besuch gewählt hatte, war heiß und trocken. Von hier oben sah es so aus, als erstreckten sich die Täler bis zum Horizont. Leichter Wind kam auf und brachte die ersten Anzeichen für den nahenden Herbst mit. Die politische Situation war angespannt. Der Ebal liegt in einem zwischen Israelis und Palästinensern umstrittenen Gebiet – offiziell steht es unter palästinensischer Verwaltung, aber auch unter der Kontrolle israelischer Sicherheitskräfte. Unser Weg zu dem Berg führte um ein israelisches Militärlager herum, und Zertal winkte dem jungen Wachhabenden zu.

Am Ebal, so Zertal, sehe er Anhaltspunkte für den »Willen der Israeliten, anders zu sein«. Solche Anzeichen gibt es mit Sicherheit. Die Keramik ist hier einfacher als jene, die man im nahe gelegenen Shechem gefunden hat, und das abgelegene Gebiet war weit von jeder größeren Stadt entfernt. Dennoch führt er in seinem eigenen vorläufigen Bericht über die Grabungen, der in der Zeitschrift *Tel Aviv* erschien, für Ähnlichkeiten mindestens ebenso viele Belege an wie für Unterschiede. Die Sitte, Keramikgefäße um ein religiöses Bauwerk herum aufzustellen, ist im Nahen Osten tief verwurzelt. Der größte Teil der gefundenen Knochen stammte von Schafen, Ziegen und Rindern, den gleichen Tieren, die auch an Kanaaniter-Fundstätten auftauchen.

Zusammen mit Skarabäen der Kanaaniter fand man ein einfaches steinernes Siegel, auch dies ein Hinweis auf das Nebeneinander der beiden Kulturen.

Nichts ist eindeutig; allzu viel hängt offenbar von der eigenen Einstellung ab. Vom Gipfel des Ebal konnte ich das antike Shechem leuchtend weiß in der Ebene liegen sehen. Weiter östlich befand sich die alte Stadt Tel Balata, und jenseits der dunkelroten Berggipfel floss der Jordan. Im Süden ging es nach Bethlehem, wo David aufwuchs. Davids Urgroßmutter Ruth war Moabiterin gewesen, und er führte seine Abstammung noch weiter zurück: bis auf Tamar, einen Kanaaniter. Der Mann, den die Bibel als größten König Israels bezeichnet, der Gründer des Großreiches, suchte seinen Ursprung am Scheideweg von Kanaan, wo beide Seiten sich zum ersten Mal als das auserwählte Volk betrachteten, das im Gelobten Land lebte.

## Kapitel 4

# Auf der Suche nach David und Salomo

*Wie der Herr mit meinem Herrn, dem König, gewesen ist, so sei er auch mit Salomo, dass sein Thron größer werde als der Thron meines Herrn, des Königs David!*
  (1. Könige 1, 37)

Der Davidsturm ist eines der berühmtesten Wahrzeichen Jerusalems. In dem Museum am Fuß des Turmes drängen sich die Touristen. An den alten Mauern im Inneren der Festung vorbei gelangen sie in die Ausstellungsräume, in denen die Eroberung der Stadt durch König David und die darauf folgende dreitausendjährige Geschichte nachgezeichnet werden. Abends kann man von dem Amphitheater in der Mitte der Festung aus eine Licht- und Tonshow erleben: Laserstrahlen werden von den Mauern zurückgeworfen und sammeln sich schließlich auf dem Turm, dem größten von sechs ähnlichen Bauwerken, die sich über den Komplex verteilen. Schweigend überragt der Turm die Mauern der Altstadt, und es scheint, als wolle er die Stadt bewachen, während seine Farben je nach den Lichtverhältnissen von Gold über Rosa bis Dunkelrot wechseln. Er hat sich im Laufe der Jahre in ein machtvolles Symbol verwandelt, in ein Zeugnis für Davids immer noch spürbaren Einfluss auf die Stadt, die er eroberte und zur Metropole seines Reiches machte.

Der Turm ist tatsächlich ein angemessenes Symbol, aber nicht für jenes Bild der Vergangenheit, wie es die meisten Besucher nach der Besichtigung des Museums im Gedächtnis behalten. Nur die Wenigsten von ihnen machen sich klar, dass die

David-Zitadelle, in der sich das Museum befindet, in Wirklichkeit zwischen dem 14. und 16. Jahrhundert unserer Zeit von den Mamelucken und Osmanen erbaut wurde, zwei der vielen islamischen Gruppen, die die Stadt eroberten. Der Davidsturm selbst wurde auch nicht von David errichtet, sondern fast tausend Jahre später von König Herodes. Als die Römer im Jahr 70 u. Z. Jerusalem und den Zweiten Tempel zerstörten, ließen sie den Turm stehen: Er sollte beweisen, was für eine mächtige Stadt sie erobert hatten. Später diente er mehrere Jahrhunderte lang als Moschee für die hier stationierten islamischen Soldaten. Seine Spitze ist tatsächlich ein Minarett. Der Name des Königs David kommt im Alten Testament mehr als tausend Mal vor, und im Neuen Testament wird er mindestens 59-mal erwähnt. Bis heute ist er ein beherrschendes Element in Traditionen und volkstümlichen Vorstellungen von Juden und Christen. Aber der historische David ist im Weichbild der Stadt, die in engstem Zusammenhang mit seiner Herrschaft steht, nirgendwo zu finden.

Israel und Juda waren zwei der zwölf Stämme, die zu dem heute so genannten israelischen Großreich gehörten, aber wie dieses Großreich damals genannt wurde, weiß niemand genau. Nach den Vermutungen der Bibelforscher wurden die Stämme während der ersten Phase ihrer Geschichte in Kanaan von mehreren selbstständigen Feldherren kontrolliert, die ihnen Schutz boten. Ein solcher Herrscher war wahrscheinlich auch David. Er erhielt nicht als Erster den Titel eines Königs – diese Ehre gebührt der Bibel zufolge seinem Vorgänger Saul. Aber die Bibel schildert David als den ersten politischen Führer, der seinen Einfluss auf alle Stämme ausweiten konnte und schließlich das Gebiet von Dan bis Beersheba kontrollierte. Vierzig Jahre lang stand er an der Spitze des Reiches, und sein Sohn und Nachfolger Salomo soll nach der Überlieferung anschließend noch einmal vierzig Jahre geherrscht haben, bevor das Reich in die beiden rivalisierenden Staaten Israel und Juda zerfiel.

Die Vorstellung, dass die beiden Könige jeweils genau vierzig Jahre herrschten, ist heute bei den meisten Bibelforschern in Misskredit geraten. Die Regelmäßigkeit wäre zu groß, und vierzig ist wie sieben und siebzig eine jener Zahlen, die als symbolisches Motiv in vielen biblischen Geschichten wiederkehren. Jedenfalls bestand das Großreich nach dem Bericht der Bibel noch nicht einmal ein Jahrhundert lang, also nur während eines kurzen Abschnitts in dem Zeitraum von 1500 Jahren, der heute allgemein als biblische Zeit gilt. Dennoch widmet die Bibel den beiden Königen gewaltig viel Raum, und sie schenkt der Periode mehr Beachtung als jeder anderen in der Geschichte des alten Israel. Das ist eigentlich nicht verwunderlich. David galt als bester aller Könige, als ein Mann, der Jahwe über alles liebte, und Salomo wurde sowohl wegen seiner Weisheit als auch wegen seiner Bautätigkeit gepriesen, insbesondere weil er in Jerusalem einen großartigen Tempel errichten ließ. Israel war unter ihrer Herrschaft den biblischen Berichten zufolge ein mächtiges Reich, das die internationalen Handelswege kontrollierte, durch Tribute und Pfründen reich wurde und das gesamte Gebiet vom Roten Meer bis zum Euphrat beherrschte. Es war das goldene Zeitalter Israels. Die Sache hat nur einen Haken: So, wie die Bibel es darstellt, war es nicht.

In der Bibel ist David der jüngste von acht Söhnen; sein Vater Jesse lebt in Bethlehem in Juda. Außerdem hat David mindestens zwei Schwestern. Seine Vorfahren sind unterschiedlicher Nationalität, ein Ausdruck der Vermischung von Gruppen, die zu jener Zeit in Kanaan lebten. Als Hirte verbringt er den ganzen Tag auf den Weiden, aber dann wird König Saul durch einen Zufall, der über Davids weitere Laufbahn bestimmen soll, auf ihn aufmerksam. Der Vater schickt David mit Brot und Käse zu seinen Brüdern, die mit Saul gegen die Philister kämpfen. Auf dem Schlachtfeld hört er, wie Goliath, der Vorkämpfer der Philister, die Israeliten und ihren Gott verhöhnt. »Und wer von Israel den Mann sah, floh vor ihm und fürchtete sich sehr«, berichtet die Bibel. Nur David bleibt standhaft. Er erklärt sich bereit, gegen Goliath anzutreten, und da er den Kampf in einer Rüstung nicht gewohnt ist, tritt er dem Feind nur mit einer Steinschleuder und fünf glatten Steinen entgegen. »Du kommst zu mir mit Schwert, Lanze und Spieß«, sagt David zu Goliath, als dieser sich über ihn lustig macht, »ich aber komme zu dir im Namen des Herrn Zebaoth, des Gottes des Heeres Israels, den du verhöhnt hast.« Als der Philister sich auf ihn stürzen will, legte David einen Stein in seine Schleuder und befördert Goliath mit einem einzigen Schuss an den Kopf ins Jenseits. Es ist der verheißungsvolle Auftakt einer langen militärischen Laufbahn. Davids Heldentaten finden die Aufmerksamkeit Sauls, der ihm nun die Leitung des Heeres überträgt und ihm seine Tochter zur Frau gibt. Später bereut Saul seine Entscheidung, David zu fördern – er fürchtet den Ehrgeiz des jungen Kriegers und will ihn sogar töten. Aber alle derartigen Versuche scheitern. David hat eine klare Bestimmung, und Gott steht ihm bei. Das begreift sogar Sauls Sohn Jonathan und ermahnt David, vor dem Zorn seines Vaters zu fliehen. Nachdem Saul gestorben ist, erhält David von Gott den Befehl, nach Hebron zu gehen. Dort wird er zum zweiten König Israels gesalbt, und sieben Jahre später, als er die Bergfestung Jerusalem von den Jebusitern erobert, ist sein Aufstieg zur Macht perfekt. Obwohl die Stadt gut befestigt ist, so der biblische Bericht, befiehlt David seinem Heerführer, sich über den *zinnor* – moderne Experten übersetzen das Wort als Wasserturm – hineinzuschleichen, die Jebusiter zu überraschen und den Israeliten damit einen Vorteil zu verschaffen. Mit solchen Strategien erobert David schließlich die Reiche der Philister, Aramäer, Ammoniter, Moabiter und Edomiter.

Die Geschichten von David und Salomon gehören zu den literarisch interessantesten und bekanntesten der Bibel, aber Bibelforscher und Historiker – nicht jedoch die Archäologen – waren auch die Ersten, die Zweifel an der biblischen Darstellung der beiden Herrscher äußerten. Die Untersuchung von Sprache und Stil der Texte zeigte, dass die meisten Psalmen, Lieder und Weisheiten, die man lange Zeit Salomo zugeschrieben hatte, in Wirklichkeit viel später geschrieben wurden. Die Geschichten über David basierten zwar vermutlich auf historischen Ereignissen, wurden aber ausnahmslos erst mehrere hundert Jahre später niedergeschrieben. Dennoch und trotz der wachsenden Meinungsverschiedenheiten unter den Fachleuten waren zumindest die Archäologen während des größten Teils der letzten fünfzig Jahre überzeugt, sie hätten handfeste Belege für das Großreich.

Dass man bei den Grabungen keine Überreste fand, die man David zuschreiben könnte, bereitete den meisten Archäologen keine große Sorge. Zwar räumten sie ein, es sei beunruhigend, dass man keinen der in Jerusalem gefundenen Monumentalbauten auf diese Zeit datieren konnte, und dass auch trotz umfangreicher, ständiger Grabungsarbeiten im Zentrum von Davids Reich nur sehr wenige Keramikscherben ans Licht gekommen waren. Das schien darauf hinzuweisen, dass Jerusalem zu Davids Zeit nicht gerade eine blühende Metropole war. Aber dafür fand man Ausreden. Viele Archäologen nahmen an, die Keramik aus Davids Zeit und die Reste von Salomos Tempel müssten unter dem Tempelberg liegen, wo sie wegen der derzeitigen politischen Spannungen nicht für Ausgrabungen zur Verfügung stehen. Die Bibel beschreibt David ohnehin nicht als großen Bauherrn; Salomo war derjenige, der angeblich die Stadtmauern Jerusalems verstärkte, den Tempel baute und mit einem ehrgeizigen, weit reichenden Bauprogramm dem ganzen Land seinen Stempel aufdrückte.

Und wenn man solche Überreste nicht in Jerusalem fand, gab es immer noch Megiddo. Neben der Ausgrabungsstätte im Norden Israels verläuft heute eine wichtige Landstraße, die hier von kleinen Restaurants, Obstständen und Feldern gesäumt ist. Ein Kibbuz neben dem Hügel betreibt ein Gästehaus, das Zimmer stundenweise vermietet und deshalb bei den Israelis in dem Ruf als guter Ort für heimliche Liebesaffären steht. Megiddo selbst ist ein staatlicher Park mit sauber gemähtem Rasen, Parkbänken und einem klimatisierten Besucherzentrum, das Andenken verkauft und ein Modell der Stätte mit ihrer fünftausendjährigen Geschichte vorweisen kann.

Megiddo gehört zu den am besten durch Ausgrabungen erschlossenen Stätten in Israel. Anfangs schien es, als sei Salomo hier überall. Der Leiter der ersten Grabungen (1903 bis 1905) entdeckte eine große Säule, die kultischen Handlungen diente – später schrieb er, sie sei ein Beispiel für die Praktiken der Götzenverehrung, die dem biblischen Bericht zufolge kurz nach Salomos Tod zum Zerfall des Großreiches geführt hätten. Die Expedition des Chicago Oriental Institute, die 1925 mit Ausgrabungen begann, entdeckte an der Stelle Ende der dreißiger Jahre eine Reihe von Gebäuden mit Säulen. Die gleichmäßigen Abstände zwischen den Säulen, die weitläufigen Räumlichkeiten und andere Einzelheiten waren für den Expeditionsleiter P.L.O. Guy der Beleg, dass es sich um Ställe handelte, und das passte zu dem biblischen Bericht über Salomos umfangreichen Handel mit Pferden und Wagen.

Dass spätere Ausgrabungen und neue Deutungen die Archäologen zu dem Schluss veranlassten, die säulenverzierten Gebäude – welcher Funktion sie auch dienen mochten – seien erst ein Jahrhundert nach Salomos Tod entstanden, schien keine Rolle zu spielen. Salomo tauchte in Megiddo immer wieder auf. Zum Teil lag das an der berühmten Bibelstelle im ersten Buch der Könige 9, 15–19, wo von der Bautätigkeit des Königs die Rede ist: »Und so verhielt sich's mit den Fronleuten, die der König Salomo aushob, um zu bauen des Herrn Haus und sein Haus und den Millo und die Mauer Jerusalems und Hazor und Megiddo und Geser.« Im weiteren Verlauf beschreibt die Bibel, wie Salomo die gewaltigen Bauwerke von Zwangsarbeitern seines Herrschaftsgebietes aus den Völkern der Amoriter, Hethiter, Perizziter, Hiviter und Jebusiter errichten lässt. Yigael Yadin, der Ausgrabungen in Masada, Hazor und auch Megiddo leitet, vertrat seit 1958 in einer ganzen Reihe von Aufsätzen die Ansicht, das Stadttor von Megiddo mit seinen vier Eingängen sowie die in Hazor und Gezer gefundenen Tore bestätigten den biblischen Bericht. Dass überall ähnlich gestaltete Tore errichtet wurden, so sein Argument, lässt auf eine einheitliche Verwaltung schließen. Die Tore wurden als Standardstil der salomonischen Zeit bekannt.

Die neuesten Ausgrabungen an der Stätte begannen 1994 unter der Leitung von Israel Finkelstein und David Ussishkin von der Universität Tel Aviv sowie Baruch Halpern von der Pennsylvania State University. Mittlerweile war Megiddo zum allgemeinen Maßstab geworden: Die Datierung der hier gefundenen Keramik und Architektur wurde von Archäologen in ganz Israel zu Vergleichszwecken herangezogen und diente zur zeitlichen Einordnung anderer Stätten. Die drei Grabungsleiter hatten anfangs das Ziel gehabt, die Datierung der Zerstörungsschichten zu klären. Aber im Herbst 1996 veröffentlichte Finkelstein in dem britischen Archäologie-Fachblatt *Levant* den ersten einer ganzen Reihe von Artikeln, die den weiteren Verlauf der Grabungen verändern sollten. Er stellte die Idee grundsätzlich in Frage, dass in Megiddo überhaupt irgendetwas von Salomo gebaut worden sei. David Ussishkin, einer von Finkelsteins Leitungskollegen, hatte schon früher die Ansicht vertreten, die Baustile der Stadttore von Megiddo, Hazor und Gezer seien sich bei näherem Hinsehen nicht so ähnlich, wie Yadin früher behauptet habe. Tore mit vier Eingängen hatte man mittlerweile auch in den von Philistern beherrschten Gebieten gefunden, wo Salomo keine Bauwerke errichten konnte, und auch in anderen Städten aus unterschiedlichen Zeitabschnitten. Finkelstein ging in seinen Aufsätzen noch einen Schritt weiter. Nach seiner Überzeugung hatte man nicht nur die Stadttore fälschlich auf die Zeit Salomos datiert, sondern auch Keramik, Paläste und praktisch alle anderen Bauwerke, die an der Stätte ans Licht gekommen waren. Der wahre große Bauherr der biblischen Epoche war nach seiner Ansicht nicht Salomo, sondern Ahab, der ein Jahrhundert später lebte und in der Bibel als Schwächling unter dem Pantoffel seiner götzengläubigen Frau Isebel verächtlich gemacht wird. Seit dem Ende des 19. Jahrhunderts, als ein deutsches Archäologenteam unter Leitung von Dr. Gottlieb Schumacher mit Arbeitskräften aus der Region einen tiefen Graben durch die Mitte des Haupthügels zog, fanden fünf archäologische Expeditionen nach Megiddo statt, und alle suchten nach Salomo. Finkelstein war vermutlich als Erster darauf aus, ihn nicht zu finden.

Von der Straße aus konnte ich große schwarze Zeltbahnen sehen, die sich über dem Hügel von Megiddo blähten. Israel Finkelstein und David Ussishkin hatten sich bereit erklärt, mich durch die Stätte zu führen. Die Zeltbahnen hatte man über den Bereichen aufgespannt, wo die Freiwilligen gruben – einen anderen Schutz gegen die erbarmungslose Sommerhitze gab es nicht. Mit blauem T-Shirt, blauen Shorts und Wanderschuhen flitzte Finkelstein, ein Kamerateam im Schlepptau, über das Gelände. Einer der wichtigsten Geldgeber, ein in London ansässiger Antiquitätensammler, hatte Wind von Finkelsteins Aufsätzen über Salomo und dem dadurch verursachten Wirbel bekommen, und nun wollte er die Finanzierung eine Saison lang aussetzen. Aus Geldmangel hatte Finkelstein dem Team eines religiösen Fernsehkanals aus Kalifornien die Erlaubnis gegeben, an der Ausgrabungsstätte einen Film zu drehen, und die Fernsehleute waren den ganzen Sommer über hier gewesen. Megiddo wird im Neuen Testament als Ort des Armageddon erwähnt, jenes letzten Kampfes zwischen den Mächten des Lichtes und der Dunkelheit, das mit Feuer und Schwefel endet und die Wiederkehr Christi ankündigt. Die Filmemacher waren um einen Bezug zum Millennium bemüht, und deswegen stieß die Drehgenehmigung bei Finkelsteins Mitarbeitern auf wenig Gegenliebe – sie fanden das Projekt unprofessionell und verlogen. Finkelstein tat so, als gehe ihn die Verärgerung seines Personals nichts an, aber es war wohl wirklich eine seltsame Entscheidung für jemanden, der sich gegen die bisherige, traditionell-religiöse Deutung von Megiddo wandte.

In seinem Arbeitszimmer an der Universität von Tel Aviv führte er seine Vorstellungen weiter aus. Er wirkte müde. Im Mittelpunkt der öffentlichen Aufmerksamkeit zu stehen, hatte ihm anfangs Spaß gemacht, aber jetzt jagte nur noch eine

Meinungsverschiedenheit die andere. »Ich fühle mich nicht der Deutung des Deuteronomisten verpflichtet«, sagte Finkelstein. Absichtlich benutzte er den traditionellen Fachbegriff für den oder die Urheber, welche die Geschichte Israels und Judas von Mose bis zum Ende der beiden Reiche niederschrieben, wobei sie das Ganze stark ideologisch und zu Gunsten von Juda einfärbten. Dann fuhr er fort: »Ich bin nicht bereit, den Bibelautoren ihre negative Einstellung gegenüber dem israelischen Nordreich abzukaufen« – im Norden liegt auch Megiddo. »Ich halte die kulturelle und ethnische Aufgeschlossenheit in der Phase vor und nach Davids Herrschaft nicht für etwas Negatives. Und ich kann nicht erkennen, welchen besonderen Wert die ethnische Abgrenzung, Isolation und Fremdenfeindlichkeit gehabt haben sollen, die für Juda« – die Heimat Davids – »während dieser Zeit charakteristisch sind. Ich bin bereit, Stellung zu beziehen. Ich bin nicht für Juda. Ich stehe auf Seiten Israels.«

Trotz seiner eingestandenen Bereitschaft, Position zu beziehen, waren die Grabungen des Jahres 1998 für Finkelstein in gewisser Hinsicht ein Rückzugsgefecht. In seinen Artikeln hatte er auch persönliche Seitenhiebe gegen seine Kollegen verteilt. Er hatte geschrieben, sie hingen immer noch an einer romantischen, sentimentalen Einstellung gegenüber der biblischen Vergangenheit, und ihre archäologischen Interpretationen stützten sich vorwiegend auf eine Bibelstelle, deren historische Richtigkeit und Datierung heute selbst bei konservativen Bibelforschern bestenfalls als unsicher galten. Auf die Fachaufsätze folgten Interviews in der Publikumspresse, mehrere Fernsehauftritte und ein umstrittenes Rundfunkinterview, in dem angezweifelt wurde, ob König Salomo den Ersten Tempel erbaut habe. Daraufhin hatte ein Parlamentsabgeordneter sowohl Finkelstein als auch Ussishkin zu »Scharlatanen« erklärt. Finkelstein war offensichtlich ehrlich überrascht, dass seine Äußerungen so viel Verärgerung hervorgerufen hatten.

Die Gruppe hatte um fünf Uhr morgens mit dem Graben begonnen. Als sie eine Pause machten und das von dem Kibbuz gelieferte Frühstück einnahmen, forderten sie mich auf, mich zu ihnen zu setzen. Um einen der Campingtische unter den Bäumen saßen Finkelstein, Ussishkin und der Archäologiehistoriker Neil Asher Silberman, der an einem Drehbuch über Salomo mitarbeitete; Finkelstein hoffte, der Film würde zum Teil eines neuen Multimediaprogramms werden, mit dem man mehr Besucher zu der Ausgrabungsstätte locken wollte. »Selbst wenn David nicht so großartig war, wie die Bibel sagt, das macht doch nichts«, sagte Ussishkin, als das Gespräch auf die Kritik kam, die sie mit ihrer Arbeit ausgelöst hatten. Sogar ihre Freunde hatten sie Israel-feindlich, Bibel-feindlich und antizionistisch genannt. Sie selbst aber waren überzeugt, dass ihre Interpretationen weder die nationale Geschichte Israels noch seine Verbindung zu dem Land in Frage stellte, wie ihre Kritiker behaupteten. »Die Verbindung mit dem Land ist nach wie vor vorhanden. Nach wie vor gab es hier ein jüdisches Königreich, auch wenn es später entstand, als die Bibel sagt«, erklärte Ussishkin.

Finkelstein griff nach einem hart gekochten Ei, strich sich Erdnussbutter auf eine Scheibe Brot und warf einen Blick auf Ussishkins Teller, um festzustellen, ob noch etwas fehlte. Dann wedelte er mit seinem Sandwich in der Luft und sagte: »Warum muss ich die biblische Version für die Geschichte Israels anerkennen?«

Die beiden Männer ulkten herum, und schließlich mischte Silberman sich ein. »Alle behaupten ständig, wir würden die Bibel auseinander nehmen«, sagte er ruhig, »aber dabei nehmen wir die Bibel überhaupt nicht auseinander, sondern wir bauen sie neu zusammen.«

In einem Vortrag über die Geschichte der Grabungen von Megiddo hatte Silberman einmal die Ansicht vertreten, der Ort sei wie jede wichtige archäologische Fundstätte auch ein Spiegel, ein Abbild unserer Gegenwart. Und so spiegelte sich offenbar auch in der lautstarken Debatte über David und Salomo die Stimmung im Land während des Sommers 1998 wider. Israel feierte den 50. Jahrestag der Staatsgründung, aber das neue vereinigte Reich war weniger einig als je zuvor. Es schien, als hätten die Israelis keine gemeinsame Kultur, insbesondere wenn es um die Bibel ging. Als der Komiker Gil Kopatch in einer Fernsehtalkshow am späten Freitagabend unflätige Interpretationen über den Thoraspruch der Woche von sich gab, drohten die religiösen Parteien, die herrschende Koalition im Parlament platzen lassen, wenn man die Sendung nicht absetzte. Als die Parlamentsabgeordnete Yael Dayan neue Gesetze zur Gleichstellung von Homosexuellen vorschlug, wurde sie durch verärgerte Zwischenrufe von Kollegen unterbrochen; der Grund: Sie hatte gesagt, was sie empfand, wenn sie in der Bibel von Davids homoerotischen Gefühlen gegenüber Sauls Sohn Jonathan las.

Finkelstein hatte in den Spiegel von Megiddo geblickt, und in dem darauf folgenden Aufruhr war die Bedeutung des Gesehenen verloren gegangen. Mit der Datierung auf eine spätere Zeit stützte er sich auf komplexe archäologische Begründungen, so unter anderem auf die Altersbestimmung ganz bestimmter Keramikobjekte der Philister aus Fundstellen in Israel. Wenn es in der Archäologie um Keramik geht, gibt es immer Spielraum für Meinungsverschiedenheiten. Solche Gegenstände lassen sich nur so ungenau datieren, dass man nicht zu handfesten Schlussfolgerungen gelangt. Vor diesem Hintergrund war Finkelsteins Theorie ebenso angreifbar wie jene, die er entkräften wollte. Aber Finkelstein hatte nicht nur Keramik untersucht. Die Scherben waren nach seinen Worten »nur die kleinen Details. Dass ich Recht habe, davon überzeugt mich das große Bild«. Und das große Bild, das sich allmählich in Fragen der Besiedelung, der landwirtschaftlichen Entwicklung und der Entstehung der ersten Staaten herauskristallisierte, hatte sogar die hartnäckigsten Anhänger der herkömmlichen Datierung der Reste von Megiddo überzeugt, dass der biblische Bericht über das Großreich nicht mit den Tatsachen übereinstimmte.

Die Frage, wie viel König Salomo wirklich baute, ist unter Archäologen immer noch umstritten. Auf der einen Seite steht

Finkelstein, nach dessen Ansicht es nicht viel war, auf der anderen Amihai Mazar, der Leiter des archäologischen Instituts der Hebrew University in Jerusalem. Er erkennt den biblischen Bericht im Wesentlichen an und ist überzeugt, dass Hazor, Megiddo und Gezer unter Salomo errichtet oder ausgebaut wurden. Aber Finkelstein und Mazar teilen auch manche Ansichten, und die Überschneidungen werden immer größer. Ganz gleich, wo man in der Debatte um die Datierung der angeblich salomonischen Paläste von Megiddo oder der Stadttore von Megiddo, Hazor und Gezer steht: Das umfassende biblische Bild vom Großreich als Blütezeit der Kultur und Architektur und von einem echten goldenen Zeitalter wurde in den letzten Jahren im Wesentlichen verworfen. Mazar schreibt, selbst eine ganz traditionelle Interpretation der archäologischen Befunde liefere kaum eine Rechtfertigung, der biblischen Beschreibung zu glauben und das Herrschaftsgebiet Davids und Salomos als entwickelten Staat zu betrachten, von einem Großreich ganz zu schweigen. Schon viele Fachleute haben darauf hingewiesen, dass traditionelle Vorstellungen von der mutmaßlichen Herrschaftszeit Davids und Salomos im 10. Jahrhundert heute sinnlos erscheinen, insbesondere angesichts der Ausgrabungen in der ganzen Region. Im gesamten Nahen Osten, selbst in so unterschiedlichen Kulturen wie Ägypten und Mesopotamien, gingen die prachtvollen Jahre langsam und allmählich aus früheren Entwicklungen hervor. Wenn die Bibel Recht hat, brach die Blütezeit nur in Israel plötzlich und fast über Nacht an, um dann ebenso plötzlich wieder zu verschwinden. Eine andere schwer wiegende Diskrepanz ist die Beobachtung, dass die Monumentalarchitektur während Salomos Regierungszeit begonnen haben soll, während andere Kennzeichen einer hoch entwickelten öffentlichen Verwaltung – Inschriften auf Bauwerken, Verwaltungsdokumente und beschriftete Siegel – in Israel erst im 9. Jahrhundert auftauchten, also hundert Jahre nach Salomos Tod. In allen anderen Ländern der Region gehen diese Entwicklungen Hand in Hand. Vielen Archäologen erscheint es auch nicht sonderlich plausibel, dass die Herrscher im benachbarten Moab und Damaskus ihre Reiche erst im 9. Jahrhundert festigten, während das kleine Israel angeblich in der Lage war, schon ein Jahrhundert früher einen blühenden Nationalstaat hervorzubringen.

Nach Salomos Tod reiste sein Sohn Rehabeam dem biblischen Bericht zufolge zu den Stammesältesten, um sich ihrer Unterstützung als Nachfolger und neuer König zu versichern. Aber er wurde rundheraus abgewiesen. Wie einig kann dieses vereinte Reich gewesen sein, wenn die Bewohner des Nordens so schnell bereit waren, Davids Dynastie sofort nach Salomos Tod abzulösen? Und offensichtlich kämpfte Rehabeam auch nicht sonderlich nachdrücklich darum. Er begab sich wieder nach Jerusalem und versuchte nicht einmal mit einer leidenschaftlichen Rede oder einem emotionalen Plädoyer, das Großreich zusammenzuhalten. Viele Bibelforscher gaben die traditionelle Sichtweise nicht wegen archäologischer Funde, sondern schon wegen dieser Hinweise im Bibeltext selbst auf und behaupteten, das vereinte Reich sei in Wirklichkeit ein »Doppelreich« gewesen, eine Zeit, in der die Stämme des Nordens und Südens zwar einen König, sonst aber kaum etwas gemeinsam hatten. Als der König gestorben war, gingen sie begeistert ihre eigenen Wege und wurden sowohl mit dem Namen als auch in der Realität wieder zu dem, was sie in ihrem Inneren immer gewesen waren: zwei getrennte Reiche mit unterschiedlichem Schicksal. Zu dieser Vorstellung passen offenbar auch die neuen archäologischen Befunde. Israel und Juda erscheinen weiter voneinander entfernt als je zuvor.

Angenommen, das biblische Bild von einem großen, wohlhabenden Reich unter einheitlicher, machtvoller Herrschaft, das eine kulturelle Blütezeit erlebt, stimmt nicht: Welche Verhältnisse herrschten dann wirklich, als das jüdische Großreich entstand? Um 1000 v. u. Z., als David vermutlich an die Macht kam, war Juda nur dünn besiedelt. Die Stämme des nördlichen Teils, der später als Königreich Israel bekannt werden sollte, verfügten über weitaus fruchtbareres Land. Sie stellten zwar noch keine wirtschaftliche Triebkraft dar, waren aber schon in dieser Frühzeit stärker gefestigt als Juda.

In der späten Bronzezeit, die der Herrschaft Davids vorausging, war das Gebiet nördlich von Nablus dicht bevölkert. Adam Zertals archäologische Untersuchungen dieser Region brachten zwischen 20 und 30 Siedlungen ans Licht, und die meisten davon waren auch zu Beginn des 10. Jahrhunderts v. u. Z. noch bewohnt. Ähnliche Arbeiten unternahmen Finkelstein und sein Team im westlichen Teil des Jezreel-Tals, wo auch Megiddo liegt, einer Gegend, die nach der Zweiteilung des Großreiches ebenfalls zu einem Teil des Reiches Israel wurde. Nach ihren Befunden gab es in der späten Bronzezeit 37 bewohnte Orte, die alle auch während des 10. Jahrhunderts weiterhin in voller Blüte standen.

Das Bergland von Juda dagegen beherbergte in der späten Bronzezeit fast überhaupt keine fest gefügten Gemeinden, sondern nur sechs bis acht kleine Siedlungen, und dort bedurfte es enormer Anstrengungen, um dem felsigen, unwirtlichen Gelände einen mageren Lebensunterhalt abzuringen. Im Gebiet von Shephelah, das während der Zeit der geteilten Herrschaft die Westgrenze des Reiches Juda bildete, ging die Zahl der Siedlungen um die Zeit von Davids Regierungsantritt stark zurück; die Ursache war möglicherweise irgendeine Naturkatastrophe. Offenbar stand selbst die Tradition von Anfang an Davids Vision von der Schaffung einer machtvollen, einheitlichen Herrschaft entgegen, von Klima, Geografie und politischer Realität ganz zu schweigen.

Die Diskrepanz zwischen dem biblischen Bild von den Herrschern eines prachtvollen Reiches und den heutigen Erkenntnissen, wonach sie in Wirklichkeit ein wesentlich bescheideneres Staatswesen lenkten, veranlasste eine Gruppe von Fachleuten in Europa, die Bibel völlig außer Acht zu lassen. Angestoßen wurde die derzeitige Debatte durch das 1992 erschienene Buch *In Search of ›Ancient Israel‹* von Philip R. Davies, einem Professor der Universität Sheffield in England und

Mitbegründer des Verlages Sheffield University Press. Er hat zahlreiche Fachbücher mit unkonventionellen Gedanken zu Bibel und Archäologie veröffentlicht. Im Gegensatz zu den meisten späteren Werken, in denen andere Fachleute ähnliche Positionen vertreten, ist das Buch von Davies kurz, prägnant und angenehm zu lesen. Er geht von der grundlegenden Voraussetzung aus, dass das Alte Testament lange nach den wirklichen Ereignissen geschrieben wurde und deshalb keine echte Geschichtsschreibung darstellt. Er behauptet, das alte, in der Bibel beschriebene Israel habe es nie gegeben. Erst in hellenistischer Zeit, also im dritten und zweiten Jahrhundert v. u. Z., sei unter der Herrschaft der Makkabäer die Vorstellung von Israel als Sammelbecken der ethnischen und religiösen Identifikation entstanden.

Das Buch ist alles andere als ein Manifest. Dennoch wurden Davies und seine Parteigänger unter der Bezeichnung Kopenhagener Schule bekannt, obwohl nur zwei von ihnen tatsächlich in Kopenhagen leben und arbeiten, und obwohl sie selbst untereinander so wenig einig sind und sie nicht einmal ein Klassenzimmer füllen könnten, von einer Schule ganz zu schweigen. Ihre Kritiker – und das sind viele – bezeichnen sie als biblische Minimalisten und Revisionisten. Die Gruppe kommt zweimal im Jahr zusammen – meist während der allgemeinen Tagungen der Gesellschaft für biblische Literatur – und bezeichnen sich selbst als Europäisches Seminar für Historische Methodenforschung. Allein diese Namenswahl ist vermutlich eine Erklärung dafür, warum die Bezeichnung Kopenhagener Schule trotz ihrer Proteste hängen geblieben ist.

So oder so ist der Name durchaus angemessen. Kopenhagen erscheint auf den ersten Blick nicht gerade als nahe liegender Ort für eine Revolution der Bibellektüre, -deutung und -untersuchung. Die Stadt ist ordentlich und sauber. Ihre Bewohner fahren mit dem Fahrrad durch die Straßen und halten dabei Blumen oder Brotlaibe unter dem Arm. Es gibt ein dichtes öffentliches Nahverkehrsnetz, auf den Straßen liegt sehr wenig Unrat, und überall herrscht der Eindruck von Effizienz und

Ordnung, wie es sich für ein Handels- und Wissenschaftszentrum gehört. Und doch weht auch überall der Geist der Vergangenheit. Ein großer, etwa 20 Minuten vom Stadtzentrum entfernter Gebäudekomplex dient der Ausstellung von fünf Wikingerschiffen, die man um das Jahr 1000 versenkte, um den wichtigsten Meereszugang der Stadt für feindliche Schiffe unpassierbar zu machen. Es gibt Wikingerfeste, Wikingerbankette, Wikingerschauspiele und Führungen durch Wikingerdörfer. Nordische Studien sind an den Hochschulen in Mode. Die Wikinger sind in Kopenhagen ebenso echt und lebendig wie David und Salomo in Israel.

Bevor wir mit dem Bus eine Stadtrundfahrt unternahmen, versuchten mir Niels Peter Lemche und Thomas Thompson zu erklären, warum sich so viele Menschen über ihre Arbeiten ärgern. Die beiden Mitglieder der so genannten Kopenhagener Schule wurden als Lügner, schlechte Wissenschaftler, Feinde Israels und Antisemiten beschimpft. Ihre Forschungen wurden mit dem Leugnen des Holocaust verglichen. Insbesondere dieser letzte Vorwurf verletzt sie. Lemches Familie gehörte während des Zweiten Weltkrieges der dänischen Widerstandsbewegung an. Sein Sohn nahm im Sommer unter der Leitung von Israel Finkelstein an den Grabungen von Megiddo teil. Beide Männer wurden von bedeutenden Universitäten in Europa und Israel zu Vorträgen eingeladen. Beide wirkten an allgemein anerkannten wissenschaftlichen Werken wie dem Anchor Bible Dictionary mit und waren sogar auf dem Cover des beliebten archäologischen Magazins *Biblical Archaeology Review* abgebildet. Der Vorwurf des Antisemitismus soll nach ihrer Überzeugung dazu dienen, jede Diskussion über derartige Themen zu verhindern. »Wohin soll die Diskussion führen, wenn man jemanden einen Antisemiten nennt?«, fragt Lemche.

Aber sie verhalten sich auch absichtlich provokativ, und in ihrem Bemühen, Aufmerksamkeit zu erregen, begingen sie einige Fehler. So äußerten sie beispielsweise die Vermutung, eine 1993 in Tel Dan gefundene Stele, auf der das »Haus Davids« erwähnt wird, könne eine Fälschung oder ein Betrug sein, und mit solchen Vorwürfen wirkten sie töricht oder politisch motiviert. Thompson erscheint mit seiner hektischen Energie und seinen Behauptungen, er fürchte um seine persönliche Sicherheit, manchmal ein wenig besessen. Während der Stadtrundfahrt durch Kopenhagen zog er eine fotokopierte Seite aus dem letzten Artikel des Archäologen William Dever von der University of Arizona hervor, der sich in seinen Schriften energisch gegen die Vorstellungen der Kopenhagener Schule wendet und sie als Nihilisten und Revisionisten bezeichnet. An einer Stelle nennt er Thompson einen »widerlichen kleinen Mann mit einem widerlichen kleinen Leben«, eine Formulierung, die Thompson immer noch fuchsteufelswild macht. Er lässt die Fotokopie herumgehen, auf der er bereits seine Erwiderung verfasst hat; darin will er nachweisen, dass Dever seine Befunde falsch wiedergegeben, Aussagen aus dem Zusammenhang gerissen und seine Theorie verzerrt hat. Aber in seiner Wut hat Thompson die Einwände in unleserlichem Gekritzel niedergeschrieben, das sich zwischen den Absätzen hindurchwindet und die engen Seitenränder füllt.

Es ist ein gutes Bild für die Arbeitsweise der Kopenhagener Schule. Ihre Anhänger finden die herkömmlichen Interpretationen für David, Salomo und das alte Israel zu eng und eingeschränkt. Deshalb äußern sie Ideen, die über die Seitenränder hinausfließen, die schmerzen, provozieren und belästigen. Sie können offensichtlich nicht zwischen den Zeilen bleiben. »In der Bibel sollte man kein Geschichtsbuch sehen, sondern eine Erzählung«, sagt Lemche. »Man kann die möglicherweise darin enthaltenen winzigen historischen Aussagen nicht herauslösen, sonst verliert man den Text. Der historische Salomo starb vor vielen, vielen Jahren. Er ist nicht wichtig. Das Wichtige ist der erzählte Salomo und das, was die Leute über ihn zu sagen hatten und niederschrieben. Dieser Salomo ist noch heute vorhanden.«

»Dass es das alte Israel gab, hat nie jemand geleugnet«, so Thompson. Lemche ist in Kopenhagen geboren, Thompson dagegen zog erst nach einer farblosen akademischen Laufbahn in den Vereinigten Staaten hierher. Dort, so berichtet er, sei er mit seinen Arbeiten nicht weitergekommen, weil er darauf beharrte, die Bibel nicht wörtlich zu nehmen. Schließlich ging er an die Universität Kopenhagen, heiratete eine Dänin und bildet heute am Institut für biblische Exegese angehende Theologen aus. »Natürlich hat es das alte Israel gegeben. Ich sage nur, dass das von der Bibel vermittelte Gefühl, ein einziges Volk zu sein – die Ideologie vom Volk Israel, die Vorstellung der nationalen Einheit innerhalb Palästinas – vor der persischen Zeit noch nicht existiert haben kann. Zu Zeiten von David oder Salomo hatten die Israeliten keine ethnische, theologische oder historische Vorstellung davon, wer sie waren.«

Ihre Bemühungen, zu zeigen, dass man die Bibel nicht als Geschichtsbuch lesen sollte, gingen manchmal ein wenig zu weit. Andererseits aber erkennen ihre Gegner auch ihre Leistungen nicht an. Unter dem Strich kann man sagen: Was das große Bild angeht, haben sie in vielen Fällen recht. Viele ihrer Ideen, die früher an den Haaren herbeigezogen erschienen, sind heute stichhaltig begründet und allgemein anerkannt. Lange Zeit hatten die Fachleute angenommen, der Verfasser des Alten Testaments habe sich auf Originaldokumente aus der Zeit der beiden Könige gestützt, als er die Geschichte des Reiches niederschrieb. Dieses Bild des Historikers, der die Archive von Palast und Tempel durchstöbert, um sich dann hinzusetzen und die Geschichte der Glanzzeit festzuhalten, vertritt heute eigentlich niemand mehr. Schriftkunde und kulturelle Entwicklung waren zu jener Zeit, als der gesamte Nahe Osten von Umwälzungen und politischer Unsicherheit geprägt war, in der ganzen Region sehr begrenzt. Deshalb ist es auch alles andere als verwunderlich, dass es nur eine einzige außerbiblische Erwähnung Davids gibt, über die unter den Fachleuten annähernd Einigkeit besteht: ein Basaltbruchstück, das man 1993 an der Ausgrabungsstätte von Dan im Norden Israels entdeckte und auf dem das Haus Davids genannt wird. Ähnliche Quellen über Salomo kennt man bisher nicht. Wenn es in den Archiven überhaupt Aufzeichnungen gab, blieben wahrscheinlich nur wenigsten davon in einer Form erhalten, in der ein Historiker sie drei-hundert Jahre nach der Zeit Davids und Salomos für seine Arbeit nutzen konnte. Deshalb muss man alles, was erst so spät geschrieben wurde, mit dem Blick auf die ideologischen und politischen Standpunkte der Autoren und Bearbeiter lesen. Die Bibel ist kein Augenzeugenbericht.

Eine gerechtere Beurteilung der Kopenhagener Schule kam von einer Seite, von der man es nicht erwartet hätte: aus der Bar-Ilan-Universität. Ihr Campus liegt in einem Außenbezirk von Tel Aviv, steht aber in enger Verbindung zu Jerusalem. Die Hochschule ist modern-orthodox: Seminare in Judaistik sind Pflicht. Die Frauen, selbst wenn sie nicht gläubig sind, kleiden sich zurückhaltend, und viele Studenten sind tatsächlich ortho-doxe Juden. Joshua Schwartz, Leiter der Abteilung für Israel-studien, konnte 1998 eine Tagung über einige neue Themen abhalten, die im Zusammenhang mit David, Salomo und dem 10. Jahrhundert v. u. Z. in den Mittelpunkt gerückt waren. Das Publikum bestand zum Großteil aus praktizierenden Juden – die Männer trugen die traditionelle Kopfbedeckung, und die meisten Frauen erschienen mit bedeckten Haaren und langem Kleid. Schwartz lud Lemche zu einem Vortrag ein, stellte den Archäologen der Bat-Ilan-Universität vor und ermunterte ihn, ein kleineres Seminar für fortgeschrittene Studenten abzuhal-ten. Schwartz räumte ein, diese Studenten würden so vermut-lich zum ersten Mal von Lemches Ideen hören – seine Bücher sind kein üblicher Bestandteil des Lehrplanes. Die Zuhörer waren höflich: Niemand ging während des Vortrages hinaus, niemand buhte Lemche aus. Schwartz hatte Zweifel, ob sein Gast jemanden von seinen Vorstellungen überzeugt habe, aber er hielt es für wichtig, dass die Studenten auch mit den breite-ren geistigen Strömungen außerhalb Israels in Berührung kamen.

Als ich mich später in seinem Arbeitszimmer mit Schwartz unterhielt, ging er sogar noch weiter. Er wusste, dass seine Äußerungen Ketzerei waren, insbesondere in einer Institution wie der Bar-Ilan-Universität. Im Scherz meinte er sogar, er müsse die Türe seines Büros schließen, damit niemand mithören könne, in Wirklichkeit stand sie aber die ganze Zeit offen. Er hatte die Arbeiten von Lemche, Thompson und anderen Mitgliedern der Kopenhagener Schule gelesen. In vielem, was sie sagten und taten, vertrat er eine andere Meinung, aber er war zu dem Schluss gelangt, dass sie in vielen Fällen auf dem grundsätzlich richtigen Weg waren. »Wir wissen nach wie vor nicht viel über das zehnte Jahrhundert v. u. Z.«, sagte Schwartz. Die Quellen, auf die sich die Bibelautoren stützten, wurden lange nach den Ereignissen verfasst; zur Zeit Davids und davor sah das religiöse Leben anders aus als das Judentum, wie es nach der Rückkehr aus der babylonischen Gefangenschaft praktiziert wurde, und erst in dieser Zeit wurden die Schriften zum größten Teil zusammengestellt. Schwartz war der Ansicht, es sei schlicht und einfach zu schwierig, anhand der späten Quellen, auf die die Bibelautoren sich verlassen mussten, die lange zurückliegende Vergangenheit nachzuzeichnen und damit zu einem zutreffenden Bild zu gelangen. »Lemche, Thompson und die anderen haben durchaus etwas zu sagen. Aber sie sind keine Historiker, sondern Theologen. Sie dringen nicht zu den kleinen Fragen vor. Sie interessieren sich nicht dafür, wie schwer ein Brotlaib war oder was die in der Bibel beschriebenen Freizeitbeschäftigungen über die Gesellschaft aussagen. Ich schon. Sie werden schreien, wir könnten aus dem ersten Buch Mose und den Büchern der Könige nichts über den echten David und den echten Salomo lernen, selbst wenn es sie tatsächlich gegeben habe. Das stimmt vermutlich. Aber ich will nicht nur das wissen. Ich interessiere mich dafür, was wir daraus über die Schuhe lernen können, die David oder Salomo getragen haben, wie die materielle Kultur Palästinas aussah, was die Menschen in ihrer Freizeit taten. Wenn wir über solche Einzelheiten Bescheid wissen, können wir vielleicht noch einmal das Gesamtbild betrachten.«

Der leidenschaftlichste Kritiker der Kopenhagener Schule ist Dever. Er lässt keine Gelegenheit zu einem Seitenhieb aus. Bei archäologischen Tagungen, Arbeitsessen und Vorträgen steht er auf und bezeichnet die Gruppe als antisemitisch. In zahlreichen Veröffentlichungen behauptete er, die von der Gruppe vertretene Ideologie sei »eine Bedrohung für die Bibelforschung, für die syrisch-palästinensische Archäologie, für die Theologie und Religionswissenschaft, für das Leben von Synagoge und Kirche, ja sogar für die politische Situation im Nahen Osten«. Aber die nachdrücklichste Schmähung hebt er sich für Thompson auf, der in den sechziger Jahren unter Devers Leitung an den Ausgrabungen von Gezer und damit auch an der Entdeckung des so genannten salomonischen Stadttores beteiligt war. Thompson sagte später, Dever habe nach einem salomonischen Stadttor gesucht und es deshalb auch gefunden – er sei also ein Fundamentalist. Der ganze Streit ist so aus dem Ruder gelaufen, dass der Wissenschaftler und Verleger Davies aus Sheffield an einige Freunde einen von ihm selbst verfassten Aufsatz über die Debatte verschickte; darin verglich er Dever und Thompson mit Kain und Abel, und er forderte beide Seiten zur Mäßigung auf, bevor einer von ihnen den Brudermord begehe.

Eines Tages bei einem Frühstück in Philadelphia sagte mir Dever, er wende sich deshalb so lautstark gegen die Kopenhagener Gruppe, weil er ihre Vorstellungen von David, Salomo und dem Aufstieg des Israelitenstaates für gefährlich halte. »Sie demontieren die Geschichte, setzen aber nichts anderes an ihre Stelle«, sagte er. »Sie sind Nihilisten, und Nihilismus führt zu einem Vakuum – wie man in Europa bereits sehen konnte, führt historisches Vakuum zum Faschismus. Und wohin der Faschismus führt, brauche ich nicht zu erklären. Von allen Menschen wissen die Juden vielleicht am besten, was dann geschehen kann. Wir müssen den Mund aufmachen, bevor es so weit kommt.«

Dever war schon in seiner Kindheit als Jugendprediger tätig; mit seinem Vater klapperte er die kleinen Städte im Süden der Vereinigten Staaten ab und hielt Predigten, bevor er später zum Judentum übertrat. Heute hält er sich für einen Agnostiker und ärgert sich, wenn Thompson und die anderen ihn als Fundamentalisten bezeichnen. Es ist tatsächlich ein unfaires Urteil, aber wenn es um die Geschichte des alten Israel geht, wird er zum wahren Verfechter des Glaubens. Und wie andere Verfechter des Glaubens ist er überzeugt, dass es nur eine Wahrheit gibt und dass er in ihrem Besitz ist.

In diesem Punkt haben beide Seiten viele Gemeinsamkeiten. Beide Gruppen haben extreme Positionen bezogen. Die Wissenschaftler aus Kopenhagen unterstellen oft, nur weil David und Salomo nicht so wie in der biblischen Beschreibung existierten, hätten sie überhaupt nicht existiert. Sie betonen, wie schwierig es ist, aus der Bibel historische Erkenntnisse zu gewinnen, aber weil es schwierig ist, setzen sie sich dafür ein, die Bibel überhaupt nicht zu benutzen. Nach einer Sitzung in Kopenhagen, als Lemche mit einer Tasse Kaffee eine schlimme Erkältung pflegte, bezeichnete er den Mittelweg einmal als »Friedhof für Wissenschaftler«. »Das sind keine politischen Verhandlungen« sagte er, »wir werden nicht argumentieren, debattieren, verhandeln und uns schließlich in der Mitte bei einem Kompromiss treffen.« Aber vielleicht bietet der Kompromiss tatsächlich die größten Aussichten, David und Salomo zu finden.

Einer der Europäer, die sich am genauesten über die neuen Befunde zur Zeit des Großreiches auf dem Laufenden halten, ist der deutsche Bibelforscher Hermann Michael Niemann. Er interessiert sich besonders für das äußere Umfeld im 10. Jahrhundert v. u. Z., das sich offenbar über längere Zeit kaum gewandelt hat. Die Landschaft, in der David und Salomo zurechtkommen mussten, hat sich im Laufe der Jahrtausende kaum verändert.

Noch heute ist Palästina eine Landbrücke zwischen zwei weitaus größeren Mächten, nämlich Ägypten und Mesopotamien, dem heutigen Irak. Wohlstand und Entwicklung des Landes hängen nach wie vor von Richtung und Menge der Niederschläge ab, die meist von Nordwesten nach Südosten über das Land hinweg ziehen. Vor dem Hintergrund solcher Umweltverhältnisse können wir uns lebhaft ausmalen, wie die Bedingungen unter David und Salomo aussahen. Um seine Theorie zu begründen, führt Niemann gern ein Beispiel aus einem Buch über das Palästina des 18. Jahrhunderts an. Damals übernahm ein islamischer Herrscher namens Dahir b. Umar von seinem Vater die hohe Stellung eines Scheichs von Galiläa, und schließlich konnte er seinen Einflussbereich von seiner Heimatstadt Tiberias bis ans Mittelmeer ausweiten. Er wurde durch die Zusammenarbeit mit ausländischen Kaufleuten reich und verwendete diese Mittel für ein Bauprogramm. So befestigte er Tiberias stärker, und er vergrößerte auch den Hafen Akko (Acre), den er schließlich zu seiner Hauptstadt machte. Mit seiner Macht wuchs auch sein Ehrgeiz. Im Jahr 1771 eroberte er Sidon, im nächsten Jahr folgten Ramle, Gaza und Jaffa, und fast hätte er auch Jerusalem eingenommen. Dennoch nahm er ein schlimmes Ende. Die Würdenträger des osmanischen Reiches, die es zunächst ihm und anderen Mächten der Gegend überlassen hatten, in Palästina für Ordnung zu sorgen, schritten schließlich ein und traten seiner wachsenden Macht entgegen; 1775 wurde er in Akko getötet.

Beim Lesen von Dahirs Geschichte fällt sofort auf, wie sie sich an die biblische Beschreibung der Strategien anlehnt, mit denen David und Salomo ihre Macht aufbauten und sicherten. Auch sie konnten die Lage in Palästina ausnutzen, weil die ausländischen Großmächte so stark mit ihren inneren Problemen beschäftigt waren, dass sie kaum eine Kontrolle ausüben konnten. David, Salomo und Dahir arrangierten für sich selbst oder ihre Angehörigen Eheschließungen mit anderen angesehenen Familien und lokalen Herrschern, um dadurch ihre Macht zu festigen. Söhne und andere Verwandte wurden an strategisch wichtigen Stellen untergebracht. Genau wie David, der Schwierigkeiten mit Absalom hatte, musste auch Dahir mit mehreren von seinen Söhnen angezettelten Aufständen fertig werden. Einmal beherrschten drei von ihren sogar Dahirs Stützpunkt Tiberias, genau wie Absalom seinen Umsturzversuch von Hebron aus unternahm, der Stadt, wo man David zum König gemacht hatte. Und was am bedeutendsten ist: Von Davids bis Dahirs Zeiten war der Norden wirtschaftlich und politisch wichtiger als der Süden. »So könnte es zur Zeit Davids und Salomos gewesen sein«, folgert Niemann in einem 1997 erschienenen Aufsatz. »Vielleicht sah es in Palästina und ähnlichen Gesellschaften unter ähnlichen Bedingungen häufig so aus.«

Niemann beschreibt David, Salomo und Dahir als gute Beispiele für typische orientalische Herrscher. Auch die biblischen Geschichten enthalten Elemente, die für ein solches Bild sprechen. Kurz nachdem David zum ersten Mal als König bezeichnet wird, begibt er sich zu den Männern von Jabesh-Gilead im Norden des Gebietes jenseits des Jordan, weil er die Menschen dieses Stammes zu seinen Verbündeten machen will. Er wählt Jerusalem als Hauptstadt, weil es in der Mitte zwischen Juda und Israel liegt und zu jener Zeit nicht mit einem einzelnen Stamm identifiziert wurde. Ähnlich verhält sich auch Salomo: Er sorgt für eine Fülle politischer Eheschließungen, die zur Sicherung seiner Reichsgrenzen beitragen, und übernimmt Elemente aus den verschiedenen religiösen Praktiken seiner Untergebenen. Für die theologische Deutung kennzeichnen David und Salomo den Beginn einer messianischen Dynastie. Noch eindeutiger ist aber, dass sie auch Kinder ihrer Region sind. Und vor dem größeren Hintergrund der Geschichte Palästinas ist der Moslem Dahir ebenso ihr geistiger Erbe wie die Makkabäer oder Jesus Christus.

Niemanns Ansatz macht es offenbar möglich, dass alle Widersprüche in Zusammenhang mit David und Salomo nebeneinander bestehen. Um 1000 bis 900 v. u. Z., als die beiden Herrscher lebten, war Jerusalem nur spärlich besiedelt, und das Gleiche galt für die Gebiete südlich der Stadt bis nach Hebron. Es waren abgelegene Städte, die im Gegensatz zu der Beschreibung in der Bibel kaum an Knotenpunkten internationaler Handelswege gelegen haben dürften. Das Jerusalem Davids und Salomos war höchstwahrscheinlich nicht Herrschaftssitz eines gewaltigen Reiches, sondern eine Bergfestung. Aber auch ein solches neues Bild bedeutet nicht, dass die Bibel völlig Unrecht hätte mit ihrer Behauptung, David habe dort geherrscht und Salomo habe einen Palast oder einen Tempel gebaut.

Der Historiker Nadav Na'aman von der Universität Tel Aviv wies darauf hin, dass die Eroberung Jerusalems durch David und deren Umbenennung in Stadt Davids in zahlreichen Bibelstellen vorkomme, die zu ganz unterschiedlichen Zeiten niedergeschrieben wurden. Das deutet eigentlich darauf hin, dass Davids Herrschaft historisch nachhaltig in Erinnerung geblieben ist. Davids Taten, so Na'aman, erscheinen im Vergleich zu anderen Stätten des antiken Nahen Osten, wo man ebenfalls Städte nach ihren Gründern benannt hatte, durchaus glaubhaft. Ebenso war es üblich, dass Stammesführer ihren Herrschaftssitz in Bergfestungen verlegten, und nach Na'amans Überzeugung bestätigen die archäologische Befunde, dass es im Gebiet von Juda genügend Siedlungen gab, sodass David das Personal für eine Armee zusammenstellen konnte. Wie viele andere Wissenschaftler zeichnet auch Na'aman von Jerusalem das Bild eines bescheidenen Ortes, und wenn Tempel und Palast Salomos überhaupt existierten, waren sie nach seiner Ansicht ebenfalls einfach ausgestattet. Die Suche nach Salomo mit dem Blick auf monumentale Architektur – Überreste von Palästen, Tempeln und Mauern – hat sich nach seiner Überzeugung als erfolglos erwiesen. Anhand der neuen Befunde kann man vielmehr im besten Fall einen möglichen Rahmen für das Leben von Salomo oder David konstruieren. In diesem Sinn ist die Bibel weiterhin von Bedeutung, denn die dort beschriebenen Maßnahmen, mit denen die beiden Könige ihre Macht sichern wollten, wurden in der gleichen Form noch in osmanischer Zeit von nahöstlichen Herrschern ergriffen.

In beiden Fällen hatten die Herrscher versucht, die Hausmacht ihrer eigenen Stämme zu erweitern und sich die Unterstützung der besser gestellten Führungspersönlichkeiten in den Städten zu sichern; zu diesem Zweck hatten sie eine wichtige Stadt – Hebron und dann Jerusalem im Fall Davids und Salomos, Tiberias und Akko bei Dahir – ausgebaut und befestigt. Ihre Führungsrolle hatten sie durch Bekämpfung der Feinde gefestigt. Sie stellten eine ständige Streitmacht auf. Am entscheidendsten aber war, dass sie die Notwendigkeit eines traditionellen Heiligtums erkannten, eines gemeinsamen religiösen Zentrums. Die Religion diente ihnen als einigende Kraft gegen mutmaßliche äußere Feinde. Alle drei Herrscher unterlagen ähnlichen wirtschaftlichen, ökologischen und politischen Beschränkungen, und alle drei handelten ähnlich.

Finkelstein und seine Kollegen versuchen in Megiddo neue Wege zu finden, um dieser Aussage über das gemeinsame historische Erbe und andere gleiche Grundlagen mehr Nachdruck zu verleihen. Megiddo gleicht den meisten anderen nationalen archäologischen Stätten in Israel: Auf einer großen Fläche erstrecken sich wunderschöne antike Ruinen, die nur schwer in einen Zusammenhang zu bringen sind. Die von der Verwaltungsbehörde herausgegebenen Broschüren und die überall in dem Gelände angebrachten Beschriftungen sind trocken, konventionell und nichts sagend.

Das alles soll sich durch ein neues, 1998 begonnenes Projekt ändern. Jetzt gibt es eine »Besinnungsecke«, einen kleinen, von den Archäologen eingerichteten Bereich, wo man beten, sich ausruhen oder einfach nur in die Weite des Jezreel-Tales blicken kann. Auf einer kleinen Fläche sitzen hier die Touristen im Schatten von Palmenzweigen auf Bänken aus gewaltigen Steinen, Überresten eines von den Israelitenkönigen gebauten Palastes. Von dem hoch gelegenen Megiddo aus hat man den Rundblick über die dunkelroten Berge, die geschwungenen Täler mit ihren grünen, goldenen und braunen Blumen und Getreidefeldern, ein gewaltiges Stück biblischer Landschaft, das noch nicht durch die moderne Entwicklung verunstaltet wurde. Im Rahmen des Projektes, das man in Zusammenarbeit mit dem belgischen Ename Center for Public Archaeology and Heritage Presentation in Angriff nahm, wird man den Touristen auch mit Computergrafiken zeigen, wie der Palast zu Salomos Zeit aussah.

An dem Drehbuch für diese Multimedia-Präsentationen arbeiten Ann Killebrew, eine an der Stätte tätige Archäologin, und der Archäologiehistoriker Neil Silberman. Eine ihrer entscheidenden Aussagen lautet: Megiddo und sein Erbe gehören allen. In der geplanten Multimediaschau werden mehrere moderne Erzähler vor dem Hintergrund der archäologischen Überreste sprechen, und an den Rekonstruktionen wird deutlich werden, wie die Bauwerke in der Antike ausgesehen haben dürften. Bei den Sprechern handelt es sich unter anderem um einen Archäologen, der über die Geschichte der Funde von Megiddo berichtet, um ein christliches Paar, das seine Vorstellung von dem hier stattfindenden Armageddon in Worte fasst, und einen Angehörigen des Kibbuz von Megiddo, der das Leben hier und jetzt schildert. Auch eine Palästinenserin aus dem nahe gelegenen Dorf el-Lajjun wird auftreten. Lajjun, früher ein blühendes kleines Dorf, hat im Laufe der Jahre einen schleichenden Niedergang erlebt. Die Berge von Megiddo dienten seinen Hirten als Weide, bis die Archäologen dort im 19. Jahrhundert zu graben begannen. Und nachdem man das heute wohlhabende Kibbuz dort gegründet hatte, wo die Dorfbewohner früher Getreide angebaut hatten, wurde Lajjun noch weiter an den Rand gedrängt. Die meisten Israelis haben keine Ahnung, dass das Dorf überhaupt noch existiert. In dem Film wird die Palästinenserin schildern, welchem Rhythmus das bäuerliche Leben in dem Dorf folgt und wie die Zeit auch heute noch nach den Jahreszeiten eingeteilt wird. Daran ist nichts Politisches, aber allein ihr Auftritt ist ein Beleg, dass im Zusammenhang mit David, Salomo und der Bibel allmählich weiter gefasste Ideen an Gestalt gewinnen.

Als Nadav Na'aman sich mit den wissenschaftlichen Ruinen des Großreiches befasste, die zum Teil durch seine eigenen Arbeiten entstanden waren, äußerte er an der Universität Tel Aviv eines Tages die Ansicht, die Forschungsarbeiten der jüngsten Zeit böten die Möglichkeit, sowohl innerhalb Israels als auch in der gesamten Region eine neue gemeinsame Grundlage zu finden. »Eines vergessen die Leute: Nicht David und Salomo haben das Reich vereinigt, sondern die Autoren der Bibel«, sagte mir Na'aman. »Sie vereinigten die Menschen, und sie setzten die Einheit durch, einfach weil sie die Geschichte so niederschrieben, wie sie nach ihrer Ansicht aussehen musste.« Das war sowohl eine Ermunterung als auch eine Warnung vor möglichen Fehlschlägen: Gerade die Geschichte, die anfangs das Reich vereinigt hatte, hatte dem Wechsel des politischen Geschicks nichts entgegenzusetzen und trieb schon bald darauf die Menschen auseinander.

## Kapitel 5

# Das geteilte Reich –
## der Aufstieg des Nahen Ostens

*Als aber ganz Israel sah, dass der König sie nicht hören wollte,*
*gab das Volk dem König Antwort und sprach: Was haben wir*
*für Teil an David oder Erbe am Sohn Isias? Auf zu deinen Hüt-*
*ten, Israel! So sorge nun du für dein Haus, David! – Da ging*
*Israel heim … niemand folgte dem Hause David als der Stamm*
*Juda allein.*

(1. Könige 12, 16, 20)

Trotz König Salomos Gold, trotz seiner beispiellosen Reichtümer, seines großartigen Tempels, seiner mächtigen Armee, seiner weit reichenden Handelsbeziehungen und seines Rufes, ein
weiser Mann zu sein, stellt die Bibel seine Herrschaftszeit vorwiegend als Wendung zum Schlechteren in der Geschichte Israels dar. Warum, ist nicht immer so einfach festzustellen, denn
die Bibel beschreibt auch sehr ausführlich, wie das Großreich
von Israel und Juda unter David und Salomo den Höhepunkt
seiner politischen und kulturellen Macht erreichte. Aber als
Salomos Herrschaft zu Ende geht, ist das Reich Davids eindeutig in raschem Niedergang begriffen, und Schuld daran ist der
Bibel zufolge ganz einfach Salomos Bereitschaft, in seinem
Herrschaftsgebiet die Verehrung anderer Götter neben Jahwe
zuzulassen. Nur wenige Jahre nach Salomos Tod (der vermutlich in die Zeit um 931 v. u. Z. fällt) bricht das Großreich völlig
zusammen, und das goldene Zeitalter ist vorüber. Israel und
Juda, so der biblische Bericht, gehen getrennte Wege, und am
Ende steht die Vertreibung aus der Heimat: Zuerst, um 722

v. u. Z., fällt Israel in die Hände der Assyrer, und 587/586 werden die Judäer von den Babyloniern vertrieben.

Die Zeit zwischen Salomos Tod und der babylonischen Eroberung, die 350 Jahre des so genannten »geteilten Reiches«, werden in der Bibel vor allem als Phase des moralischen Niederganges und der religiösen Nachlässigkeit dargestellt. Über die Geschichte Israels wird nur beiläufig berichtet. Die Herrschaftszeit der meisten Könige, ob sie nun fünf oder fünfzig Jahre dauerte, wird mit der stehenden Redewendung des ersten Buches der Könige zusammengefasst: »… und tat, was dem Herrn missfiel, und wandelte in der Sünde…« Darauf folgt der Tod. Der einzige König Israels, dem mehr Aufmerksamkeit zuteil wird, ist Ahab; das liegt hauptsächlich daran, dass seine Herrschaftszeit mit der Zeit des wundertätigen, kraftstrotzenden Propheten Elia zusammenfällt. Ahab wird im Gegensatz zu Elia als willensschwach und unfähig dargestellt, als Pantoffelheld seiner götzendienerischen Frau Isebel, die Ba'al anbetet und ein schreckliches Ende nimmt: Sie wird auf Befehl eines Eroberer-königs vom Turm ihres Palastes geworfen, und die Hunde lecken ihr Blut auf. Dieser Vorfall nimmt in der Beschreibung breiteren Raum ein als Ahabs militärische Fähigkeiten und Kriegserfolge. Aufschlüsse über seine Macht liefern uns vor allem die Texte seiner assyrischen Feinde.

Den Königen Judas ergeht es ein wenig besser, insbesondere dem rechtgläubigen Josia, der weit reichende religiöse Reformen durchsetzt. Dennoch erreicht auch er trotz aller Bemühungen nicht, dass Jahwe die Sünden von Josias Vorgängern vergibt: Das Volk Juda ist ebenso dazu bestimmt, »als Gefangene aus seinem Land geführt zu werden«, wie das zweite Buch der Könige berichtet.

In allen diesen historischen Schilderungen steht es außer Frage, dass die Bibel Israel und Juda als Bruderstaaten betrachtet, als Zweige mit gemeinsamen ethnischen, kulturellen und religiösen Wurzeln, die zu einem größeren israelitischen Baum gehören. Die Bewohner beider Reiche beten Jahwe an, sprechen eine ähnliche Sprache und schreiben mit den gleichen

Schriftzeichen. In anderer Hinsicht passen neue archäologische Befunde aber nicht zu diesem Bild. Es gibt alle möglichen Unterschiede zwischen den beiden Reichen, von den Traditionen der Keramikgestaltung bis zum Architekturstil, und beides wurde wiederum durch die Tatsache beeinflusst, dass Israel und Juda sich in Klima und Geografie unterscheiden. Die traditionelle Keramik wandelte sich in Juda viel langsamer, denn das Land lag abseits der ausgetretenen Handelswege, auf denen neue Stilrichtungen und Techniken zu den Handwerkern in Israel gelangten. Die Könige Israels errichteten deutlich mehr an Monumentalarchitektur, nach den Vermutungen mancher Archäologen unter anderem deshalb, weil sie nicht die gleiche politische Stabilität genossen wie die Herrscher von Juda. In Israel mussten die Machthaber nach Wegen suchen, um ihre Untertanen zu beeindrucken und einzuschüchtern, denn in ihrem Reich lebten zahlreiche fremde ethnische Gruppen, die sich nicht automatisch an irgendein israelisches Herrscherhaus gebunden fühlten. Darüber hinaus verfügte Juda selbst auf dem Höhepunkt seiner Macht nie über die wirtschaftlichen oder personellen Mittel, um protzige Architekturprojekte in Angriff zu nehmen. Die beiden Bruderstaaten glichen in vielerlei Hinsicht ihren Nachbarn Ammon und Moab jenseits des Jordan im mittleren Teil des heutigen Jordanien. Was Kultur, politische Entwicklung, Besiedlung und Klima anging, hatte Juda mit Edom im Süden Jordaniens mehr Gemeinsamkeiten als mit Israel.

Nachdem in den letzten Jahren bei Bibelforschern und Archäologen neue Fragen zur biblischen Darstellung des Großreiches aufgetaucht waren, musste sich zwangsläufig auch die Sichtweise für das geteilte Reich verändern. Der biblische Bericht, wonach Salomos Herrschaft der Anfang vom Ende war und von da an alles bergab ging, stellt eine eingeengte Betrachtungsweise dar. Das archäologische Bild, das sich derzeit herauskristallisiert, legt eine andere Vermutung nahe: Salomos entscheidende Errungenschaft bestand darin, dass er die institutionalisierten Kräfte in Bewegung setzte, die schließlich in Palästina für die Entstehung von Territorialstaaten sorgten.

Dies war im Nahen Osten die Zeit, in der die wichtigen Entscheidungen über Staatsgrenzen fielen, und zum ersten Mal trägt die Archäologie zur Rekonstruktion jener Machtkämpfe bei, die sich damals nicht nur in Israel und Juda, sondern in der gesamten Region abspielten. Zwischen den damaligen Militärmächten – unter Königen wie Omri und Ahab in Israel, Hasael im Damaskus der Aramäer und Masha in Moab – gab es häufig territoriale Auseinandersetzungen, insbesondere in den Grenzgebieten, die regelmäßig von Hand zu Hand gingen. Allmählich erkannten die Machthaber in diesen Reichen, dass militärische Stärke allein nicht ausreichte: Eine mächtige Armee konnte zwar einen vorübergehenden Sieg erringen, aber die Herstellung langfristiger Stabilität erforderte eine andere Strategie. Ungefähr zur gleichen Zeit entwickelten sich auch Israel (im 9. Jahrhundert v. u. Z.) und Juda (im 8. Jahrhundert) endgültig zu blühenden, eigenständigen Staaten. Das Ende des vereinigten Reiches, wie »vereinigt« es auch war und wie weit sich seine Grenzen tatsächlich erstreckten, kennzeichnete keineswegs das Ende eines großen Zeitalters, sondern seinen Beginn.

Bei der Erforschung Israels und Judas konzentrierte man sich in den siebziger Jahren des 20. Jahrhunderts vor allem auf die sehr unterschiedlichen ökologischen Verhältnisse der beiden Gebiete. In Israel ermöglichten größere Niederschlagsmengen und viele Täler die Entwicklung landwirtschaftlicher Strukturen, sodass vielfältige Produkte auf die Märkte gelangten und verkauft wurden – das alles trug zu Wohlstand und blühendem Handel des Landes bei. Juda mit seinem trockeneren Klima, der gebirgigen Landschaft und einer niedrigeren Bevölkerungsdichte hatte diese Vorteile nicht.

Nach weiteren Untersuchungen gelangten viele Fachleute zu dem Schluss, dass bei der Entstehung echter Staaten eine Lücke von 150 Jahren zwischen Israel und Juda klafft. Die Massenherstellung von Keramik in zentralen Werkstätten und ihr Transport in die entlegenen Gebiete des Reiches über ein umfangreiches Handelssystem begann im Juda höchstwahrscheinlich erst im 8. Jahrhundert v. u. Z., so jedenfalls die Ergebnisse der neuesten Keramikuntersuchungen. Aus dem Reich der Israeliten gibt es weniger Befunde, aber die vorläufigen Berichte von der entscheidenden Fundstätte Megiddo weisen darauf hin, dass eine ähnliche Massenproduktion in Israel bereits Mitte des 9. Jahrhunderts in vollem Gange war.

Auch andere Indizien sprechen dafür, dass Israel viel früher zu einem Staat wurde als Juda. Wein- und Olivenölproduktion, entscheidende Zweige der Landwirtschaft und in beiden Staaten das wirtschaftliche Rückgrat, erreichten in Israel bereits im 8. Jahrhundert den Umfang einer landesweiten Industrie, in Juda jedoch erst hundert Jahre später. Diese Industrie erforderte, dass Weinstöcke und Olivenbäume in riesiger Zahl angepflanzt, gepflegt und abgeerntet wurden, und dann musste man Wein und Olivenöl pressen, abfüllen und auf den Markt bringen. Damit ein solches System funktionierte, musste eine hoch entwickelte politische Verwaltung die Tätigkeiten in verschiedenen Gegenden des Landes koordinieren und sowohl im Landesinneren als auch nach außen umfangreiche Handelsbeziehungen überwachen. Siegel, Siegelabdrücke und andere Hinweise auf schriftliche Aufzeichnungen – insbesondere auf Verwaltungs- und Geschäftsberichte – tauchen anfangs nur in Israel auf, nicht aber in Juda. Die Verteilung der Siedlungen spricht im Nordreich für eine weitaus höhere Bevölkerungsdichte, die in größeren, höher organisierten Zentren lebte als im Süden. Selbst in der Architektur der beiden Reiche gab es deutliche Unterschiede. Verwaltungszentren mit öffentlichen Gebäuden und Palästen tauchen zuerst im Norden auf. Auch Größe, Bauausführung und ausländische Einflüsse auf den Baustil sprechen in Israel für eine höhere Entwicklung als in Juda. Die Frage lautet: Was sind die Ursachen?

Die Gründe reichen anscheinend über die ökologischen Unterschiede hinaus. Die Israel hatte mit seiner fruchtbaren Landschaft und seinem besseren Klima sicher viele Vorteile, mit denen man die frühere Entstehung eines Staates teilweise erklären kann, aber für einen so großen zeitlichen Abstand reicht diese Begründung nicht aus. Wie die Bibelforscher nachweisen konnten, ist ein beträchtlicher Teil der Berichte über die fraglichen Zeitabschnitte historisch richtig. Die Namen der Könige, ihre zeitliche Reihenfolge und die Jahre ihrer Herrschaft wurden durch außerbiblische Quellen bestätigt. Einer der Schlüssel zum Rätsel des zeitlichen Abstandes liegt in den historischen Ereignissen, die in der Bibel fehlen, insbesondere in Vorgängen, die sich nicht weit von Jerusalem entfernt in dem wichtigen Zentrum Lachish in Juda abspielten.

Jeder Bibelleser kennt die Eroberung Jerusalems durch die babylonische Armee in den Jahren 587/586 v. u. Z. Dagegen findet sich in der Bibel kein Hinweis, dass Lachish schon früher, nämlich 701, von dem Assyrerkönig Sanherib zerstört wurde, und das obwohl die Stadt wie Jerusalem eines der entscheidenden Herrschaftszentren von Juda war. Der Bericht über Sanheribs Feldzug im zweiten Buch der Könige schildert lediglich die Auseinandersetzung zwischen dem Assyrer und Hiskia, dem König von Juda. Es ist eine spannende Beschreibung. Jerusalem wird umzingelt, und ein Assyrergeneral wendet sich an die Bevölkerung, um ihr zwei Möglichkeiten anzubieten: Unterwerfung oder Tod. »Lasst euch von Hiskia nicht betrügen, denn er vermag euch nicht zu erretten aus meiner Hand. Und lasst euch von Hiskia nicht vertrösten auf den Herrn«, sagt der General. Und er fügt hinzu, wenn die Bewohner ihre Waffen niederlegten, würden sie am Leben bleiben; er verspricht, man werde sie dann aus Jerusalem »in ein Land, das eurem Lande gleich ist« bringen.

Dass der assyrische Heerführer sich mit solcher Arroganz über Jahwes Macht lustig macht, veranlasst Hiskia dazu, um göttlichen Beistand für die Verteidigung Jerusalems zu beten. Glaubt man den Buch der Könige, schickt Jahwe noch in derselben Nacht einen Engel, der 185 000 Assyrer tötet. Als die Bevölkerung Jerusalems am nächsten Morgen erwacht, ist die Stadt voller toter assyrischer Soldaten. Sanherib, so der biblische Bericht, zieht sich daraufhin in seine Hauptstadt Ninive zurück, wo er später beim Gebet von seinen Söhnen ermordet wird.

Die Geschichte hält uns die Macht des Glaubens vor Augen. Dabei spielt es keine Rolle, dass der assyrische Bericht über den Feldzug – danach wurde Jerusalem belagert und entging der Zerstörung nur deshalb, weil Hiskia sich zu Vasallen der Assyrer machte und Tribut an Sanherib zahlte – nicht mit der Bibel übereinstimmt. Ebenso weisen die assyrischen Aufzeichnungen darauf hin, dass Sanherib nach dem Krieg in Juda noch zwanzig Jahre lebte und keineswegs unmittelbar nach seiner Rückkehr ums Leben kam, wie die Bibel andeutet. Solche Einzelheiten sind bedeutungslos, denn es handelt sich hier um eine theologische Erzählung über die wundersame Rettung Jerusalems. Am interessantesten für die Bestrebungen zur Rekonstruktion der Geschichte Judas ist aber heute die Tatsache, dass eines der wichtigsten historischen Ereignisse jener Zeit, die Zerstörung von Lachish, in den Geschichtsbüchern der Bibel nicht erwähnt wird.

Sanherib dagegen fasste sich über seinen Sieg in Jerusalem recht kurz, feierte den Triumph in Lachish aber durchaus standesgemäß. In seinem Palast in Ninive ist ein ganzes Zimmer mit gewaltigen Reliefs geschmückt, in denen Kampfszenen sowie die Feuersbrunst und Zerstörung von Lachish dargestellt sind. Israelische Archäologen rekonstruierten die Stadt, und heute können Touristen sehen, was die Assyrer angerichtet haben. Die Ruinenstadt ist noch heute ein bedrückender, bewegender Anblick. Verbrannte Mauern und Tore zeigen, wo die assyrische Armee eindrang. An der Mauer erhebt sich eine assyrische Belagerungsrampe, und im Inneren der Stadt findet man eine kleinere, weniger wirksame Rampe, mit der verzweifelte Judäer vermutlich gegen Ende der Belagerung ihre Stadt verteidigen wollten. Manche Historiker vertreten heute die Ansicht, der Feldzug der Assyrer habe sich überhaupt nicht gegen das für sie wirtschaftlich unwichtige Jerusalem gerichtet, sondern sie hätten damit einen Aufstand im knapp dreißig Kilometer westlich gelegenen Ekron und in Lachish, vierzig Kilometer südwestlich von Jerusalem, niederschlagen wollen. Beide Orte waren in der Region wichtige Zentren der Olivenölproduktion.

Das belagerte Lachish musste sich ergeben. Israel kam unter direkte assyrische Herrschaft, und seine Olivenölindustrie wurde neu organisiert. Einer der größten Nutznießer dieser Entwicklung war Jerusalem, das seinen Einfluss nun ins Gebirge und im Süden bis in die Negev-Wüste ausweiten konnte. Es wurde zum wichtigsten Marktort in Juda und begann aufzublühen.

Zur Zeit des Großreiches war Jerusalem bestenfalls eine Bergfestung gewesen, in der eine kleine Elite von den Hügeln aus herrschte. Zwischen dem 8. und 7. Jahrhundert v. u. Z. jedoch wuchs die Bevölkerung der Stadt dramatisch an, weil sie Flüchtlinge aus Israel und aus Städten wie Lachish in Juda aufnahm. Nach den Schätzungen der Archäologen lag die Bevölkerung Judas gegen Ende des 7. Jahrhunderts bei rund 65 000, wobei der Anteil Jerusalems an der Gesamtbevölkerung – sechs Prozent im vorangegangenen Jahrhundert – auf fast 23 Prozent anwuchs. Von dem Gebiet der Davidsstadt aus breitete sich Jerusalem nun auf die umliegenden Hügel aus. Die Stadtverwaltung finanzierte öffentliche Bauprojekte; ihren Höhepunkt erreichte diese Entwicklung im 8. Jahrhundert v. u. Z., als Ringmauern, Befestigungen und Wasserleitungen errichtet wurden. Auch schriftliche Aufzeichnungen aus jener Zeit hat man gefunden, vorwiegend in Jerusalem und den von ihm verwalteten Orten. Am wichtigsten aber ist, dass auch die umliegenden Dörfer und Kleinstädte eine immer größere wirtschaftliche Abhängigkeit von der Stadt erkennen lassen. Dem aufsteigenden Jerusalem konnte kein anderer Ort mehr Konkurrenz machen. Seit dieser Zeit hatte die Stadt für Juda gleiche Funktion, wie es Samaria ein Jahrhundert zuvor für das Reich der Israeliten erfüllt hatte. Sie war der Wachstumsmotor eines entstehenden Staates.

Was ist ein Staat? Gerade heute, wo frühere Großmächte wie die Sowjetunion in kleine, wirtschaftlich allein kaum lebensfähige Einheiten zerfallen sind oder wo Nachbarn in Ländern wie Ruanda und Jugoslawien sich gegeneinander gewandt haben und ganze ethnische Gruppen auslöschen wollten, bleibt es ein bedrückend schwer fassbarer Begriff. Immer wieder verschieben sich Grenzen, und Landkarten, die erst wenige Jahre alt sind, wirken wie Überreste einer vergessenen Welt. Ähnliche Verwirrung spiegelt sich auch in den Versuchen wider, die im 9. Jahrhundert v. u. Z. entstandenen politischen Gebilde zu definieren.

Moab, einer der wichtigsten Rivalen Israels zu jener Zeit, wurde über die Jahre hinweg als bäuerliche Gemeinschaft, Stamm, Staat, Gebiet, einfaches politisches Gebilde, Monarchie, Königreich, Stammeskönigtum und Nation bezeichnet. Auch die Begriffe Bande und Stammesfürstentum wurden verwendet, und damit ist die Liste noch keineswegs vollständig. Die Schwierigkeit liegt unter anderem darin, dass Gesellschaften sich ständig wandeln und die staatliche Entwicklung nie zu Ende ist. Auch Moab hatte im Laufe seiner Geschichte nicht immer den gleichen Charakter, und deshalb, so die Überlegung, sollte man zu seiner Beschreibung nicht immer die gleichen Begriffe verwenden.

Kernpunkt des Themas ist aber offensichtlich eine Frage, die uns auch heute noch beschäftigt: Was muss ein Staat tun, damit man ihn als Staat bezeichnen kann? Es gibt Gebiete mit einer kaum funktionierenden Wirtschaft, die Sitz und Stimme bei den Vereinten Nationen haben, und es gibt Bevölkerungsgruppen wie die Kurden oder Palästinenser, die eine gemeinsame Identität und ethnische Zugehörigkeit empfinden, offiziell aber keine Staaten bilden. Diesen Widerspruch bestätigen auch die Untersuchungen an Gesellschaften der Antike. In vielen Fällen gelang es auch ohne Staat, eine große Zahl von Menschen zu organisieren und damit gewaltige Infrastrukturprojekte zu bewältigen, riesige Befestigungen zu bauen oder Wasserspeicher zu konstruieren. Deshalb lassen sich die verschiedenen Gesellschaften nur schwer in Kategorien einteilen.

Der Archäologe Randall Younker leitet Grabungen im Gebiet des früheren Moab im Westen von Zentraljordanien. Er bezeichnet sich als Experten für die Moabiter, aber auch ihm ist nach Jahren der Freilandarbeit durchaus nicht alles klar. Einerseits weisen Indizien wie monumentale Architektur und Befestigungen auf einen Staat hin, andererseits aber haben seine Forschungsarbeiten gezeigt, dass ein solcher Staat, selbst wenn er im 9. Jahrhundert existierte, bestenfalls die gesellschaftliche Struktur eines Stammes besaß. Ähnlich war die Lage nach Younkers Überzeugung auch bei Moabs Nachbarn Israel. Zu dieser Schlussfolgerung gelangte er auf der Grundlage neuer Forschungsergebnisse über Moab, die in den letzten Jahren ans Tageslicht kamen. Zu Younkers interessantesten Befunden gehört die Erkenntnis, dass Moab und sein nordwestlicher Nachbar Israel sich in ihrer materiellen Kultur verblüffend ähnlich waren.

Diese Tatsache führt Younker auf gesellschaftliche Beziehungen und Stammesverwandtschaften zurück, die sich über den leicht zu überquerenden Jordan hinweg erstreckten. Zu bestimmten Zeiten umfasste das Reich Davids und Salomos dem biblischen Bericht zufolge auch Ländereien östlich des Jordan, und Texte der Moabiter weisen darauf hin, dass die Stadt Nebo im 9. Jahrhundert v.u.Z. zunächst in den Händen der Israeliten war und dann vom Moabiterkönig zurückerobert wurde. Tote wurden in Israel und Moab offenbar auf ähnliche Weise bestattet, große öffentliche Gebäude waren in einem ähnlichen Architekturstil errichtet, und das Essen wurde in ähnlich geformten Kochtöpfen aufgetragen. Die Gründe dafür sind nicht geklärt, aber verschiedene Archäologen deuten die Daten unterschiedlich. Younker möchte angesichts der stark ausgeprägten Stammeseigenschaften, die in den Untersuchungen ans Licht kamen, keine endgültige Definition des Wesens von Moab im 9. Jahrhundert vornehmen. Dagegen gelangt der israelische Archäologe Israel Finkelstein ohne Zögern zu dem Schluss, Israel und Moab seien vollständig entwickelte Staaten gewesen. »Ich sehe da keinerlei Widerspruch«, sagte Finkelstein eines Tages beim Kaffee an der Universität Tel Aviv. Dann hielt er einen Augenblick inne. Am Abend zuvor, so berichtete er, habe er Freunde bei einer Abendgesellschaft getroffen, alles Israelis, die den Friedensprozess mit den Palästinensern befürworteten und sich mit der Vorstellung eines Palästinenserstaates als Nachbar Israels anfreunden konnten. Dann hatte Finkelstein die Gäste gefragt, ob sie auch der Ansicht seien, dass die Gründung des Staates Israel im Jahr 1948, so gerechtfertigt sie auch gewesen sein mochte, für das palästinensische Volk großes Leid verursacht habe. »Alle auf der Party sagten ja, und dann, nach noch nicht einmal einer halben Minute, fügten sie hinzu, ja, aber die Araber hätten alle Kriege angefangen, sie wollten uns immer noch vernichten, ihre Führer hätten ihnen gesagt, sie sollten ihre Heimat verlassen, und wir seien nicht an ihren Schwierigkeiten schuld«, erzählte Finkelstein. »Auf die Zustimmung folgte immer die Begründung unseres Stammes, warum wir angeblich für kein einziges Problem verantwortlich seien.« Er griff wieder zur Kaffeetasse und hob über ihrem Rand die Augenbrauen. »Sehen Sie, deshalb habe ich keinerlei Probleme mit dem Gedanken, dass die Existenz eines Staates keineswegs die gesellschaftliche Struktur oder Mentalität eines Stammes ausschließt.«

Mittlerweile steckt man schon seit mehreren Jahren beträchtliche Forschungsanstrengungen in die Frage, ob sich im Königreich Juda ein Staat ausgebildet haben mochte. Dass das Thema reizvoll ist, liegt auf der Hand. Jerusalem – die Stadt Davids, die Hauptstadt des Herrscherhauses, das im Mittelpunkt der biblischen Erzählung steht – lag in Juda, und die Sichtweise seiner Bewohner spiegelt sich in der Bibel wider. Außerdem blieb Juda länger erhalten: Gerade als es sich zum Staat entwickelte, brach Israel bereits zusammen. Obwohl an einzelnen Stellen schon seit längerer Zeit gegraben wird, gab es bis vor kurzem keine systematische Untersuchung der Frage, wie Israel sich zum Staat entwickeln konnte.

Finkelstein interessiert sich unter anderem deshalb für ein solches Projekt, weil er eifrig um einen Beweis seiner umstrittenen Theorie bemüht ist, wonach Monumentalbauten wie die Stadttore von Hazor und Megiddo sowie die Paläste und öffentlichen Gebäude in Megiddo, die man lange König Salomo zuschrieb, in Wirklichkeit hundert Jahre später von dem König

Ahab errichtet wurden. Die archäologischen Übersichtuntersuchungen in Juda und rund um Jerusalem zeigen, dass Jerusalem unabhängig von der Form des Großreiches im 10. Jahrhundert v. u. Z. recht klein und spärlich besiedelt war. Praktisch alle Monumentalbauten aus jener Zeit liegen im Nordreich. Hazor und Megiddo befinden sich in dem alten Israel. Die einzige Ausnahme ist das in Juda gelegene Gezer, aber diese Abweichung erklärt Finkelstein mit der Behauptung, das Gebiet habe möglicherweise in der fraglichen Zeit als Teil des Nordens gegolten. Warum lag der Schwerpunkt der Bautätigkeit weiter nördlich? Und wie konnte man von einer relativ isolierten, auf einem Berg gelegenen Hauptstadt mit wenigen eigenen Ressourcen solche Mammutbauprojekte beaufsichtigen, die relativ weit von ihrer eigenen wirtschaftlichen und politischen Machtbasis entfernt waren?

Die Beschäftigung mit solchen Fragen bestätigt nach Finkelsteins Ansicht seine wachsende Überzeugung, dass die Stadttore, Paläste und anderen Monumentalbauten von einem Herrscherhaus des Nordens errichtet wurden: von den wirtschaftlich mächtigen Omriden, die dabei die Bevölkerung des Nordens und lokale politische Überlegungen im Blick hatten. Um seine Theorie zu untermauern, beschäftigte Finkelstein sich mit der Frage, ob Omri und Ahab einen neuen Architekturstil oder neue Bautechniken einführten. Nach seiner Ansicht war das der Fall, und den Stil bezeichnet er nach der Dynastie, die ihn schuf, als Omridenarchitektur.

Die Omriden kommen in der Bibel nicht gut weg. Omri wird praktisch nicht erwähnt; das erste Buch der Könige berichtet nur, er sei nach einer Phase des Bürgerkrieges an die Macht gelangt. Omri, der dort als Befehlshaber der Streitmacht bezeichnet wird, machte der nur siebentägigen Herrschaft des Streitwagenführers Zimri ein Ende, der selbst durch einen Militärputsch an die Macht gelangt war. Dagegen verliert die Bibel kein Wort darüber, dass Omri ein Herrscherhaus begründete, das im von Morden geplagten Israel länger als die meisten anderen erhalten blieb, und ebenso wenig wird erwähnt, dass Israel unter seiner Herrschaft und der seinen Nachfolger zu einem der mächtigsten und wirtschaftlich leistungsfähigsten Staaten der Region aufstieg. Dem Sohn Ahab wird mehr Raum gewidmet als seinem Vater, aber auch das vorwiegend, um auf seine Unfähigkeit hinzuweisen.

Mit großem Aufwand versucht die Bibel, Ahab als schwach und kriecherisch darzustellen. In einer Passage im ersten Buch der Könige schickt der Aramäerkönig Ben-Hadad einen Abgesandten zu Ahab, und der sagt: »Dein Silber und dein Gold ist mein, und deine Frauen und deine besten Söhne sind auch mein.« So etwas ist im Nahen Osten eine Kampfansage, aber Ahab erwidert kleinlaut: »Mein Herr und König, wie du geredet hast! Ich bin dein und alles, was ich habe.« Assyrische Berichte über Aram und Israel, darunter die berühmte Monolithen-Inschrift des Königs Shalmanezer, zeichnen ein völlig anderes Bild. Hier wird Ahab als selbstbewusster Feldherr dargestellt, der eine Koalition gegen die Assyrer zusammenbrachte und für den Kampf zweitausend Streitwagen sowie zehntausend Fußsoldaten aufbot. Selbst wenn diese Zahlen übertrieben sein sollten – was nach übereinstimmender Ansicht der Historiker vermutlich der Fall ist –, weist die Inschrift darauf hin, dass Ahab kein Vasall der anderen wichtigen Königreiche war, sondern mit ihren Herrschern auf einer Stufe stand. Er war nicht der Typ, der dem König von Damaskus untertänig sagte, er könne sein Land, seine Frauen und seine Paläste haben.

Finkelstein war nicht der Erste, der sich mit der Architektur der Omriden beschäftigte, um mehr über diese Dynastie in Erfahrung zu bringen und die großen Lücken der biblischen Erzählung zu füllen. Und ebenso wenig bemerkte er als Erster die Ähnlichkeiten zwischen der Architektur von Samaria, das die Omriden sich auf einem Berg als Hauptstadt erbaut hatten, und den Anlagen von Megiddo. Diese fielen bereits Gottlieb Schumacher auf, der 1908 bis 1911 die Grabungen im Auftrag der Harvard University leitete. Das Vorhaben wurde schlecht ausgeführt. Die Archäologen hoben einen gewaltigen Graben aus und trugen sowohl Erde als auch Keramikscherben unbedacht ab, sodass spätere Wissenschaftler nicht mehr genau feststellen konnten, wie die zeitliche Reihenfolge der verschiedenen Schichten an der Stätte aussah. Aber Schumacher hatte den Vorteil, dass er auch in Megiddo Ausgrabungen vornahm, und die veranlassten ihn zu der vorläufigen Schlussfolgerung, manche Gebäude an den beiden Orten seien in ähnlichem Stil errichtet worden. Vergleichbare Gedanken hegten auch einige Teilnehmer der zweiten Grabung von Samaria, die in den fünfziger Jahren des 20. Jahrhunderts von der British School of Archaeology vorgenommen wurden.

Finkelsteins Beitrag bestand darin, dass er den neuen Stil genauer zu definieren versuchte und die Omridenarchitektur in weitaus mehr Einzelheiten beschrieb. Eine seiner Doktorandinnen, die Archäologin Norma Franklin, konzentrierte sich auf die Architektur des 9. Jahrhunderts und machte dabei eine verblüffende Entdeckung: Einige Gebäude in Megiddo, die Salomo zugeschrieben worden, wiesen bemerkenswerte Ähnlichkeiten mit den Bauwerken der Omriden in Samaria auf; die Übereinstimmung reicht bis zu den Spuren, welche die Steinmetze beim Behauen der Steine für die Gebäude hinterließen. Franklin ist mit ihren Aussagen sehr vorsichtig, und im Gegensatz zu Finkelstein glaubt sie nicht, dass man alle Bauwerke neu datieren müsse. Aber nach eingehendem Studium alter Grabungsberichte, Diagramme und Pläne sowie der Gebäude selbst stieß sie auf eine Reihe von Steinmetzeichen wie Kreuze und Schraffuren. An den Gebäuden der Omriden in Samaria fand sie 14 Zeichen, und nur zu zwei davon konnte sie an anderen Stätten keine Entsprechung entdecken. Die übrigen zwölf aber tauchen auch in Megiddo an Monumentalbauten auf. Es scheint, als seien dieselben Steinmetze oder zumindest die gleiche Steinmetzschule an beiden Orten unter der Leitung der Omriden tätig gewesen.

In seinen eigenen Arbeiten vertrat Finkelstein auf der Grundlage solcher Erkenntnisse die Ansicht, die Omriden hätten in Israel im 9. Jahrhundert eine neue Architekturform eingeführt. Ein Teil davon war aus lokalen Konstruktionsprinzipien abgeleitet, die es in Kanaan schon seit Jahrhunderten gab. Andere Merkmale, beispielsweise bestimmte Arten von Mauerwerk, tauchen auch im benachbarten Ammon und Moab sowie in Juda auf, allerdings erst in späterer Zeit. Die Gesamtkonstruktion jedoch – die Anlage der Stätten und die Kombination der Merkmale – ist nach Finkelsteins Ansicht charakteristisch für die Israeliten und Omriden.

Bei der Betrachtung von Stätten wie Megiddo, Jezreel, Samaria und in geringerem Maße auch Hazor erkennt man, dass alle einige entscheidende Ähnlichkeiten aufweisen. Alle diese Städte wurden auf Bergen an wichtigen Handelswegen erbaut. Bei allen führte ein massives Stadttor unmittelbar auf einen großen, gepflasterten Platz, der von einer Mauer aus Steinquadern umgeben war, und in der Nähe lag ein Palast. Auch der Bauvorgang lief an allen Orten ähnlich ab: Mit großem Aufwand wurde der Berggipfel geebnet, sodass man eine gleichförmige Fläche für die Königsresidenz erhielt. Alle Stätten bestanden vorwiegend nicht aus Wohnhäusern, sondern aus öffentlichen Gebäuden, und ihre Bevölkerungszahl war gering – ein Zeichen, dass sie vorwiegend als Verwaltungszentren dienten. Der Grundriss der Paläste war nach Finkelsteins Behauptung ein Import aus dem Ausland und wurde durch die Kontakte Israels mit dem Norden beeinflusst. Dieser Grundriss ist in Israel einmalig. Er taucht nach Finkelsteins Angaben nicht einmal in Jerusalem auf. Außerdem unterschieden sich die wichtigen Verwaltungszentren im Norden und Süden in allen nur denkbaren Merkmalen, vom Grundriss bis zur Bauausführung. Nach der Untersuchung entsprechender Orte im Norden gelangte Finkelstein zu dem Schluss, dass Bauausführung wie Größenordnung und selbst das Ausmaß von Arbeitskraft und Ressourcen, die zur Errichtung derart umfangreicher Paläste und Gebäudekomplexe aufgewandt werden mussten, in Juda zu jener Zeit nicht ihresgleichen hatten.

Schwieriger war es, die Gründe dingfest zu machen. Mehrere Forscher versuchten zu verstehen, was für eine Gesellschaft in Israel während dieser prägenden Periode existierte, und dazu wollten sie mehr Einzelheiten in Erfahrung bringen, als in der Bibel enthalten sind. Finkelstein stützte sich mit seinen Gedanken zu diesem Thema unter anderem auf seine Untersuchungen an Befestigungen, die während der mittleren Bronzezeit zwischen 2000 und 1550 v. u. Z. um die größeren Siedlungen errichtet wurden. Es gab zu jener Zeit echte militärische Bedrohungen, aber nach Finkelsteins Ansicht erscheinen mehrere eindrucksvolle Bauwerke, die damals entstanden, aus militärischer Sicht wenig sinnvoll. Wie sich herausstellte, dienten sie vielfach einfach als Stütze für andere architektonische Elemente an diesen Stätten. Außerdem war die zu ihrem Bau erforderliche Arbeitskraft nach seiner Schätzung so groß, dass die wenigen Einwohner der Siedlungen sie nicht allein bereitstellen konnten. Ganz offensichtlich erforderte ihre Errichtung eine zentralisierte, leistungsfähige Bürokratie, die erheblichen politischen und wirtschaftlichen Rückhalt lieferte. Finkelstein gelangte zu dem Schluss, man habe diese öffentlichen Bauprojekte als Mittel der Propaganda in Angriff genommen, als wichtige Hilfsmittel, mit dem die aufsteigenden Herrscher sich legitimieren wollten. Diese Argumentation trieb er noch weiter, als er seine Aufmerksamkeit der Architektur der Omriden zuwandte.

Die Propaganda in der biblischen Welt ist Gegenstand eines blühenden Forschungszweiges. Auch heute ist es durchaus üblich, dass Herrscher oder Dynastien mit Monumentalarchitektur und bizarr gestalteten Palästen ihren Machtanspruch zu dokumentieren versuchen. Nach einem Aufstand werden dieselben Paläste immer als Erstes geplündert, und zwar nicht nur deshalb, weil der Mob dort große Reichtümer vermutet. In biblischer Zeit waren Monumentalbauten praktisch der einzige Weg, auf dem ein König den meist leseunkundigen Untergebenen seinen Reichtum und seine Macht demonstrieren konnte.

Dass die Herrscher ihre Macht von Gottes Gnaden ausübten, zeigten sie auch auf andere Weise. Es gab Siegessäulen, Inschriften, Münzen und Siegel. Meist bedienten sich die Machthaber aller dieser Mittel, aber keines davon vermittelte allen

Gesellschaftsschichten so wirksam den gewünschten Eindruck wie die weithin sichtbaren Bauten mit ihrer imposanten Größe. Die Semantik einzelner Details war nach Ansicht der Fachleute unterschiedlich. Sehr wichtig war beispielsweise das Stadttor, das als Brennpunkt des städtischen Lebens diente. Die gewaltige Größe dieser Tore, die Aufmerksamkeit, die man allen Einzelheiten ihres Mauerwerks schenkte, symbolisierten sowohl den Schutz gegen äußere Bedrohungen als auch die Aussicht auf Sicherheit und Wohlergehen innerhalb der Stadtgrenzen selbst.

Die Bautätigkeit der Omriden spielte sich vor dem Hintergrund einer Zeit ab, als Israel sich zum Staat entwickelte und auch andere Völker sich als Nationen organisierten – am wichtigsten waren hier Israels mächtiger Nachbar Moab und das Damaskus der Aramäer. Im Gegensatz zu Juda war Israel keine geschlossene, homogene Lebensgemeinschaft, sondern es gab in dem Reich eine echte ethnische und kulturelle Vielfalt. Omri und später Ahab beherrschten das Hochland rund um Samaria, aber Städte wie Megiddo in den fruchtbaren Tälern und Niederungen blieben noch zu sichern. Die Kontrolle über diese Region zu gewinnen, war ein entscheidender Teil von Ahabs politischen Absichten, denn dort verliefen die einträglichen Handelswege, und von dort stammte auch der größte Teil des Personals für militärische Feldzüge. Noch heikler waren die Verhältnisse an Israels Nordgrenze. Dort zeigen zahlreiche zerstörte Schichten an Ausgrabungsstätten wie Dan und Hazor, dass die Grenzstädte zu jener Zeit häufig von Hand zu Hand gingen. Solche Veränderungen mussten nicht immer die Folge von Kriegen sein. Die Situation war so wechselhaft und die Grenze so unsicher, dass die Bevölkerung des Nordens sich ebenso gut auf die eine oder andere Seite schlagen konnten, anstatt darauf zu warten, dass sie von dem mächtigen Aramäerkönig Hazael oder Aham aus Israel gewaltsam erobert wurde.

In diesem Umfeld, so Finkelstein, entwickelte sich die Architektur der Omriden. Omri und Ahab waren nicht dumm. In den

Tälern blieb die Bevölkerung neueren archäologischen Untersuchungen zufolge sehr stabil. Solange dort Ruhe herrschte, brauchte man im politischen System keine umwälzenden Veränderungen vorzunehmen. Dass Omri und Ahab in bestimmten Städten bauten, umbauten und befestigten, hatte nicht nur militärische, sondern auch ebenso wichtige politische Gründe. Alle Orte, denen sie architektonisch ihren Stempel aufdrückten, beherrschten wichtige Handels- oder Zugangswege. Hazor kontrollierte fruchtbares Ackerland und die Kaufmannsroute nach Syrien. Megiddo überblickte ein Tal und Wege nach Tyrus. Die Entscheidung, in Jesreel eine gewaltige, massive Festung zu erbauen, war von mehreren Überlegungen getragen. Hier ging es nicht darum, die Bewohner Jesreels vor den Aramäern zu schützen. Aber die Stadt lag an einer wichtigen Straße und war für die vielen Menschen, die auf diesem Weg von ihren Wohnungen zu den Märkten und zurück reisten, deutlich zu sehen. Die Bauten in Jesreel und ähnlichen Orten war zuallererst der Versuch, die Macht der Omriden in ihrem Kernland ohne Einsatz von Gewalt auf eine weitere Weise zu stärken.

Die größten Rivalen der Omriden im 9. Jahrhundert v. u. Z. waren die Aramäer aus dem antiken Syrien. Ihr mächtigster Herrscher war Hazael: Ihm gelang es zum ersten Mal, aus den unabhängigen Aramäerstaaten einen Staatenbund zu schmieden. Viele Jahre lang war die Bibel praktisch die einzige Quelle für Informationen über Hazael und die Aramäer. Die älteste Erwähnung des »Volkes von Aram« findet sich nach Ansicht der Fachleute wahrscheinlich in Theben auf dem Sockel einer Statue im Begräbnistempel von Amenophis III. Danach kommt es fast tausend Jahre lang in keinem Text mehr vor; das nächste Mal taucht es in den Annalen des Assyrerkönigs Tiglath-Pileser I. wieder auf, der von 1116 bis 1076 v. u. Z. regierte. Er berichtet unter anderem, er habe achtundzwanzig Mal den Euphrat überquert, um immer wiederkehrende Angriffe der Aramäer abzuwehren. Schon diese große Zahl der Feldzüge ist ein Indiz, dass man die Nachbarn für einen ernst zu nehmenden Gegner hielt. Auf diese Weise rekonstruierte man einen großen Teil der aramäischen Geschichte: Wir kennen sie aus den Schriften der Bewohner anderer Staaten, die mit ihnen in Kontakt kamen – unter anderem auch aus der Bibel.

Dem biblischen Bericht zufolge standen die Aramäer in einer Verwandtschaftsbeziehung zu Israel. Einer der Stammbäume im ersten Buch Mose führt Aram als Sohn Sems auf, der seinerseits ein Sohn Noahs war. In einem anderen Stammbaum – er wurde vermutlich zu einer Zeit geschrieben, als die Aramäer weniger Macht besaßen – ist Aram der Enkel von Abrahams Bruder Nahor. Andere biblische Geschichten sprechen ebenfalls für die Vermutung, dass es zwischen den Stämmen eine Verbindung gab. In der Erzählung über Abraham heißt es, seine Familie habe in Aram gesiedelt. Die Frauen von Isaak und Jakob sollen Aramäerinnen gewesen sein. Aber trotz dieser Vergangenheit galten die Aramäer zur Zeit des Königs David als einer der wichtigsten Feinde Israels. Davids Kriege gegen Syrien werden in der Bibel in allen Einzelheiten beschrieben, und diese Berichte sind bis heute die einzige Quelle über die Konflikte zwischen den beiden Staaten.

Was aber die Geschichte von Hasael angeht, übertrafen die Bibelautoren sich selbst. Es gab in den Schriften eine lange Tradition der Berichte über Propheten, denen die Könige der Israeliten ihren Aufstieg oder Fall zu verdanken hatten, aber nach dem zweiten Buch der Könige erlangte auch Hasael, ein ausländischer König, vorwiegend dadurch die Macht, dass der israelitische Prophet Elisa im richtigen Augenblick nach Damaskus kam. Im biblischen Bericht geht Elisa eines Tages nach Damaskus, als der König Ben-Hadad gerade krank ist. Hasael wird ausgeschickt: Er soll den Propheten begrüßen und ihn fragen, ob der König wieder genesen wird. Als Elisa und Hasael sich schließlich begegnen, beginnt Elisa bitterlich zu weinen. Hasael fragt nach dem Grund, und der Prohet erwidert: »Ich weiß, was du den Israeliten antun wirst: Du wirst ihre festen Städte mit Feuer verbrennen und ihre junge Mannschaft mit dem Schwert erschlagen.« Hasael ist über diese Prophezeiung seiner zukünftigen Macht sprachlos. Er fragt: »Was ist dein Knecht, der Hund, dass er so große Dinge tun sollte?« Darauf antwortet Elisa: »Der Herr hat mir gezeigt, dass du König über Aram sein wirst.« Hasael begibt sich wieder zu dem kranken König und teilt ihm mit, Elisa habe seine baldige Genesung vorausgesagt. Am nächsten Tag ist der König tot – manche Bibelforscher vermuten, Hasael habe ihn erstickt –, und Hasael besteigt den Thron.

Die Archäologie gab sich mit dieser Geschichte nicht zufrieden, und allmählich kristallisiert sich ein neues Bild von Hasael heraus. In den Jahren 1993 und 1994 entdeckte man an der Ausgrabungsstätte von Tel Dan im Norden Israels nahe der Grenze zum heutigen Libanon zwei Bruchstücke einer Stele. Die Archäologen setzten die Fragmente zu einem Text von 13 noch erhaltenen Zeilen zusammen und gelangten nach der Deutung von Fachleuten zu dem Schluss, er sei von Hasael verfasst worden, nachdem dieser Teile von Nordisrael erobert hatte. Auch in Tel Jesreel, Ahabs Regierungssitz, wo auch Isebel schließlich ums Leben kam, fanden kürzlich Ausgrabungen statt. Auf Grund des biblischen Berichtes gelangte man zu der Erkenntnis, die Stadt sei von Jehu in Zusammenhang mit seinem Aufstand gegen Ahabs Sohn Joram zerstört wurden, aber diese Behauptung wird nicht von allen Fachleuten anerkannt.

Der Historiker Nadav Na'aman von der Universität Tel Aviv hat sich genau mit den neuesten archäologischen Befunden befasst und die Geschichte Hasaels im Laufe der letzten Jahre in einer Reihe von Fachaufsätzen fast ganz allein neu geschrieben. Anfangs ging es ihm dabei überhaupt nicht um Hasael, sondern er interessierte sich für die Quellen der Bibel. Im Rahmen eines gerade begonnenen Forschungsprojektes wollte er herausfinden, welche Quellen historisch am zuverlässigsten sind, um so in Erfahrung zu bringen, auf welche Überlieferungen sich die Bibelautoren tatsächlich gestützt hatten. Bei der Untersuchung des Buches Josua und insbesondere der Geschichten über die israelische Eroberung Kanaans gelangte

Na'aman zu dem Schluss, die Autoren hätten den Eindruck der Authentizität verstärken wollen und zu diesem Zweck Lücken in den Berichten über längst vergangene Ereignisse geschlossen, indem sie Einzelheiten über militärische Vorgänge aus späterer Zeit einfügten.

Ähnliches war nach Na'amans Überzeugung auch geschehen, als die Kapitel über die Kriege des Königs David gegen die Aramäer verfasst wurden. Ein jüdischer Schriftgelehrter des 8. Jahrhunderts v. u. Z., so Na'aman, wusste sicher nicht viel über Hadadeser von Aram, Davids großen Konkurrenten in den biblischen Geschichten. Alles war schon vor langer Zeit geschehen, und es gab praktisch keine Quellen oder Texte, in denen die Information festgehalten war. Deshalb, so Na'amans Argumentation weiter, stützte der Autor sich vermutlich auf einzelne Taten Hasaels und zeichnete den König seiner Geschichte, Hadadeser, nach diesem Vorbild. Na'aman war überzeugt, dass die Texte über Davids Kriege gegen Syrien historische Aufschlüsse liefern, aber nicht über David oder die Kriege gegen Syrien zu Davids Zeit. Vielmehr glaubte er, dass die Historiker aus diesen Geschichten Einzelheiten über Hazael und seine Herrschaft entnehmen können.

Obwohl Na'aman von seiner Ausbildung her kein Archäologe, sondern Historiker ist, bezeichnen ihn manche seiner Freunde in archäologischen Fachkreisen zusammen mit den Archäologen David Ussishkin und Israel Finkelstein als Trio der Universität Tel Aviv, das an dem überlieferten Bild des Großreiches von David und Salomo zweifelt. Die drei sind befreundet, reisen gemeinsam zu Tagungen und tragen die Arbeiten der jeweils anderen vor. Na'aman ist allerdings in Temperament und Vorgehensweise ganz anders als seine Kollegen. Er hat eine sanfte Art, ein Vogelgesicht und die Ausstrahlung des zerstreuten Professors. Aber seine Arbeit steht in krassem Gegensatz zu seinem Äußeren: Sie ist handfest, kühn und revolutionär. Und obwohl er mit manchen Deutungen des archäologischen und biblischen Materials, die von Ussishkin und Finkelstein veröffentlicht wurden, nicht einverstanden ist, stimmen alle drei darin überein, dass sie die herkömmliche Interpretation von Bibel und archäologischen Befunden in Frage stellen.

Neben seiner Theorie, wonach Hasael das Vorbild für Hadadeser in den Berichten über König David war, hat Na'aman in jüngster Zeit auch die Geschichte des aramäischen Herrschers neu gedeutet. Dabei stützte er sich auf die Grabungsbefunde aus Tel Jesreel, wo Ussishkin, der heute mit Finkelstein für die Arbeiten in Megiddo verantwortlich ist, die Ausgrabungen leitete. Die Befunde von Jesreel erwiesen sich als entscheidend für Finkelsteins Theorie, wonach die wichtigsten Bauwerke in Megiddo nicht aus Salomos Zeit stammen, sondern aus der Zeit Ahabs, das heißt aus dem 9. Jahrhundert v. u. Z. Die Keramik aus der Festung von Jesreel wurde auf das 9. Jahrhundert datiert. Die Archäologen konnten nachweisen, dass auch diejenigen Funde aus Megiddo, die denen aus Jesreel am ähnlichsten sind, zu Finkelsteins Version von der Geschichte der Stätte besser passen als zu der traditionellen zeitlichen Einordnung. Mittlerweile erweist sich Jesreel aber auch als Schlüssel zu etwas anderem: Na'aman gelangte zu einer Neubewertung der Person Hasael. Im zweiten Buch der Könige beschreibt die Bibel in allen Einzelheiten die Zerstörung von Jesreel. Eine Botschaft des Propheten Elisa veranlasst Jehu, sich gegen den König Joram zu erheben, einen Sohn Ahabs und Isebels. Jehu erhält klare Anweisungen: »Und du sollst das Haus Ahabs, deines Herrn, schlagen ...« Damit will Gott den Tod der israelitischen Propheten ahnden, die von Isebel ermordet worden war, als diese ihre treuen Baal-Gläubigen an die Stelle der Jahwe-Anhänger setzen wollte. Weiter heißt es in Elisas Botschaft, das ganze Haus Ahabs solle umkommen, »und die Hunde sollen Isebel fressen auf dem Acker in Jesreel, und niemand soll sie begraben«.

Jehu macht sich auf, die Prophezeiung zu erfüllen. Zunächst tötet er Joram mit einem Pfeil ins Herz. Dann reitet er nach Jesreel und kümmert sich um Isebel. Dem biblischen Bericht zufolge durchquert er kampflos das Stadttor, und als Isebel von ihrem Turm aus nach ihm ruft, befiehlt er den Kämmerern, sie aus dem Fenster zu werfen. In der Bibel heißt es: »Und sie stürzten Isebel hinab, sodass die Wand und die Rosse mit ihrem Blut besprengt wurden, und sie wurde zertreten.« Anschließend lässt Jehu die Köpfe der siebzig anderen Söhne Ahabs am Stadttor von Jesreel zu zwei Haufen schichten. Dann zieht er nach Samaria und wird König.

Diese Geschichte ließ Na'aman keine Ruhe. Die Archäologen hatten aufgrund des Berichtes im zweiten Buch der Könige behauptet, Jesreel sei bei Jehus Aufstand um 842 v. u. Z. zerstört worden. Die archäologischen Befunde zeichnen jedoch ein anderes Bild. Bei den Grabungen hatte man im südlichen Teil von Tel Jesreel in der Nähe von Stadttor und Turm acht Pfeilspitzen gefunden. Das ließ darauf schließen, dass Jehu nicht wie in der biblischen Beschreibung ohne Gegenwehr durch das Tor in die Stadt geritten war, sondern dass Jesreel gewaltsam erobert wurde. Den archäologischen Funden zufolge wurde die Stadt dabei völlig zerstört. Der Ort war zwar auch in den beiden folgenden Jahrhunderten sporadisch besiedelt, aber die Omriden hatten Jesreel nur 40 Jahre lang intensiv genutzt und dann aufgegeben. Das erschien Na'aman nicht plausibel. Warum sollte ein König Israels eine Stadt wie Jesreel mit ihren Befestigungen und ihrer zentralen Lage zerstören und aufgeben? Die Omriden hatten auch Samaria gebaut, und diese Stadt diente mehreren Herrschern aus nachfolgenden Dynastien als Hauptstadt und Regierungssitz – sie hatten also offenbar keinerlei Skrupel, ein solches Filetstück als Eigentum zu übernehmen. Es gab keinen Grund, warum Jesreel nicht das gleiche Schicksal beschieden sein sollte – es sei denn, die Stadt wurde nicht von einem Israelitenkönig, sondern von jemand anderem zerstört.

Na'aman hält Hasael mit größter Wahrscheinlichkeit für diesen Eroberer. Die Dan-Stele nennt über die Eroberung Israels durch die Aramäer eine Reihe von Einzelheiten, die in der Bibel nicht vorkommen. Nach dem Text auf der Dan-Stele behauptete Hasael, er habe sowohl Joram aus Israel als auch Ahasiahu aus Juda getötet, und ebenso habe er in den Gebieten, die er erobern wollte, Städte und Landschaft verwüstet. Nach Na'amans Ansicht zeigen die in Jesreel gewonnenen archäologischen Befunde, dass nicht Jehu, sondern Hasael die Stadt zerstörte und sie während der gesamten Aramäerherrschaft in Israel als Ruine beließ. Gestützt auf Grabungsberichte von mehreren anderen Stellen im Norden wie Megiddo, Tel Yokneam und Dan vertritt Na'aman die Ansicht, Hazael habe bei seiner Eroberung Israels eine Schneise der Zerstörung durch das Tal von Jesreel gezogen und mindestens fünf wichtige Städte dem Erdboden gleichgemacht. Später, nachdem die Aramäer sich unter dem Druck des Israelitenkönigs Joash zurückgezogen hatten, wurden die meisten dieser Städte wieder aufgebaut und befestigt. Für Jesreel galt das aber nicht: Seine meisten Funktionen hatte der ältere, größere Nachbar Megiddo übernommen, und auch später scheint der Ort ein kleines Dorf geblieben zu sein.

Noch weit von Jesreel und nur wenige Kilometer vom Nordufer des Sees Genezareth entfernt liegt Bethsaida, früher die Hauptstadt des Aramäerreiches Geschur, das im 9. Jahrhundert v. u. Z. zu einem Teil des mächtigen, von Hasael geführten aramäischen Bundes mit der Hauptstadt Damaskus wurde. Geschur stand zu Israel in einer einzigartigen Beziehung. König David hatte Maacha geheiratet, eine Tochter Talmais, des Königs von Geschur. Der Sohn von David und Maacha, Absalom, zettelte später einen Aufstand gegen David an. Sein Tod von der Hand eines David ergebenen Feldherrn veranlasste den König zu einer herzzerreißenden Klage: »Mein Sohn Absalom! Mein Sohn, mein Sohn Absalom! Wollte Gott, ich wäre für dich gestorben! O Absalom, mein Sohn, mein Sohn!« Einmal diente Geschur sogar als Zufluchtsort für Absalom. Als sein Halbbruder Amnon Absaloms Schwester Tamar vergewaltigt, ermordet Absalom den Übeltäter, um ihre Entehrung zu rächen. Anschließend muss er vor David fliehen; Zuflucht findet er bei seinem Großvater Talmai in Geschur.

Über Geschur verrät die Bibel nicht viel, aber ein auffälliger

Anhaltspunkt lässt darauf schließen, dass es sich um ein wohlhabendes Land handelt. Als nach dem Mord an Amnon mehrere Jahre der Entfremdung vergangen sind, gestattet David seinem Heerführer Joab, nach Geschur zu gehen und Absalom wieder nach Jerusalem zu holen. Aber die vollständige Versöhnung findet nicht statt. David weigert sich, seinen Sohn auch nur anzusehen, und die Bibel berichtet, Absalom habe zwei Jahre in der kleinen Stadt Jerusalem gelebt, ohne das Gesicht des Königs zu erblicken. Schließlich ergreift der frustrierte Absalom die Initiative und tut sich mit Joab zusammen, der David schließlich zum Einlenken bewegt. »Warum bin ich von Geschur hierher gekommen?«, beklagt sich Absalom, als er Joab sein Anliegen vorträgt. »Es wäre mir besser, dass ich noch dort wäre.«

Rami Arav, einer der Grabungsleiter in Bethsaida, hält Absalom nicht unbedingt für weinerlich. »Der meint, was er sagt. Geschur war wohlhabender als Jerusalem«, so Arav. Das beginnt schon bei der Architektur. Bethsaida war die größere Stadt. Seine fünf bis siebeneinhalb Meter dicken Mauern haben unter den bisherigen Ausgrabungen in Israel nicht ihresgleichen, und das Stadttor ist das größte, das man auf dem Gebiet des heutigen Israel gefunden hat. Selbst die Kultgegenstände waren riesig. Bei Dan im Norden entdeckte man kleine, unbehauene Steine, die im Freien gelegene Gebetsstellen kennzeichneten. In Bethsaida standen an solchen Orten bearbeitete, über einen Meter hohe Steine. Alles war groß angelegt. »Sie nahmen die Verteidigung viel ernster als die Israeliten«, sagt Arav. »Ihre ganze Architektur ist viel massiver und kräftiger. Man erkennt den Ausdruck von Macht.« Aber Arav ist überzeugt, dass Absalom nicht nur die Größe der Stadtmauern verglich. Im Gegensatz zu Jerusalem, einer kleinen Festung auf einem abgelegenen Berggipfel, lag Bethsaida an der Hauptstraße nach Damaskus in einem wichtigen Handelsgebiet. Die kleinen bei den Grabungen entdeckten Funde weisen auf Verbindungen zum gesamten Mittleren Osten hin – zu Ammon, Ägypten, Mesopotamien, Phönizien und Israel. Die Geschuriter profitierten von ihrer Lage an dem internationalen Handelsweg und von der Tatsache, dass sie die mächtigste Stadt am einzigen See der ganzen Region besaßen. Hier gab es fruchtbaren Boden und ausreichend Wasser. Durch Bündnisse wie die Ehe zwischen Talmais Tochter und König David drohte von Westen keine Gefahr. Geschur unterhielt weiterhin gute Beziehungen zu Israel und weigerte sich, der Koalition aus anderen aramäischen Stadtstaaten beizutreten, die dem biblischen Bericht zufolge Ammon im Kampf gegen David unterstützen sollte.

Im 9. Jahrhundert v. u. Z. änderten sich die Verhältnisse. Arav fand in Geschur eine Schicht mit Zerstörungen ungefähr aus der Zeit, als Hasael an die Macht kam, ein Hinweis, dass Geschur von dem größeren Aramäerreich mit der Hauptstadt Damaskus »annektiert, erobert, angeschlossen oder wie wir es sonst nennen wollen« wurde, so die Formulierung von Arav. Unterhalb der zerstörten Schicht finden sich Anzeichen für eine Besetzung, in denen sich die Zeit unter der Herrschaft von Damaskus widerspiegelt. Hasael nahm einige Veränderungen vor, insbesondere was den Grundriss und die Funktion des Palastes anging. Mit einer großen neuen Trennwand teilte er den früheren Thronsaal in zwei Räume. Oberhalb des Saales entstanden durch die neue Wand zwei Korridore. Eine in diesen Gängen gefundene Sammlung von Webstuhlgewichten veranlasste Arav zu der Vermutung, dass sich hier die Weberei befand. Eine Erklärung für die Veränderungen hat er nicht parat, aber man gewinnt den Eindruck, dass der Palast unter Hasaels Herrschaft nicht nur ein Platz für Zeremonien war, sondern ein Ort lebhafter Tätigkeit.

Auf die Funde von Bethsaida wurde auch Finkelstein aufmerksam, der sich weiterhin mit der Entwicklung der Omridenarchitektur befasst. Wie Na'aman hält er es für plausibel, dass Hasael während seines Eroberungszuges durch Israel die Städte im Norden zerstörte, darunter Jesreel, Megiddo und Dan. Auch Hazor wurde nach seiner Überzeugung von Hasael verwüstet. »Ich kann mir nur schwer vorstellen, dass Hasael zwar

Dan zerstörte und auch in den anderen Städten in Nordisrael beiderseits des Jordan das Unterste zuoberst kehrte, Hazor aber unangetastet ließ«, schreibt Finkelstein in einem nicht veröffentlichten Aufsatz. Dass die Omriden in Hazor eine Art Verwaltungszentrum einrichteten, war nur logisch. Die Stadt lag unmittelbar an der Nordgrenze des Landes und eignete sich deshalb ideal als Bollwerk gegen Hasaels wachsenden Einfluss und seine Großmachtambitionen. Finkelstein vertritt die Ansicht, Hasael habe auch Hazor erobert und die Stadt dann in einem Stil wieder aufgebaut, der dem von Bethsaida ähnelte. Er befestigte Hazor mit einer gewaltigen Mauer und errichtete am westlichen Ende der Stadt ein neues Bauwerk. Yigael Yadin, der erste Grabungsleiter an dieser Stelle, hielt es für ein Haus mit vier Zimmern; Finkelstein glaubt allerdings, man könne es ebenso leicht als Palast im syrischen Stil deuten. An der Bevölkerung änderte sich nach Finkelsteins Vermutung durch den Machtwechsel von einem israelitischen zu einem aramäischen Herrscher kaum etwas, aber er weist darauf hin, dass drei der vier bisher gefundenen Inschriften aus jener Zeit auf Phönizisch oder Aramäisch abgefasst sind (die vierte ist so undeutlich, dass man keine Entscheidung treffen kann). Schließlich eroberten die Israeliten Hazor zurück, und die Stadt kam wieder einmal unter eine neue Herrschaft. Und wieder wurde Hazor in anderer Gestalt neu aufgebaut.

Die Dan-Stele, von der Na'aman so viele Anhaltspunkte für seine Rekonstruktion von Hasaels Herrschaft bezog, gehörte zu einer ganz neuen Literaturgattung, die damals entstand: die Verherrlichungsliteratur. Im 9. Jahrhundert v. u. Z., als sich zum ersten Mal so etwas wie eine nationale Identität herausbildete, wuchs auch das Bedürfnis der politischen Führer, Geschichten über sich selbst, ihre Götter und ihren Aufstieg zur Macht zu verbreiten. Solche Inschriften, die heute meist auf Basaltbruchstücken und steinernen Stelen erhalten sind, waren häufig der erste Versuch, in den neuen politischen Gebilden nationale Mythen zu schaffen, ihre Version der Geschichte über die Vergangenheit des Volkes und seine Beziehung zu der gemeinsamen Gottheit zu erzählen.

Bevor man die Dan-Stele ausgrub, war das berühmteste derartige Beispiel die Mesha-Stele, die ein protestantischer Missionar auf einer Reise durch das Gebiet jenseits des Jordan 1868 in Dibon im alten Moabiterstaat entdeckte. Mit 35 Zeilen ist es die längste königliche Inschrift aus jener Zeit, die im gesamten Palästina entdeckt wurde; sie entstand vermutlich kurz vor Ahabs Tod oder in den ersten zehn Jahren danach. Darin berichtet der Moabiterkönig Meshab, wie er Moab durch einen Eingriff seines wichtigsten Gottes Chemosh vor der Herrschaft durch die israelitischen Nachbarn bewahren konnte. Die Inschrift auf der Dan-Stele beschreibt Kämpfe mit Israel und Juda aus der gleichen Zeit. Es war einer der ersten Versuche, ein Nationalepos zu schaffen, und das beherrschende Element waren die gespannten Beziehungen zwischen Israel und seinen Nachbarn.

Historiker haben mit großem Aufwand den politischen Hintergrund der Entstehung solcher Inschriften nachzuzeichnen versucht. Beide Stelen berichten über Kämpfe, die auch im Alten Testament erwähnt werden, unterscheiden sich aber in entscheidenden Punkten von der biblischen Beschreibung – darin zeigt sich, dass sie von der anderen Seite verfasst wurden. Zu jener Zeit hatte Assyrien, damals die Supermacht der Region, das Gebiet nicht mehr in seiner Gewalt, sodass seine früheren Vasallen, die ebenfalls alle eine lange Geschichte des Nebeneinander hatten, ihre nationale Identität finden und selbstständig werden konnten. Moab, das früher von Israel beherrscht wurde, lehnte sich auf, und ihren ersten Ausdruck fand die neu gewonnene Souveränität in der Rückbesinnung auf die Vergangenheit. Das Gleiche tat auch Hasael, der noch jahrelang Grenzkriege gegen Israel führte. Die Gegner schätzten derartige Inschriften überhaupt nicht. In Dan wurden die Bruchstücke der Stele als Bestandteile der Befestigungsmauer gefunden. Nachdem die Israeliten die Stadt zurückeroberten hatten, zerschlugen sie das Denkmal und benutzten die Basaltblöcke als Baumaterial.

Für die Historiker, die sich mit dem vereinigten und geteilten Reich befassen, war die Entdeckung solche Inschriften bei den Nachbarn von Israel und Juda ein Glücksfall. In keinem der beiden Staaten wurden bisher vergleichbare Überlieferungen entdeckt, die sich mit der Staatenbildung während des geteilten Reiches befassen. In dem biblischen Bericht über die Ereignisse, die zum Zerbrechen des Großreiches führen, lehnen die Israeliten Salomos Sohn Rehabeam als König ab. Nachdem sein Steuereinnehmer zu Tode gesteinigt wurde, muss Rehabeam mit seinem Wagen schmählich nach Jerusalem fliehen. Anschließend erklärten die Israeliten Jerobeam zum König Israels. Dessen erste Maßnahme als Herrscher der nördlichen Stämme besteht dem biblischen Bericht zufolge darin, dass er nicht nur eine, sondern zwei Städte befestigt. »Jerobeam aber baute Sichem auf dem Gebirge Ephraim aus und wohnte darin und zog von da fort und baute Pnuel aus«, berichtet die Bibel. Mit solchen staatlichen Baumaßnahmen sollte den Bewohnern versichert werden, dass gute Zeiten bevorstanden und dass sie sich auf Jerobeam als Beschützer verlassen konnten. Außerdem richtete Jerobeam Gebetsplätze als Konkurrenz zu dem in Jerusalem ansässigen Kult ein und setzte sogar einen neuen religiösen Feiertagskalender durch. Offensichtlich war er ein Herrscher, der wusste, wie er seine Macht festigen musste. Rehabeams Hauptfehler bestand vielleicht darin, dass er sich nie der symbolischen Macht des Geschichtenerzählens – in Worten oder in Stein – bediente, um damit die beiden Seiten zu vereinigen, die sich jetzt nicht mehr als Angehörige einer großen Familie betrachteten, sondern als Feinde und Konkurrenten.

Andererseits erinnern die Inschriften von Dan und Moab ohnehin nur daran, warum das Ziel, Israel und Juda auf Dauer zu vereinigen, wahrscheinlich von vornherein zum Scheitern verurteilt war. Die Entstehung von Staaten war im Nahen Osten schon immer ein verwickelter, blutiger Prozess. In der Mesha-Stele schildert Mesha, wie Moab von dem Israelitenkönig Omri unterdrückt wurde und wie dieser zuvor in dem Land militärisch vorgegangen war, um so seine eigenen territorialen Ansprüche zu rechtfertigen. Hasael machte es in der Inschrift von Tel Dan nicht anders. Er räumt ein, er habe Israel angegriffen, aber dann erklärt er diese Tat als gerecht, weil der König Israels seine eigene Heimat während der Herrschaftszeit seines Vaters als Erster attackiert habe. Glaubt man den Anhaltspunkten im Bibeltext, klärten die Herrscher von Israel und Juda die Schuldfrage bei ihren eigenen Konflikte nach einem ganz ähnlichen Schema. Schon im 9. Jahrhundert v. u. Z. behauptete jeder, das eroberte Gebiet sei sein historisches Erbe, und mit uralten Vorwürfen wurde eine Politik gerechtfertigt, die zu immer neuen Konflikten führte. Schon vor Jahrtausenden war es offenbar unmöglich, dem Schatten der Vergangenheit zu entkommen. Dieser Schatten hing selbst dann noch über den Menschen, als ihre Staaten unter die Herrschaft von Assyrern, Ägyptern, Babyloniern und Persern gerieten.

## Kapitel 6
# Babylonische Gefangenschaft –
# die Daheimgebliebenen

*Das Volk aber, das übrig war in der Stadt, und die zum König
von Babel abgefallen waren und was übrig war von den
Werkleuten, führte Nebusaradan, der Oberste der Leibwache,
weg; aber von den Geringen im Lande ließ er Weingärtner und
Ackerleute zurück.*

(2. Könige 25, 11–12)

587/586 v. u. Z. marschierte die babylonische Armee in Jerusalem ein und zerstörte den Tempel. Die Geschichte der Israeliten ist voll von Rückschlägen und Katastrophen, aber diese war
bei weitem das größte Unheil, unter dem das Volk bis dahin zu
leiden gehabt hatte. Überraschenderweise ist der biblische
Bericht über dieses wichtige Ereignis sehr karg. Der Vormarsch
der mächtigen babylonische Streitmacht ist ihm nur eine kurze
Erwähnung von Kriegern wert, die vor den Mauern Jerusalems
lagern. Die Belagerung der Stadt und die darauf folgende, vier-
monatige Hungersnot werden jeweils in einem Satz abgehan-
delt. »Aber am neunten Tage des vierten Monats wurde der
Hunger stark in der Stadt, sodass das Volk des Landes nichts
mehr zu essen hatte«, berichtet das zweite Buch der Könige.
Und weiter heißt es ganz nüchtern: »Da brach man in die Stadt
ein.« Jerusalem war erobert, und die Herrschaft des Hauses
David fand ein unrühmliches Ende.

Die Zerstörung der Stadt war die Folge einer ganzen Reihe
folgenschwerer Fehleinschätzungen durch die politischen Führer von Juda. Der babylonische Herrscher Nebukadnezar hatte

das Land bereits 604/603 v. u. Z. eingenommen, dem ersten Jahr nachdem er die Herrschaft von seinem Vater geerbt hatte. Jojakim, der damalige König von Juda, entschied sich gegen den Krieg und behielt seinen Thron. Aber 602/601 wollte Nebukadnezar auch Ägypten erobern, das einzige Land, das noch mächtig genug war und Babylons Vorherrschaft gefährden konnte. Als der Feldzug fehlschlug, glaubte Jojakim eine gute Gelegenheit zu wittern und lehnte sich gegen die Babylonier auf. Das war ein schwerer Fehler. Kurz darauf starb er, und sein Sohn Jojachin musste Jerusalem 598/597 übergeben. Diesmal ging Nebukadnezar auf Nummer Sicher und setzte seinen eigenen König ein: Zedekia aus dem Hause David, der traditionellen Herrscherdynastie von Juda.

Elf Jahre später tat Zedekia sich mit Ägypten zusammen, um Babylon aus der Region zu vertreiben – aber am Ende stand stattdessen die Zerstörung Jerusalems. Die Bibel berichtet über Zedekias bitteres Schicksal. Als Jerusalem in Flammen steht, gelingt ihm die Flucht, und er rettet sich in die Wüste. Aber auf Befehl Nebukadnezars wird er ausfindig gemacht und muss zusehen, wie seine Kinder umgebracht werden. Es ist das Letzte, was er zu Gesicht bekommt: Anschließend wird er geblendet und nach Babylon verschleppt. Die Bewohner, die das Blutbad überlebt haben, werden in die Gefangenschaft geführt, und das Land liegt fünfzig Jahre lang brach. »So wurde Juda weggeführt aus seinem Lande«, klagt die Bibel; nur »die Geringen im Lande«, so heißt es außerdem, blieben von der Verschleppung verschont: Bauern, die von den Babyloniern gezwungen wurden, die Weinreben zu pflegen und auf den Feldern zu arbeiten. Dann ist der widerwillig erstattete Bericht zu Ende. Juda hat aufgehört zu existieren.

Aber das Land war keineswegs menschenleer. Große Teile der Bevölkerung blieben zurück und wohnten an den gleichen Orten wie zuvor, nur dass jetzt die Babylonier herrschten. Nur wenige Kilometer von Jerusalem entfernt gibt es praktisch keine Spuren von Zerstörung. Bei Grabungen in diesen Gebieten entdeckten die Archäologen sogar, dass viele Städte unter den Babyloniern wuchsen und florierten. Und auch ihre Einwohner waren nicht nur arme Bauern. In Begräbnishöhlen, die während der babylonischen Herrschaft benutzt wurden, fand man Gold- und Silberschmuck, verzierte, kostbare Vasen und andere Keramikgegenstände sowie viele weitere Luxusgüter, die nicht auf die in der Bibel beschriebene Armut schließen lassen, sondern auf eine hohe gesellschaftliche Stellung und großen Wohlstand ihrer Besitzer.

Von alledem steht in der Bibel praktisch nichts. Die Jahre der babylonischen Herrschaft sind historisch ein blinder Fleck – Leben und Tätigkeit der Menschen in Juda werden nicht zur Kenntnis genommen. So blieb es, bis Kyros der Große von Persien schließlich Babylon eroberte. Im Jahr 538 v. u. Z. gestattete er den Judäern in einem Erlass, in ihre Heimat zurückzukehren und in Jerusalem den zerstörten Tempel wieder aufzubauen. Daraufhin begeben sich einige von ihnen nach Juda, und erst jetzt wird der Faden der Geschichte wieder aufgenommen.

Das biblische Bild eines völlig zerstörten Juda, entvölkert bis auf ein paar Bauern, die in Armut lebten und sich einen kargen Lebensunterhalt erarbeiteten, hat Jahrtausende überdauert. Der Grund ist leicht zu erkennen, wenn man die Ausgrabungen in der Davidsstadt in Jerusalem betrachtet. Dieses Gebiet war der alte Kern der Stadt, wo David dem biblischen Bericht zufolge ursprünglich die Metropole seine Reiches aufbaute. Im Laufe der Zeit breitete die Stadt sich über die Hügel aus: Man errichtete Häuser an dem Abhang, der in das Tal ragt wie ein Stiefelsporn. Heute erheben sich auf dem Hügel gegenüber der Davidsstadt die weißen und rosafarbenen Häuser des arabischen Dorfes Silwan. So muss die Stadt damals ausgesehen haben: wie angeklebt an die in den Hügel gehauenen Steinterrassen.

Auch wenn man heute über die enge, für Touristen gebaute Brücke geht, bekommt man einen Eindruck von der Zerstörung durch die Babylonier. In der hintersten Ecke der Ausgrabungsstätte liegt der »verbrannte Raum« – den Namen verdankt er einer dicken Schuttschicht, die bei seiner Entdeckung den Kalk-steinfußboden bedeckte. Praktisch alles, was man in diesem Raum fand, war geschwärzt, darunter auch große Holzstücke, die durch die Hitze des Feuers verkohlt waren. Daneben steht das Haus der Siegel, und dort fand man 51 Siegelabdrücke aus Ton, mit denen offizielle Unterschriften an Dokumenten befestigt wurden. Das Gebäude wurde von einem derart heftigen Brand zerstört, dass der Raum sich geradezu in einen Brennofen verwandelte: Die Tonsiegel wurden erhitzt, und die Namen ihrer einstigen Besitzer blieben erhalten.

In diesen Häusern spiegelt sich die umfassende Zerstörung Jerusalems wider, und das nicht nur wegen der dicken Asche- und Schuttschicht oder der Keramikscherben, die über ihren Fußboden verstreut waren. Als ich die Stätte an einem Vormittag zusammen mit der Archäologin Jane Cahill besichtigte, die hier die Grabungen beaufsichtigt, zeigte sie auf den Osthang des Hügels. Dort hatte man schwere, sauber behauene Steinblöcke gefunden, die einst als Baumaterial gedient hatten, eine gewaltige Ansammlung zusammengestürzter Gebäude, die praktisch den gesamten Hügel bedeckten – das Produkt der babylonischen Belagerungsrammen.

Den ergreifendsten Fund bezeichneten die Archäologen als Haus des Ahiel, weil man auf seinem Fußboden ein Stück eines Vorratsgefäßes fand, das den Namen Ahiel trug. Eingebaut im Fußboden, fand man hier in einer Ecke einen Toilettensitz aus Kalkstein. Die Archäologen beließen ihn dort. Die Toilette stand über einer Sinkgrube und war am Vorabend der Zerstörung durch die Babylonier noch in Gebrauch. Der Sitz hatte zwei Öffnungen: Eine Größere führte in die Grube, eine zweite nach der Seite. Nach Cahills Vermutung diente die kleinere den Männern zum Urinieren. Unmittelbar neben der Toilette stand ein kleines Tongefäß, vermutlich zum Händewaschen oder damit man Kalk in die Grube werfen konnte.

Cahill und die anderen Archäologen sammelten Bodenproben aus der Sinkgrube und schickten sie zur Analyse in ein Labor; sie hofften, man könne daraus etwas über die Lebensumstände in Jerusalem zur Zeit des babylonischen Einmarsches erfahren. Bevor die Stadt erobert wurde, hatten die Babylonier sie schon 18 Monate lang belagert, und die Überreste in der Toilette machen sehr lebhaft deutlich, wie schwierig das Leben damals war.

Die Ernährung der Menschen zeugte von Mangel. In den Exkrementen wurden Überreste von Pflanzen gefunden, wie sie wild in den Hinterhöfen wachsen. Sie enthielten keine Kräuter oder Gewürze, nur wenige Weizen- oder Gerstenkörner und weder Linsen noch Erbsen. Die Menschen mussten essen, was sie gerade fanden. Außerdem entdeckte man zahlreiche Eier von Bandwürmern und anderen Parasiten, ein Indiz für beengte Wohnverhältnisse und schlechte hygienische Bedingungen; vermutlich aß man verdorbenes, unzureichend gegartes Rind- und Schweinefleisch.

Wenn man auf der schmalen Brücke steht und die 2000 Jahre alte Toilette betrachtet, vergisst man nur allzu leicht, dass die Davidsstadt zum Mittelpunkt großer politischer Kontroversen wurde. Eine Gruppe jüdischer Siedler, die nur allzu gern Juden in Silwan heimisch machen würde, sammelte Finanzmittel und begann an den Abhängen des Berges rund um die alte biblische Hauptstadt arabische Wohnhäuser aufzukaufen. Einige in Silwan ansässige arabische Familien behaupten, man habe sie mitten in der Nacht aus ihren Häusern vertrieben oder ihnen die Immobilie mit betrügerischen Methoden abgenommen. Mehrere von Arabern angestrengte Klagen nahmen ihren gewundenen Weg durch die israelische Gerichtsbarkeit, bisher allerdings mit wenig Erfolg. Mittlerweile hat Elad (die hebräische Abkürzung für »zur Stadt Davids«), die private Organisation hinter den Siedlern, unmittelbar am Gartenzaun einer Familie ein Besucherzentrum errichtet, um mehr Touristen in die Davidsstadt zu locken. Mit dem gesammelten Geld finanziert die Organisation auch andere Grabungen in dem Gebiet rund um die Städte, darunter auch diejenige unter Ronny Reichs Leitung. Er begrüßte Cahill herzlich, als er uns zwischen den Ruinen begegnete. (Ein paar Wochen später gab er bekannt, nach seiner Ansicht hätten nicht die Israeliten, sondern die Kanaanäer Jerusalems antike Wasserversorgung gebaut.)

Im Schatten der Bäume unmittelbar hinter dem Eingang zu dem Bereich haben die Mitglieder von Elad eine Ruhezone eingerichtet. An den Zweigen sind tönerne Wassergefäße aufgehängt, und alles wirkt friedlich, obwohl die Besucher auf ihrem Weg hierher von den wachsamen Augen zweier mürrischer junger Siedler gemustert werden, die mit Maschinengewehren am Eingang sitzen. In einem Wohnwagen gleich neben der Ruhezone verteilt Yigal Naveh bunte Broschüren, in denen die wichtigsten Sehenswürdigkeiten der Davidsstadt erläutert werden. Trotz seiner 24 Jahre ist sein Gesicht glatt wie das eines Säuglings. Das Hemd ist ordentlich gebügelt, steckt aber nicht in der Hose. Er trägt die bestickte Kopfbedeckung der Zionisten und berichtet begeistert, David habe hier seine Psalmen geschrieben. Für Toilettensitze oder andere Funde, die allen Bewohnern der Gegend als gemeinsames Fundament dienen könnten, hat er keine Zeit. Eine viel hochfliegendere Vision nimmt seinen Geist in Anspruch. Auf seinem Schreibtisch liegt der Antrag eines Archäologen aus Jerusalem, nach dessen Überzeugung man Davids Palast finden könne und der deshalb mit Hilfe von Elad eine neue Grabung in Angriff nehmen will. »Das hier ist die Wiege der jüdischen Nation«, sagt Naveh.

Als wir wieder draußen auf der Brücke stehen, unterhalten sich Cahill und Dan Bahat, ein anderer Archäologe, über die Ausgrabungen, die Bahat hier leitet. Er möchte letztlich zu den Teilen des Hügels vordringen, zu deren Freilegung Cahills Gruppe keine Zeit mehr blieb. Hinter ihnen sprechen mehrere Elad-Vertreter lautstark über ihre eigenen Entwicklungspläne für die Davidsstadt. Sie reden über den Zwangsräumungsbefehl für die Bewohner des Hauses, in dessen Garten Bahat bereits mit den Grabungen begonnen hat, und fragen sich, wann sie wohl ausziehen werden. Plakate, die von den Arabern rund um die Stätte aufgehängt wurden, flattern im Wind. »Siedler raus«, steht darauf. »Siedlungen, ein Hindernis für den Frieden.«

In dem Prospekt, den Elad an die Touristen verteilt, wird kurz auf die nach Ansicht der Gruppe wichtigsten Sehenswürdigkeiten in der Davidsstadt hingewiesen. Im Bereich G, wo Cahills Gruppe gegraben hat und wo sich die meisten Überreste der babylonischen Zerstörung konzentrieren, wird nur das Haus der Siegel einer Erwähnung für wert befunden. »Dies sind die Überreste eines Archivs, das bei der Zerstörung des Ersten Tempels in Flammen aufging«, heißt es in der Broschüre. Die Siegel sind besonders beliebt, weil man viele der darauf verzeichneten Personennamen auch in der Bibel findet. Dagegen verliert die Broschüre kein Wort über die Toilette, das menschlichste aller Fundstücke.

Auch die Fremdenführer, die jeden Tag mit Touristengruppen in den Bereich G kommen, weisen besonders auf die tönernen Siegelabdrücke hin. Dan Bahat blickt zu der Gruppe hinüber, die jetzt oberhalb der Stelle steht und zuhört, während der Führer auf das Haus der Siegel weist. Einen Augenblick lang hält er mit seinen Erklärungen über die Grabung inne und fasst Cahill am Arm. »Die Vorstellung von den Siegeln mögen sie alle«, sagt er, »aber weißt du, was mir am besten gefällt? Dieser Toilettensitz, den du gefunden hast, und dass wir wissen, was die Leute gegessen haben. Das berührt mich mehr als alle Siegel.« Unausgesprochen schwingt in seinen Worten das Gemeinsam-Menschliche des Alltagslebens mit, das die antike Stadt mit dem modernen Silwan verbindet. Aber die Touristengruppe geht schon weiter. Der Führer schleust seine Schützlinge an den arabischen Demonstranten vorbei. Zum Reden – mit Bahat oder den Arabern, die in Silwan wohnen – bleibt keine Zeit. Die wahre Aussage des Bereiches G und der babylonischen Zerstörung bleibt den Touristen verborgen: Die interessantesten Geschichten verbinden sich manchmal mit denen, die zurückbleiben.

Die Rekonstruktion solcher Geschichten erfordert eine Menge Detektivarbeit. Für die Menschen, die in Juda blieben, interessierten sich die Bibelautoren nicht, obwohl nicht die Vertriebenen, sondern sie die überwältigende Mehrheit der gesamten israelitischen Nation darstellten. Der Bibel zufolge war die babylonische Gefangenschaft das große, läuternde Erlebnis im Leben des Volkes Israel. Jerobeam stellte nach seiner Ernennung zum König Israels in Bethel und Dan goldene Götzenbilder auf, so berichtet die Bibel, vermutlich um damit der Stellung Jerusalems im religiösen Leben des Landes Konkurrenz zu machen. Aber die Archäologen entdeckten auch in Jerusalem kleine Figuren einer kanaanäischen Göttin, ein Indiz, dass selbst in Juda nicht nur ein Gott angebetet wurde. Zum Monotheismus bekannte man sich erst in Babylon, nachdem man die religiösen Praktiken, die Gott erzürnt und Israels Probleme überhaupt erst verursacht hatten, zu guter Letzt zurückgelassen hatte. Aber die daheim gebliebenen Judäer lebten weiter wie bisher und praktizierten auch weiter die gleiche Religion, die man bestenfalls als ökumenische Vermischung unterschiedlicher Gottheiten bezeichnen kann. Deshalb hielten die Bibelautoren es wahrscheinlich für besser, nur von wenigen Zurückgebliebenen und vielen Vertriebenen zu berichten. Das Leben der Menschen in Juda passte nicht zur Ideologie der Geschichte, die sie verfassen wollten.

Allerdings enthält auch der Bibeltext selbst einige Anhaltspunkte, dass die Geschichte der Vertreibung nicht umfassend erzählt wird. Im Buch Jeremia finden wir den wichtigsten verbliebenen Bericht über die ersten Jahre nach der Zerstörung Jerusalems. Daraus geht eindeutig hervor, dass ein beträchtlicher Teil der Bevölkerung Judas nicht verschleppt wurde. Gedalja zum Beispiel, unter der früheren Regierung ein hochrangiger Offizier, nimmt eine Ernennung durch die Babylonier an und regiert das, was von Juda übrig geblieben ist; sein Verwaltungszentrum verlegt er nach Mizpa nördlich von Jerusalem. Zu ihm stoßen dem Bericht im Buch Jeremia zufolge mindestens fünf judäische Offiziere mit ihren Soldaten, die in der Schlacht um Jerusalem der Gefangennahme durch die Babylonier entgangen sind und jetzt in Mizpa dem neuen Herrscher ihre Treue schwören wollen. Viele Bewohner Judas waren in die Nachbarländer Ammon, Moab und Edom geflohen und kehrten jetzt zurück. Und obwohl angeblich gerade erst eine große Feuersbrunst zu Ende gegangen war, existierte noch so viel unversehrte Infrastruktur, dass die Bauern nach ihrer Heimkehr eine große Ernte mit reichlich Wein, Öl und Früchten einbringen konnten.

Es gibt sogar einen Hinweis auf die Spannungen, die sich später zwischen den Daheimgebliebenen und den aus Babylon zurückkehrenden Vertriebenen entwickeln werden. Gerade als das Leben sich wieder zu normalisieren beginnt, schleicht Jischmael, ein unzufriedener Angehöriger des Hauses David, der sich ärgert, weil er nicht Gedaljas Stellung bekommen hat, mit einer Gruppe von Verschwörern wieder nach Juda und ermordet den Statthalter. Jischmael geht davon aus, dass er sich mit dieser Tat eine Welle der Unterstützung gegen die Babylonier sichern und einen Volksaufstand in Gang setzen wird. Aber da hat er sich schrecklich verrechnet. Die Bevölkerung will keinen Ärger mehr, und niemand kommt ihm zu Hilfe. Jischmael muss fliehen, und die Babylonier behalten das Heft in der Hand.

Diese kleinen Einblicke sind alles, was wir über das Leben in Juda während der ersten Jahre nach der Vertreibung wissen, und anfangs nahmen die Bibelforscher sie nicht zur Kenntnis. Wie die Bibelautoren interessierten sie sich vorwiegend für diejenigen, die in der Perserzeit aus Babylon nach Jerusalem zurückkehrten. Das waren angeblich die Menschen, die das Judentum in seiner heutigen Form mit sich brachten. Außerdem war die Zerstörung Jerusalems und des Tempels alles andere als ein ruhmreiches Ereignis. In dem Bild, dass die Fantasie der meisten Menschen gefangen nahm und zum Anlass für Lieder und Kunstwerke wurde, weint ein vertriebenes Volk an den Flüssen Babylons in der Erinnerung an Zion; es litt in der Gefangenschaft, bis es schließlich in das Land seiner Väter zurückkehren konnte. Bei ihm lag die Zukunft, nicht bei den Bauern zu Hause in Juda.

Bei einigen archäologischen Ausgrabungen in judäischen Städten kamen Keramik und andere Gegenstände ans Licht, die man in die Jahre der babylonischen Herrschaft einordnete. Aber die Abwandlungen in der Keramik waren so geringfügig, dass die meisten Archäologen kaum unterscheiden konnten, wann die Zerstörung endete und die babylonischen Besetzung begann. Der amerikanische Archäologe William Frederic Bade, der zwischen 1926 und 1935 insgesamt fünf Jahre lang Grabungen an der biblischen Stätte Mizpa vornahm, fand keine einzige Schicht, die offensichtlich der Zeit der Vertreibung zuordenbar war. Erst sechzig Jahre später ging ein Archäologie-Doktorand namens Jeffrey Zorn Bades alte Aufzeichnungen und Lagepläne noch einmal durch, und nun zeigte sich, dass der Amerikaner mehrere Strukturen falsch gedeutet hatte, sodass ihm in seiner Rekonstruktion der Geschichte von Mizpa eine ganze Schicht aus der Zeit der Besetzung entgangen war. Diese fehlende Schicht repräsentierte, wie sich nun herausstellte, die babylonischen Periode.

Wenn man verstehen will, was in dem Land während der fünfzig Jahre nach der Zerstörung Jerusalems vorging, ist Mizpa nach Zorns Überzeugung der entscheidende Ort. In der Bibel hat Mizpa eine bewegte Geschichte, die lange vor der Eroberung durch die Babylonier beginnt. Die bekannteste biblische Erzählung über die Stadt handelt von einem levitischen Reisenden und seiner Geliebten, die durch eine Bande von Männern aus dem Stamm Benjamin übel vergewaltigt und schließlich ermordet wird. Um Rache zu nehmen, schneidet der Levit den Leichnam der Frau mit einem scharfen Messer in zwölf Stücke, die er dann von Boten an alle Stämme Israels mit Ausnahme des Stammes Benjamin bringen lässt. Alle treffen in Mizpa im Gebiet von Benjamin zusammen und beginnen von dort aus einen entsetzlichen Bürgerkrieg, in dessen Verlauf schließlich fast der gesamte Stamm Benjamin vernichtet wird. Später wird Saul, der ebenfalls aus dem von Benjamin kontrollierten Gebiet stammt, zum Führer der Israeliten, und er ruft alle Stämme nach Mizpa zum Kampf gegen die Philister zusammen. Schließlich aber tritt David an Sauls Stelle, genau wie Mizpa von Jerusalem abgelöst wird.

Aber Mizpa war viel mehr als nur ein biblischer Mittelpunkt von Chaos und Blutvergießen. Während der babylonischen Herrschaft stand die Stadt wie auch das ganze Gebiet Benjamin in Blüte. Dieses Bild, das durch Zorns Rekonstruktion entstanden war, unterschied sich zu allen früheren Kenntnissen über die so genannte Periode der Vertreibung. Sämtliche Anhaltspunkte fanden sich in Bades Lageplänen. Nur ein Jahr nach seiner letzten Grabungssaison in Mizpa war Bade gestorben, vermutlich weil er sich bei seinen zahlreichen Arbeitsvorhaben überanstrengt hatte. Er war eng mit dem Naturforscher John Muir befreundet gewesen und hatte mit diesem in Kalifornien mehrfach bei Naturschutzprojekten zusammengearbeitet. Nach Muirs Tod hatte Bade die Funktion des Nachlassverwalters übernommen; am Ende schrieb er eine zehnbändige Biografie über den Naturforscher und gab seine gesammelten Werke heraus. Das Geld, das er mit diesem Mammutprojekt verdiente, steckte er ebenso wie Mittel seiner reichen Frau und wohlhabender Freunde in die Grabungen von Mizpa. Bis zu seinem Tod war es Bade gelungen, fast zwei Drittel des rund 33 000 Quadratmeter großen Grabungsgebietes von Mizpa abzutragen. Mit über 150 Helfern aus der Gegend grub er 672 Räume, 387 Zisternen und 71 Gräber aus. Über 23 000 Gegenstände wurden katalogisiert und 15 000 davon auch gezeichnet. Ein Schlussbericht über seine Befunde erschien nie, aber Freunde gaben nach seinem Tod zwei dicke Bände mit den Ergebnissen heraus.

Als Zorn sich in einem Sommer auf eine Stellung als Koordinator und Fremdenführer des Bade Institute of Biblical Archaeology in Berkeley vorbereitete, beschäftigte er sich noch einmal umfassend mit der Anlage der Stätte. Er hatte in den Archiven des Museums gestöbert, und dabei war ihm ein noch genauerer, von Bade angefertigter Lageplan in die Hände gefallen. Als er die beiden Pläne verglich, fielen ihm gewisse Unstimmigkeiten auf. Zunächst zeigte die im größeren Maßstab angelegte Zeichnung offensichtlich eine Mauer, die mitten durch ein Haus verlief. Das Haus befand sich nach dem Plan oberhalb der

Mauer, das heißt, es war zu einem späteren Zeitpunkt gebaut worden. An einer anderen Stelle bemerkte er ein Gebäude unmittelbar innerhalb des Stadttore. Wenn beide zur gleichen Zeit errichtet wurden, lief jeder, der durch das Tor ging, unmittelbar auf die Mauer zu. Je länger Zorn sich mit den Plänen beschäftigte, desto mir Gebäude fand er, die offensichtlich viel später errichtet worden waren.

Schließlich hatte er in den Plänen neun große Verwaltungsgebäude und Wohnhäuser gefunden, die er der babylonischen Periode zuordnete. Die Babylonier hatten Mizpa zum Zentrum gemacht, weil sie so die bereits vorhandenen Verteidigungsanlagen nutzen konnten, beispielsweise die gewaltige Umfassungsmauer und das befestigte Stadttor. Anschließend hatten sie die Stadt umfassend saniert und über den meisten kleinen Wohnhäusern eine größere, modernere Metropole errichtet. Nach Zorns Berechnungen hatte das größte Haus aus der Zeit vor der Zerstörung eine Grundfläche von nicht mehr als 80 Quadratmetern. In der babylonischen Periode dagegen lag die durchschnittliche Größe der Häuser bei fast 140 Quadratmetern. Die Mauern hatten in der älteren Stadt die Dicke nur eines einzigen Steins. Die Babylonier errichteten die Stadtmauern neu, wobei sie zur Verstärkung eine Mischung aus einzelnen großen und doppelten Steinen einsetzten. Sie legten gepflasterte Steinfußböden und bevorzugten Säulen im Inneren der Wohnhäuser. Die Gassen wurden so erweitert, dass Reiter auf Eseln oder Pferden sich ohne Schwierigkeiten begegnen konnten.

In einer von Bade und den anderen Grabungsteilnehmern zusammengestellten Liste der gefundenen Gegenstände stieß Zorn auf weitere Aufschlüsse: Für manche kleinen Objekte war damals keine Datierung möglich gewesen, aber später hatte sich bei weiteren Forschungsarbeiten herausgestellt, dass sie in die babylonische Periode gehörten. Dreißig Stempelabdrücke auf den Griffen von Gefäßen trugen die hebräische Inschrift »Moza« und stammten demnach aus dem Gebiet rund um das Dorf Moza in der Nähe von Mizpa. Auf den Höfen von Moza wurde vermutlich der Wein für Mizpa produziert. Andere Stempelabdrücke aus Moza tauchten in Gibeon auf, einem weiteren Zentrum der Weinproduktion während jener Zeit. Ebenso fand man Bruchstücke eines badewannenförmigen Keramiksarges im mesopotamischen Stil. Im Rockefeller-Museum in Jerusalem stieß Zorn sogar auf eine Bronzevase, die nach dem Bericht von 1947 bei den Ausgrabungen in einer der Zisternen gelegen hatte. An der Vase bemerkte er eine kleine Verzierung, die in der veröffentlichten Zeichnung nicht auftauchte und auf den kleinen, dunklen Fotos, die Zorn in den Archiven fand, unmöglich zu sehen war. Der Stil derartiger Vasen wurde vermutlich von Babylon beeinflusst.

Was Zorn bei seinen Untersuchungen aber am meisten ins Auge fiel, war die Tatsache, dass Mizpa sich während der babylonischen Gefangenschaft offenbar eines großen Wohlstandes erfreute. Unmittelbar außerhalb der Stadtmauer war sogar eine Art Vorstadt entstanden, da die florierende Metropole immer mehr Bewohner anzog. In dem Gebiet lebten viele reiche Leute, und durchaus nicht alle waren babylonischen Beamte.

Eines Morgens im Juni gehe ich mit Zorn den Hügel hinauf zum Gipfel von Tell-en-Nasbeh – der arabische Name für das biblische Mizpa. Er ist groß und hat die Figur eines Footballspielers, auf dem Kopf trägt er einen völlig unpassenden Strohhut. Hier in Israel geht er seinem üblichen Sommerferienjob nach: Er hilft in Tel Dor, im Norden der israelischen Mittelmeerküste, bei Ausgrabungen. Über dem von ihm beaufsichtigten Teil des Grabungsgeländes weht eine Piratenflagge, und nach Feierabend geht er im azurblauen Meer schwimmen. Aber seine größte Liebe ist Mizpa, und heute hat er sich bereit erklärt, mir die Stätte zu zeigen.

Hier gräbt jetzt niemand mehr. Mitte der 90-er Jahre nahm eine Gruppe palästinensischer Archäologiestudenten von der Bir-Zeit-Universität in Ramallah kleine Grabungen vor und legte am Südrand des Hügels eine kleine, auf die byzantinische Zeit datierte Kirche frei, die schon Bade teilweise ausgegraben hatte. Ein Stück die Straße entlang gruben Studenten der Al-Quds University, einer palästinensischen Institution in Jerusalem, an der byzantinischen Stätte Khirbet Shuweykeh. Was den zeitlichen Ablauf angeht, nimmt Khirbet Shuweykeh den Faden gerade da auf, wo er sich in Mizpa verliert. Es ist, als hätten die Bewohner von Mizpa aus irgendeinem Grund ihre Habseligkeiten zusammengepackt und sich ein kleines Stück entfernt wieder niedergelassen.

Dieses historische Zusammentreffen entging den Archäologen in Jerusalem und im Westjordanland natürlich nicht, und man machte israelischen und palästinensischen Behörden sogar den Vorschlag, sowohl in Mizpa als auch in Khirbet Shuweykeh gleichzeitig neue Ausgrabungen in Angriff zu nehmen, und zwar im Rahmen einer internationalen Expedition unter Beteiligung amerikanischer, israelischer und palästinensischer Archäologen. Das Vorhaben würde einen neuen Weg eröffnen, um die gesamte Geschichte der Region zu rekonstruieren, sodass man Zusammenhänge zwischen den Vorgängen in Mizpa und anderen Orten herstellen könnte. Außerdem könnte es neue Aufschlüsse über die Frage liefern, warum und wann genau die Besiedelung von Mizpa irgendwann ihr Ende fand.

Auch Zorn hat sich über diese Idee Gedanken gemacht, aber was die Erfolgsaussichten angeht, ist er skeptisch. Für neue Grabungen, so berichtet er mir, steht sehr wenig Geld zur Verfügung, insbesondere da ein großer Teil des Materials aus Bades ursprünglicher Expedition noch nicht veröffentlicht ist. Außerdem bereitet es erhebliche logistische Schwierigkeiten, von den verschiedenen israelischen und palästinensischen Behörden die erforderlichen Zustimmungen und Genehmigungen zu erhalten. Die wichtigste Rolle aber spielt die Tatsache, dass das politische Schicksal Jerusalems zwischen den beiden Seiten nach wie vor umstritten ist; deshalb bezweifelt Zorn, dass die Palästinenser viel Begeisterung für Grabungen in Mizpa aufbringen, der zweiten antiken Hauptstadt Israels.

Jedes Mal wenn er nach Israel kommt, so Zorn, fährt er an der Grenze zwischen Israel und dem Westjordanland an den israelischen und palästinensischen Kontrollpunkten vorbei, um zu erfahren, wie die Dinge in Tell en-Nasbeh stehen. Die Mauer, die Rehabeams Enkel, der König Asa, im 10. Jahrhundert erbauen ließ, hat schon bessere Zeiten gesehen. Tell en-Nasbeh liegt auf einer kleinen Anhöhe, die den Bewohnern der Gegend heute als Weide- und Ackerland dient. Die Bauern haben große Steinbrocken nach oben bis vor die Mauer gewälzt, damit das Regenwasser nicht den Abhang hinunter stürzt. Das war zwar sehr nützlich für ihr Getreide, aber nicht für die Mauer: Sie fällt bereits an manchen Stellen zusammen. Weitere Schäden richten die Bauunternehmen an, die regelmäßig zum Plündern kommen und die großen, behauenen Kalksteinblöcke auf ihren eigenen Baustellen verwenden. In Richtung der Grenzstationen gewandt, kann man in der Ferne die Innenstadt von Ramallah sehen.

Während wir über das Gelände gehen, erklärt mir Zorn, warum man die babylonischen Überreste bei den ersten Grabungen übersehen konnte. Das letzte Jahr der Ausgrabungen und die ersten Jahre, in denen man sich um eine Veröffentlichung der Befunde bemühte, fielen in die Weltwirtschaftskrise, und damals waren Mittel für archäologische Publikationen besonders knapp. Dann wurden einige von Bades wichtigsten Assistenten zum Militärdienst im Zweiten Weltkrieg eingezogen, sodass sie ihre Beiträge zu den Berichten in aller Eile fertig stellen mussten. Aber das größte Hindernis waren schlicht und einfach die mangelnden archäologischen Kenntnisse. Viele architektonische Formen, die Zorn bei der Durchsicht der Pläne sofort ins Auge sprangen, wie das Vier-Zimmer-Haus und auch die doppelten Wehrgänge, waren zur Zeit von Bades Grabungen noch nicht allgemein bekannt, und deshalb hielt man das Vier-Zimmer-Haus für einen Tempel. Die in den Fels gehauenen Vorrichtungen, in denen Zorn sofort Weinkelter erkannte, waren für Bades Arbeitsgruppe überhaupt nicht zu deuten. Auch Olivenpressen interpretierte man falsch, und die mesopotamische Begräbnistruhe hielt man für einen Haushalts-Vorratsbehälter.

Er bleibt stehen und sucht den Boden ab, immer in der Hoffnung auf weitere Siegel aus Moza, die ans Licht gekommen sein könnten, als die Bauern im Frühjahr am Hügel gepflügt hatten. An den bereits gefundenen Keramikscherben hat Zorn spezielle Laboruntersuchungen vornehmen lassen, und die weisen darauf hin, dass alle Gefäße aus derselben Quelle im Umfeld Jerusalems stammen. Die Verteilung der Siegel stimmt genau mit dem Gebiet überein, das dem biblischen Bericht zufolge dem Stamm Benjamin gehörte: von Tell en-Nasbeh im Norden bis hinunter nach Ramat Rahel vor den Toren Jerusalems. Er geht zum Rand des Hügels und weist auf das Tal unter uns. Heute sieht man nur Felder und Vegetation, einen asphaltierten Parkplatz und die Wellblechdächer einiger kleiner Häuser. Das Gebiet wirkt öde und nicht gerade viel versprechend, aber zur Zeit der Babylonier war es Teil einer florierenden Wohnsiedlung, die praktisch bis an die Stadtmauer reichte.

Zorn berichtet, bei der letzten Expedition nach Mizpa habe man Gegenstände von Judäern und Babyloniern bunt gemischt gefunden, ein Indiz, dass die beiden Völker hier Tür an Tür wohnten. Die Geschichte Mizpas war eine Geschichte der Eroberung und anschließenden Besatzung. Und wie die meisten Eroberer waren die Babylonier entschlossen gewesen, die Stadt nach ihren eigenen Vorstellungen umzugestalten. »Es gibt keinen Zweifel, dass man in Mizpa einen starken kulturellen Widerhall aus Mesopotamien findet«, sagt Zorn. Noch aufschlussreicher aber ist, dass die Architektur von Mizpa auch später weiterhin stark den Gebäuden aus der Zeit vor der Vertreibung ähnelte. Die örtliche Bevölkerung baute die Stadt für die Babylonier, und dabei bediente sie sich des gleichen Stils, der in Juda schon seit Jahrzehnten üblich war. Auch die Keramik war im Wesentlichen die gleiche wie zuvor. Trotz der militärischen Überlegenheit der Babylonier blieben die örtlichen Bewohner und ihre Traditionen während der gesamten Besatzungszeit erstaunlich stabil.

Je länger wir auf dem Gelände herumwandern, desto deutlicher wird Nebukadnezars Strategie. Nach der Zerstörung Jerusalems in Mizpa eine neue Hauptstadt einzurichten, war durchaus sinnvoll. Die Verteidigungsanlagen des Ortes waren noch weitgehend intakt, sodass die Leute des babylonischen Herrschers nur einzurücken brauchten. »Nebukadnezar wollte weder Zeit noch Geld für neue Befestigungen aufwenden. In Juda sollte alles schnell wieder funktionieren«, sagt Zorn. »Also legte er nur die alten Gebäude in der Stadt nieder und baute obendrauf neue, schönere.« Zorn hielt einen Augenblick inne und lauschte den heulenden Hunden, die außerhalb der Grabungsstätte um die Lager der Beduinen streiften. »Diese Strategie verfolgte Nebukadnezar überall«, meinte er mit einem Anflug von Bewunderung in der Stimme. »Er dachte immer ganz pragmatisch.«

Anfangs erschien es mir merkwürdig, dass jemand solche Ansichten über Nebukadnezars Führungsstil vertrat. Welche Folgen sein Zorn haben konnte, hatte sich bei den Grabungen in Jerusalem und später auch in Aschkelon gezeigt, das kurz nach Nebukadnezars Machtergreifung zerstört worden war, weil der dortige König die Tributzahlungen verweigert hatte. Auch die Bibel unterstreicht diesen Eindruck, wonach der babylonische König ein rücksichtsloser, gewalttätiger Herrscher war, der einzig zu dem Zweck, den Menschen Schaden zuzufügen, eine Schneise der Zerstörung durch Juda schlug. Aber später verbesserte sich sein Ruf. Der junge israelische Historiker Oded Lipschits vertritt mittlerweile die Ansicht, Nebukadnezar werde missverstanden und falsch beurteilt. Im Sommer 1998 begann Lipschits seine Arbeiten zu veröffentlichen. Jedes Mal wenn ich sein kleines Arbeitszimmer an der Universität Tel Aviv mit dem Ausblick auf das hügelige grüne Universitätsgelände besuchte, studierte er gerade Texte über Nebukadnezars Herrschaft. Er kannte die Geschichte jener Zeit in einer ganz anderen Lesart. Im Gegensatz zu vielen anderen Historikern berücksichtigten seine Arbeiten auch die von Archäologen veröffentlichten Berichte über die Funde aus der babylonischen Zeit. Nach seiner Überzeugung war Nebukadnezar zwar gewalttätig, aber er setzte die Gewalt sehr gezielt ein. Seine Armee verschonte den größten Teil Judas und konzentrierte sich vor allem auf Jerusalem, weil Nebukadnezar erkannt hatte, dass seine Schwierigkeiten von dieser Stadt ausgingen. »Er hatte nie die Absicht, ganz Juda zu zerstören«, sagte Lipschits mir eines Tages in seinem Arbeitszimmer. »Welchen wirtschaftlichen oder militärischen Nutzen hätte eine solche Maßnahme gehabt? Juda sollte ihm die nötigen landwirtschaftlichen Produkte liefern, wie beispielsweise Olivenöl und Wein, und außerdem sollte es für seine weiteren Feldzüge gegen Ägypten als Militärstützpunkt dienen. Er zerstörte, was er zerstören musste, um stabile Verhältnisse herzustellen und seine größeren Ziele zu erreichen.«

Lipschits ist überzeugt, dass die neueren archäologischen Befunde seine Ansichten über Nebukadnezar stützen. Seit den neunziger Jahren erkunden Archäologen eingehend das Gebiet des Stammes Benjamin, wo die Babylonier ihre Hauptstadt Mizpa eingerichtet hatten. Cahill und andere Archäologen, die Jahre zuvor unter Yigal Shilohs Leitung in Jerusalem gearbeitet hatten, waren zu dem Ergebnis gelangt, dass die Stadt wahrscheinlich sogar noch schlimmer zerstört war, als die Bibel berichtet. Auch in manchen Städten rund um Jerusalem herrschte eine trostlose Lage. Für Lipschits lag damit aber nicht auf der Hand, dass Nebukadnezars Armee das alles angerichtet hatte. Nach seiner Vermutung könnten kleinere Städte wie Ein Gedi und Jericho auch einfach deshalb zusammengebrochen sein, weil sie so stark von Jerusalem abhängig waren, dass sie ohne die umfassende Wirtschafts- und Verwaltungsstruktur der Hauptstadt nicht mehr existieren konnten. Aber je weiter sich die Archäologen von Jerusalem entfernten, desto stärker änderte sich das Bild. In Orten wie Bethel, Tell el-Ful und Gibeon gab es praktisch keine Zeichen von Zerstörung. Mizpa war zu jener Zeit eine blühende Stadt. Zorn, der dort die babylonische Schicht entdeckte, vertritt die Ansicht, die Babylonier hätten hier bereits mit dem Bau der Stadt begonnen, während sie in Jerusalem noch kämpften. Auch das spricht für Lipschits' Überzeugung, Nebukadnezar sei ein kluger Heerführer gewesen. Als die Babylonier Jerusalem belagerten, wussten sie schon, dass sie die Stadt zerstören würden. Auch dem biblischen Bericht zufolge wollten sie unbedingt sicherstellen, dass man die Metropole nicht wieder aufbauen konnte: Sie brannten den Tempel nieder und rissen den Königspalast ab. Die Stadtmauern wurden geschleift und die Bewohner vertrieben. Für solche Maßnahmen war Mizpa die ideale Ausgangsbasis. Es lag so nahe bei Jerusalem, dass der stetige Nachschub für die Babylonier an der vorderen Front gesichert war, und in der landwirtschaftlich ergiebigen Gegend konnten die Soldaten außerhalb Jerusalems achtzehn Monate lagern, während die Bewohner im Inneren hungerten.

Viele der Archäologen, mit denen Lipschits während seiner Doktorarbeit Kontakt aufnahm, schickten ihn Kopien ihrer unveröffentlichten Aufzeichnungen über die Ausgrabungen, und einige zeigten ihm auch Keramik und andere Funde, die sie geborgen hatten. Es war spannendes Material, das die Archäologen nicht mit Sicherheit datieren konnten. Die Keramik ähnelte im Stil jener, die vor der babylonischen Gefangenschaft hergestellt worden war, aber die Unterschiede waren immerhin so groß, dass die Archäologen sie einer späteren Zeit zuordneten. Ebenso fanden sich Ähnlichkeiten mit der späteren, persischen Keramik, aber auch sie waren nicht so stark, dass man die Funde guten Gewissens als persisch einordnen konnte. Die Keramikfunde aus Ausgrabungsstätten in Jerusalem und seiner Umgebung fielen offenbar zwischen die bekannten Perioden vor und nach dem Exil. Für Lipschits war das eine aufregende Vorstellung, hatte er doch hier offensichtlich den ersten handfesten Anhaltspunkt in der Frage, wie das Leben während der babylonischen Herrschaft in der Region ausgesehen haben mochte.

Im Oktober 1998 organisierte Lipschits an der Universität Tel Aviv eine Tagung, auf der man sich genau mit dieser Frage befasste: Gab es mittlerweile so viel Material, dass man die neobabylonische Keramik einem kurzen Zeitraum im 6. Jahrhundert v. u. Z. zuordnen konnte? Er drängte die Archäologen, ihre seltsamen Funde mitzubringen. Nun hatten sie zum ersten Mal die Gelegenheit, ihr Material zu vergleichen. Ephraim Stern, ein Archäologe der Hebrew University, der seit langem als angesehener Fachmann für den fraglichen Zeitraum gilt, zeichnete in einem Vortrag das traditionelle Bild der Babylonier. »Das Einzige, was aus der babylonischen Periode geblieben ist, sind Geschichten der Zerstörung«, behauptete er. Das lag seiner Ansicht nach daran, dass Nebukadnezar in den Jahren 587/586 gekommen war, um alles zu vernichten. »Die Babylonier haben nichts erbaut«, sagte Stern zum Abschluss.

Lipschits hörte sich Sterns Vortrag schweigend an, aber er selbst sah die Dinge ganz anders. Er vertrat die Vorstellung von einem bescheidenen, nachdenklichen Nebukadnezar, und so stellte er ihn auch in Vorträgen und auf Tagungen überall in Israel dar. Es sei klug von den Babyloniern gewesen, Gedalja nach der Zerstörung Jerusalems als örtlichen Statthalter für Juda einzusetzen, erklärte Lipschits seinem Publikum bei einem Vortrag an der Hebrew University. Gedalja gehörte nicht zur Abstammungslinie Davids, kam aber aus einer angesehenen Jerusalemer Familie, die seit langem politisch tätig war. Er hatte bereits vor der Eroberung der Stadt als Minister in der Regierung gearbeitet. Nach Lipschits' Ansicht hatte Nebukadnezar das Ziel, eine Alternative zum Hause David zu schaffen, und dazu wählte er einen seriösen politischen Führer mit umfangreicher Verwaltungserfahrung, bei dem er damit rechnen konnte, dass er der Obrigkeit gegenüber loyal bleiben und Juda zu einem blühenden Gemeinwesen machen würde. Weitere Funde, die man den Babyloniern hätte zuschreiben können, gab es einfach deshalb nicht, weil die Besatzung nicht lange genug dauerte und es deshalb nicht zu einer umfassenden architektonischen Umgestaltung Judas kommen konnte. Außerdem wiesen alle Anzeichen darauf hin, dass die Babylonier während ihrer Herrschaft dazu neigten, die Verhältnisse so weit wie möglich unangetastet zu lassen.

Diese vorsichtige Vorgehensweise zeigte sich nicht nur in der Keramik, aber für Lipschits schienen die bei der Tagung in Tel

Aviv gezeigten Keramikfunde – kleine Stücke, die man nicht ohne weiteres einordnen konnte, weil sie den Produkten vieler früherer Jahrzehnte sehr ähnlich waren – seine Ansicht zu bestätigen. Auch der Bibeltext selbst liefert Anhaltspunkte. Lipschits erklärte es mir: Als die Babylonier in Juda die Macht übernommen hatten, gestatteten sie zunächst dem König Jojakim auf dem Thron zu bleiben, obwohl die Ägypter ihm diesen Posten verschafft hatten. »Vermutlich dachten sie, wer so viele Jahre lang die ägyptische Herrschaft anerkannt hat, der wird auch die babylonische Herrschaft anerkennen«, folgerte Lipschits. Er schob die Bücher über Nebukadnezar auf seinem Schreibtisch zur Seite und zog eine Bibel heraus. Mit einer Stimme, die immer mehr an Lebhaftigkeit gewann, während er mit dem Finger über die Seiten fuhr, fasste er die Geschichte der babylonischen Herrschaft zusammen, wie sie im zweiten Buch der Könige erzählt wird. Nebukadnezar, so Lipschits, war unglaublich geduldig. Als Jojakim sich auflehnte, durfte sein Sohn Nachfolger werden. Erst als dieser ein Abkommen mit den Ägyptern brach, marschierte Nebukadnezar ein und entfernte ihn aus dem Amt. Aber selbst jetzt gestattete er dem Haus David noch, an der Macht zu bleiben. Wer für Ägypten war, wurde nach Babylon verschleppt. Alle Übrigen durften bleiben, und Nebukadnezar setzte Zedekia, einen weiteren Angehörigen der Familie Davids, als König ein. Sogar die Leiter der zuvor aufständischen Verwaltung ließ er in ihren Positionen, um Zedekia Unterstützung zu verschaffen und gleichzeitig seine Bereitschaft zu signalisieren, den Menschen ihre eigene Lebensweise zu lassen. »Er wollte sich mit allen diesen Maßnahmen die Loyalität Judas sichern, während er die Ägypter abwehrte«, behauptete Lipschits. »Es war ein kalkuliertes Risiko.«

Juda war viel kleiner als Babylon und militärisch unterlegen, aber seine Stabilität war für Nebukadnezar von entscheidender Bedeutung, denn das Reich hatte eine gemeinsame Grenze mit Ägypten, der einzigen Macht in der Region, die Babylons Vorherrschaft in Frage stellen konnte. Als Zedekia und seine Minister ihre Kontakte mit dem Land am Nil wieder aufnahmen, erkannte Nebukadnezar, dass seine Rechnung nicht aufgegangen war, und nun musste er handeln. Jerusalem machte zusammen mit den Führern der Nachbarprovinzen Stimmung gegen Babylon. In Lachisch, einer der größeren Städte Judas, fanden Archäologen auf einer Keramikscherbe einen mit Tinte geschriebenen Text, der die Ankunft »des Befehlshabers der Feinde, Conia, Sohn des Elnathan« ankündigte – er machte auf dem Weg nach Ägypten in Lachisch Station. Große Bedeutung misst Lipschits der mutmaßlichen Datierung des Briefes auf das neunte Jahr der Herrschaft Zedekias bei, denn im gleichen Jahr begann Judas Aufstand gegen Babylon. Damit war der Text eine weitere Bestätigung, dass Zedekias Regierung eine Art Bündnis mit den Ägyptern geschlossen hatte. Die Zerstörung Jerusalems war nicht die Folge blinder Gewalt oder des Jähzorns eines allmächtigen Herrschers, sondern Babylon wollte das Haus Davids von der Macht verdrängen, weil es sich immer und immer wieder als illoyal erwiesen hatte. Und als Ziel der Zerstörung wählte man Jerusalem, weil die Stadt das einzige wichtige Widerstandsnest gegen die weitere Herrschaft der Babylonier war. »Die Bibelautoren geben für die Zerstörung Jerusalems eine theologische Erklärung, aber es gibt auch eine politische«, so Lipschitz. »Die Stadt wurde dem Erdboden gleichgemacht, weil die politischen Führer in Juda einen gewaltigen Fehler begangen hatten. Sie waren durch ihre Messiasgläubigkeit blind geworden. Jerusalem wurde zerstört, weil sie die politische Landkarte nicht richtig gelesen hatten.«

Mit dem geänderten Bild von Nebukadnezar betrachtete man auch die babylonische Gefangenschaft in einem neuen Licht. Das 1973 gegründete Babylonian Jewry Heritage Center hat dazu beigetragen, dass in der Sichtweise auf die Vertreibung eine lautlose Revolution stattfand. Die meisten größeren Forschungszentren werden in wichtigen Städten wie Jerusalem und Tel Aviv gegründet, aber das Babylonian Jewry Heritage Center wählte ganz bewusst das Zentrum der Arbeiter-Vorstadt Or Yehuda am Rande von Tel Aviv. Die Einrichtung liegt nur wenige Autominuten von einem eleganten Einkaufszentrum entfernt, das man im Rahmen der Pläne, die Stadt wiederzubeleben und wohlhabendere Bewohner anzuziehen, eröffnet hatte. Aber trotz solcher Aufwertungsversuche hat Or Yehuda auch heute noch das langweilige Erscheinungsbild einer Stadt aus den fünfziger Jahren. An den riesigen Apartmentblöcken, viereckigen, plumpen, grauen Gebäuden, stellen Hemden, Handtücher und Unterwäsche, die vor den Fenstern zum Trocknen in der Nachmittagssonne hängen, die einzigen Farbflecken dar. Am Wochenende fallen die Israelis in Or Yehuda ein und besetzen die kleinen, von Familien betriebenen Restaurants, die hier eines neben dem anderen aus dem Boden geschossen sind. Hier gibt es orientalische Küche, gewaltige Portionen mit am Spieß gegartem Fleisch und Gemüse, fritierte, mit scharfen Gewürzen bestreute Kichererbsenbällchen in frisch gebackenem Fladenbrotteig und bunte Salate in kleinen weißen Porzellanschüsseln, alles zu niedrigen Preisen. Viele Bewohner hier sind Einwanderer, die in den fünfziger Jahren aus dem Irak nach Israel kamen.

Viele Juden aus Ländern des Nahen Ostens fühlten sich nach ihrer Ankunft in Israel entwurzelt: Sie mussten ihre überlieferten Gebräuche aufgeben und sich zur Israelis wandeln. Die Einwanderer aus dem Irak verspottete man wegen ihres breiten, arabisch gefärbten Akzents und ihrer »Iraki-Pyjamas«. Es war wie eine Umkehrung der biblischen Geschichte: Dieses Mal wurde die Generation der Vertriebenen, die aus Babylon nach Palästina zurückkehrte, nicht wie eine Elite behandelt. Endlich konnten die Bauern in Juda Rache nehmen. Das Museum verfolgte das Ziel, den Stolz auf die irakisch-jüdische Kultur zu wecken, die Kultur jener florierenden jüdischen Gemeinschaft, die während der babylonischen Gefangenschaft entstanden war und noch tausend Jahre weiterlebte, nachdem König Kyros den Judäern die Möglichkeit geboten hatte, wieder nach Palästina zu ziehen.

Auf den ersten Blick sieht es so aus, als konzentriere sich das Museum trotz dieser Aufgabe vorwiegend auf die Sehnsucht der

Juden nach Zion. Auf Fotos sieht man zionistische Jugendgruppen in Bagdad, körnige Schwarzweißbilder von jungen Leuten bei Ausflügen in die Natur oder auf dem Sportplatz. Es gibt Bilder und Archivmaterial in Zusammenhang mit der Geheimoperation des Mossad unter dem Tarnnamen »Esra und Nehemia«. Bei dieser Aktion wurden von 1950 bis 1952 etwa 124 000 Juden aus dem Irak nach Israel gebracht. Es ist, als hätten die Verantwortlichen des Museums die Notwendigkeit empfunden, die berühmten Verse aus dem Buch der Psalmen über das Leben der Juden in Babylon zu verdeutlichen: »An den Wassern zu Babel saßen wir und weinten, wenn wir an Zion gedachten.« Es ist eines der schönsten Gedichte in der Bibel – melancholisch, tiefsinnig und voller Sehnsucht. Im Laufe der Jahre wurde es nicht nur zu einem zentralen Bestandteil der jüdischen Tradition, sondern zu einem im ganzen Abendland verbreiteten kulturellen Sinnbild der Vertreibung. Die Empfindungen, die dieser Psalm weckt, geben sicher zum Teil das Lebensgefühl der Neuankömmlinge in Babylon wieder, aber wie das Museum deutlich macht, war es wohl nicht das vollständige Bild.

Obwohl die Verantwortlichen des Museums das Schwergewicht auf die Sehnsucht nach Zion legen, mussten sie zwangsläufig auch ein verblüffendes Bild von einem reichhaltigen, lebendigen jüdischen Kulturleben zeichnen, das dieser leidenden Grundhaltung zu widersprechen scheint. Während der 2600 Jahre, in denen Juden in Babylon – dem heutigen Irak – lebten, wurden die Zentren der jüdischen Gelehrsamkeit in Bagdad berühmt: Nehardea, Sura und Pumbedita. Außerdem entwickelte sich dort eine Art jüdischer Exilregierung, die dazu beitrug, das Gefühl der Gemeinsamkeit und ethnischen Identität aufrecht zu erhalten. Wenn man durch die düsteren, nur von Diaprojektionen erleuchteten Museumskorridore tiefer in das Gebäude vordringt, wird man Zeuge einer Verwandlung. Schwarzweißfotos machen einer farbigen Nachbildung des Straßenlebens im jüdischen Viertel von Bagdad Platz. Die Szene strotzt von Lebendigkeit und Vitalität. Man sieht Goldschmiede und Schneider, die Läden kleiner Handwerker, eine Metzgerei, Geschäfte mit billigem Flitter. Der Besucher, der den gewundenen Weg hinter sich gebracht hat, gelangt schließlich in einen weiten Saal mit einer Nachbildung der großen, prächtigen Synagoge von Bagdad, jenes Gotteshauses, das der Überlieferung zufolge aus der Asche des zerstörten Tempels von Jerusalem gebaut wurde.

Die Darstellung in dem Museum ist nicht die einzige, an der das neue Bild von der Zeit der Vertreibung deutlich wird. Auch als Historiker die bei Grabungen im früheren Stadtzentrum von Babylon gefundenen Keilschrifttafeln untersuchten, gelangten sie zu anderen Vorstellungen über das Leben der Juden in Mesopotamien. Teilweise wurden die neuen Forschungsergebnisse im Herbst 1998 auf einer Tagung des Babylonian Heritage Center anlässlich des 50. Jahrestages der Staatsgründung Israels präsentiert. Das Buch der Chronik berichtet, die Vertriebenen aus Juda hätten in Babylon als Sklaven gearbeitet, aber auf die meisten von ihnen traf das in Wirklichkeit nicht zu. Sie erhielten Landflächen vom Staat und galten als Lehnsleute des Königs. Väter konnten den Grundbesitz an ihre Söhne vererben. Auch die meisten beruflichen Stellen des Reiches standen den Juden offen. Manche von ihnen waren in Handwerk und Handel tätig, andere beteiligten sich an großen staatlichen Vorhaben und wurden dafür aus der königlichen Schatulle bezahlt. Frühere Bewohner Judas erhielten sogar Posten in der Reichsverwaltung und stiegen dort in leitende Positionen auf. Die Verwaltung eines derart ausgedehnten Reiches erforderte eine gewaltige Bürokratie. Gebildete, des Lesens kundige Vertriebene wie die aus Juda wurden deshalb sehr schnell in das Beamtentum aufgenommen.

Einen der Vorträge hielt Oded Bustenay, ein Historiker der Universität Haifa, der das jüdische Leben in Babylon zu jener Zeit eingehend erforscht hat. So untersuchte er sehr sorgfältig die Keilschrifttafeln, die bei den Ausgrabungen von Nippur ans Licht gekommen waren. Diese Tafeln, die so genannten Murashu-Texte, enthielten Berichte über eine große, von einer babylonischen Familie betriebene Privatbank. Sie entstanden zwar erst später, etwa ein Jahrhundert nachdem die ersten Juden sich in Babylon niedergelassen hatten, aber aus den Texten ging eindeutig hervor, dass die Juden sich in Landwirtschaft, Handel und Finanzwesen sehr erfolgreich betätigten. Bustenay vertrat die Ansicht, es seien zwar zu viele Jahre vergangen, als dass man die Stellung der Vertriebenen noch genau feststellen könne, aber die Murashu-Texte zeigten nach seiner Überzeugung, dass die Juden nicht offiziell diskriminiert wurden. Sie schlossen die gleichen Verträge und zahlten die gleichen Zinssätze wie alle anderen Gruppen. Anders als die Bibel vermuten lässt, wurden sie nicht als Sklaven verkauft, sondern man behandelte sie als freie Bürger, die wie alle anderen der Steuerpflicht unterlagen und zur Armee eingezogen wurden. Sie durften sogar selbst Sklaven halten. Im Gegensatz zu dem in der Bibel vermittelten Eindruck gelangte Bustenay zu dem Schluss, die Exiljuden seien wohl kaum eine untergeordnete Gruppe am Rand der babylonischen Gesellschaft gewesen. Den Erlass des Königs Kyros, der ihnen angeblich Macht verlieh, brauchten sie nicht. Sie waren schon vorher freie Menschen.

Auf die ersten Judäer, die nach der Genehmigung durch den Perserkönig nach Jerusalem zurückkehrten, muss die Stadt seltsam gewirkt haben. Die ursprünglichen Vertriebenen waren fast ausnahmslos tot, und ihre Kinder waren mit Geschichten über die Schönheit der Stadt aufgewachsen. Die Babylonier hatten Jerusalem während ihrer Herrschaft nicht wieder aufgebaut. Nehemia, der schließlich Statthalter der Perser in der wiederhergestellten Provinz wurde, soll angeblich wie um einen geliebten toten Menschen geweint haben, als zurückkehrende Judäer ihm zum ersten Mal vom Zustand der Stadt berichteten. Als die Perser die Macht übernahmen, war Jerusalem nur noch ein Schatten seiner früheren Pracht. Aber je eingehender die Archäologen sich mit der Metropole befassten, desto mehr stellte sich heraus, dass das Leben selbst in Jerusalem inmitten der von den Babyloniern angerichteten Verwüstungen weiterging.

An einer oberhalb des Hinnom-Tales gelegenen Stätte namens Ketef Hinnom leitete Gabriel Barkay eine Rettungsgrabung. Unmittelbar unterhalb der schottischen Kirche St. Andrews auf einer Kuppe mit Blick auf die Altstadt entdeckte er eine Reihe von Höhlen, die man in den Felsabhang gehauen hatte. Wie sich herausstellte, befindet sich die Apsis der Kirche unmittelbar über einer Höhle, die wohlhabenden Jerusalemer Familien mehrere Jahrhunderte lang als Grabkammer diente. Die unterirdischen Räume freizulegen war keine einfache Aufgabe. Man hatte die Toten ohne Rücksicht auf den bereits vorhandenen Inhalt bestattet und Platz geschaffen, indem man die dem Eingang am nächsten liegenden Knochen weiter nach innen schob.

In allen Höhlen musste man vom Eingang mehrere Stufen in die eigentliche Kammer hinuntersteigen. An den Seiten befanden sich in den Fels gehauene Bänke, die fast wie Regale aussagen; hier wurden die Leichen nach dem Bestattungsritual abgelegt. In einer Höhle waren die Bänke sogar mit erhöhten »Kissen« für den Kopf und einer Vertiefung für den Hals ausgestattet. Die menschlichen Körper lagen paarweise hintereinander und passten genau in die Hohlräume im Fels.

Im Laufe der Zeit war es Grabräubern gelungen, die meisten Beigaben fortzuschaffen, aber an dem später als Höhle 25 bezeichneten Fundort stieß Barkay auf einen Schatz. Hier war Gestein von der Höhlendecke herabgestürzt und hatte den Eingang versperrt. Außerdem war ein Lager unter einer der Bänke nicht mehr zu sehen gewesen. In diesem Lager entdeckte er eine der reichhaltigsten Grabstätten, die jemals in Palästina gefunden wurden: über 1000 verschiedene Gegenstände aus dem Besitz der mehr als 95 Menschen, die man hier im Laufe von zwei Jahrhunderten bestattet hatte.

Die Grabfunde zeigten, dass die Höhle vermutlich mehreren Generationen derselben Familie als Gruft gedient hatte und aus dem 7. bis 5. Jahrhundert v. u. Z. stammte. Unter anderem entdeckte man Keramikobjekte, die nach Feststellung der Archäologen typisch für die babylonische Periode waren; Ähnliches hatte man auch an anderen Stellen rund um Jerusalem gefunden: Gefäße in Form einer Rübe, Flaschen, Öllampen mit flacher Unterseite, Karaffen mit sackförmig erweitertem Boden. Es gab sogar Bruchstücke eines badewannenförmigen Tonsarges, wie man ihn in Mizpa gefunden hatte, und Pfeilspitzen des Typs, den die Judäer im Kampf gegen die Babylonier verwendet hatten; manche von ihnen waren durch die Benutzung verbogen.

Schon die Tatsache, dass in Jerusalem auch nach der Zerstörung offenbar Grabkammern benutzt wurden, war nach Barkays Ansicht von großer Bedeutung. Darüber hinaus zeugten die Funde von einem unglaublichen Reichtum. Es gab Gegenstände aus Knochen und Elfenbein sowie kleine, gelbliche Glasvasen, kostbare Luxusgegenstände, die von Hand hergestellt werden mussten, bevor Glas durch die Erfindung der Glasblasetechnik größere Verbreitung fand. Man fand über 250 verschiedene Gefäße, Gold- und Silberschmuck sowie einen Anhänger, der mit dem großen Kopf eines bärtigen Mannes verziert war. Manche Schmuckstücke waren mit seltenen Edelsteinen besetzt.

Die Kirche oberhalb der Gräber wurde 1927 erbaut und sollte an die Angehörigen der schottischen Regimenter erinnern, die in der Endphase des zerfallenden osmanischen Reiches mit General Allenby nach Palästina gezogen waren, um das Land von den Türken zurückzuerobern. Nachdem Allenby Jerusalem eingenommen hatte, schlug ein Reeder und Kirchenältester aus Edinburgh vor, man solle eine Kirche als Kriegerdenkmal errichten. Allenby selbst legte den Grundstein – er ist noch heute vor der Kirche an einer Ecke der Treppe zu sehen, die in die Haupthalle führt.

Das ganze Gebäude wirkt wie ein Denkmal für die Toten. Bevor Barkay mich über das Gelände führte, setzte er sich in einen der Rohrstühle in der Vorhalle. Er hatte absichtlich eine Stelle über den Soldatengräbern gewählt. Mit einem seltsamen Lächeln zeigte er auf die vier orangefarbenen Quadrate zu seinen Füßen, die in dem ansonsten vollständig mit braunen Fliesen belegten Fußboden deutlich auffielen. »Damals in den dreißiger Jahren beklagte sich die Ehefrau eines Geistlichen, die Gräber würden ihr Albträume verursachen«, sagte Barkay. »Also wurde alles noch einmal dicht verschlossen, und die Gräber kennzeichnete man mit den orangefarbenen Fliesen.«

Es gibt hier noch andere Gespenster. In den Mauern sieht man Einschusslöcher aus den Kämpfen zwischen Israel und Jordanien während des Krieges von 1967. Am Kircheneingang zeigen vier Flaggen, welche Regimenter hier im Ersten Weltkrieg ihr Leben ließen. Weiter hinten sind die Namen der Toten auf Gedenktafeln aufgeführt. Eine Messingplatte, die in den Fußboden vor dem Kommuniontisch eingelassen ist, berichtet von dem schottischen König Robert Bruce, der sein Herz in Jerusalem bestatten lassen wollte. Nachdem er gestorben war, nahm ein Kreuzritter das Herz in einer Urne mit, um es beizusetzen. Aber der Ritter kam schon unterwegs bei Kämpfen in Spanien ums Leben, und man musste das Herz des Königs nach Schottland zurückbringen.

Die ganze Stätte erinnert an jahrhundertelange Konflikte. Draußen läuteten die Glocken von St. Andrews und riefen die Menschen zum Gebet. Eine leichte Brise erhob sich, während die Gläubigen gemächlich den Hügel hinaufgingen und auf dem Weg zur Kirche an den Grabhügeln vorüberkamen. Zur Zeit des Zweiten Tempels nutzte Pompeius dieses Gebiet vor den Toren Jerusalems als Lager, und von hier aus griff er die Stadt an. Die Sperrmauer, mit der Titus im Jahr 70 u. Z. jede Annäherung an die Stadt verhinderte, um den ersten jüdischen Aufstand niederzuschlagen, verlief über diesen Hügel. Eine der alten Grabhöhlen diente später den Türken, die hier im Ersten Weltkrieg stationiert waren, als Waffen- und Munitionsdepot – die Gewehre lagen auf den steinernen Bänken, die zweitausend Jahre zuvor verstorbene Jerusalemer Bürger aufgenommen hatten. Andere Höhlen hatten Schäden erlitten, als man in osmanischer Zeit mit einem Teil der Steine die Straße nach Bethlehem baute. Jede Gruppe, so schien es, hatte die Toten weggeräumt und die Steine für ihre Kirchen und andere Gebäude verwendet.

Diese Ruhestätte der Toten macht mehr als jeder andere Ort in Juda deutlich, wie das Leben nach Katastrophen und Zerstörung jedes Mal wieder weiterging. »Ich behaupte nicht, Jerusalem sei nach der Verwüstung durch die Babylonier eine blühende Stadt gewesen. So war es sicher nicht«, sagte Barkai. »Es waren die übrig gebliebenen Menschen, die in den Resten einer einst wichtigen Stadt lebten. Aber sie wohnten weiterhin hier.« Größe und Bedeutung Jerusalems waren gewachsen und geschrumpft, sein Schicksal war wechselhaft gewesen, aber immer sammelten sich die Überreste der Toten. Hier oben, über den Grabhöhlen, umgeben von Kriegerdenkmälern und inmitten von Gebäuden, die man aus den Überresten der Vergangenheit errichtet hatte, war das klar zu erkennen. Die Bibelautoren taten so, als habe Jerusalem aufgehört zu existieren, als sie nicht mehr dort waren. Aber in Wirklichkeit lebten unter der babylonischen Herrschaft nicht nur in Juda weiterhin Menschen, sondern auch in den Dörfern des benachbarten Ammon.

## Kapitel 7

# Lots Kinder –
# was geschah wirklich mit den
# Ammonitern?

*So wurden die beiden Töchter Lots schwanger von ihrem Vater ... Und die jüngere gebar auch einen Sohn, den nannte sie Ben-Ammi. Von dem kommen die Ammoniter bis auf den heutigen Tag.*
　　(1. Mose 19, 36–38)

An Feinden Israels herrscht in der Bibel kein Mangel. Da sind die Amalekiter, von denen sie auf dem Weg aus Ägypten fast umgebracht werden; die Edomiter, die ihnen den Durchmarsch auf der langen Wanderung durch die Wüste verbieten; und ganz zu schweigen von Kanaanitern, Philistern, Perizzitern und Ägyptern, die alle den Israeliten auf diese oder jene Weise Schaden zufügen. Den Bibelautoren waren sie alle unsympathisch, aber mit besonderer Verachtung greifen sie die Ammoniter heraus, die unmittelbaren Nachbarn und Rivalen. Die Stammväter von Ammon und Moab waren dem biblischen Bericht zufolge die beiden Söhne, die im Gefolge der Zerstörung von Sodom und Gomorrha aus der alkoholisch-inzestuösen Verbindung zwischen Lot und seinen Töchtern hervorgegangen waren. Und das ist nur der Anfang. Überall in der Bibel schimpfen die Propheten auf die Ammoniter, die angeblich den Israeliten gegenüber im Kampf treulos sind, und sagen ihnen ein böses Ende voraus, wenn sie so weitermachten. Milkom, der Stammesgott der Ammoniter, wird in der Bibel als besonders blutrünstig und grausam dargestellt – er ist nur zu besänftigen, indem man Kinder ins Feuer wirft. Ein letzter

Höhepunkt schließlich ist die Belehrung an den Leser, Kinder aus einer Verbindung zwischen Israeliten und Ausländern könnten nach der dritten Generation als Israeliten angesehen werden, den Nachkommen von Israeliten und Ammonitern jedoch sei dies für alle Zeiten verwehrt.

Und dann plötzlich verschwinden die Ammoniter aus dem biblischen Bericht. Nach den Geschichten über die Zerstörung Judas durch die Babylonier hört man kaum noch etwas von ihnen. Man findet noch ein paar vereinzelte Erwähnungen, dann breitet sich Schweigen über ihr Schicksal. Anfangs erschien es vielen Bibelforschern rätselhaft, dass die Ammoniter, die in Geist und Fantasie der Bibelautoren so lange eine so bedrohliche Rolle gespielt hatten, in den Texten plötzlich nicht mehr vorkamen. Die meisten nahmen an, Ammon habe vermutlich das gleiche Schicksal erlitten, das die Bibel für Juda beschreibt – die Babylonier hätten also auch dort die Städte zerstört und die Menschen vertrieben. In den dreißiger Jahren des 20. Jahrhunderts reiste der amerikanische Rabbiner und Gelehrte Nelson Glueck nach Jordanien und nahm in dem Gebiet um das Tote Meer eine der umfassendsten Untersuchungen vor, seit Entdecker hier im 19. Jahrhundert verkleidet eindrangen, um nicht von den ansässigen Beduinenstämmen entlarvt zu werden. Mehr auf Grund seiner Forschungen an der Erdoberfläche und weniger anhand tiefer gehender Grabungen gelangte Glueck zu dem Schluss, die Ammoniter seien tatsächlich ungefähr zur gleichen Zeit verschwunden, als auch Jerusalem von den Babyloniern zerstört wurde. Seine Befunde waren unter den Fachleuten so allgemein anerkannt, dass niemand mehr dem Gedanken nachging, man könne die Geschichte Ammons und Judas auch getrennt betrachten. Aber schon bevor Archäologen und Bibelforscher sich in den neunziger Jahren noch einmal mit dem Schicksal Judas unter der babylonischen Herrschaft befassten, vertrat eine Gruppe amerikanischer Fachleute die Ansicht, die Geschichte der Ammoniter am Ostufer des Jordan könne eine ganz andere Wendung genommen haben.

Das erste Indiz für eine unbekannte Geschichte der Ammoniter kam in einem Wasserspeicher in Tell Hisban ans Licht. Hisban, dass in der Antike Heschbon hieß, liegt nur eine halbe Autostunde südlich der jordanischen Hauptstadt Amman, ist aber weit von den üblichen Touristenpfaden entfernt. In der ersten Grabungssaison im Jahr 1968 entdeckten die Archäologen fast ganz oben auf dem Hügel, der die rund acht Hektar große Stadt kennzeichnet, eine riesige Aufschüttung. Aber erst 1973, als man an ihrem unteren Ende angelangt war, erkannte man, dass es sich um ein Wasserreservoir handelte. Es war innen verputzt, konnte acht Millionen Liter Wasser aufnehmen und wurde vermutlich zwischen 1000 und 900 v. u. Z. gebaut, als die Stadt sich ausdehnte und die Bewohner mehr Wasser brauchten. Wenig später wurde Hisban weitgehend aufgegeben, und erst 200 Jahre später nahm man das Reservoir wieder in Betrieb. Warum die Stadt verlassen wurde und woher die Bewohner das Wasser hatten, um einen so großen Behälter überhaupt zu füllen, weiß niemand. Als die Archäologen ihn entdeckten, war er mit zahlreichen Schichten aus Keramik, Erde und Ziegelsteinen gefüllt, den Überresten der aufeinander folgenden Städte, die im Laufe der Jahrtausende an dieser Stelle gestanden hatten, zerstört und von den nächsten Bewohnern wieder aufgebaut wurden. Am interessantesten für die Archäologen waren mehrere hundert Keramikscherben, die man in mehreren Grabungsabschnitten zwischen 1968 und 1978 entdeckte. Sechs davon erwiesen sich als Ostraka, also beschriftete Keramikstücke.

Die Fachleute waren sich zunächst nicht sicher, um welche Sprache es sich handelte. Man kannte bis dahin nur wenige Texte der Ammoniter. Eine ammonitische Inschrift aus acht Zeilen hatte man auf dem Campus der Universität Jordaniens auf einer kleinen Bronzeflasche entdeckt, und oben auf der Burg von Amman stand auf einem Stück Kalkstein eine Widmung, die man auf das 9. Jahrhundert v. u. Z. datiert hatte. Darin konnte man den Namen des Ammonitergottes Milkom entziffern, aber insgesamt waren in der Inschrift nur 93 Buchstaben in ammonitischer Schrift enthalten, nicht genug, als dass man damit andere Texte hätte entschlüsseln können.

Nach eingehender Untersuchung der Ostraka von Hisban – die Keramik wurde auch unter Wasser fotografiert, sodass die Tinte deutlicher hervortrat – und nach mühsamer Rekonstruktion der fehlenden Stellen war der Text schließlich zu erkennen. Mehrere Stücke aus Hisban erwiesen sich als Listen von Gegenständen, die als Handelsware dienen sollten. Die Texte waren in der Sprache der Ammoniter verfasst, allerdings in aramäischer Schrift. Das war ein wichtiger Anhaltspunkt für die Datierung. Wie die meisten Sprachen der Nachbarländer, so wurde auch die Schrift der Ammoniter vom Aramäischen verdrängt, weil die Schriftkundigen diese Sprache als gemeinsames Kommunikationsmittel des gesamten Assyrerreiches übernahmen. Aber die besondere Form dieser Buchstaben setzte sich erst später durch, als die Perser das Gebiet am östlichen Mittelmeer beherrschten. Die Ostraka von Hisban entstanden demnach Ende des 6. Jahrhunderts, lange nach der Zeit der babylonischen Herrschaft, in die man bis dahin das Ende Ammons verlegt hatte.

Den Gedanken, Ammon sei von den Babyloniern erobert worden, äußerte der jüdische Historiker Josephus im ersten Jahrhundert u. Z. in seiner Geschichte jener Periode. Teilweise geht die Idee auch auf einen Bericht im Buch Jeremia zurück, die von Baalis handelt, dem König Ammons während der ersten Jahre der babylonischen Gefangenschaft. Jischmael, ein abtrünniger Prinz aus Juda, will Rache für das Haus Davids und die Zerstörung des Tempels nehmen; zu diesem Zweck plant er die Ermordung Gedaljas, der aus einer anderen angesehenen Judäerfamilie stammt und von den Babyloniern als Statthalter Judas eingesetzt worden war. Baalis unterstützte angeblich den Plan und gewährte den Aufständischen nach dem Mord sogar Zuflucht in seiner Stadt. Josephus schreibt, die Babylonier hätten sich bei den Ammonitern für die Komplizenschaft in der Verschwörung gerächt und sie ausgelöscht.

Mitte der achtziger Jahre legten Grabungsbefunde aus Tell Umayari bei Hisban einen anderen Gedanken nahe. Die Stelle war von einer Archäologengruppe der Andrews University entdeckt worden, einer religiösen Institution, die den Siebten-Tags-Adventisten nahe steht. Diese protestantische Sekte war in Nordamerika Mitte des 19. Jahrhunderts gegründet worden. Die Wissenschaftler waren in den sechziger Jahren zum ersten Mal nach Hisban gekommen und wollten dort nach Anzeichen für die Zerstörung des antiken Hishbon durch die Israeliten suchen; die Bibel berichtet darüber in der Geschichte von Moses erfolgreichem Kampf gegen den König Sihon, der den Israeliten nach ihrer Flucht aus Ägypten den ungehinderten Durchzug durch sein Land verweigern wollte. Als die Archäologen keine Hinweise auf größere Zerstörungen fanden, durchkämmten sie das ganze Gebiet der Madaba-Ebene, die sich östlich des Toten Meeres von Amman im Norden bis nach Madaba und Tell Jahul im Süden erstreckt. Die Suche brachte in einem Umkreis von zehn Kilometern um Hisban vier weitere mögliche Fundstellen ans Licht. Daraufhin benannte die Gruppe sich 1982 in »Madaba Plains Project« um und unternahm im Laufe der Jahre Grabungen an allen vier Orten.

Einer davon war Umayri. Er lag ganz in der Nähe von Hisban, aber an dieser Stätte blieb vieles rätselhaft. Im 12. Jahrhundert v. u. Z. war Umayri gewaltsam zerstört worden. Indizien für diese Katastrophe gab es überall: meterdicke Trümmerschichten, verkohlte Holzbalken, Getreidekörner, die aus zerbrochenen Gefäßen quollen, vom Feuer verfärbte Ziegelsteine, sogar die verstreuten Knochen von mindestens zwei Menschen. Wer Umayri ursprünglich erbaut hatte und wer es zerstörte, konnte niemand genau sagen.

Der westliche Rand der Stadt wurde von drei großen Bauwerken beherrscht. Zwei davon waren unterkellert, eine Seltenheit in jener Zeit. Die Keller, die gewaltige Größe der Gebäude und ihre dicken Wände wiesen darauf hin, dass sie nicht als Wohnhäuser, sondern zu Verwaltungszwecken gedient hatten. Für diese Vorstellung sprach auch ein kleines Siegel, das man in der Grube unmittelbar unterhalb des Gebäudekomplexes gefunden hatte. Es enthielt mehrere typisch ammonitische Namen und war auch in ammonitischer Sprache verfasst, jedoch in der gleichen aus dem 6. Jahrhundert stammenden aramäischen Schrift, die man auch in Hisban vorgefunden hatte. Aus dem Fundort des Siegels zogen die Archäologen den Schluss, dass die Gebäude wahrscheinlich nach der Zerstörung Jerusalems durch die Babylonier errichtet worden waren.

Ein weiterer wichtiger Fund war ein kleiner Tonklumpen, den ein freiwilliger Grabungshelfer beim Durchsieben des Bodens fast ganz oben auf dem Hügel entdeckte. Es handelte sich um ein Siegel der Ammoniter; man erkannte darauf einen geflügelten Skarabäus, der von Sonnenscheibe, Halbmonden und ammonitischen Buchstaben umgeben war, alles bekannte Symbole für einen König. In der ersten Zeile des Siegels konnte man einen Namen entziffern: Milcom'ur, eine Schreibweise für die Nationalgottheit der Ammoniter. Andere Teile der Beschriftung zeigten, dass das Siegel einem hohen Beamten des Königs Baalyasha gehört hatte, vermutlich eine geringfügige sprachliche Abwandlung des Namens Baalis, der im Buch Jeremia erwähnt wird. Auch das schien dafür zu sprechen, dass es sich bei den Gebäuden um Hinterlassenschaften der ammonitischen Bürokratie handelte und dass diese noch funktionierte, als die Babylonier bereits Teile von Juda zerstört hatten.

Oystein LaBianca, der Grabungsleiter in Hisban, glaubt zu wissen, wie die Ammoniter überlebten. Er machte sich schon 1968, unmittelbar nach seinem Examen, in den Nahen Osten auf. Zunächst wanderte er durch Jordanien und übernachtete sogar in der Höhle von Petra, jener sagenumwobenen Stadt, die die Nabatäer im Süden Jordaniens in den roten Fels gehauen hatten. Schließlich schloss er sich der ersten Expedition nach Hisban an, die damals von Siegfried Horn, einem Theologieprofessor der Andrews University, geleitet wurde. LaBianca war mit dreizehn Jahren aus Norwegen in die Vereinigten Staaten ausgewandert und erzählte den Leuten gern, er stamme von den Wikingern ab.

Zu jener Zeit hatte er sich über die Nacht in der Höhle von Petra keine großen Gedanken gemacht, aber später wurde sie zu einem Schlüsselerlebnis für seine Theorien über die Ammoniter und die Geschichte Jordaniens. In der Arbeitsgruppe, deren meiste Angehörige kurze, ordentlich geschnittene Haare und einen sauber gestutzten Bart tragen, ist LaBianca fast so etwas wie ein Adventisten-Hippie. Seine blonden Haare sind ungestüm, zu Sitzungen kommt er immer zu spät, und vor nicht allzu langer Zeit bemerkte er am Abend vor einer wichtigen Feier, die er zum 30. Jahrestag des Grabungsbeginns in Hisban geben wollte, dass er kein einziges sauberes Hemd mehr besaß. Daraufhin stand er um drei Uhr morgens auf und fing im Mondlicht zu waschen an. Später ließ er den Präsidenten der Andrews University, an der er als Professor für Anthropologie tätig ist, vor dem Mittagessen eine Stunde im Auto warten, weil er sich erst ankleiden musste.

Im Laufe der Jahre entwickelte LaBianca eine Theorie über die von ihm so genannten »indigenen Widerstandsstrukturen« oder einfacher ausgedrückt über die Überlebensstrategien, mit denen sich die örtlichen Bevölkerung nach seiner Überzeugung auf beliebig viele Unsicherheiten und Wandlungen einstellen konnte. Die Ammoniter überlebten, so sagt er, weil sie ein starkes Stammesbewusstsein besaßen und sich in Sippen und mächtigen Familien organisierten. Die politische Lage änderte sich in der antiken Welt schnell, und deshalb waren die Menschen immer bereit, weiterzuziehen: Ohne zu zögern wechselten sie je nach den Umständen – vom Wetter gar nicht zu reden – zwischen dem Leben in Höhlen, Zelten und Häusern. In der Landwirtschaft verließen sie sich lieber auf kleine Wasserstellen, statt den Bau raffinierter Bewässerungssysteme zu riskieren, und zur Ernährung dienten keine Lebensmittel von fremden Märkten, sondern selbst gezüchtete Tiere und Pflanzen. Könige kamen und gingen, und deshalb hatten die Menschen gelernt, sich selbst zu vertrauen und von einer Zentralregierung nicht allzu viel zu erwarten. Eine Kultur der Gastfreundschaft entstand, und daraus erwuchs ein Netzwerk der gegenseitigen Gefälligkeiten und Information. Und da man auf persönliche Ehre großen Wert legte, war gesichert, dass Einzelne und Familien sich ihrer gegenseitigen Verantwortung nicht entzogen.

Für LaBianca wurde die Nacht in der Höhle von Petra zum Symbol für die wahre Lebensweise der örtlichen Bevölkerung, aber auch für ihren Erfindungsreichtum und ihre Fähigkeit, sich auf alle Veränderungen einzustellen. In dem Hügel von Hisban beispielsweise fanden die Archäologen zu ihrer Verwunderung aus mehreren Zeitabschnitten keinerlei Keramik oder Architektur. Scheinbar hatte hier zu manchen Zeiten niemand gewohnt. Bei weiteren Arbeiten kam aber schließlich ein ganzes unterirdisches Höhlensystem ans Licht, das sich unter der Hauptausgrabungsstätte und in ihrer Umgebung durch den Untergrund zog und während der gesamten Geschichte der Stadt benutzt wurde. Tatsächlich waren überall in Jordanien zu verschiedenen Zeiten hoch entwickelte Höhlendörfer entstanden. Amann war anfangs eine solche Siedlung und wuchs später zu einer Metropole heran. Und in der osmanischen Zeit mit ihren hohen Steuern standen in ganz Jordanien nur drei Städte in den offiziellen Steuerverzeichnissen: Husn, Salt und Kerak. Unbemerkt und unerwähnt blieben dagegen die vielen hundert Höhlendörfer, die es zur gleichen Zeit im ganzen Land gab, darunter auch das von Hisban. Seine Bewohner lebten während der osmanischen Herrschaft den größten Teil des Jahres unter der Erde, um den Steuereintreibern zu entgehen.

Für die in der Madaba-Ebene tätigen Archäologen war die Beschäftigung mit den Ammonitern auch deshalb von besonderem Reiz, weil die in der Bibel beschriebene Kultur und Lebensweise in Jordanien viel besser zu erkennen ist als in Israel, das sich im Laufe der Jahre immer stärker von der Agrargesellschaft entfernt hat. Riesige Stücke der biblischen Landschaft fielen großen neuen Siedlungsprojekten und noch größeren Autobahnen zum Opfer. Die Israelis richteten regelrechte Bibelparks ein (einer heißt »Genesis Land«), um das Leben der Antike für Touristen und auch für die eigene Bevölkerung lebendig zu machen. Schauspieler in traditionellen Gewändern backen Fladenbrot über dem Feuer, pressen Oliven in einer steinernen Ölmühle und drehen Keramik auf einer alten Töpferscheibe. In Jordanien braucht man nicht in einen Freizeitpark zu gehen, um so etwas zu sehen. Dort besteht zwischen der traditionellen Lebensweise von heute und den archäologischen Funden eine bemerkenswerte Kontinuität.

In einem 1997 erschienenen Buch, das die Archäologen von Madaba für ein Laienpublikum schrieben, schildern sie absichtlich abwechselnd das Leben der alten Ammoniter und das der heutigen Jordanier. Sie zeigen, dass viele Aspekte des Lebens im modernen Jordanien – von den Sorgen um die Landwirtschaft bis zur Bauweise der Häuser, von der täglichen Ernährung bis zur großen Bedeutung der Gastfreundschaft – ihre Wurzeln in der Zeit vor 4000 Jahren haben. Die Autoren schreiben: »Die alten Ammoniter sind nicht nur die Vorfahren der heutigen Jordanier, sondern in vielerlei Hinsicht auch unser aller Ahnen.«


Eine schöne Vorstellung; dennoch unterstützten die meisten arabischen Länder bis vor kurzem keine historischen Forschungen über die Zeit vor der islamischen Periode, die in Jordanien im Jahr 636 u. Z. mit dem Sieg der Moslems in der Schlacht von Yarmuk begann. Insbesondere in der arabischen Oberschicht bestand die Neigung, der Entstehung der modernen arabischen Staaten nur geringe Bedeutung beizumessen, waren diese doch vorwiegend von den europäischen Kolonialmächten und insbesondere von Großbritannien und Frankreich mittels zuweilen völlig willkürlicher Grenzziehungen geschaffen worden. In den achtziger Jahren änderte sich diese Einstellung allmählich. Die neuen Grenzen und erst recht die dafür verantwortlichen politischen Führer der arabischen Staaten erwiesen sich als beständiger, als man zuvor meist angenommen hatte. In dem Bestreben, dem zunehmenden islamischen Fundamentalismus eine weltlich-nationale Identität entgegenzusetzen, betonten die arabischen Regierungen nun die Verbindungen zwischen den Bewohnern des Landes in Antike und Gegenwart.

Die Christen aus der Gruppe der Maroniten vertraten die Ansicht, die heutigen Libanesen seien Nachfahren der phönizischen Seefahrer. Die Türkei investierte gewaltige Mittel in die Erhaltung von Monumenten, die von den Hethitern erbaut wurden. Im Iran veranstaltete der Schah zu seinem 50. Geburtstag eine prunkvolle Feier in der Stadt, die in der Antike unter König Kyros als Hauptstadt des Perserreiches gedient hatte. Saddam Hussein steckte Millionen in ein Projekt zum Wiederaufbau des antiken Babylon. Er ließ sogar besondere Ziegel anfertigen: Sie trugen ein Bild seiner selbst und eine Proklamation, in der er sich zum neuen Nebukadnezar erklärte. Auch in Jordanien gab es Anzeichen für einen Wandel. Die Regierung unternahm Anstrengungen, die antiken archäologischen Stätten im In- und Ausland bekannt zu machen, und drängte die Bevölkerung in einer Reihe staatlicher Verlautbarungen, die antiken Sehenswürdigkeiten des Landes zu schützen und zu besuchen. Der Verlag Al Kutba Publishers, der von dem jordanischen Journalisten Rami Khouri geleitet wird, brachte über die Vergangenheit Jordaniens sechs kleine Reiseführer sowie zwei Kinderbücher auf Arabisch und noch mehr Titel auf Englisch heraus. Im Jahr 1998 arbeitete Khouri an einem Buch, das alle Stellen aus dem Altem und Neuem Testament sowie aus dem Koran aufzeigt, die in einer Verbindung mit Jordanien stehen.

Dennoch haben viele Jordanier sich bis heute eigentlich nicht mit den Ammoniter angefreundet; das zeigte sich im Juni 1998 auf einer Tagung in Kopenhagen, die der Geschichte und Archäologie Jordaniens gewidmet war. Dr. Osamah Abu-Qorah, Kurator des archäologischen und historischen Museums der Universität von Jordanien, Leiter des archäologischen Instituts der Hochschule und Professor für biblische Archäologie, hielt einen Vortrag über die Bibel aus jordanischer Sicht. Es war ein bewegender Augenblick. Ein jordanischer Wissenschaftler sprach zu Amerikanern, Europäern, Jordaniern und Palästinensern, alles Archäologen oder andere Wissenschaftler, die sich

228

für die Rekonstruktion der jordanischen Antike interessierten. Zum ersten Mal hatte er die Gelegenheit, die entstehende eigene Sichtweise Jordaniens auf seine Geschichte zu artikulieren.

In einen konservativen Anzug gekleidet und mit ein wenig Schweiß auf der Stirn umriss er in groben Zügen die Meinungsverschiedenheiten, welche die Geschichte der Israeliten umgaben, und dabei berichtete er noch einmal über mehrere Theorien, die den Einzug der Israeliten über Jordanien nach Kanaan betrafen. Aber diese Theorien waren in der Fachliteratur schon seit fünfzehn Jahren bekannt. Die neuen Funde, die man sozusagen in seinem Hinterhof in Zusammenhang mit Ammonitern, Moabitern und Edomitern entdeckt hatte, spielten in seinem Vortrag keine Rolle. Es schien, als habe er sie nicht zur Kenntnis genommen.

»Hebräer und Israeliten gehörten in der Antike zur jordanischen Bevölkerung«, sagte er zum Schluss. »Ihre Gesellschafts-, Volks-, Sprach- und Religionsgeschichte ist eines der zentralen Themen in unserer Region, und sie ist uns Jordaniern ein Anliegen.«

Später versuchten einige andere Tagungsteilnehmer die Motive hinter dem Vortrag zu ergründen. Hatte Abu-Qorah keinen Zugang zu den neuesten Daten und Informationen? War es die Furcht, etwas zu Politisches oder Umstrittenes in einer Zeit großer Unsicherheit zu sagen? Was auch der Grund sein mochte, unter den Archäologen, die sich so sehr bemüht hatten, die Jordanier auf die Ammoniter und ihre Geschichte aufmerksam zu machen, herrschte Enttäuschung. Für Abu-Qorah hatte sich eine einzigartige Gelegenheit geboten, die Ammoniter für Jordanien zu vereinnahmen. Stattdessen bevorzugte er offensichtlich die Israeliten.

In der englischsprachigen *Jordan Times* äußert sich Rami Khouri in seiner Kolumne häufig zum Zusammenhang zwischen der heutigen Identität Jordaniens und seiner Vergangenheit. In den archäologischen Belegen für die Architektur von Petra, die Kunst der Umajjadenburgen und die Gottheiten der Reiche von Ammon, Edom und Maobit sieht er nach seinen eigenen Worten »ein Indiz … für eine lange Tradition des religiösen Glaubens, des kulturellen Pluralismus der Handelsbeziehungen zu anderen Wirtschaftsräumen, vor allem aber die Bereitschaft, friedlich mit anderen Kulturen in Wechselbeziehung zu treten und die positivsten Dimensionen dieser Kulturen aufzunehmen«.

Auch Leen Fakhouri, Architekturprofessorin an der University of Jordan und Präsidentin der Friends of Archaeology Society, setzt sich für die Erhaltung der Altertümer ein und hat viel Mühe darauf verwendet, das öffentliche Interesse für Jordaniens Vergangenheit zu wecken. An den Wänden ihres Arbeitszimmers hängen Plakate, Landkarten, Ankündigungen von Exkursionen zu verschiedenen archäologischen Stätten und Bilder von früheren Aktionen. Die junge, attraktive Frau scheint mit ihren schulterlangen Haaren, dem modischen schwarzen Kostüm und dem teuren Schmuck wie weit entfernt von den Ammonitern, fühlt sich aber dennoch mit ihnen verbunden. »Die Ammoniter sind in meiner Vorstellung kein lebendes Etwas«, sagte sie eines Nachmittags, »aber ich empfinde sie als meine Partner, weil wir die gleiche Region teilen. Ich sehe mir an, wie sie das Land nutzten und wie ich es nutze. Als die Ammoniter hier lebten, waren sie wirtschaftlich, politisch und gesellschaftlich in einer ganz bestimmten Lage. Das spüren wir heute noch.«

An der Kultur der Ammoniter Interessierten wird es aber nicht leicht gemacht. Das wichtigste Zentrum ist das Museum in der Burg von Amman. Es liegt auf dem Hügel, der nach übereinstimmender Ansicht der meisten Archäologen die Hauptstadt des alten Ammon war. Hinter dem Gebäude liegt die von einer Kuppel gekrönte Eingangshalle zum Palastkomplex der Umajjaden aus dem 8. Jahrhundert u. Z. Hier gibt es einen öffentlichen Bereich, einen Wasserspeicher und eine Treppe, die zu einer großen Moschee führt. Vor dem Museumseingang stehen eindrucksvolle römische Säulen, eine Erinnerung an die Eroberung der Stadt durch die Römer. Der Besucher kann zwischen den Säulen herumspazieren und auf die Innenstadt von

Amman blicken, aber auch auf die geschwungenen kleinen Hügel, die heute die verschiedenen Stadtviertel kennzeichnen und den Einheimischen als Bezugspunkte dienen, wenn sie den Weg erklären.

Das Museum in der Zitadelle ist wohl tatsächlich die wichtigste archäologische Sammlung Jordaniens, aber das besagt nicht viel. Ihren wichtigsten archäologische Fund, die Schriftrollen vom Toten Meer, brachten die Jordanier im archäologischen Museum von Palästina unter, das heute besser unter dem Namen Rockefeller-Museum bekannt ist und sich im Ostteil Jerusalems befindet. Als 1967 der arabisch-israelische Krieg ausbrach, schmiedete man in Jordanien hektische Pläne, die Rollen zur sicheren Verwahrung nach Amman zu bringen. Aber man war nicht schnell genug: In den letzten Kriegstagen nahmen die Israelis ganz Jerusalem ein, einschließlich des Museums und der Schriftrollen.

Die Burg selbst bietet einen beeindruckenden Anblick, ihr Inneres jedoch wirkt bedrückend. Die wenigen Besucher, die sich in dem kleinen Saal umsehen, sind in ihrer Mehrzahl Ausländer. Häufig kann man eine ältere Frau sehen, die mit Besen und Putzeimer durch die Gänge geht und mit ihren Schuhen klappernde Geräusche verursacht, während sie die braunen Fliesen reinigt. Die Beschriftung an den Vitrinen ist spärlich. Die meisten wichtigen Funde aus der Ammoniterzeit sind überhaupt nicht ausgestellt, sondern werden in Kisten eine Treppe tiefer oder im Ministerium für Altertümer in Amman aufbewahrt. Immerhin sind aber in dem Museum über 30 Statuen zu sehen, die im Laufe der Jahre in der Nähe von Amman gefunden wurden. Es sind bemerkenswerte Arbeiten: gnomartige Gestalten aus Kalkstein mit zwei Gesichtern, deren Augen bei manchen aus eingelegten Perlen bestehen. Manche Stücke sind mit aramäischen Buchstaben beschriftet. Während der Grabungssaison 1998 fanden die Archäologen in Umayri die Bruchstücke mehrerer weiterer Statuen. Alle diese Fragmente passten offensichtlich nicht zusammen, aber auch für sich betrachtet zeigten sie, wie großartig die Kunstwerke gewesen waren. Man entdeckte ein großes Auge, Kinn und Mund mit gefärbtem Bart oder Tätowierung sowie andere Körperteile, darunter eine Schulter, eine Ferse, Arme und Beine. Alle diese Statuen und Bruchstücke sind vermutlich der wichtigste Beleg dafür, wie hoch entwickelt die Kultur der Ammoniter tatsächlich war; vergleichbare Kunstwerke aus jener Zeit kennt man von Israeliten nicht. Aber wer mit der Geschichte der Ammoniter nicht vertraut ist, wird die große Bedeutung dieser Arbeiten nur schwer begreifen. Die Anhaltspunkte sind klein und verborgen. In dem ganzen Museum herrscht eine muffige, altmodische Atmosphäre.

Das Museum spiegelt die zögerliche Haltung vieler Jordanier gegenüber ihrer eigenen Geschichte wider. Im Herbst 1998 veranstalteten die Friends of Archaeology die erste Nationale Woche des Kulturellen Erbes. Am Eröffnungstag machte der Bürgermeister von dem Museum aus einen Rundgang durch die Innenstadt von Amman, der durch das Labyrinth der Stadtstraßen führte und bei einer Sonderausstellung der jordanischen Antiquitäten in dem leuchtend weißen Rathaus endete. Dahinter steckte die Absicht, die Kontinuität zwischen Vergangenheit und Gegenwart deutlich zu machen, den Zusammenhang zwischen dem alten Amman und dem, was es heute ist.

Es war ein mühseliges Unterfangen. Zu dem Rundgang erschienen nur 150 Personen. Die Ausstellung, in der Bilder von verschiedenen Ausgrabungen, Kinderzeichnungen und Vorführungen der Mosaikkunst gezeigt wurden, zog viele Schulklassen und Vertreter ausländischer Organisationen an. Gegen Ende der Woche spielte man in der Innenstadt ein Theaterstück mit dem Titel Al-Da'ira (»Der Kreis«). Es zeigte anhand der Legende von Ba'al und Asherah, der beiden kanaanäischen Kräfte der Fruchtbarkeit, wie die Besinnung auf die Quellen des kulturellen Erbes auch Lösungen für heutige Probleme bieten kann. Die Aufführung war ebenfalls schlecht besucht.

Während jener Woche saß Kathy Sullivan, die Leiterin des Bildungsausschusses der Friends of Archaeology und eine der treibenden Kräfte hinter der Veranstaltung, in ihrer komfortablen

Wohnung in einem Nobelvorort von Amman und überlegte, wie man jenes Anliegen besser verständlich machen könnte. Sie hatte die Moderatorin einer beliebten Fernsehsendung namens Whaqt Al Farah (»Zeit des Glücks«) dazu gebracht, Werbung für die Ausstellung der Kinderzeichnungen zu machen. Unter anderem hatte Sullivan die Idee gehabt, eines der Kinder als römischen Soldaten zu verkleiden und es über das Leben in Amman zu jener Zeit sprechen zu lassen. In der Sendung sollte das Kind einen archäologischen Fund vorzeigen: den Kopf der Tyche, die während der römischen Besetzung die Schutzgöttin Ammans gewesen war. Sullivan erinnert sich, wie die Fernsehmoderatorin sich sträubte, den Kopf zu zeigen; sie sagte: »Ich möchte nicht, dass jemand anruft und sich beschwert, wir würden die Kinder wie Götter darstellen, und ich möchte die Kinder nicht damit verwirren, dass es damals mehrere Götter gab.« Ähnliche Reaktionen hatte es auch auf das Plakat gegeben, mit dem die Woche des kulturellen Erbes angekündigt wurde. Es zeigte einen römischen Kopf. »Manche Leute fanden es hübsch, aber sie fragten mich, warum ich nicht etwas Jordanisches verwendet hätte«, berichtete Sullivan. »Darauf erwiderte ich, es sei etwas Jordanisches. Jordanien wurde von vielen Menschen und Kulturen beeinflusst, die im Laufe der Jahrhunderte hier waren. Aber sie sagten: ›Das ist nicht unser Erbe.‹«

Hier lag in Sullivans Augen ein Teil des Problems. Die Jordanier kannten sich in arabischer und islamischer Geschichte aus, wussten aber so gut wie nichts über Ammoniter, Nabatäer und Römer. Alle diese Völker galten nicht als integrale Elemente der jordanischen Geschichte, sondern als Fremde. Man führte gegen sie die gleichen Argumente an wie gegen die aufblühenden Fastfood-Ketten und das Internet. Wie man dagegen aus den neuen archäologischen Befunden entnehmen konnte, hatten die Ammoniter nur deshalb so lange überlebt, weil sie sich äußeren kulturellen Einflüssen und dem Handel mit ihren Nachbarn geöffnet hatten und immer einen Weg fanden, um diese Faktoren in ihre eigenen Lebensverhältnisse zu integrieren.

Sullivan, ohnehin freundlich und gesprächig, wurde noch lebhafter, als sie diesen Zusammenhang herstellte. »Daraus können wir lernen, dass man Dinge von außerhalb des eigenen Gebietes und der angestammten Kultur nutzen kann, ohne sich selbst zu verlieren«, sagte sie. »Ich finde, die Leute sollten stolz darauf sein, dass schon vor ihnen Menschen da waren und dass sie einen solchen Erfindungsreichtum besaßen. Sie sollten spüren, dass diese Kraft etwas Ererbtes ist.«

Wie schafften es die Ammoniter? Wie konnten sie trotz des Aufstandes im benachbarten Juda und der Machenschaften ihrer eigenen Herrscher in dem nachfolgenden politischen Chaos überleben? Während die Grabungen in Umayri weiter vorangetrieben werden, durchkämmen andere Mitglieder des Forschungsteams die hügelige Landschaft in der Hoffnung, Anhaltspunkte für die Bedeutung des Ortes in seinem größeren Umfeld zu finden. In der ländlichen Umgebung verstreut liegen über siebzig alte Bauernhöfe, alle im Stil der Monumentalarchitektur, die offenbar ein Zeichen für staatliche Schirmherrschaft darstellt. Zu jedem Gehöft gehören eine oder mehrere Weinkeltern, ein oder zwei Wasserzisternen und rund um das Hauptgebäude eine oder mehrere Höhlen, die vermutlich als Speicher dienten. Sie wurden praktisch alle zur gleichen Zeit erbaut: Mitte des 6. Jahrhunderts v. u. Z., als die Babylonier in Juda herrschten.

In einem zusammenfassenden Aufsatz über die Funde, der in den neunziger Jahren im Jahresbericht der Altertümerverwaltung Jordaniens erschien, äußerte der Grabungsleiter von Umayri Larry Herr die Vermutung, die Höfe könnten vielleicht eine Erklärung sein, warum die Ammoniter dem Zorn der Babylonier entgingen. Demnach finanzierte das Ammoniterreich den Aufbau der Weinberge einschließlich der Keltern und aller notwendigen Einrichtungen für die Produktion, um auf diese Weise Tribut an Babylon zahlen zu können. Umayri war dabei das Zentrum. Bei den Ausgrabungen in dem Ort fand man Siegel der königlichen Verwaltung und viele davon berichten über Verkauf und Lagerung von Wein sowie über seinen Transport nach Babylon und an andere Bestimmungsorte.

Wo die Babylonier keine Kompromisse erzielen konnten, zerstörten sie, aber eigentlich war der Kompromiss ihnen lieber. Die dauernden Aufstände in Jerusalem, die endlosen Machenschaften einer Gruppe von Verschwörern, die das Haus David unbedingt wieder an die Macht bringen wollten, ließen Babylon keine andere Wahl. Ammon dagegen war bereit, Steuern zu zahlen sowie Wein und andere Waren zu liefern, die für das wachsende Großreich notwendig waren, und damit eröffnete sich ein anderer Weg. Nach Herrs Überzeugung waren die Babylonier darauf aus, einen Handel abzuschließen, und die stets pragmatischen, wohlhabenden Ammoniter hatten das gleiche Interesse.

Die in Ammon tätigen Archäologen sind bis heute nicht sicher, was den Ammonitern schließlich den Garaus machte, aber sie vertreten mittlerweile übereinstimmend die Ansicht, Ammon habe den Höhepunkt seiner kulturellen Leistungen unter den Assyrern und anschließend unter den Babyloniern erreicht. Es scheint, als hätten sie sogar unter den Persern weitergelebt, die nach dem Niedergang Babylons zur neuen Supermacht der Region wurden. Abkommen mit Großreichen zu schließen und mit dem Ausland zu handeln, hatte sich für Ammon als nützlich erwiesen.

Besonders deutlich wird der ständige Kontakt der Ammoniter mit der Außenwelt durch zwei weitere Siegelabdrücke, die man in einem der Verwaltungsgebäude von Umayri fand. Sie waren auf den Griffen von Gefäßen angebracht und enthalten keine königlichen Symbole oder Abbildungen von Skarabäen, wie sie die älteren an der Stelle gefundenen Siegel zierten. Die Buchstaben sind groß und grob geformt, und die Schrift stammt aus der Perserzeit.

Die Siegel sind schwer zu entziffern, aber Herr ist überzeugt, dass die drei ersten Buchstaben zu dem typisch ammonitischen Spitznamen Shuba gehören, der Kurzform von Shub'el. Das

nächste Wort besteht aus drei Konsonanten aus dem Staats-
namen Ammon. Herr arbeitete erst vor kurzem ein Jahr lang am
William F. Albright Institute for Archaeology in Jerusalem, und
dort fiel ihm die Ähnlichkeit zwischen den Siegeln von Umayri und den so genannten Yehud-Siegeln auf, die ihren Namen
von der persischen Bezeichnung für die Provinz Juda haben.
Die Yehud-Siegel, die auf Gefäßen aus Juda als Markierungen
für das persische Provinzsteuersystem dienten, sind in derselben armenischen Schrift geschrieben wie die Shuba-Siegel.
Nach Herrs Theorie sind die Shuba-Siegel die ammonitischen
Entsprechung zu den Yehud-Siegeln aus Juda.

Hier galt schon vor Jahrtausenden LaBiancas Widerstands-
prinzip: Den Ammonitern gelang ein fast bruchloser Übergang
von ihrem eigenen Gemeinwesen zum Leben unter den launi-
schen Babyloniern und Persern. Das Verwaltungsgebäude in
Umayri, wo man die Shuba-Siegel fand, hatte auch die ammonitische Staatsmacht beherbergt, die das Milcom'ur-Siegel hergestellt hatte. Der ganze Komplex erlebte von der Herrschaft
der Ammoniterkönige bis zu der Zeit hundert Jahre später, als
Shuba die Steuern für der Perserreich eintrieb, nur geringfügige bauliche Erweiterungen. Und die Gefäße, denen die Shuba-
Siegel aufgedrückt wurden, enthielten die von der Persern als
Steuer eingezogenen Waren. Eine davon war vermutlich Wein,
dessen Produktion die Ammoniterkönige in den Gehöften rund
um Umayri angekurbelt hatten, um die Babylonier zufrieden zu
stellen. Die Ammoniter hatten eine Überlebensstrategie gefunden. Das Leben ging weiter, und zwar im Großen und Ganzen
so wie immer.

In Hisban war es nicht einfach, das Interesse der Dorfbewohner für diesen ungewöhnlich großen historischen Bogen zu
wecken. Irgendwann hatte LaBianca überall auf dem Grabungsgelände Schilder aufgestellt, die Touristen und Einheimischen
erklärten, was zu sehen war. Als er aber im nächsten Sommer
zu neuen Grabungen eintraf, waren alle Schilder zerstört. »Das
war mir eine Lehre«, sagte er mir kürzlich.

Nun wandte er sich an den Bürgermeister und fragte, ob es im Dorf jemanden gebe, der Englisch spreche und bereit sei, als Verbindungsperson zwischen Dorf und Grabungsmannschaft zu fungieren. Der Bürgermeister benannte den örtlichen Lehrer Mafouz Abdul Hafez, einen palästinensischen Flüchtling aus dem Westjordanland, der nach dem arabisch-israelischen Krieg von 1967 nach Hisban gezogen war.

Die beiden Männer kamen glänzend miteinander zurecht. Abdul Hafez erklärte, die Schilder seien aus Kunststoff gewesen, und die jungen Leute aus dem Dorf seien daher auf das Grabungsgelände gekommen und hätten sie zum Spaß abgerissen. Das erste Vorhaben bestand also darin, neue Schilder aufzustellen. Dieses Mal organisierte Abdul Hafez eine Gruppe von Dorfbewohnern, die große Holzstücke zurechtsägten und braun anstrichen. Sie entwarfen eine Tafel in arabischer und englischer Sprache, welche die Besucher des Dorfes begrüßte und die gesamte Geschichte von Hisban erläuterte: von den Anfängen als »traditionelle Festung der Amoriter«, auf der Mose und die Israeliten dem biblischen Bericht zufolge gegen den mächtigen König Sihon kämpften, über die Ammoniter bis zu seiner heutigen Stellung als Heimat des Stammes der Ajarmeh. Andere Schilder erläuterten Grundbegriffe der Archäologie. Außerdem ließ man einen großen Haufen zerbrochener Gefäße und Handgriffe liegen, damit die jungen Leute etwas zum Einsammeln hatten. Irgendjemand zeichnete sogar einen Lageplan des ganzen Geländes, auf dem die verschiedenen historischen Perioden und die jeweils gefundenen Gegenstände eingezeichnet waren.

Der nächste Schritt bestand darin, Hisban zu einer Freiluftschule zu machen. Ein über zwölf Wochen reichender Lehrplan wurde aufgestellt, und dabei sollten die Schüler in jeder Lektion etwas über Archäologie lernen – welche Werkzeuge die Archäologen benutzen, und mit welchen Verfahren man die Geschichte einer Stätte aufzuklären versucht –, und es sollten Informationen über die vielen verschiedenen Gruppen vermittelt werden, die im Laufe der Zeit in der Stadt gelebt hatten.

In dem von LaBianca, Abdul Hafez und einigen anderen entworfenen Lehrplan, der noch von verschiedenen jordanischen Ministerien begutachtet wird, spiegelt sich ein Teil des Dilemmas wider, das sich immer erhebt, wenn es um die Ammoniter und damit auch um die Bibel geht. Obwohl die Stätte erheblich dazu beiträgt, die Geschichte der Ammoniter aufzuklären, wird sie in dem Lehrplan nur kurz gestreift. Die Vorstellung, dass Hisban früher eine Festung der Amoriter war, wird zwar auf den Schildern für die Touristen deutlich hervorgehoben, der Lehrplan erwähnt sie aber überhaupt nicht, unter anderem weil LaBianca sich seinen eigenen Angaben zufolge nicht sicher ist, ob die biblische Auseinandersetzung zwischen Mose und König Sihon überhaupt in Heshbon stattgefunden hat. Stattdessen wird die islamische Geschichte der Stätte ebenso betont wie die Verwandtschaft ihrer heutigen Bewohner mit den Einwohnern früherer Zeiten, was angesichts der Tatsache, dass die Ajarmeh ein islamischer Stamm sind, nicht verwunderlich ist. Aber im Zuge seiner persönlichen Entwicklung von der Konzentration auf das biblische Heshbon zum Interesse für den historischen Lauf der Dinge, der zum heutigen Hisban führte, musste LaBianca auch erkennen, dass Hisban am besten selbst herausfindet, wie es sich an Heshbon erinnern will, und das ist nicht immer einfach.

Während ich zu Besuch bin, kommt Yousef Msalam al Awalda, der Bürgermeister von Hisban, um sich über die Vorbereitungen für die 30-Jahr-Feier der Ausgrabungen an dieser Stelle zu informieren. Er ist ein launischer Mann und hat das Grabungsgelände fast eine Woche lang boykottiert: Er ärgert sich darüber, dass LaBianca unbedingt selbst die Leute aussuchen möchte, die für verschiedene Aufgaben bei der Feier zuständig sind, statt dies dem Bürgermeister zu überlassen. Er bleibt kurz stehen und unterhält sich, aber für die Ammoniter scheint er sich nicht im Geringsten zu interessieren. »Von Zusammenhängen zwischen der Bibel und Hisban weiß ich nichts«, gibt er zu bedenken. Stattdessen vertieft er sich in die verwickelte Geschichte der sprachlichen Veränderungen, die der Name Hisban im Laufe der Jahre erlebt hat. Ob er eine Verbindung zu den Ammoniten spürt, die hier in der Antike lebten? »Natürlich«, erwiderte er. »Sie waren hier die Ersten, und wir sind die Zweiten. Wir sind ein Teil der Geschichte. Wie der Koran sagt: ›Wir haben unsere Väter gefunden und treten in ihre Fußstapfen.‹«

Über die Geschichte dieser Väter, wie die Archäologen sie interpretieren, wäre der Bürgermeister wahrscheinlich verblüfft. In einem Bericht über die Grabungssaison 1998 in Jordanien weisen Herr, LaBianca und zwei andere Archäologen darauf hin, dass die materielle Kultur von Umayri und Hisban stark den Funden in der Hochebene westlich des Jordan und im Norden Jerusalems ähnelt. Keramik des gleichen Typs wurde an mehreren Stellen gefunden, die man mit den Israeliten in Kanaan in Verbindung bringt, so in Shechem, Itzbet Sartah und Taanach. Auch die Architektur ist ähnlich. Ein Siegel und ein Töpferzeichen, die man am Berg Ebal in der Nähe von Nablus gefunden hat, gleichen genau zwei Funden aus Umayri, und alle waren am oberen Handgriff von Krügen angebracht. »Alle Stätten aus der frühen Eisenzeit in den Bergen des Nordens haben ähnliche Keramikensembles wie unsere«, sagt Herr. An den Städten östlich des Jordan war das nicht der Fall. »Zu den Städten in Transjordanien, von denen die meisten offenbar erst später gegründet wurden, gibt es keine starken Parallelen«, stellt der Bericht fest. Nach Herrs Überzeugung könnte es sich bei den Menschen, die später zu den Ammonitern wurden, ursprünglich um Angehörige des biblischen Stammes Ruben gehandelt haben, der auf den erstgeborenen Sohn von Jakob und Lea zurückgeht. Der Bibelexperte Frank Moore Cross wies darauf hin, dass Ruben trotz aller Veränderungen, die viele Geschichten im Laufe der Jahre durchmachten, in den biblischen Stammbäumen der Israeliten immer als erstgeborener Sohn Jakobs aufgeführt wird. Da sich in den Stammbäumen meist die Entwicklung der Stämme widerspiegelt, so Cross, muss der Stamm Ruben als erste der Gruppen, die später die Israeliten bildeten, in gewissem Umfang Erfolg gehabt haben. Dem stimmt auch Herr zu. Nach seiner Ansicht passt die Vorstellung, dass Umayri anfangs eine Siedlung des Stammes Ruben war, hervorragend zu seiner religiösen Überzeugung, wonach der biblische Bericht über die Stämme, die von Osten über den Jordan hinweg nach Kanaan wanderten, eine historische Grundlage hat. Wenn das stimmt, bietet seine Idee außerdem reichhaltigere historische Erkenntnisse über die Ammoniter als die Bibel allein.

Der Stamm Ruben hat eine komplizierte Geschichte, und der Bibeltext vermittelt dazu ein widersprüchliches Bild. Nachdem Jakobs Lieblingsfrau Rahel gestorben ist, geht Ruben eine sexuelle Beziehung zu ihrer Sklavin ein, der Konkubine seines Vaters. Das deutet man als Versuch Rubens, die Autorität seines Vaters in Frage zu stellen, eine Tat, die von den Bibelautoren missbilligt wird. In der Geschichte über Josef jedoch erscheint Ruben in einem besseren Licht. Er versucht Josef zu retten, während seine anderen Brüder ihn aus Eifersucht wegen seiner Bevorzugung durch den Vater töten wollen. Später, nachdem die Israeliten in Kanaan eingedrungen sind, bittet der Stamm Ruben um die Erlaubnis, westlich des Jordan zu bleiben, und ihm wird dort auch Land zugewiesen. Anschließend verschwindet Ruben genau wie die Ammoniter aus dem historischen Bericht. In der Inschrift von Mesha, die der König von Moab im 9. Jahrhundert dort anbringen ließ, werden die Menschen aus dem Stamm Gad als Bewohner des Gebietes genannt, aber Ruben wird nicht erwähnt.

Der Bürgermeister von Hisban wird nie den in einer Fachzeitschrift der Andrews University erschienenen Grabungsbericht lesen, aber das ist vermutlich auch nicht nötig. Kurz nach Beginn der Grabungen überzeugten die Archäologen das Ministerium für Öffentlichkeitsarbeit, dass Wegweiser zu der Stätte aufgestellt werden müssten. Man wollte damit mehr Touristen anlocken, die das Dorf im Allgemeinen links liegen ließen und lieber nach Petra oder zu dem Ort Jerash aus römischer Zeit fuhren. Über die Beschriftung der Wegweiser gab es zwischen den beiden Seiten ein langes Hin und Her, aber schließlich war man sich einig: Hisban, antike Stätte des biblischen und islamischen Erbes. Die Schilder wurden aufgestellt, und zwischen ihnen entwickelte sich der in Jordanien allgegenwärtige, lebhafte Straßenrand-Handel. Kleine Stände verkauften frisch aufgebrühten arabischen Kaffee, und die Händler dösten im Schatten der Bäume, sodass an der Straße nur die gewaltigen Messingschnäbel der Kaffeekannen zu sehen waren; daneben auf dem Pannenstreifen warteten ägyptische Töpfer in traditioneller arabischer Kleidung geduldig auf Kunden, denen die charakteristische weiß-rosa Keramik in Hunderten von Formen und Größen beim Vorüberfahren ins Auge stach.

Im Dorf wurden Klagen laut – zunächst gegenüber dem Bürgermeister, der dann das Ministerium informierte. Es war etwa ein Jahr nachdem Benjamin Netanjahu im Juni 1996 zum Premierminister gewählt worden war. Der Friedensprozess war ins Stocken geraten, und die Schilder wurden zu einem seltsamen Aufhänger für die wachsende Frustration. Das Problem bestand darin, dass man das Wort »biblisch« nicht ohne weiteres ins Arabische übersetzen konnte. Der arabische Begriff für die Bibel ist »das Buch«, aber er traf nicht ganz zu. Also entschloss sich das Ministerium, ein neues Wort zu kreieren: »thoraonisch« nach der Thora, der hebräischen Bibel. Auf den Schildern stand also »Hisban, antike Stätte des thoraonischen und islamischen Erbes«.

Für die Bewohner der Gegend wiederum konnte »thoraonisch« nur eines bedeuten: Israelis. Wenn Hisban eine Stätte der Israelis war, so die Klagen, mit denen das Ministerium nun überschwemmt wurde, was sollte dann die Israelis daran hindern, sie wieder in Besitz zu nehmen? »Es wurde gemunkelt, Israel werde in Jordanien einfallen und Hisban erobern«, erzählt LaBianca. »Man machte sich Sorgen, die Schilder seien irgendwie eine Bestätigung für die Präsenz der Israelis in der Region.«

LaBianca argumentierte, westliche Touristen würden sich vor allem für die biblischen Bezüge in Hisban interessieren. Aber das Ministerium gab nicht nach. Der Begriff »thoraonisch« musste verschwinden. Daraufhin machten die Archäologen einen

Kompromissvorschlag. Warum sollte man Hisban nicht als Ammonitersiedlung bezeichnen? »Von den Jordaniern wusste kaum jemand, wer die Ammoniter waren«, sagt LaBianca, »aber es war klar, dass sie keine Israelis waren.«

Also wurden die alten Schilder abmontiert, und auf den neuen stand nun »Hisban, antike Stätte des ammonitischen und islamischen Erbes«. Die Spannungen verebbten, die Auseinandersetzung war vorüber. Sogar die Archäologen freuten sich. Sie dachten: Die Ammoniter mögen aus der Bibel verschwunden sein, aber zumindest haben sie einen Platz auf jordanischen Wegweisern gefunden. Allerdings wurde man den Ammonitern auch damit nicht ganz gerecht. Die Dorfbewohner der Gegend nutzten die Schilder gern, um daran selbstgemalte Plakate mit Hochzeitsankündigungen oder Wegweiser zu Familienfeiern anzubringen. Schon nach kurzer Zeit waren die Buchstaben des Wortes »ammonitisch« so zerkratzt und verblichen, dass man sie kaum noch lesen konnte.

Aber zumindest heute stehen die Ammoniter wieder im Mittelpunkt des Interesses. Hunderte von Menschen haben sich in Hisban zu einer Feier versammelt. Am Rand des Ausgrabungsgeländes stehen zwei große weiße Zelte, in denen Erfrischungen gereicht werden. Später wird eine Führung durch die Grabungen stattfinden. In kleinen Gruppen werden die Besucher über das Gelände gehen und den Wasserspeicher besichtigen. Sie werden die Reste des Militärstützpunktes sehen, den die Griechen auf dem Gipfel des Hügels bauten, und sie werden erfahren, dass man darin Rüstungsteile, Steine für Steinschleudern und Speerspitzen gefunden hat. Man wird ihnen ganz oben den kleinen römischen Tempel zeigen. Während der byzantinischen Herrschaft gab es in Hisban einen eigenen Bischof und zwei Kirchen mit wunderschönen Mosaikfußböden. Später bauten die Moslems, die das Gebiet erobert hatten, in den römischen und byzantinischen Ruinen ein kleines Gasthaus. Der Statthalter des Ortes fügte zu jener Zeit sogar einen Baderaum mit fließend warmem und kaltem Wasser hinzu, das einen Blick auf alle Vorgänge in der Stadt und der umgebenden Landschaft ermöglichte, von dem kühlen, höchst erfrischenden Wind gar nicht zu reden. Bei klarem Wetter konnte der Statthalter in der Ferne sogar dem Gipfel des Nebo ausmachen.

Heute brennt die Sonne erbarmungslos; die Leute sitzen auf weißen Plastikstühlen, die man in dem antiken Amphitheater aufgestellt hat. Hier stand in römischer Zeit ein Tempel, unter den Byzantinern eine Kirche und unter den Moslems eine Moschee. Der Ort wurde absichtlich gewählt – er zeigt wieder einmal, wie jede Gruppe auf den Überresten derer, die vor ihr da waren, aufgebaut hat.

Prinz Raad, ein Angehöriger der Königsfamilie, ist eingetroffen. Er trägt eine flotte schwarze Mütze und ein weißes, kurzärmeliges Hemd. Die Reden beginnen, und jeder ist erpicht darauf, ein paar Worte zu sagen. Der Prinz, der Minister für Tourismus, der Leiter der Denkmalbehörde, der Parlamentsabgeordnete von Hisban, der Bürgermeister – einer nach dem anderen tritt vor das Mikrofon. Die Zuhörer sitzen geduldig in der sengenden Hitze, und Jungen aus dem Dorf gehen zwischen den Stuhlreihen auf und ab, um Flaschen mit kalter Pepsi Cola zu verteilen. Als LaBianca an der Reihe ist, führt er das Publikum Schritt für Schritt durch die lange Geschichte von Hisban; in chronologischer Reihenfolge weist er auf den von den Ammonitern gebauten Wasserspeicher und auf die anderen Bauwerke hin, bis zu dem römischen Tempel auf dem Gipfel des Hügels. »Hisban ist ein Klassenzimmer. Hier können wir die Menschen treffen, die die Weltgeschichte geschrieben haben«, erklärt er den Zuhörern.

Eine andere Geschichte dieser Welt ist die Bibel. Bekanntermaßen geißelt sie die Ammoniter erbarmungslos, weil sie gegen die Israeliten gekämpft haben. Es steht sogar geschrieben, dass sie auch als Bekehrte nie in die Gemeinschaft Israels aufgenommen werden dürfen, angeblich weil sie untätig zusahen, als die Babylonier Jerusalem zerstörten. Aber es gibt in der Bibel auch eine kleine Geschichte, die meist übersehen wird. Dort heißt es: Als Jerusalem in Trümmern lag und die Babylonier in Juda wüteten, überquerten viele Menschen aus Juda den Jordan und fanden bei den Ammoniter Zuflucht. Obwohl sie also in der Bibel so schlecht wegkommen, gab es einst ein Gefühl einer – wenn auch vielleicht nur entfernten – Zusammengehörigkeit und das Bewusstsein eines gemeinsamen Schicksals. Die Ammoniter waren trotz aller Gefahren bereit, die Gelegenheit zu ergreifen und ihre Grenze für die Außenwelt zu öffnen. Es stellt sich heraus, dass Ammon nicht immer ein Feind Israels war: In Zeiten des Aufruhrs war es auch ein Zufluchtsort. Ganz ähnlich wandelt sich auch unser Bild von der Beziehung zwischen dem antiken Israel und Edom.

## Kapitel 8

# Esaus Erstgeburtsrecht –
# ein neues Bild der Edomiter

*Und Jakob kochte ein Gericht. Da kam Esau vom Feld und war müde und sprach zu Jakob: Lass mich essen das rote Gericht; denn ich bin müde. Daher heißt er Edom [rot]. Aber Jakob sprach: Verkaufe mir heute deine Erstgeburt.*
   (1. Mose 25, 29–31)

Während die Heilige Schrift den Ammonitern nur erbarmungslose Verachtung entgegenbringt, äußert sie gegenüber den Edomitern, den Nachbarn der Israeliten im Süden Jordaniens, wesentlich vielschichtigere Gefühle. Wie alle Stämme in der Region, so haben auch Israeliten und Edomiter eine lange gemeinsame Geschichte. Im Laufe der Jahrhunderte versuchten sie immer wieder, sich gegenseitig zu unterwerfen, und häufig konkurrierten sie um den besten Zugang zu wichtigen Handelswegen. Trotz der ständigen Spannungen werden die Israeliten in der Bibel ermahnt: »Den Edomiter sollst du nicht verabscheuen; er ist dein Bruder.« Seltsamerweise respektieren die meisten Propheten dieses Verbot jedoch nicht: Einige ihrer schlimmsten Voraussagen über Feuer und Schwefel wünschen sie auf die Häupter der unglückseligen Edomiter herab. Über die Ursache für diesen Zorn der Propheten diskutierten die Bibelfachleute viele Jahre lang. Häufig äußerten sie die Vermutung, er spiegle ein Gefühl des Betrogenseins wider, das auf eine nicht benannte Hinterhältigkeit der Edomiter zurückgehe. Nach dieser Theorie waren Edoms Taten vor allem deshalb so schmerzhaft, weil Esau, der Stammvater der Edomiter, Jakobs Zwillingsbruder war.

Aber was die Edomiter im Einzelnen möglicherweise getan haben, wird an keiner Stelle des Bibeltextes klar. Ein Beispiel ist die Geschichte von Jakob und Esau: Die Zwillingsbrüder, Söhne Isaaks und seiner Frau Rebekka, liegen dem Bericht zufolge ständig im Streit. Schon im Mutterleib kämpfen sie darum, wer zuerst geboren wird, und als Esau zur Welt kommt, hat Jacobs Hand seinen Fußknöchel umfasst. Sie streiten um das überaus wichtige Recht des Erstgeborenen. Jakob gewinnt schließlich, weil seine Mutter ihm im rechten Augenblick beisteht, und weil der sterbende Isaak schon so blind ist, dass er nicht mehr sieht, welcher Sohn vor ihm steht und um seinen Segen bittet. Das alles wäre sicher eine Erklärung, warum Esau und seine Nachkommen gegen Jakob und dessen Sprösslinge großen Unwillen hegen, aber die Geschichte erlaubt keine derartige Interpretation. Nachdem Jakob und Esau einander jahrelang nicht begegnet sind, treffen sie schließlich wieder zusammen. Jakob rechnet mit Kampf und kommt mit Geschenken in der Hoffnung, Esau zu besänftigen. Aber dieser begrüßt ihn herzlich und berichtet von seinem gewachsenen Wohlstand seit ihrer letzten Begegnung; schließlich gehen die beiden mit freundlichen oder sogar brüderlichen Worten auseinander.

Auch die prophetischen Bücher bleiben in der Frage, worin Edoms Missetat bestand, unbestimmt. Manche Fachleute äußerten unter Berufung auf verschiedene Prophezeiungen bei Jeremia und an anderen Stellen die Vermutung, Edom könne in der südlich an Juda und Edom grenzenden Negev-Wüste gegen Juda militärisch zu Felde gezogen sein, nachdem der Judäerkönig Zedekia offen rebelliert hatte und Nebukadnezar in den Jahren 587 und 586 v. u. Z. gegen Jerusalem vorgegangen war. Die Propheten sagen das nicht ausdrücklich, sondern legen das Gewicht stärker auf die Tatsache, dass Edom trotz der Belagerung Jerusalems durch die Babylonier untätig blieb und dass die Edomiter schadenfroh jubelten, als die Stadt schließlich fiel. Dennoch konnte sich die Theorie der militärischen Vorherrschaft durchsetzen. Ihre Befürworter stützen sich nicht nur auf die biblischen Texte, sondern auch auf einige Buchstaben auf Keramikscherben, die an der archäologischen Stätte von Arad im Süden Israels gefunden wurden. Diese Buchstaben spielen auf eine Bedrohung durch die Edomiter an und sprechen laut manchen Historikern für die Vorstellung, dass die Edomiter sich die Schwäche Judas zur Zeit der babylonischen Feldzüge zu Nutze gemacht hatten, um zumindest einen Teil der Negev-Wüste zu besetzen und möglicherweise zu erobern.

Tatsächlich kam bei archäologischen Arbeiten in der Negev-Wüste während der letzten Jahre eine Fülle von Keramik und religiösen Gegenständen zum Vorschein, die man üblicherweise mit den Edomitern in Verbindung bringt und die damit zumindest für große kulturelle Wirkungen dieses Volkes im 7. und 6. Jahrhundert v. u. Z. sprechen. Zur gleichen Zeit wurde nach Ansicht der Bibelforscher auch die Überlieferung von Jakob und Esau entweder niedergeschrieben oder so abgeändert, dass sie von einer Art Verwandtschaft zwischen Juda und Edom spricht.

Aber was für eine Verwandtschaft war das? An den beiden archäologischen Stätten Qitmit und Tel Malhata in der Negev-Wüste förderten Ausgrabungen des Archäologen Itzhaq Beit-Arieh von der Universität Tel Aviv wunderschön bemalte Keramikgegenstände zu Tage, die stark den Kochgefäßen des so genannten Edomiter-Stils ähnelten und Inschriften mit dem Namen der Gottheit Qos trugen. Qos gilt gewöhnlich als Nationalgott der Edomiter, wurde aber vermutlich auch von anderen Gruppen angebetet. Beit-Arieh selbst ist überzeugt, dass diese Funde zum Bild der militärischen Vorherrschaft passen. »Das Königreich Juda hätte den Edomitern nicht gestattet, in der Negev-Wüste zu leben und ihren Gott anzubeten oder ihm Tempel zu bauen«, sagt Beit-Arieh. Nach seiner Ansicht ergänzen die Funde in Verbindung mit den Anhaltspunkten für Feindseligkeiten in der Bibel und den Texten von Arad das traditionelle Bild, wonach die Edomiter das Gebiet militärisch besetzt hielten.

In jüngster Zeit aber trat eine Gruppe von Archäologen und Historikern, die sich sowohl mit den Funden von Qitmit und Malhata als auch mit Arbeiten aus Jordanien befasst hatten, mit einer neuen Interpretation an die Öffentlichkeit. Eine solche Neubewertung ist in der Archäologie nichts Ungewöhnliches, unter anderem weil die Datierung von Keramikfunden, die häufig zur Grundlage für die Deutung materieller Überreste wird, keine exakte Wissenschaft ist. Im Zusammenhang mit den Edomitern verschärft sich diese Situation noch durch die Tatsache, dass große Teile ihrer Geschichte selbst nach den Maßstäben der Frühgeschichtsforschung unscharf und unvollständig bleiben. Edom lag landwirtschaftlich und politisch am Rand Transjordaniens. Archäologische Untersuchungen der Überreste von Siedlungen weisen darauf hin, dass Edom vermutlich später als Ammon und Moab besiedelt wurde und nie eine so große Bevölkerungsdichte besaß wie diese Gebiete. Selbst auf dem Höhepunkt seiner Macht im 7. und 6. Jahrhundert v. u. Z. gab es in Edom nur eine einzige richtige Stadt: Buseirah, das vermutlich als Hauptstadt diente. Alle anderen Fundstätten sind kleine Lagerplätze und Dörfer. Es gibt keine Kunstwerke, die den meisterhaften Statuen der Ammoniter entsprechen würden, und keine Literatur, die mit der hebräischen Bibel vergleichbar wäre. Die Edomiter waren keine urbane Gesellschaft, sondern eher eine Ansammlung von Stämmen, die sich eine Zeit lang unter dem Dach einer lockeren Verwaltung zusammengefunden hatten.

Dennoch hatten die Edomiter gewisse materielle Vorteile, und die konnten die Assyrer nutzen, nachdem Tiglath-Pileser III. Edom 734 v. u. Z. zu einem Vasallenstaat gemacht hatte, eine Entwicklung, die sich im 7. Jahrhundert noch verstärkte. In Edom lagen einige der reichhaltigsten Kupfer-Lagerstätten der Region, weitaus umfangreichere und bedeutsamere als jene, die in Israel zur gleichen Zeit durch die Timna-Minen ausgebeutet wurden. Neuen archäologischen Übersichtuntersuchungen zufolge war Feinan, 40 Kilometer südlich des Toten Meeres, das wichtigste Bergbauzentrum seiner Zeit und der Mittelpunkt eines umfangreichen Handelsnetzes, das sich über den gesamten Mittelmeerraum erstreckte. Ebenso lag Edom an der äußerst wichtigen arabischen Handelsstraße, die durch das Tal von Beersheba verlief und sowohl Arabien als auch das Gebiet jenseits des Jordanien mit Gaza und dem Mittelmeer verband. Die Route zog sich im Zickzack durch die Negev-Wüste und das weite, sich ständig wandelnde Niemandsland, wo Beduinen, Ägypter, Judäer, Edomiter und Assyrer zusammentrafen, um Handel zu treiben und Informationen auszutauschen. Man errichtete Wüstentempel, wo Kaufleute unterschiedlicher Religionen und Nationalitäten beten und ihren Göttern Opfer darbringen konnten, wenn sie in der lebensfeindlichen Einöde unterwegs waren. Die Edomiter übten zu jener Zeit in der Negev-Wüste starken Einfluss aus, der aber der neuen Interpretation zufolge weniger militärischer als vielmehr kommerzieller und kultureller Natur war.

Diese Vorstellung lässt auch den biblischen Bericht in einem neuen Licht erscheinen. Vor dem politischen Hintergrund des 7. Jahrhunderts spiegeln die harten Worte der Propheten den gewaltigen Neid wider, den man in Juda zu jener Zeit offensichtlich auf den Wohlstand Edoms hegte. Es war eine Phase der Konkurrenz und des Machtgerangels. Die Judäer fürchteten sich vor der wirtschaftlichen Vormachtstellung Edoms, das nach wie vor von der Unterstützung durch seinen Schirmherrn, die Supermacht Assyrien, profitierte und sich ausdehnte. Selbst die Geschichte von Esau und Jakob liest sich unter diesem Gesichtspunkt ein wenig anders. Durch die ganze Geschichte ziehen sich wirtschaftliche Beweggründe. Jakob ist der Beschreibung zufolge der Ruhigere der beiden Brüder. Wie der Vorläufer eines heutigen Anwalts oder Anlageberaters zieht er es vor, in seinem Zelt zu sitzen und Strategien zu entwickeln, während sein Bruder Esau ein Mann der Tat ist, der draußen auf die Jagd geht und Nahrung herbeischafft. In der berühmtesten Szene aus ihrer Beziehung geht es ganz buchstäblich um einen Aufkauf: Jakob nutzt den Augenblick von Esaus Hunger und Schwäche nach dem harten Tagewerk, um Druck auf ihn auszuüben und ihm für eine Schüssel Suppe und ein wenig Brot das Erstgeburtsrecht abzukaufen. Nachdem Jakob dann noch seinen letzten Betrug begangen hat, indem er sich vom Vater den eigentlich Esau zustehenden Segen erschwindelt, läuft er weg. Er flieht in eine Gegend von Kanaan, wo seine Verwandten leben, betreibt dabei aber weiter seine geschäftlichen Machenschaften. Mit seinem Schwiegervater Laban schließt er einen Handel ab, durch den er schließlich die besten Tiere aus Labans Herde erhält. Als Jakob schließlich mit zwei Ehefrauen, mehreren Konkubinen, Dienern und elf Kindern im Schlepptau in seine Heimat zurückkehrt, will er Esau als Erstes abfinden. Er arrangiert ein Treffen mit seinem Bruder und macht ihm ein großzügiges Angebot: 200 weibliche Ziegen, 20 Ziegenböcke, 200 Mutterschafe, 20 Widder, 30 Kamele mit ihren Jungen, 40 Kühe, zehn Stiere und 20 Esel mit ihren Fohlen. Den Bibelforschern fiel das Verhältnis von zehn zu eins bei weiblichen und männlichen Ziegen und Schafen auf, und sie deuteten es als Hinweis, dass Jakobs ohnehin bereits umfangreiches Geschenk für die Zukunft eine weitere Zunahme versprach. Es war mit Zins und Zinseszins die Wiedergutmachung für unfaire Geschäftspraktiken. Esau tut das Unerwartete: Er greift Jakob nicht an, sondern umarmt ihn, teilt ihm mit, dass die Esau AG in den vergangenen Jahren gut gediehen ist und dass er Jacobs Reichtümer nicht braucht. Dann beweist er, um wie viel geschäftstüchtiger er mittlerweile geworden ist. Es bedarf keiner langen Überredungsversuche Jakobs, dass er sich dann doch entschließt, das Geschenk anzunehmen. Kurz darauf packen die beiden ihre Habseligkeiten zusammen und besiegeln ihre Gemeinschaft mit einem Händedruck, womit die Frage des Erstgeburtsrechtes ein für allemal beigelegt ist. In diesem Augenblick wird ein anderer Aspekt ihrer komplizierten Beziehung deutlich. Jakob und Esau sind nicht nur Brüder, sondern auch geschäftliche Konkurrenten.

Wenn Esau in Edom zu Wohlstand gelangte, dann wahrscheinlich nicht durch Jagd oder Feldarbeit, sondern wegen des Kupfers. Landwirtschaftlich war Edom sehr rückständig. Die Niederschläge waren dort wesentlich geringer als bei den nördlichen Nachbarn Ammon und Moab, und im Süden waren die Bedingungen nur an wenigen Stellen so gut, dass Viehzucht oder Landwirtschaft überhaupt Fuß fassen konnten. Im Norden, wo die Regenmenge in guten Jahren für den Anbau einiger Nutzpflanzen ausreichte, waren die Wasserversorgung so instabil und das Gebirge so unwirtlich, das Edom während der meisten Zeit völlig vom übrigen Palästina und sogar Zentraljordanien abgeschlossen war. Nur durch das Kupfer wurde das winzige, isolierte Land zu einem der entscheidenden Zentren für die Land- und Seehandelswege, die sich weit über den Nahen Osten hinaus und vielleicht sogar bis nach Zentralasien erstreckten.

Eine der ersten Erwähnungen des Namens »Edom« findet sich in ägyptische Schriftstücken aus der Regierungszeit des Pharao Merneptah, der von 1236 bis 1223 v. u. Z. herrschte. Weitere Hinweise gibt es aus der Regierungszeit von Ramses II. (1304 bis 1237) und Ramses III. (1198 bis 1166). In einer Inschrift brüstet sich der Pharao nicht nur mit Kriegen gegen verschiedene andere Gruppen, sondern auch mit seinen Siegen über Edom. »Ich machte ihre Zelte dem Erdboden gleich: Auch ihre Menschen, ihre Besitzungen und ihre Rinder wurden ohne Zahl gefesselt und als Tribut an Ägypten in die Gefangenschaft geführt.« Über viele Jahre hinweg wurden in Edom kaum archäologische Überreste gefunden, sodass sich viele Archäologen und Historiker fragten, warum Ägypten sich überhaupt mit einer derart verlassenen Gegend herumschlug. Die Antwort hieß auch hier vermutlich Kupfer. Die Ägypter hatten während der Herrschaft von Merneptah und Ramses III. ein Interesse am Bergbau in Timna, das an der Westseite des Arabah-Tales liegt. Bei ihren Feldzügen achteten·sie mit Sicherheit darauf, sich im Interesse ihrer Konkurrenzfähigkeit ihre eigenen Minen zu sichern.

Ende der sechziger, Anfang der siebziger und Mitte der achtziger Jahre führte man in Edom umfangreiche archäologische

Übersichtuntersuchungen durch, aber dabei fand man keinerlei Keramik oder andere Überreste, die auf eine Zeit vor dem 8. Jahrhundert v. u. Z. zurückgingen. Erst 1997 stießen drei Archäologen bei Grabungen in der Nähe von Feinan im Süden Jordaniens auf ein antikes Gräberfeld. Feinan war in Edom der Ort gewesen, wo sich der Kupferabbau konzentrierte. Im Wadi Fidan in der Nähe der Minen legten die Archäologen 62 Gräber frei, in denen insgesamt 87 menschliche Skelette lagen. Nach einer Erkundung der Stätte gelangten sie zu der Überzeugung, es müsse auf dem Friedhof mindestens 3500 weitere Gräber geben. Keine der freigelegten Grabstätten enthielt Keramik, aber man fand viele Perlen, vermutlich Überreste von Ohrgehängen, Hals- und Armbändern, sowie Textil- und Lederfetzen, Ringe und Armreifen aus Kupfer und Eisen, hölzerne Schalen und Granatäpfel. Die Samen aus einem Granatapfel, den man in einem verschlossenen Grab fand, ermöglichten den Archäologen eine vorläufige Datierung der Funde. Der Radiokarbonuntersuchung zufolge hatten die Bestattungen im 10. oder 9. Jahrhundert v. u. Z. stattgefunden – damit war die Stätte älter als alle zuvor ausgegrabenen Siedlungen der Edomiter und ungefähr zur Zeit der ägyptischen Inschriften sowie der Bergbautätigkeit Ägyptens in Timna entstanden. Zwar gab es keine Anhaltspunkte, die auf einen unmittelbaren Zusammenhang zwischen den Gräbern und dem Kupferabbau hinwiesen, aber da der Friedhof so nahe bei Feinan lag, gelangten die Archäologen zu dem Schluss, ein Teil der ersten Siedler in Edom müssten Bergleute gewesen sein. Andere Archäologen entdeckten bei Arbeiten in Ammon ebenfalls umfangreiche Indizien für Metallbearbeitung. Den ältesten Hinweis, dass im Nahen Osten Stahl verwendet wurde, fand man in Schmuck aus Begräbnisstätten im Baq'ah-Tal nördlich von Amman. Am Tell el-Hammeh im mittleren Jordantal legten Archäologen in den Jahren 1996 und 1997 mindestens drei Schmelzöfen frei, und im Umfeld der Mauern eines Gebäudes fand man zahlreiche Asche- und Schlackenreste, alles Hinweise auf eine groß angelegte Eisenindustrie, ja vielleicht sogar auf das Zentrum der

Eisenverarbeitung in der ganzen Region. Diese Entdeckungen veranlassten manche Archäologen zu dem Schluss, die Entwicklung einer Eisen- und Stahlindustrie zu jener Zeit könne zum Aufstieg des Ammoniterstaates beigetragen haben. Eine ähnliche Rolle spielte das Kupfer von Feinan vermutlich in Edom.

Der Zufahrtsweg nach Feinan windet sich durch Täler, zwischen niedrigen Hügeln hindurch und an einer Quelle vorüber. Reste von Mauern und Türmen liegen kreuz und quer über die Stätte verteilt. Die Böschungen sind von Steinhaufen übersät, die kleine Kreise bilden und nach den Spekulationen der Archäologen entweder als Begräbnisstätten oder als Feuerstellen dienten. Aus größerer Entfernung sehen die Berggipfel dunkel und abweisend aus. Sie sind mit Bergen von Kupferschlacke bedeckt, den Abfällen der umfangreichen Hütten- und Bergbautätigkeit, die hier offensichtlich jahrtausendelang stattfand.

Nach Angabe des Deutschen Bergbau-Museums in Bochum, wo man die Geschichte der Kupferherstellung an dieser Stätte rekonstruiert hat, begann der Kupferabbau in Feinan in der Zeit des Chalkolithikums zwischen 4500 und 3300 v. u. Z, einer Periode, die heute als Kupferzeitalter bezeichnet wird. Zuvor stammten die meisten Kenntnisse über die Phase, als der Kupferhandel im Nahen Osten florierte, aus Entdeckungen in Israel. Einer der ersten und wichtigsten Funde war Shiqim, ein ganzes Dorf aus der Kupferzeit in der Negev-Wüste. Shiqmim wurde in den fünfziger Jahren nicht lange nach der Gründung des Staates Israel entdeckt, als man in der Region von Beersheba die ersten Übersichtsuntersuchungen vornahm. Bei einer späteren Untersuchung zwischen 1977 und 1980 stellte sich heraus, dass Shiqmim ein großes, von sechs kleineren Stätten umgebenes Siedlungszentrum war. Man fand ein System unterirdischer Räume. Die ersten Siedler hatten ihre Behausungen offenbar in die Abhänge hineingebaut, und die Räume dienten als Getreidespeicher. Als der benachbarte Bach sich später mit Schlamm und Sedimenten füllte, zogen sie weiter landeinwärts; sie bauten Lehmziegelhäuser auf steinernen Fundamenten und errichteten große Gebäude, in denen gemeinschaftliche Tätigkeiten stattfanden. Viele der wichtigsten Funde von Shiqmim haben mit dem Kupfer zu tun. Man fand Reste von Kupfererz, Schlacken und sogar drei Gruben, in denen das Erz geschmolzen und gegossen wurde. Bei der Analyse der Kupferspuren in den Schlacken stellte sich heraus, dass die Kupferwerkzeuge, beispielsweise Äxte und Meißel, aus demselben Material bestanden. Die Herstellung von Kupferwerkzeugen ist nicht einfach: Zum Schmelzen des Erzes sind Temperaturen über 1080 Grad Celsius erforderlich, und auf jede in Shiqmim gefundenen Kupferaxt kamen mehr als 200, die aus Stein bestanden. Bei früheren Untersuchungen an der Stätte hatten die Wissenschaftler spekuliert, solche Metallgegenstände könnten ihren Ursprung in Anatolien oder sogar in Armenien haben. Auf die Idee, ganz in der Nähe nach ihrem Entstehungsort zu suchen, kam damals noch niemand. Einen verblüffenden Fund machte man 1962 auch in einer (später als Schatzhöhle bezeichneten) Höhle nahe dem oberen Ende der Schlucht Nahal Mishmar auf der Westseite des Toten Meeres. Bei der Erkundung der Höhle entdeckten die Wissenschaftler damals 429 Kupfergegenstände, die in eine Schilfmatte gehüllt waren. Die Aufsehen erregende Sammlung enthielt alles Mögliche, von Elfenbeinstücken bis zu Szeptern, Kupfergefäßen und Beschlägen für Holzstäbe. Um solche Gegenstände zu gießen, brauchte man Kupfererz mit einem hohen Gehalt an Arsen oder Antimon, zwei Elementen, die in den israelischen Minen nicht vorkommen. Auch hier nahm man ursprünglich an, man müsse weit jenseits der Grenzen dieser Region nach der Herkunft solcher Erze suchen. Die Arbeiten des Deutschen Bergbau-Museums in Jordanien trugen entscheidend zu der Erkenntnis bei, dass das Kupfererz von Shiqmim und Nahal Mishmar ebenso wie das Material von anderen Fundstellen in der Negev-Wüste in und um Beersheba aus Feinan stammte.

Die Kupferproduktion von Feinan war zu jener Zeit zwar umfangreich, aber nicht besonders hoch entwickelt. Man grub einfach Erz aus, das dicht unter der Erdoberfläche lag. Die Bergleute arbeiteten schnell mit steinernen Pickeln aus behauenem Basalt und machten sich nicht die Mühe, die niedrigen Eingänge und engen Gänge der Minen zu glätten. Aber während die Bergbautechnik noch in den Anfängen steckte, war das von Feinan ausgehende Handelsnetz schon weit verzweigt und kompliziert. Zwischen Feinan und Beersheba wurde in großem Umfang rohes Kupfererz ausgetauscht. Feinan lieferte das Erz, das dann in den kleinen Öfen der dürftigen Werkstätten im gesamten Tal von Beersheba geschmolzen wurde. Und das war nur der Anfang. Von hier aus ging es um die Welt.

Andreas Hauptmann, der das Projekt von Feinan im Auftrag des Deutschen Bergbau-Museums leitet, nahm chemische Analysen der Erzreste in Edom vor. Im Laufe der Jahre gelang es ihm, beträchtliche Abschnitte des alten Handelsnetzes in der Region nachzuzeichnen. Das aktuelle politische Zeitgeschehen begleitete Hauptmann auf seiner Reise im Dienste der Archäologie. Zunächst sah alles sehr viel versprechend aus. Die Spur führte von Feinan nach Israel; also passierte Hauptmann die kurz zuvor geöffnete Grenzen zwischen Israel und Jordanien im Süden, um auch die berühmten Kupferfunde von Nahal Mishmar zu analysieren. Dabei entdeckte er, dass viele dieser Gegenstände aus dem in Feinan gewonnenen Kupfer bestanden. Als Nächstes flog er in die Türkei. Das Land verstärkte gerade eindeutig seine militärischen Verbindungen zu Israel, und das Handelsvolumen zwischen beiden Ländern erreichte fast die Marke von einer Milliarde Dollar. Auch dort, an einer Fundstätte in Anatolien, wurden Kupfergegenstände aus Feinan-Erz ausgegraben.

Aber jedesmal, wenn Hauptmann zu weiteren Forschungsarbeiten in den Nahen Osten zurückkehrte, musste er feststellen, dass alles immer schwieriger wurde. Reisen von einem Land ins andere waren zwar nach wie vor möglich, die Grenzen waren noch offen, aber die Beziehungen wurden immer angespannter, die Wartezeiten an den Grenzübergängen verlängerten sich, und man stellte ihm immer bohrendere Fragen wegen seiner häufigen Ein- und Ausreisen nach und aus Israel.

Den Gegensatz zwischen dem florierenden, ungehinderten Handel, den es in der Region schon um 3000 v. u. Z. gab, und den wesentlich beschränkteren heutigen Möglichkeiten fand Hauptmann ausgesprochen frustrierend. »Man ärgert sich jedes Mal, dass ein Grenzübertritt so schwierig ist, und gleichzeitig weiß man, dass die Menschen in alter Zeit Handel trieben und Waren austauschten«, sagt er. »Vielleicht war es auch damals schwierig, aber auf jeden Fall ging es vor allem um Wirtschaft.«

Das Kupfer, dessen Spur Hauptmann verfolgte, war Esaus wichtiges Erbe, und im 7. Jahrhundert v. u. Z. erreichte die Bergbautätigkeit in Feinan, die damals bereits seit 3000 Jahren je nach den politischen Umständen ein starkes Auf und Ab erlebt hatte, ihren Höhepunkt. Über die Gründe hatten die Archäologen lange gestritten. Nach Hauptmanns Überzeugung lag es an den Assyrern, und mit dieser Ansicht stand er nicht allein. Er äußerte die Vermutung, Assyrien habe die Edomiter unter anderem deshalb zu seinen Vasallen gemacht, weil es die Minen und den Kupferhandel in Feinan kontrollieren wollte. In Zypern, das ebenfalls zum Assyrerreich gehörte, gab es ein weiteres, sogar noch größeres Bergbaugebiet, aber dort wurde die Kupferproduktion von den phönizischen Hafenstädten kontrolliert, die zu den Assyrern in einer – gelinde gesagt – angespannten Beziehung standen. Die Herrschaft über das abgelegene Edom zu übernehmen, war für die Assyrer viel einfacher. Hauptmann ist überzeugt, dass sie gewaltige Finanzmittel und Technologie in das Projekt investierten. Die Bergleute, die zu jener Zeit in Feinan arbeiteten, hatten nicht mehr den Vorteil reichhaltiger Erzlagerstätten unmittelbar unter der Oberfläche, denn die waren bereits von früheren Generationen abgebaut worden. Sie mussten vielmehr tiefe Schächte anlegen, von denen manche bis zu 70 Meter hinabreichten. Wenn sie das Erz erreichten, holten sie nur das Material mit dem größten Metallgehalt heraus, das tief in den Bergen im Gestein eingebettet war.

Es war eine erstaunliche Unternehmung. Hauptmann zitiert gern eine Stelle aus dem Buch Hiob: Dort, so sagt er, »wird beschrieben, wie der Bergbau in Feinan im 7. Jahrhundert ausgesehen haben muss«, der Zeit, als das Buch Hiob nach Ansicht der meisten Fachleute entstand. Die Passage beginnt mit folgenden Worten: »Es hat das Silber seine Gänge und das Gold seinen Ort, wo man es läutert. Eisen bringt man aus der Erde, und aus dem Gestein schmilzt man Kupfer.« Im weiteren Verlauf wird das harte Leben der Bergleute im Einzelnen geschildert. »Man bricht einen Schacht fern von da, wo man wohnt; vergessen, ohne Halt für den Fuß, hängen und schweben sie, fern von den Menschen. Man zerwühlt wie Feuer unten die Erde, auf der doch oben das Brot wächst.«

Die Bergleute arbeiteten buchstäblich in den Trümmern und Ruinen ihrer Vorgänger. Sie machten sich nicht die Mühe, von den Bergen die alte Schlacke wegzuräumen, die sich dort in den vielen tausend Jahren, in denen bereits Metall geschmolzen wurde, angesammelt hatte. Stattdessen betrieben sie Recycling: Mit Hammer und Amboss zertrümmerten sie das alte Material, sammelten die darin noch enthaltenen Tropfen aus Kupfererz und schmolzen sie erneut ein, um so die winzigen Kupfermengen zu gewinnen, die den Bergleuten früherer Zeiten noch nicht zugänglich waren. Die zerkleinerte Schlacke diente auch anderen Zwecken. Sie war eines der Ausgangsmaterialien zur Herstellung von Keramik-Haushaltswaren und kleidete die Schmelzöfen der Minen innen aus. Manchmal warfen die an den Öfen tätigen Arbeiter einige Stücke noch einmal ins Feuer, um den Schmelzvorgang zu unterstützen. In den Minen selbst fand man Anhaltspunkte für die Einführung von höher entwickelten Verfahren. Es gab ganze unterirdische Systeme aus Schichten und Gängen. Man grub zwei Schächte nebeneinander: Durch den einen wurde das Erz herausgeholt und zu den Öfen transportiert, durch den anderen drangen die Bergleute noch weiter unter die Erde vor. So etwas hatte es früher in Feinan nicht gegeben.

»Ein solches Vorgehen erfordert eine Menge Organisation«, sagt Hauptmann. »Um das Bergwerk zu betreiben, braucht man viele Menschen, und die muss man ernähren, mit Behausungen ausstatten und vom Bergwerk zu den nahe gelegenen Dörfern und wieder zurück transportieren. Es waren viele Schmelzöfen, und alle mussten mit Brennmaterial versorgt werden. Es musste ein System geben, damit das Brennmaterial rechtzeitig zu den Öfen gelangte, und jeder Ofen musste ständig mit bis zu fünf Personen besetzt sein. Es war Kupferproduktion im industriellen Maßstab.«

Hauptmann rekonstruierte mittels geochemischer Untersuchungen und anderer wissenschaftlicher Methoden das umfangreiche Handelsnetz, das sich während der Kupferzeit durch die ganze Region erstreckte, und schuf damit sozusagen die »Fingerabdrücke« für Erz, Schlacke und fertiges Metall aus Feinan. Auf dieser Grundlage kann er in Anatolien gefundene Kupferwerkzeuge ebenso analysieren wie Erz aus einer Fundstätte in Beersheba oder einen Schlackehaufen, der eine halbe Weltreise von Feinan entfernt ist, und immer kann er feststellen, ob ein Teil des Kupfers ursprünglich aus Edom stammt. Schwieriger war es, einen geochemischen Fingerabdruck für das 7. Jahrhundert zu entwickeln, denn damals war die Technologie schon weiter entwickelt: Man setzte dem Kupfer auch Zinn und Blei zu, sodass sich Herkunft und Zusammensetzung des ursprünglichen Metalls nicht mehr ohne weiteres ermitteln lassen. Dennoch können die umfangreichen Überreste in Feinan, die auf eine gewaltige, komplizierte Tätigkeit schließen lassen, nach Hauptmanns Überzeugung nur eines bedeuten: Man kann von einem Fingerabdruck der Assyrer in Edom sprechen.

Durch die Herrschaft der Assyrer im 8. und 7. Jahrhundert v. u. Z. änderte sich das Gesicht des gesamten Nahen Ostens. Manche Staaten gingen als Provinzen mit assyrischen Beamten und Verwaltungsstrukturen im Reich auf. Andere zahlten Tribut, behielten aber zumindest formal die Freiheit, auch wenn man in der Nähe des Herrschers gewöhnlich einen assyrischen Aufpasser unterbrachte, um sich über die Vorgänge in allen Winkeln des wachsenden Großreiches auf dem Laufenden zu halten. Verschiedenen Inschriften zufolge suchten Abordnungen dieser Staaten den Hof des Assyrerkönigs Sargon II. (Regierungszeit 722 bis 705 v. u. Z.) auf, wo sie sehr gut behandelt wurden und kostbare Geschenke erhielten. Die Besucher waren wohl auch selbst dank der neuen wirtschaftlichen Möglichkeiten alles andere als arm. Eine Inschrift berichtet, Sargon habe Gold, Elfenbein, Edelsteine, Weidensamen, duftende Essenzen, Pferde und Kamele von einer Delegation erhalten, die sich aus den »Königen von der Küste und aus der Wüste« zusammensetzte. Nach Ansicht der Fachleute handelte es sich dabei weniger um Tributzahlungen als vielmehr um Geschenke von Staatsoberhäuptern, die eifrig darauf bedacht waren, den zunehmend gewinnbringenden Handel untereinander sowie mit Sargons politischen und wirtschaftlichen Vertretern in den äußeren Regionen des Reiches zu intensivieren.

Ob Edom tatsächlich von assyrischen Beamten regiert wurde oder ob es Tribut zahlte, sonst aber im Wesentlichen sich selbst überlassen blieb, kann niemand mit Sicherheit sagen. Während zweier Grabungsphasen in den Jahren 1994 und 1996 entdeckte ein niederländisch-jordanisches Archäologenteam bei Tell Deir Alla im zentraljordanischen Tal in Ammon, dass Anfang des 7. Jahrhunderts eindeutig eine neue kulturelle Phase einsetzte. Die entsprechenden Funde machte man im Inneren und im Umfeld großer Mauern und einiger Lehmziegelbauten auf steinernen Fundamenten, die auf jene Zeit datiert wurden. Unter anderem entdeckte man eiserne Dolche und die ersten Glasflaschen mit Sandkern, Anhaltspunkte für einen starken assyrischen Einfluss. Darüber hinaus stießen die Archäologen auf einen Ring aus Bronze, zwei verkohlte hölzerne Spindeln, Webstuhlgewichte und ein großes Mahlgefäß aus Basalt, auf dem assyrischen Zeichen zu erkennen waren. Bei aller Aufregung blieb aber die Unsicherheit, ob hier eine ganz neue Bevölkerungsgruppe eingewandert war und sich niedergelassen hatte oder ob die Funde auf einen starken kulturellen Einfluss des Nordens auf Transjordanien hinwiesen.

Genauso war es in Edom. Der Archäologe Pjotr Bienkowski, der Stätten der Edomiter in Jordanien ausgegraben hat, stellt die

Frage: Würdigt Hauptmann, der Vertreter des Deutschen Berg-bau-Museums, in ausreichendem Umfang den Beitrag, den die Edomiter selbst zur Entwicklung der in Feinan gefundenen Kupfertechnologie leisteten? Seiner Ansicht nach gibt es keine Anhaltspunkte, dass in Edom tatsächlich assyrische Beamte lebten. Dennoch ist auch Bienkowski überzeugt, dass Vertreter der Edomiter die übliche Reise zum Königshof der Assyrer in Ninive (im Norden des heutigen Irak) antraten, um Tribut zu zahlen, und dass diese Besuche im Zentrum der assyrischen Macht bei ihnen einen tiefen Eindruck hinterlassen haben müssen. Dort herrschte überwältigender Reichtum, und als sie wieder nach Hause kamen, ahmten sie viele Moden der Assyrer nach. Töpfer übernahmen in Edom den assyrischen Verzie-rungsstil. Die so genannte Palastarchitektur – der Name weist darauf hin, dass sie sich am Grundriss des assyrischen Palastes orientierte – blühte zu jener Zeit in Edom, Palästina und im Norden Syriens. Man führte höher entwickelte technische Ver-fahren ein, so unter anderem eine schnellere Töpferscheibe, und das wiederum führte zur Ähnlichkeiten in der Keramik aller Länder am östlichen Mittelmeer, die mit Assyrien in Ver-bindung standen. »Pax Assyriaca« nennt der Historiker Nadav Na'aman von der Universität Tel Aviv diese Zeit der kulturellen Verflechtungen und wachsenden Handelsnetze, in der ein in-tensiver Wettbewerb um wirtschaftliche Macht und Marktan-teile einsetzte.

Im Kernland der Edomiter, das sich östlich des Arabah-Tales vom Südende des Toten Meeres bis zum Golf von Akaba er-streckt, wurden nur wenige Ausgrabungen vorgenommen. Dennoch schälte sich das Bild von einem Edom heraus, das im 7. Jahrhundert den Höhepunkt seines Wohlstandes erlebte. Eine der wichtigsten Fundstätten ist Tell el-Kheleifeh einige Kilome-ter nördlich des Golfes von Akaba. Der Ort war zwischen Juda und Edom umkämpft, denn er lag an den Zugangswegen nach Afrika und in die arabische Halbinsel. Eine weitere Fundstelle ist die Hauptstadt Buseirah, die wie Tell el-Kheleifeh im 7. Jahr-hundert ihre Blütezeit hatte. Tawilan und Umm el-Biyara wurden wahrscheinlich ein wenig früher gegründet, erlebten aber zur gleichen Zeit ihren Aufstieg. Archäologische Übersichtuntersuchungen der Siedlungsmuster jener Zeit lassen auf ein steiles Anwachsen der Bevölkerung und der Zahl der Siedlungen schließen. Edom war nicht das einzige Land, das einen solchen demografischen Schub erlebte. Auch in Israel konnten Archäologen nachweisen, dass die Bevölkerung in der Zeit der assyrischen Vorherrschaft im Süden Judas und insbesondere im Tal von Beersheba drastisch zunahm. Die Grenzen waren nicht überall eindeutig gezogen, und die Bewohner von Juda und Edom wanderten hin und her, ganz zu schweigen von assyrischen oder ägyptischen Kaufleuten und den Beduinenstämmen. In der gesamten Negev-Wüste stieß man bei Grabungen auf ganz ähnliche Keramik wie an den Edomiter-Stätten, aber man fand auch Siegel und Inschriften, in denen der Name der Gottheit Qos erwähnt wird.

Aber das alles ist gar nichts gegen die Funde von Horvat Qitmit, einer alten heiligen Stätte in der Negev-Wüste. Hier entdeckte man unter anderem über 800 kleine Figuren, manche davon in der Gestalt dreifach gehörnter Göttinnen und Sphinxe, außerdem Reliefs, Siegel, Kochgeschirr mit einer Form, die man auch von Stätten innerhalb Edoms kannte, und Schüsseln, deren Füße wie die Beinknochen eines Tieres geformt sind. Der Archäologe Itzhaq Beit-Arieh von der Universität Tel Aviv entdeckte Qitmit im Zuge einer Übersichtuntersuchung der gesamten Umgebung. Derzeit arbeitet er an der Ausgrabung von Tel Malhata, einer nur wenige Kilometer davon entfernten Siedlung. Sein Interesse an Malhata erwachte durch Untersuchungen an der Keramik von Qitmit: Danach war das Material, das er als Produkt der Edomiter identifiziert hatte, in Wirklichkeit hier mitten in der judäischen Negev-Wüste hergestellt worden. Qitmit war ein Tempel, aber es gab keine Wohnhäuser. Nach Beit-Ariehs Überzeugung muss die Keramik im nahe gelegenen Malhata entstanden sein.

Qitmit und Tel Malhata liegen mitten in der Wüste, im einsamen Auf und Ab der Sanddünen. Dennoch erzählen sie eine

Geschichte über das Schicksal der Handelsbeziehungen im Nahen Osten. Beit-Arieh bezeichnete beide als Edomiter-Fundstätten, obwohl sie in dem von Juda beherrschten Teil der Negev-Wüste liegen. Malhata gehört heute zu einem israelischen Luftwaffenstützpunkt, und in dem ganzen Gebiet wird deutlich, dass hier seit der Antike viele verschiedene Kulturen aufeinander getroffen sind. Beit-Arieh muss Besucher am Tor in Empfang nehmen und ihnen eine Sondererlaubnis zum Betreten der Stätte besorgen. An dem Tag, als ich Malhata besichtigte, fuhr er einen Geländewagen und trug dabei eine merkwürdige Kopfbedeckung, die wie der Hut eines Pilzes aussah. Er hat sich in seiner beinahe gesamten Berufslaufbahn mit Ausgrabungen in der Wüste beschäftigt – zunächst auf dem Sinai während der Jahre, bevor Israel die Halbinsel im Rahmen des Friedensvertrages an Ägypten zurückgab, und dann an verschiedenen Orten in der Negev-Wüste.

Der Fahrweg zu dem Hügel, wo Beit-Arieh arbeitete, war von den Hinterlassenschaften der Menschen gesäumt, die sich hier in den letzten vierzig oder fünfzig Jahren aufgehalten hatten. Die Unterhaltung war schwierig, denn auf den nahe gelegenen Pisten starteten und landeten ständig israelische Kampfflugzeuge. Dazwischen herrschte eine unglaubliche Stille, in der die Wüste selbst aufzuatmen schien, und dann war es, als würden die Wolken von dem plötzlichen Dröhnen erschüttert. Während Beit-Arieh durch das flache Gelände fuhr, deutete er auf eine frühere Karawanenstation, die England vor der Gründung des Staates Israel zur Kontrolle der Negev-Wüste genutzt hatte. Der Jeep beschleunigte, und wir passierten britische Militärbefestigungen und einen Wachturm. Dann sahen wir die Reste einer Schule für die Beduinenstämme, die Israel geschlossen hatte, als man das Gebiet in ein Militärlager verwandelte und alle anderen Menschen vertrieb. Aber die Beduinen kamen immer noch hierher, denn unmittelbar neben dem Hügel lag ein Friedhof. Wenn sie ihre Verstorbenen besuchen wollten, trafen die Scheichs der Gegend besondere Abmachungen mit den Israelis.

Für Beit-Ariehs Grabungsvorhaben stellte der Friedhof ein Hindernis dar. Die islamischen Führer der Gegend hatten von den Arbeiten erfahren und beschwerten sich beim Leiter des Stützpunktes: Die Totenruhe werde durch die Ausgrabungen auf dem Friedhof verletzt. Der Luftwaffenkommandant forderte Beit-Arieh auf, seine Tätigkeit einzustellen. Eine Zeit lang hielt er sich daran, aber dann tat er, was die Menschen in der Wüste immer tun: Er ging zum Häuptling des Beduinenstammes und zum Führer der islamischen Bewegung, um ihnen seinen Respekt zu bezeugen. Bei ein paar kleinen Tassen bitteren Kaffees schlug Beit-Arieh vor, man sollte einen Beauftragten benennen, der an den Grabungen teilnahm. Er solle ein kleines Gehalt bekommen und darüber wachen, dass die Archäologen kein einziges Grab anrührten. »Sie stimmten zu und schickten einen jungen Mann, aber der kam nur einen Tag lang zu den Grabungen und dann nicht mehr«, sagte Beit-Arieh. Dennoch bezahlte der Archäologe ihm wie vereinbart bis zum Ende der Grabungssaison ein volles Gehalt. Außerdem grub er mit Rücksicht auf die Wünsche der Beduinen nicht auf dem Gebiet des Friedhofes, obwohl er den Verdacht hatte, dass dort wichtige Gebäude von Malhata ans Licht kommen könnten. Wie im 7. Jahrhundert v. u. Z. herrschten die Gesetze der Wüste und der Stämme.

Vom Gipfel des Malhata-Hügels aus zeigte Beit-Arieh mir Qitmit, das in der Ferne deutlich zu erkennen war. Wie er mir berichtete, war bei mehr als einem Viertel der in Malhata gefundenen Keramikgegenstände der Stil der Edomiter zu erkennen. Die Brennöfen hatte er noch nicht entdeckt, wohl aber kleine Figuren, beispielsweise die eines Flötenspielers mit einer Doppelflöte, die in Form und Herstellung stark den Arbeiten aus Qitmit ähnelte. Deshalb war er überzeugt, dass die Künstler wahrscheinlich in Malhata gelebt und gearbeitet hatten.

An diesen Stätten vermischte sich alles, und deshalb eigneten sie sich ausgezeichnet, wenn man die Wechselbeziehungen zweier alter Kulturen beobachten wollte, die in der gemeinsamen Tradition ihrer Region wurzelten, gleichzeitig aber ihre eigenen nationalen Besonderheiten entwickelten. Ein Kollege von Beit-Arieh hatte die Kultobjekte aus Qitmit untersucht und nachgewiesen, dass die dort gefundenen, häufig seltsam-humorvollen Kunstgegenstände mit ihrer Mischung verschiedener Stilmerkmale nicht nur aus einer Quelle geschöpft hatten, sondern auf mehrere regionale Ursprünge zurückgingen. In Stil, dargestellten Themen und der Form von Schüsseln und Krügen spiegelten sich judäische, syrische, phönizische, edomitische und moabitische Traditionen wider. Und so war es nicht nur hier. Auch Keramik von Fundstätten im eigentlichen Edom zeigte sowohl judäische als auch edomitische Elemente, und das Gleiche galt für einen großen Teil der Architektur einschließlich der Befestigungen. Außerdem war Qitmit nicht der einzige Ort in Juda, wo man Kultobjekte der Edomiter entdeckt hatte. In 'En Haseva, etwa 32 Kilometer südwestlich des Toten Meeres in der Negev-Wüste, hatten Archäologen ein religiöses Zentrum gefunden und auf die gleiche Periode datiert. Dort hatte man 57 Kultgegenstände ausgegraben, darunter Altarbasen aus Kalkstein mit ganz ähnlicher Form wie an anderen israelitischen Stätten aus der gleichen Zeit und drei Kultobjekte in Menschengestalt, die Funden aus Qitmit ähnelten. In anderen Gegenständen mischten sich die beiden Traditionen: Schüsseln waren beispielsweise mit vorspringenden Dreiecken verziert, wie man sie sowohl an judäischen wie auch an edomitischen Fundstellen ausgegraben hatte, und auch Granatäpfel aus Ton waren sowohl in Edom als auch in Juda verbreitet.

Rudolph Cohen, der Grabungsleiter von 'En Haseva, erklärte mir in seinem Jerusalemer Arbeitszimmer, er sei verblüfft darüber, dass es in judäischen Gebieten auch Edomiter gab. Wie Beit-Arieh war er ursprünglich davon ausgegangen, dass die Edomiter sich den Zugang mit militärischen Mitteln verschafft hatten. »Warum sollte Juda zulassen, dass die Edomiter ihren eigenen Tempel einrichteten?«, hatte er gefragt.

Neuerdings jedoch musste er seine Haltung überdenken. Die Religion war in Juda zu jener Zeit sehr vielgestaltig. Möglicherweise handelte es sich bei denen, die Qos anbeteten, teilweise um Judäer. Außerdem lag 'En Haseva an einem Handelsweg, der in römischer Zeit sehr wichtig war und vielleicht auch früher schon große Bedeutung hatte. »Ich glaube nicht, dass die Edomiter durch eine Invasion in die judäische Negev-Wüste kamen«, sagte Cohen. »Nach meiner Überzeugung sehen wir hier weniger die militärischen als vielmehr die wirtschaftlichen und kulturellen Wirkungen, die Edom auf Juda zeigte.«

Auch Beit-Arieh schließt eine solche Erklärung nicht aus, aber er interpretiert die Grabungsstätte und die Funde vorwiegend vor dem biblischen Hintergrund und gelangt deshalb zu einer eher militärischen Deutung. »In der Bibel spiegelt sich eine historische Realität wider«, erklärte er mir bei einem Gespräch in seinem engen Arbeitszimmer an der Universität von Tel Aviv. »Der erbarmungslose Hass der Judäer auf Edom und die Feindseligkeiten zwischen beiden Seiten werden in der Bibel immer wieder erwähnt. Warum sollte man sie innerhalb Judas Handel treiben lassen?«

Die Antwort liegt außerhalb der Bibel in einem größeren geschichtlichen Rahmen. Qitmit und Malhata lagen an dem großen Handelsweg, der Arabien und das Gebiet jenseits des Jordan über das Tal von Beersheba mit den Mittelmeerhäfen verband. Zwar gab es zwischen dem Norden Arabiens und den Häfen der Philister auch andere Wege, die nicht durch Edom oder Juda führten, aber zu jener Zeit änderte sich die wirtschaftliche Strategie Assyriens. Für das Großreich war es immer ein wichtiges Ziel gewesen, den Handel mit Arabien zu kontrollieren. Anfangs begnügten sich die assyrischen Herrscher damit, Abmachungen mit den Führern der Araber- und Nomadenstämme zu schließen, um Grenzübertritte und Handelswege unter Kontrolle zu halten. Aber nachdem Assyrien gezwungen war, sich die Kontrolle im Gebiet der Philister mit militärischen Mitteln zu sichern, entschlossen sich die Vertreter des Reiches, den Handel durch das Gebiet der weit schwächeren Staaten Juda und Edom zu leiten. Und der Weg zu diesem Schnittpunkt für Assyrer, Phönizier, Philister, Judäer und Edomiter führte über Qitmit. Es war der erste Ort, an den man von Süden her gelangte, und der letzte Rastplatz für jene, die sich nach Süden in die riesige arabische Wüste aufmachten. Qitmit war eine Oase für alle, die in der Wüste Geld verdienen wollten.

Solange die Assyrer unmittelbaren Einfluss auf das Gebiet hatten, lief alles glatt. Die Vertreter des Reiches handelten nicht selbstlos. Sie erhielten den größten Anteil der Einnahmen, die der Handel mit Arabien und das von Ihnen aufgebaute Handelsnetz einbrachten. Aber auch alle anderen profitierten davon. Qitmit war nicht der einzige Ort, der zu jener Zeit aufblühte. Im gesamten Süden Judas und Edoms nahm die Besiedelung zu, die Landwirtschaft entwickelte sich weiter, und neuer Wohlstand stellte sich ein. Aber schon bald waren die Assyrer gezwungen, sich zurückzuziehen. In ihrer Heimat gab es Probleme, und in verschiedenen Winkeln des Reiches mussten sie sich mit Intrigen auseinander setzen. Mit dem erfolgreichen Aufstand Ägyptens in der zweiten Hälfte des 7. Jahrhunderts setzte ein stetiger Niedergang ein, der schließlich 612 v. u. Z. mit der Eroberung Ninives durch ein Bündnis aus Medern und Babyloniern seinen Abschluss fand.

Trotz des schwindenden assyrischen Einflusses hörte der Handel mit dem Süden nicht über Nacht auf. Die Beziehungen blieben erhalten, und die Karawanen zogen weiterhin durch die Wüste. Aber Meinungsverschiedenheiten, neue nationalistische Ideologien und Misstrauen, die während der assyrischen Herrschaft in den Hintergrund getreten waren, entfalteten sich nun mit voller Kraft. Angesichts der wachsenden Instabilität fanden die Kaufleute schon bald andere Wege außerhalb der Negev-Wüste, auf denen sie nun ihre Waren von und nach Arabien transportierten. Qitmit wurde aufgegeben. Judäer und Edomiter lernten die gleiche Lektion in Marktwirtschaft, die auch ein paar Jahrtausende später nicht an Gültigkeit verloren hat: In Zeiten politischer Instabilität wandert das Geld ab.

Kopenhagen, Juni 1998: An einem regnerischen Abend denkt Pjotr Bienkowski laut über die Edomiter nach. Wir sitzen in einer Bar in einer hübschen unbefahrenen Seitenstraße mit

Kopfsteinpflaster. Familien schlendern auf und ab, der Regen macht ihnen anscheinend nichts aus. Die Tische hier drinnen sind dicht besetzt, von den zusammengeklappten Regenschirmen tropft es, angeregte Unterhaltung überall. Die Kellnerin bringt Bier, Kaffee und Snacks. In der Stadt findet gerade die Jahrestagung über Geschichte und Archäologie Jordaniens statt. Bienkowski kommt geradewegs aus einer von ihm organisierten Sitzung der Archäologen, die im Gebiet von Ammon, Moab und Edom arbeiten. Sie haben Keramikfunde und -stile verglichen, und am nächsten Tag soll er einen Vortrag über die Edomiter halten. Dabei, so sagt er, quält ihn vor allem eine Frage: »Was ist ein Edomiter?«

Die Wurzel des Problems, so Bienkowski weiter, liegt in der Verwendung und Bedeutung des Wortes »Edom«. Der Name geht vermutlich auf eine semitische Wurzel zurück, die »rot« oder »rötlich« bedeutet, und bisher nehmen die meisten Fachleute an, man habe sie der Gegend ihres roten Sandsteins wegen gegeben. Die Bibelautoren wollten vermutlich Esau mit Edom in Verbindung bringen und betonten, Esau sei bei seiner Geburt sehr rot gewesen. »Edom« bezeichnete im Laufe der Antike viele verschiedene Dinge: zunächst ein geografisches Gebiet, dann ein politisches Staatswesen, aber auch eine Bevölkerungsgruppe. Manche in Buseirah gefundenen Keramiktypen, die man heute »edomitisch« nennt, kamen auch an Fundstellen in der Negev-Wüste von Judäa ans Licht, nicht aber überall in Edom – sie fehlen beispielsweise an den Fundstätten auf den Bergen rund um Petra.

Weiter meint Bienkowski, die Geschichte der in der Bibel erwähnten Völkern nachzuzeichnen sei immer schwierig, aber in Zusammenhang mit den Edomitern werde es noch komplizierter. Allen wissenschaftlichen Erkenntnissen zufolge waren sie eigentlich immer eine Gruppe von Nomaden, die schwer fassbar und weitgehend unsichtbar blieb. »In Wirklichkeit wissen wir nichts Sicheres über die Edomiter«, sagt Bienkowski. »Wir wissen nicht, wann oder warum das Königreich gegründet wurde. Wir wissen nicht, wie sich die materielle Kultur veränderte und wie sie in den verschiedenen Teilen von Edom aussah. Wir wissen nicht, wann und warum Edom zu existieren aufhörte – ob die Orte zerstört wurden oder ob es sie einfach nicht mehr gab. Wir wissen nicht, was sich danach in Edom abspielte. Deshalb finde ich dieses Forschungsgebiet so faszinierend. Es ist ein riesiges wissenschaftliches Rätsel.«

Die Ausgrabungen in Jordanien sind von so beschränktem Umfang, dass sie Bienkowskis Fragen nicht beantworten können. Der britische Archäologe Crystal Bennett leitete 1971 bis 1974 und dann noch einmal 1980 Ausgrabungen der Edomiterstadt Buseirah. Bienkowski arbeitete bei den Grabungen mit, aber Bennett starb, bevor er seinen Abschlussbericht erstellen konnte, und heute bemüht Bienkowski sich um die Veröffentlichung. Das Material, mit dem er arbeitet, stützt sich auf mittlerweile veraltete Methoden; dennoch könnte es einige Fragen beantworten, aber das sind nicht unbedingt diejenigen, die in der heutigen Diskussion eine Rolle spielen.

Aus diesen Gründen sind Beit-Ariehs Arbeiten in Qitmit und Malhata sowie Cohens Funde aus 'En Haseva für Bienkowski so wichtig. Daten und Funde stammen aus neuerer Zeit und bieten die Gelegenheit, Vergleiche mit den Funden von Buseirah anzustellen. Bienkowsi und ein Kollege analysierten die kleine Figuren und einen Teil der verzierten Keramik aus Juda und Buseirah, um neue Aufschlüsse über die Beziehungen zwischen den beiden politischen Gebilden zu gewinnen. Trotz der verbleibenden Unsicherheiten ziehen sie faszinierende Schlussfolgerungen. Die Funde aus Qitmit und 'En Haseva zeigen bis heute die stärksten Parallelen zu verschiedenen Aspekten der materiellen Kultur von Buseirah. Die biblische Geschichte von Jakob und Esau ist nach Bienkowskis Überzeugung nicht sonderlich hilfreich, wenn man das Rätsel der Beziehungen zwischen Edom und Juda lösen will. »Die Bibelautoren schrieben über Edom, aber dabei hatten sie ihre eigenen Vorurteile. Außerdem geht aus ihren Beschreibungen eindeutig hervor, dass sie nie dort waren«, meint er. Dennoch haben Bienkowskis Deutungen eines mit denen der Bibelautoren gemeinsam: Sie lassen für die Zukunft viele Möglichkeiten offen.

Draußen hat der Regen mittlerweile nachgelassen, und seine Spuren an den großen Fenstern der Bar gegeben den Blick auf die belebte Straße frei. Hier drinnen ist es warm, und das Stimmengewirr wirkt gemütlich. Man kann sich ohne weiteres mit dem Gedanken anfreunden, dass das Ende zumindest für den Augenblick offen bleibt. Jakob und Esau sind in ihrer Umklammerung gefangen, Judäer und Edomiter lassen sich in Qitmit gemeinsam zum Gebet nieder. Ihre Wege haben sich noch nicht getrennt. Noch besteht die Chance, dass Juda und Edom zu Teilen von etwas Größerem werden, bevor die Region wieder in eine Ansammlung streitsüchtiger, engstirniger Stämme zerfällt. Und doch kann man sich nicht der Erkenntnis entziehen, dass die gerade aus Babylon zurückgekehrten Vertriebenen sich in Jerusalem, der Hauptstadt Judas, eine ähnliche Gelegenheit entgehen ließen.

## Kapitel 9

# Die Rückkehr ins Gelobte Land

*So spricht Kyrus, der König von Persien: Der Herr, Gott des Himmels, hat mir alle Königreiche der Erde gegeben, und er hat mir befohlen, ihm ein Haus zu Jerusalem in Juda zu bauen. Wer nun unter euch von seinem Volk ist, mit dem sei sein Gott, und er ziehe hinauf nach Jerusalem in Juda und baue das Haus des Herrn, des Gottes Israels; das ist der Gott, der zu Jerusalem ist.*
(Esra 1, 2–4)

Die zweihundertjährige Herrschaft der Perser im Nahen Osten stellt einen Wendepunkt in der biblischen Geschichte dar. Über die fünfzig Jahre nach der Zerstörung des Ersten Tempels schweigen sich die Bibelautoren im Wesentlichen aus. Sie schrieben nur wenig über das Leben der Vertriebenen in Babylon, und was zu Hause in Juda geschah, nahmen sie überhaupt nicht zur Kenntnis. Dann plötzlich wurde Babylon mit seinem gewaltigen Reich praktisch kampflos von König Kyrus und seinen Persern eingenommen. Er ließ erklären, es stehe den im Exil lebenden Bevölkerungsgruppen frei, in ihre ursprüngliche Heimat zurückzukehren. Nach und nach zogen die Judäer unter der Führung des Schriftgelehrten und Geistlichen Esra sowie des von den Persern eingesetzten jüdischen Statthalters Nehemia zurück nach Juda; sie bauten den Tempel wieder auf, verstärkten die Befestigungen Jerusalems und reformierten ihre Religion. Für die Bibelautoren stellt die Rückkehr ins Gelobte Land einen Neuanfang und den Aufstieg des neuen Israel dar. Deshalb ist es erstaunlich, dass die heutigen Fachleute sich trotz der schwer wiegenden Ereignisse, die sich zu jener Zeit abspielten, viele Jahre lang schlicht und einfach nicht für die persische Epoche interessiert haben.

Zum Teil lag es daran, dass die Bücher Esra und Nehemia, die wichtigsten biblischen Quellen zu dem Thema, recht dürftig sind: Sie drängen die Regierungszeit mehrerer persischer Herrscher und einen Zeitraum von einigen hundert Jahren auf einen sehr kurzen Text zusammen. Das machte es für die Historiker noch schwieriger, die Ereignisse chronologisch einzuordnen; bis heute weiß niemand genau, ob Esra oder Nehemia als Erster nach Jerusalem kam und wann das geschah. Die meisten Fachleute nahmen den kurzen Bericht in den beiden biblischen Büchern einfach als gegeben hin und beließen es dabei; ihre kritische Aufmerksamkeit richteten sie lieber auf spätere Phasen, als Palästina unter griechischer und römischer Herrschaft stand, denn das war die Zeit, als Juden- und Christentum in ihrer heutigen Form erstmals Gestalt annahmen. Auch die Archäologen gingen über diese Zeit hinweg und veröffentlichten kaum Berichte über die Keramik der fraglichen Periode. Manchmal machten sie sich nicht einmal die Mühe, entsprechende Funde zu bergen, sondern arbeiteten sich tiefer und in frühere Zeiträume vor, in denen es entweder um die Entstehung Israels in Kanaan oder um das so genannte goldene Zeitalter Davids und Salomos ging.

In jüngster Zeit jedoch interessierte man sich plötzlich sehr dafür, was sich in Jerusalem wirklich abspielte, nachdem Esra und Nehemia dort aufgetaucht waren. Die Society of Biblical Literature in Atlanta im US-Bundesstaat Georgia, eine wichtige Dachorganisation für Bibelforscher und Historiker, bildete Arbeitsgruppen zur Erforschung der so genannten Periode des Zweiten Tempels, die von der persischen Eroberung Mitte des 6. Jahrhunderts v. u. Z. bis zur Zerstörung des Zweiten Tempels durch die Römer im Jahr 70 u. Z. reicht. In der angesehenen Buchreihe *Cambridge History of Judaism* erschien ein Band über die persische Periode, und weitere wissenschaftliche Veröffentlichungen folgten. Die Hauptgründe für die wachsende

Aktivität hatten eigentlich recht wenig mit den Persern zu tun. Jahrhundertelang hatten die Bibelforscher unterstellt, die biblischen Beschreibungen vieler Vorgänge seien kurz nach den Ereignissen selbst niedergeschrieben worden. Seit den siebziger und achtziger Jahren des 20. Jahrhunderts wuchsen jedoch die Zweifel an dieser Annahme – zunächst im Hinblick auf Abraham und die Patriarchen als historische Gestalten, später aber auch in Zusammenhang mit den Königen David und Salomo. Schon bald vertraten immer mehr Experten die Ansicht, hinsichtlich der Entstehung der Hebräischen Bibel – das Alten Testaments – sei die persische Periode vermutlich literarisch am bedeutsamsten gewesen.

Zusätzliches Gewicht erhielt diese Ansicht durch die immer gründlichere Erforschung der Schriftrollen vom Toten Meer, jener ältesten erhaltenen Kopien biblischer Texte, die lange als der bedeutsamste archäologische Fund des 20. Jahrhunderts galten. Die erste Rolle hatte 1947 ein Beduinenhirte entdeckt, der in den Bergen bei Khirbet Qumran am Nordwestufer des Toten Meeres einer verirrten Ziege nachgelaufen war. Er warf einen Stein in eine Höhle, hörte das Geräusch zerbrechender Keramik und kletterte durch die Öffnung, um zu sehen, was er getroffen hatte. In der Höhle fand er Behälter voller alter Pergamente. Wie sich bei der wissenschaftlichen Analyse herausstellte, waren sie seit etwa 200 v. u. Z. in einem Zeitraum von 300 Jahren geschrieben worden. Während der folgenden Jahre entdeckte man im Gebiet von Qumran zehn weitere Höhlen mit Schriftrollen und Manuskriptfragmenten. Die Manuskripte – ihre Zahl belief sich am Ende auf rund 800 – entstanden mehrere Jahrhunderte, nachdem Esra das Gesetz Moses (das Pentateuch) vollendet hatte. In jüngster Zeit übten sie gewaltigen Einfluss auf die wissenschaftlichen Ansichten über die Entstehung der Bibel aus. Die Bücher Esra und Nehemia erzählen, dass Esra bei seiner Rückkehr aus Babylon eine Art Bibelvorstufe bei sich hatte. Im Buch Nehemia ruft Esra die Kinder Israel in Jerusalem zur so genannten ersten öffentlichen Lesung des Pentateuch zusammen, einem Ereignis, das vermutlich etwa 445 v. u. Z.

stattfand. Männer und Frauen wandern bei schlechtem Wetter nach Jerusalem, und Esra verliest, auf einer hölzernen Kanzel stehend und von den Führern des Volkes umgeben, sieben Tage lang vom frühen Morgen bis zum Mittag das Gesetz. Dann fasten die Menschen und feiern ein Ereignis, das eindeutig eine aktualisierte Form der Übergabe des Gesetzbuches auf dem Berg Sinai darstellen soll.

Traditionell schreibt man Esra die Bearbeitung der fünf Bücher Mose in ihrer heutigen Form zu. Die Erforschung der Schriftrollen vom Toten Meer hat diese Vorstellung in Frage gestellt, allerdings erst nach einiger Zeit. In den ersten 40 Jahren nach der Entdeckung der Rollen wurden nur acht von 38 geplanten Bänden über sie veröffentlicht. Bis vor kurzem blieben die meisten Texte ausschließlich in der Obhut der Wissenschaftler, die sich mit ihrer Rekonstruktion, Übersetzung und Veröffentlichung befassten; Diskussionen waren praktisch nicht möglich, weil außer dieser kleinen Gruppen kaum jemand die Manuskripte gesehen hatte. Erst 1991 ernannte die israelische Regierung einen neuen Herausgeber, und unter seiner Leitung erschienen zwölf weitere Bände, davon allein vier im Jahr 1997. Mittlerweile liegen über 90 Prozent vom Text der Rollen in gedruckter Form vor. Nachdem das Material nun endlich einem größeren Kreis von Fachleuten zugänglich war, wurde es zum Anlass, sowohl den Aufbau des Alten Testaments als auch die Bearbeitung einzelner Bücher in neuem Licht zu betrachten. Wie sich herausstellte, enthielten die Rollen und andere in den Höhlen von Qumran gefundene Dokumente viele Versionen der Bibeltexte und alle Bücher des Alten Testaments mit Ausnahme des Buches Esther. Aber in den Manuskripten fanden sich nicht nur kleine Textabweichungen, die man als Fehler der Kopisten deuten könnte. Wie sich vielmehr eindeutig zeigte, wurden viele der bekanntesten biblischen Geschichten, von der im ersten Buch Mose beschriebenen Wanderung Abrahams und Saras in Ägypten bis zu Teilen des zweiten Buches Mose und des Buches Samuel, absichtlich umgearbeitet – viele Fachleute spekulierten, man habe sie aktualisiert, damit sie die Besorgnisse ihrer Zeit widerspiegelten. Darüber hinaus fand man in den Höhlen viele Texte, die nicht zum traditionellen Alten Testament gehörten. Noch Jahrhunderte nachdem Esra angeblich die heute gebräuchliche Form der Bücher Mose zurückgebracht hatte, gehörten viele Bücher, die heute nicht im Alten Testament enthalten sind, eindeutig zum religiösen Kanon der Juden. Daraus ergab sich eine verblüffende Schlussfolgerung: Die Entstehung und Bearbeitung der Bibeltexte sowie ihre endgültige Zusammenstellung hatten sich offenbar in einem viel fließenderen, komplizierteren Vorgang abgespielt, als man bis dahin angenommen hatte.

Diese Erkenntnis führte zwangsläufig wieder zurück in die Perserzeit. Bei den Bibelforschern hatte Esra lange als letzter Bearbeiter der Bücher Mose gegolten. In der jüdischen Tradition galt er, was die Gestaltung der Gesetze angeht, als zweitwichtigste Gestalt nach Mose. Er könnte aus dem babylonischen Exil durchaus einen frühen Entwurf des Alten Testaments mitgebracht haben, dessen Bearbeitung er in Jerusalem vollendete, und als er dann der Öffentlichkeit die Gesetze vorlas, geschah das im Rahmen der Wiederbelebung des religiösen Lebens, die dem biblischen Bericht zufolge zu jener Zeit stattfand. Bei der Untersuchung der Schriftrollen vom Toten Meer zeigte sich jedoch, dass das Umschreiben und Umarbeiten mit Esra keineswegs zu Ende war.

Zu solchen Vorstellungen passten auch neue archäologische Erkenntnisse über die fragliche Zeit. Angesichts der neuen Befunde der Bibelforschung befassten sich auch manche Archäologen nun noch einmal mit den Berichten über alte Ausgrabungen in Schichten aus der Perserzeit, um Neues über diese Periode in Erfahrung zu bringen. Dabei ergaben sich dramatische Befunde. Um 450 v. u. Z. hatte man an strategisch bedeutsamen Handelswegen und Militärstraßen überall in Juda eine Reihe von Befestigungen erbaut. Verschiedenen Indizien zufolge wurden ungefähr zur gleichen Zeit auch die Mauern Jerusalems verstärkt, wie Nehemiah es in seinen Erinnerungen beschreibt. Dabei war Yehud, wie die Perser ihre jüdische Provinz nannten, im Vergleich zu anderen Orten des Perserreiches recht klein, und diese waren nach wie vor nicht mit umfangreichen Befestigungen ausgestattet. Als die Archäologen nach Gründen für Yehuds relativ große Bedeutung suchten, sahen sie die Befestigung Jerusalems und Esras religiöse Reformen nicht mehr unter rein religiösen Gesichtspunkten wie die Bibelautoren, sondern auch als Hinweis auf die gesamte Politik des Perserreiches. Allmählich kristallisierte sich deutlicher heraus, wie Palästina zwischen dem 6. und 4. Jahrhundert ausgesehen hatte.

Die Bibel beschreibt Esra in vielfacher Hinsicht als mürrischen Mann. Er empfindet nichts für die Menschen, die in Juda zurückgeblieben sind und es schaffen, nach der Zerstörung Jerusalems durch die Babylonier dort weiterhin ihr Leben zu fristen. Dem biblischen Bericht zufolge zerreißt er sogar kurz nach seiner Rückkehr aus Zorn seine Kleider, als er erfährt, dass die Israeliten mit Kanaanitern und anderen Gruppen der Gegend Mischehen eingegangen sind und einige ihrer religiösen Gebräuche übernommen haben. Ständig betet er, Gott möge nicht alle als Strafe für solchen Ungehorsam erneut vertreiben. Dann verhängt er ein strenges Verbot der Mischehen, das es bis dahin in der Geschichte der Israeliten nicht gegeben hatte, und überwacht die erzwungene Scheidung zahlreicher israelitischer Männer von ihren in der Fremde geborenen Frauen; ohne lange nachzudenken, zerstört er damit ganze Familien. Unter Esra und Nehemia reicht es nicht mehr aus, im Land zu leben oder auch Jahwe anzubeten, damit man als Teil von Yehud gilt. Beide versuchen die bis dahin vorhandene Pluralität der religiösen Überzeugungen zu beseitigen: Die Zugehörigkeit zum neuen Israel, so behaupten sie, verlangt, dass man den Sabbat und die Feiertage nach Esras Anweisungen beachtet und ausschließlich innerhalb der israelitischen Gemeinschaft heiratet. Die Bibel und die spätere jüdische Überlieferung stellen das alles als religiöse Reformation dar und bezeichnen Esra als einen der Gründer des Judentums.

Aber dann entdeckten Archäologen und Historiker, dass auch andere, eher politische Überlegungen eine Rolle spielten.

Zur Politik des Perserreiches gehörte es damals, einzelnen ethnischen Gruppen eigene Gebiete zuzuweisen und ihnen relativ viel Selbstständigkeit zuzugestehen. Die Judäer erhielten Yehud, aber um im Land Israel bleiben zu können, waren sie weiterhin auf den guten Willen der Perser angewiesen, und das bedeutete, dass sie deren Anforderungen zu erfüllen hatten: Sie mussten streng darauf achten, wer zur Gemeinschaft der Israeliten gehörte und ein Anrecht auf das Land hatte. Die Mischehen, so die Argumentation dieser Fachleute, gefährdeten die weitere Herrschaft der Judäer über das Land und mussten deshalb energisch unterdrückt werden. Es waren also nicht nur religiöse Neigungen, sondern auch politisches Kalkül, die Esra dazu bewogen, den Menschen in Jerusalem eine Woche lang die Gesetze vorzulesen. Er wollte einen religiösen Status quo schaffen, aber in Wirklichkeit fasste eine zentrale religiöse Autorität eigentlich niemals Fuß. Vielmehr versuchte hier eine Gemeinschaft sich selbst zu definieren, und wie in späteren Jahrhunderten, so suchten die Israeliten diese Definition auch jetzt vor allem in ihrer Literatur. Wie man an den Rollen vom Toten Meer erkennt, gab es Jahrhunderte nach Esra nur eine gemeinsame Glaubenslehre der Israeliten: die Liebe zur Tora. In der Frage, was die Geschichten bedeuteten, waren sie sicher nicht einer Meinung. Esra hatte zu seiner Zeit Erfolg, weil er den fünf Büchern Mose in seiner Gemeinschaft Geltung verschaffen konnte, und dazu musste er gründlich und leidenschaftslos begreifen, unter welchen besonderen historischen Bedingungen sein Publikum lebte. So betrachtet, sollte man in Esra vielleicht weniger den letzten Bearbeiter des Pentateuch sehen als vielmehr seinen ersten Interpreten, als Teil einer langen Tradition, die sich bis heute fortsetzt. Esra trat dafür ein, die Tora eng auszulegen, als ein System von Regeln, die strikt zu befolgen sind. Aber die Bibel verdankt ihre nachhaltige Wirkung der Tatsache, dass sie kein Dogma ist, wie Esra die Menschen glauben machen wollte, sondern ein lebendiges Dokument, dessen Bedeutung sich wandelt, je nachdem, wer es liest.

Glaubt man in den Büchern Esra und Nehemia den Listen der Familien, die aus Babylon nach Juda zurückkehrten, kamen etwa 50 000 Menschen aus dem Exil nach Jerusalem. Die neuen archäologischen Befunde besagen etwas anderes. In den letzten 100 Jahren wurden in Palästina 22 Stätten ausgegraben, die man in die Zeit einordnet, als Juda Yehud hieß, und über 100 weitere kennt man aus archäologischen Übersichtuntersuchungen, die sich auf vom Boden aufgesammelte Keramikscherben stützen. Charles Carter, außerordentlicher Professor für Religionskunde an der Seton Hall University, analysierte die verschiedenen archäologischen Berichte im Rahmen einer umfassenden Studie über Yehud, die er 1999 veröffentlichte. Er gelangte zu dem Schluss, die Bevölkerung der Provinz sei von 13 450 gegen Ende des 6. Jahrhunderts v. u. Z. auf 20 825 in der zweiten Hälfte des 4. Jahrhunderts angewachsen. Das ist ein eindrucksvoller Sprung von 55 Prozent, aber auch damit war Yehud noch um ein Drittel kleiner, als man zuvor geglaubt hatte. Die meisten Siedlungen in dem Gebiet waren klein und umfassten vermutlich höchstens 125 Einwohner. Die einzige größere Stadt der Provinz – schätzungsweise zwei bis drei Mal größer als der zweitgrößte Ort – war Jerusalem. Aber selbst Jerusalem reichte an seine frühere Pracht nicht mehr heran. In den Jahren 587/586 v. u. Z. war die babylonische Armee einmarschiert, hatte den Tempel niedergebrannt, die Elite vertrieben und Jerusalem im Wesentlichen zerstört. Bei archäologischen Ausgrabungen in der Stadt und ihrer Umgebung hatte sich gezeigt, dass auch nach der Zerstörung weiterhin Menschen in Jerusalem lebten, aber sie war nun kaum größer als die Davidsstadt, das kleine, traditionelle Zentrum. Während der persischen Herrschaft umfasste Jerusalem vermutlich nur etwa 20 Prozent seiner früheren Größe.

Immerhin wurde Jerusalem während dieser Zeit aber wieder zur Hauptstadt, und das ist am wichtigsten, wenn man die Bedeutung Yehuds für das persische Reich verstehen will. Die Perser kämpften ständig um den Erhalt ihres Reiches, und dabei schenkten sie Jerusalem oder Yehud anfangs kaum Beachtung.

Erst Kyrus der Große erteilte angeblich die Anweisung, den Judäern und anderen Bevölkerungsgruppen die Rückkehr in ihre Heimat zu gestatten, aber er starb sehr plötzlich im Jahr 529. Sein Nachfolger Cambyses II. versuchte fast während seiner gesamten Regierungszeit, Ägypten zu erobern, die einzige in der Region noch vorhandene Macht, die den Persern Paroli bieten konnte. Er saß nicht lange auf dem Thron. Während er in Ägypten unterwegs war, erfuhr er von einem Aufstand gegen seine Herrschaft und musste eilig nach Persien zurückkehren, wo er unter rätselhaften Umständen ums Leben kam. Die nächsten Herrscher waren vollauf damit beschäftigt, das Reich zusammenzuhalten, das in seinen verschiedenen Regionen immer wieder von Aufständen heimgesucht wurde. Das ständige Durcheinander am persischen Königshof hatte für Jerusalem schlimme Folgen. Der Wiederaufbau des Tempels geriet kurz nach seinem Beginn ins Stocken, und der Strom der Rückkehrer, die in Yehud leben wollten, verebbte zu einem Rinnsal. Erst Mitte des 5. Jahrhunderts v. u. Z., als Artaxerxes I. den Thron bestieg, trat ein Wandel ein. Dieser Herrscher sorgte mit einer neuen Strategie für Ruhe an der Westfront. Endlich war Yehuds großer Tag gekommen.

Eines der ersten Probleme, mit denen Artaxerxes I. sich auseinander setzen musste, war ein Aufstand in Ägypten. Die Griechen, die in der Region an Macht gewannen (und später unter Alexander dem Großen die Perser schließlich aus Palästina vertrieben), unterstützten das Reich am Nil. Manchen Indizien zufolge schlugen sich sogar Teile des persischen Reiches auf die Seite Athens: Dor, eine Provinz im Norden Palästinas, ist während der Zeit von 460 bis 450 v. u. Z., in die der Höhepunkt des ägyptischen Aufstandes fällt, als Mitglied des griechischen Militärbündnisses verzeichnet. Plötzlich gewann das arme kleine Yehud eine ganz neue Bedeutung: Seine Straßen führten unmittelbar nach Ägypten, und mit seiner zentralen Lage war es das ideale Aufmarschgebiet für die persischen Truppen, die den ägyptischen Aufstand niederschlagen sollten.

In der Bibel finden sich einige Anhaltspunkte für diesen Wandel in Yehuds Schicksal, aber insgesamt lässt sich das Ausmaß der Veränderung nur schwer erahnen. Die Bücher Esra und Nehemia enthalten sehr wenige Hinweise auf historische Ereignisse, aber mittlerweile tragen die wachsenden archäologischen Befunde dazu bei, das Bild zu vervollständigen. Während der gesamten persischen Herrschaft wurden Befestigungen an den größeren und kleineren Straßen zwischen den einzelnen Provinzen gebaut. Allein in Yehud wurden in der fraglichen Zeit mehr als zehn Festungen errichtet, die man anhand der in den Gebäuden gefundenen Keramikreste datieren konnte. Ausgrabungen an einigen dieser Orte zeigen, dass alle einen ähnlichen Grundriss hatten und nach einem allgemein üblichen Plan erbaut wurden. Sie lagen fast immer so, dass man von ihnen wichtige Straßen überblicken konnte, weniger jedoch bevölkerte Zentren – ein Beweis, dass ihre Hauptfunktion nicht darin bestand, Städte zu verteidigen, sondern dass sie wichtige Handelswege gegen Angriffe schützen und die staatliche Kontrolle über das Gebiet festigen sollten. Die Festungen wurden offenbar schon wenige Jahrzehnte nach ihrer Einrichtung wieder aufgegeben, was darauf hinweist, dass sie als Reaktion auf ganz bestimmte strategische Umstände erbaut wurden; nachdem das Reich nicht mehr durch den Aufstand in Ägypten bedroht war, zogen die Soldaten wieder ab. Ein anderes Zeichen für die zunehmende militärische Orientierung in jener Zeit war nach den Feststellungen der Archäologen ein ganz bestimmter Typ von Keramikgefäßen, die man an diesen Stellen fand. Bei der Untersuchung des zu ihrer Herstellung verwendeten Tons stellte sich heraus, dass sie Mitte des 5. Jahrhunderts v. u. Z. im Süden Palästinas entstanden waren. Am interessantesten war dabei, dass man derartige Gefäße nicht nur in Palästina gefunden hatte, sondern auch viel weiter nördlich auf einem Militärfriedhof in Anatolien in der Türkei. Die Archäologen vermuten wegen dieses Verteilungsmusters der Gefäße, dass die persischen Soldaten die Keramik während ihrer Stationierung im Süden Palästinas verwendet hatten und sie dann mitnahmen, als sie nach der Niederschlagung des ägyptischen Aufstandes nach Anatolien verlegt wurden.

In den Büchern Esra und Nehemia wird zwar der Aufstand in Ägypten nicht erwähnt, aber es gibt in der Bibel Anhaltspunkte für Yehuds neue, größere Bedeutung. Nach Esras Bericht wenden sich einige aus dem »Volk des Landes«, die als Widersacher Judas bezeichnet werden, an Serrubabel, den Statthalter des Perserkönigs Darius I. in Juda, und bieten ihre Hilfe an. Serrubabel und die judäischen Oberen weisen sie ab. Die so Gekränkten behaupten in Briefen an den Königshof, man könne Serrubabel, einem Nachkommen des Königs David, und seinem Umfeld nicht trauen. In einem Schreiben heißt es, sie bauten die »aufrührerische und böse Stadt« wieder auf. »So sei nun dem König kundgetan: Wenn diese Stadt wieder aufgebaut wird und die Mauern wieder errichtet werden, so werden sie Steuern, Abgaben und Zoll nicht mehr geben … so wirst du … erfahren, dass diese Stadt aufrührerisch ist und Königen und Ländern Schaden gebracht hat und man in ihr auch von alters her Aufruhr gemacht hat, – darum ist diese Stadt auch zerstört worden.« Die Briefe, so die Bibel weiter, erreichten ihr Ziel: Der König befahl, die Arbeiten einzustellen. Diese Haltung änderte sich, zumindest dem Buch Nehemia zufolge, erst unter Artaxerxes.

Nehemia geht die Sache anders an. Im Gegensatz zu Esra versichert er sich zunächst der königlichen Zustimmung für den Wiederaufbau der Mauern von Jerusalem, und dann erst macht er sich in die Stadt auf. Klar ist aber auch, dass er unter anderen politischen Umständen tätig wird. Wie neuere archäologische Arbeiten gezeigt haben, war es äußerst ungewöhnlich, dass persische Herrscher der Befestigung einer Stadt zustimmten; Ausgrabungen in anderen früheren persischen Provinzen zeigen, dass nur die wenigsten städtischen Zentren zu jener Zeit Mauern besaßen. Dass ihr Bau in Jerusalem gestattet wurde, ist nach Ansicht der Archäologen ein Hinweis, dass die Zentralregierung genau wusste, wie wichtig die Stadt im Kampf gegen den wachsenden griechischen Einfluss im östlichen Mittelmeerraum war. Und tatsächlich reagiert der Königshof anders, als sich auf die Nachricht hin, Jerusalem werde wieder aufgebaut, die üblichen Proteste erheben – dieses Mal vonseiten der Nachbarprovinzen Samaria und Ammon: Die Bauarbeiten gehen weiter, und die Mauern Jerusalems werden verstärkt.

Die Befestigung Jerusalems ist Teil einer umfassenden Wandlung, was die Stellung der Stadt betrifft. Am besten zeigt sich das an einer Reihe archäologischer Ausgrabungen, die in den letzten Jahrzehnten rund um die Stadt vorgenommen wurden. Im Rahmen einer immer noch laufenden Übersichtuntersuchung des gesamten Gebietes von Jerusalem stieß die israelische Denkmalbehörde auf Anzeichen für einen Wiederaufbau der Stadt unter persischer Herrschaft. In Gehöften rund um Jerusalem fand man Überreste von Weinkeltern, Lagerräumen und Olivenpressen. In einem Teil der Stadt entdeckte man ein Lager und 16 Weinkeltern, ein Hinweis, dass sich hier eine Art Industriebetrieb zur Herstellung des Weines für die Oberschicht der Stadt befand. Der Historiker Carter, der sich eingehend mit der Perserzeit befasst hat, vertritt die Ansicht, man könne die vielen Siedlungen in und um Jerusalem als Satellitendörfer ansehen, deren Aufgabe in der Produktion aller möglichen Güter bestand, welche von den Bewohnern der Staat verbraucht, gekauft, gehandelt oder zur Zahlung von Steuern verwendet wurden. Weiter südlich, in Ein Gedi am Ufer des Toten Meeres und an anderen Stellen, grub man ebenfalls mehrere große Lagerräume und Produktionsbetriebe aus. Sie enthielten alles Mögliche, von Webstuhlgewichten bis zu steinernen Werkzeugen. Hier wurden die verschiedensten Waren produziert – möglicherweise für die persischen Soldaten in den vielen Festungen, die ungefähr zur gleichen Zeit errichtet wurden. Es gibt Anhaltspunkte für einen zunehmenden Handel insbesondere mit Griechenland und mit den vom Perserreich kontrollierten Gebieten. Griechische Münzen, raffinierte Glasgefäße, Goldschmuck sowie wunderschöne Keramik in leuchtenden Farben und den verschiedensten Formen fand man sowohl in Gräbern in Jerusalem als auch bei Ausgrabungen unmittelbar außerhalb der Stadt. Hier entwickelte sich eindeutig eine Schicht von Kaufleuten.

Das alles, so die Schlussfolgerung der Archäologen, weist auf eine Welle der Kreativität und wirtschaftlichen Tätigkeit hin, wie es sie in Jerusalem seit der Zerstörung des Ersten Tempels nicht mehr gegeben hatte. Aber das ändert nichts an der Tatsache, dass Jerusalem im Vergleich zu der Zeit ein Jahrhundert früher klein und arm blieb. Manche Fachleute vertreten sogar die Ansicht, eine solche Stadt mit ihren relativ begrenzten wirtschaftlichen Mitteln und ihrer geringen Bevölkerung sei zu einem so aufwändigen Projekt wie dem Tempelbau überhaupt nicht in der Lage gewesen. Andere stellen die Frage, wie in der Perserzeit die literarische Aktivität erhalten bleiben konnte, die von der Bibelforschung traditionell in diesen Zeitraum eingeordnet wird.

Der Mangel der Bücher Esra und Nehemia besteht darin, dass sie ein im luftleeren Raum schwebendes Yehud zeichnen. Tatsächlich erforderte die von den beiden Männern durchgesetzte religiöse Reform eine Wendung nach innen. Das strenge Verbot der Mischehen sollte dazu dienen, das Volk von Außenstehenden zu isolieren, selbst wenn diese ebenfalls Jahwe anbeteten und sich selbst bis zu jener Zeit für geschätzte Mitglieder der israelitischen Gemeinschaft gehalten hatten. Als die aus dem Exil Zurückkehrenden in Esras Beschreibung das Passafest zur Erinnerung an den Auszug aus Ägypten feiern, haben die Kinder der Gefangenschaft sich »abgesondert von der Unreinheit der Heiden im Lande«. Eine solche Trennung war auch die Voraussetzung für die Teilnahme an der von Nehemia beschriebenen Zeremonie, in der die Oberhäupter der verschiedenen Geschlechter Judas einen Bund mit Gott schließen und öffentlich geloben, wie von Esra befohlen nach den Gesetzen der Tora zu leben. Das Buch Nehemia schließt mit einer Maßnahme, die diese Wendung nach innen am deutlichsten symbolisiert: mit der Feier des Sabbattages. »Als es in den Toren Jerusalems dunkel wurde, ließ ich die Tore schließen und befahl, man solle sie erst nach dem Sabbat auftun«, schreibt Nehemia. Er beauftragt einige seiner Diener, die Tore zu bewachen, und die Kaufleute, die näherkommen und ihre Waren verkaufen wollen, werden nachdrücklich abgewiesen. Die Tore bleiben verschlossen: Das neue Israel hat sich von seinen Nachbarn abgekapselt.

Den gleichen Fehler hatten auch viele frühere Wissenschaftler begangen: Sie hatten Yehud behandelt, als habe es nichts mit den größeren Kräften zu tun, die auf die Region wirkten. Die archäologischen Befunde sprechen heute für eine andere Deutung und stellen das Schicksal Yehuds in Zusammenhang mit den Ereignissen, die sich im gesamten Perserreich abspielten. Einen Tempel für Jahwe zu bauen, war kein einzigartiges Privileg, das nur die Judäer genossen. Die Wiederherstellung der Religionsausübung und der Wiederaufbau der Tempel verschiedener Gruppen, die von den Babyloniern unterdrückt worden waren, war ein allgemeines Merkmal der persischen Politik; es sollte unter anderem der verstärkten Loyalität dienen. Die Bauprojekte wurden häufig zum Teil aus der königlichen Schatulle finanziert, und höchstwahrscheinlich wurden auch sowohl Esras und Nehemias Rückkehr nach Jerusalem als auch ihre späteren Bauvorhaben vom Königshof genehmigt und teilweise finanziert.

Unmittelbar außerhalb von Jerusalem spielte sich zudem etwas Interessantes ab, das weder in der Bibel noch in persischen Schriftstücken erwähnt wird; es zeigte sich aber in archäologischen Übersichtuntersuchungen, die sich von Jerusalem in die Umgebung ausdehnten. Zu den Orten, die nach der Rückkehr der Vertriebenen eine kräftige Zunahme der Bevölkerungszahl erlebten, gehörte das nahe gelegene Dorf Modiin, das sich in den Bergen von Juda versteckt. Es sollte in den Jahren, als Palästina unter griechischer Herrschaft stand, eine besonders wichtige Rolle für die jüdische Geschichte spielen. Modiin war im 2. Jahrhundert der Ausgangspunkt der jüdischen Revolte, die allgemein als Makkabäeraufstand bezeichnet wird. An die Eroberung Jerusalems durch die Makkabäer und die erneute Weihe des Tempels im Jahr 164 v. u. Z. erinnert bis heute der jüdische Feiertag Hanukka.

Aber das alles lag noch weit in der Zukunft. Zur Perserzeit nahm Modiins Bedeutung gerade erst zu, und die Bevölkerung des Dorfes wuchs. Historiker konnten durch Untersuchung der Siedlungsverteilung nachweisen, dass die Bevölkerung in weiter entfernten Gebieten abnahm, während Modiin größer wurde, ein Zeichen, dass viele Menschen sich hierher begeben hatten. Es waren ebenfalls Juden, und sie hätten sich ohne weiteres entschließen können, in Jerusalem selbst zu wohnen. Aber durch einen solchen Ortswechsel hätten sie die Verbindungen zu ihren Nachbarn und zu ihren im Ausland geborenen Frauen und Kindern zerstört, und sie hätten die lockere Art der Religionsausübung aufgegeben, deren sie sich bis dahin erfreut hatten. Deshalb lebten sie lieber in Modiin unmittelbar vor den Toren Jerusalems, wo sie offiziell nicht der administrativen, religiösen oder politischen Kontrolle der Stadt unterstanden. Diese Menschen lehnten Esras und Nehemias enge Definition des neuen Israel ab. Nach der heutigen Überzeugung vieler Historiker blieben sie trotz aller Versuche, neue religiöse Einschränkungen durchzusetzen, die entscheidende wirtschaftliche Triebkraft für die Erweiterung Jerusalems. Esra und Nehemia drängten sie und ihre Überzeugungen an den Rand und versuchten ihre Art der Religionsausübung für ungesetzlich zu erklären. Dennoch blieben ihre Verbindungen zu Jerusalem erhalten. Das Leben in der Stadt war ihnen nicht angenehm, aber sie schickten Geld, feierten dort religiöse Feste, brachten im Tempel ihre Opfer dar und pilgerten an Feiertagen dorthin. Esra und Nehemia hatten versucht, die Tore Jerusalems zu schließen, aber das neue Israel war von Anfang an größer als Yehud.

Im Laufe der Jahre kam bei der Erforschung der Schriftrollen vom Toten Meer etwas Ähnliches ans Tageslicht, wie es zuvor schon unter den Fachleuten für die Entwicklung Yehuds während der Perserzeit für Überraschung gesorgt hatte. Nach der herkömmlichen Interpretation waren die Rollen von den Essenern verfasst worden, einer jüdischen Sekte von Männern, die als einsame Mönche in der Wüste lebten; sie sollten die Rollen in den Höhlen rund um Qumran versteckt haben, in der Umgebung des Ortes, wo sie wohnten und arbeiteten. Die Essener, so die Theorie weiter, wollten die Rollen vor der heranrückenden römischen Armee schützen, die kurz zuvor einen Aufstand in Jerusalem niedergeschlagen hatte und nun in die Wüste Judäas marschierte, um alle verbliebenen Widerstandsnester zu beseitigen. Diese Vorstellung, die nach den ersten Grabungen an der Stelle entstanden und seitdem fast ausnahmslos anerkannt war, hat in den letzten Jahren ganz anderen Gedanken Platz gemacht. Genau wie man in der Geschichte Yehuds heute ein Spiegelbild der umfassenden Kräfte im Perserreich sieht, so ordnet man auch Qumran in den größeren gesellschaftlichen und wirtschaftlichen Wandel ein, der sich im römischen Reich abspielte.

In den fünfziger Jahren des 20. Jahrhunderts, kurz nachdem man die Rollen entdeckt hatte, begann ein Archäologenteam aus Jerusalem unter Leitung von Pater Roland de Vaux mit Ausgrabungen der antiken Ruinen von Qumran. Die Archäologen, viele von ihnen wie Pater de Vaux Mönche, die an der dominikanischen École Biblique et Archéologique in Jerusalem arbeiteten, erkannten hier eine Ähnlichkeit zu ihrem eigenen Leben. Sie vertraten die Ansicht, das Hauptgebäude sei ein Kloster gewesen und von den Essenern bewohnt worden. De Vaux äußerte auch die Vermutung, die verschiedenen Bauwerke an der Ausgrabungsstätte hätten der Sekte für ihre vielfältigen Tätigkeiten gedient. Es gab einen Raum für Zusammenkünfte der Gemeinschaft und gemeinsame Mahlzeiten, rituelle Bäder und sogar ein Scriptorium, wo Schreiber die Rollen verfassten und kopierten. Eines der entscheidenden Argumente für de Vaux' Theorie war die Tatsache, dass man in den Höhlen mit den Schriftrollen die gleiche Keramik gefunden hatte wie in Qumran selbst.

Aber das Bild von einer Gruppe unpolitischer Schreiber, die in der Wüste lebten und von dem Aufstand in Jerusalem völlig unberührt blieben, obwohl die Römer zu seiner Niederschlagung im Jahr 68 u. Z. weitere Truppen schickten, war von

Anfang an problematisch. Ähnliche Dokumente wie in Qumran hatte man auch in Masada entdeckt, der von König Herodes erbauten Wüstenfestung, die den Juden als letzte Bastion des Widerstandes gegen die Römer diente. Das war ein weiterer Anhaltspunkt, dass zumindest ein Teil der Schriftstücke von Qumran breitere Strömungen des jüdischen religiösen Denkens widerspiegelte und nicht nur die Ansichten einer Extremistengruppe, die von der Mehrheit isoliert lebte. Die Mehrzahl der Fachleute lehnte diese Theorie zunächst ab und blieb bei der Vorstellung von einem einsiedlerischen Qumran, aber im Laufe der Jahre begann eine Reihe von Archäologen, de Vaux' Deutung in Frage zu stellen.

Die Folge war eine Vielzahl neuer Ideen über die Verwendung der Stätte. Im Juli 1997 fand am Israel-Museum in Jerusalem, wo die unter israelischer Kontrolle befindlichen Rollen aufbewahrt werden, ein internationaler Kongress statt, mit dem man den 50. Jahrestag ihrer Entdeckung feiern wollte. Im Laufe weniger Tage bezeichneten verschiedene Fachleute die Ruinen von Qumran in ihren Vorträgen als isolierte religiöse Zuflucht, als Stützpunkt an einem wichtigen Handelsweg, als militärische Festung, als ländliches Wohnhaus, als Herberge für Reisende, als prächtiges Landhaus eines dem König Herodes nahe stehenden Adligen und als Quarantänestation für kranke Pilger, die sich auf dem Weg zum Tempel von Jerusalem befanden. Manche Experten vertraten die Ansicht, viele oder alle Rollen seien in Qumran verfasst worden; andere behaupteten, sie spiegelten das jüdische Geistesleben in der Periode des Zweiten Tempels wider und seien aus Jerusalem in die Wüste gebracht worden. Die Schätzungen für die Zahl der Einwohner von Qumran reichten von weniger als 50 bis über 150. Auch in der Frage, ob alle Bewohner in dem Hauptgebäude lebten oder in Zelten und Höhlen in der Umgebung, war keine Einigkeit zu erzielen. Selbst die Zeitpunkte für Beginn und Ende der Gemeinschaft wurden angezweifelt.

Einen der Vorträge in jener Woche hielt Yizhar Hirschfeld, ein Archäologe der Hebrew University in Jerusalem. Hirschfeld steht in der kleinen Gruppe der Jerusalemer Archäologen häufig im Mittelpunkt der Meinungsverschiedenheiten. Sein Hund Doggy ist bei allen Grabungen dabei. Wenn die beiden mit Hirschfelds Geländewagen durch die Wüste fahren, hängt Doggys Gesicht aus dem Fenster. Manchmal vergisst Hirschfeld die Uhrzeit; dann kehrt er spät zum Lager zurück, entschuldigt sich wortreich, der Hund trottet hinter ihm her. An den Grabungsstätten hält er regelmäßig Pressekonferenzen ab, und dabei vertritt er fast immer eine Theorie, die der herkömmlichen Lehre widerspricht und zu Schlagzeilen führt. Anfangs hielt er sich aus der Debatte um die Rollen vom Toten Meer heraus. Das, so sagte er, sei nicht sein Fachgebiet, denn er habe sich auf die byzantinische Periode spezialisiert. Dann begann er mit der Ausgrabung eines Anwesens aus der Römerzeit; es lag in Ramat Hanadiv unmittelbar außerhalb der Kleinstadt Zicharon Ya'akov im Norden Israels. Bei den Ausgrabungen von Ramat Hanadiv wurden zahlreiche Luxusgegenstände wie Lampen und importierte Waren gefunden. Nach Hirschfelds Vermutung gaben die Eigentümer, wohlhabende jüdische Grundbesitzer, die König Herodes nahe standen und das Haus als Lohn für ihre treuen Dienste erhalten hatten, den Ort zu Beginn des jüdischen Aufstandes 66 v. u. Z. auf. Hirschfeld erklärt, es gebe keine Anzeichen für eine gewaltsame Zerstörung, aber bei den Ausgrabungen stießen die Wissenschaftler auf zahlreiche wertvolle Haushaltsgegenstände, als seien die Bewohner hastig geflohen. Die Stätte von Ramat Hanadiv stammt aus der gleichen Zeit wie Qumran, und Hirschfeld erkennt Ähnlichkeiten im Architekturstil beider Orte. Um seine Theorie zu überprüfen, untersuchte er die Grundrisse anderer Landhäuser aus der Zeit der römischen Herrschaft. Dabei gelangte er zu der Schlussfolgerung, Qumran sei keineswegs ein einzigartiger Ort gewesen, sondern man könne es in den Zusammenhang einer Siedlungsverteilung einordnen, die für Juda vom ersten Jahrhundert v. u. Z. bis zum ersten Jahrhundert u. Z. typisch war.

Nicht nur in Ramat Hanadiv, sondern auch an mehreren anderen Stellen in Herodes' Judäerreich hat man in den letzten

Jahren Landhäuser entdeckt, beispielsweise an Orten wie Horvat Salit und Arorer. Keine dieser Stätten gleicht genau der anderen, aber Hirschfeld vertritt die Ansicht, es gebe auch keinen Grund für eine solche Übereinstimmung, denn jeder Eigentümer brachte beim Bau seines Hauses seine individuellen Eigenarten zum Ausdruck. Dennoch wurden die Hauptgebäude überall nach einem ähnlichen Plan errichtet: Immer gehörten ein befestigter Turm und ein um einen zentralen Hof herum gebauter Wohnbereich dazu. Bei allen handelte es sich um große Gebäudekomplexe in erhöhter Lage, wodurch sie die nahe gelegenen Straßen unter Kontrolle hatten, und die meisten waren sowohl mit einer Wasserversorgung als auch mit landwirtschaftlichen Vorrichtungen ausgestattet. Und, was nach Hirschfelds Ansicht am wichtigsten war: Alle Bauten wurden ungefähr zur Zeit des jüdischen Aufstandes gegen die Römer zerstört oder aufgegeben.

Das Gleiche trifft auch auf Qumran zu. Hirschfeld lehnt schon seit langem die Vorstellung von de Vaux ab, Qumran habe sich abseits der ausgetretenen Pfade befunden. Er weist darauf hin, dass zwei antike Straßen durch den Ort und dann weiter nach Ein Gedi führen. Die eine verband Qumran mit Jericho, die andere war die kürzeste Verbindung nach Jerusalem. Die Gebäudegrundrisse von Qumran stimmen mit denen der anderen von Hirschfeld untersuchten Landhäuser überein. Die Wände des Hauptgebäudes umschlossen einen quadratischen Hof mit einem stattlichen Turm in einer Ecke. Die Funde aus dem Inneren der Gebäude von Qumran zeigen, dass die meisten den Hof umgebenden Häuser ein unteres und ein oberes Stockwerk besaßen, was auf eine große Finanzkraft der Eigentümer schließen lässt. Die Wasserversorgung mit einem System von Speichern und Teichen verfügte über hohe Kapazität, die aber für ein Haus in so heißem Klima nicht ungewöhnlich groß war. Auch Stuckreste im Turm und anderen Gebäuden von Qumran weisen auf einen gewissen Wohlstand hin. Unter den Keramikfunden sind fein gebrannte Stücke und schön behauene steinerne Gefäße, alles Anzeichen für einen

Luxus, der für eine Gruppe asketischer Mönche völlig unange-
bracht wäre.

Hirschfelds Schlussfolgerungen werden nicht von allen Fachleuten geteilt, aber seine Arbeiten reihen sich ein in die neuen
wissenschaftlichen Erkenntnisse über die Gesellschaft in Judäa
während der Zeit vor den Aufständen gegen die Römer. Ende
des ersten Jahrhunderts v. u. Z., während der Herrschaft des
Königs Herodes, hatte der Zweite Tempel sich zu viel mehr als
nur einem Ort der Anbetung und Religion entwickelt: Er stand
auch im Mittelpunkt eines gewaltigen Wirtschaftskomplexes.
Jerusalems Wirtschaft war auf den stetigen Strom der Pilger
angewiesen, die hier beten und opfern wollten. Deshalb waren
alle Dienstleistungen auf die Befriedigung der vielen Bedürf-
nisse der Pilger ausgerichtet, und die Oberschicht der Stadt –
Priester ebenso wie weltliche Kaufleute und die politische Klasse – waren reicher als je zuvor. Einen solchen Wirtschaftsaufschwung gab es nicht nur in Jerusalem, sondern in allen
römisch beherrschten Gebieten der Region.

Wenige Monate nach der Tagung von Jerusalem fand in New
York eine Konferenz über die Schriftrollen vom Toten Meer
statt. Dort vertrat der Archäologiehistoriker Neil Asher Silberman die Ansicht, es gebe einen engen Zusammenhang zwischen den Vorgängen in den Jerusalemer Priesterfamilien und
den Ereignissen in Griechenland sowie der Türkei. Auch in den
damaligen römischen Provinzen Achaea in Griechenland und
Galatea in der Türkei entstanden nämlich neue religiöse und
wirtschaftliche Zentren, und mit ihnen entwickelte sich eine
Gruppe von Führungsgestalten und Geschäftsleuten, die als
Vermittler zwischen römischem Reich und einheimischer Bevölkerung ihr Geld verdienten. In Griechenland war man bei
archäologischen Ausgrabungen auf eine Reihe großer Landgüter gestoßen, die zu jener Zeit von wohlhabenden, mächtigen Familien aus der Gegend betrieben wurden. Die Untersuchungen des israelischen Archäologen Hirschfeld an Landhäusern in Judäa weisen darauf hin, dass es auch in Palästina
ganz ähnlich war. Ein Anwesen oder ein Stück Land war die

typische Belohnung für einen treuen Untertanen des Königshofes. Der Historiker Josephus berichtete schon in der Antike, König Herodes habe früheren Militärführern, die ihm treu gedient hatten, aber auch Freunden überall in seinem Königreich Grundstücke und Landgüter geschenkt. Solche Landgüter und ihre vielen Bewohner waren eine wichtige Quelle für Steuereinnahmen. Aber nach Silbermans Überzeugung profitierten nicht alle von der neuen Wirtschaftsordnung. Viele Menschen waren einfach nicht in der Lage, die durch die römische Besetzung entstandenen Gelegenheiten für sich zu nutzen. Sie verfügten nicht über die richtigen politischen Beziehungen und konnten sich deshalb keinen Zugang zu den neuen Märkten verschaffen. Ebenso wenig konnten sie von den neuen landwirtschaftlichen Methoden profitieren, die von den Besitzern der Landgüter eingeführt worden waren. Die wirtschaftliche Kluft zwischen den sozialen Schichten wurde immer tiefer.

»Während die Schriftrollen vom Toten Meer in Judäa verfasst, bearbeitet und gesammelt wurden, spielte sich auf den Straßen von Jerusalem, Antiochia, Korinth und Rom irgendetwas ab, ganz gleich, wie man es beschreibt«, erklärte Silberman dem Publikum, das sich an einem Frühjahrsmorgen in der New York Public Library versammelt hatte, »und dieses Etwas löste eine ganz bestimmte Reaktion aus.« Alle genannten Orten erlebten tief greifende wirtschaftliche Verwerfungen. Große Gruppen von Priestern, früheren religiösen und gesellschaftlichen Führungsgestalten und die wachsende Schicht der Bauern waren von dem neuen Wohlstand entweder ausgeschlossen oder weigerten sich aus den verschiedensten Gründen, mit den Römern und ihren örtlichen Vertretern zusammenzuarbeiten. Von der gesellschaftlichen Hauptströmung entfremdet und vom Wirtschaftsaufschwung ausgeschlossen, wurden diese Menschen immer radikaler: Es entwickelten sich Ideologien und Bestrebungen, die eine Rückkehr zu Vergangenem und eine strengere Befolgung der traditionellen Sitten verlangten. Von solchen Gruppen ging die Welle der antirömischen Revolten aus, die sich im ganzen Reich und auch in Jerusalem abspielten. Nach

Ansicht von Archäologen, die sich mit der Perserzeit befasst haben, bestand die geniale Leistung der Bibelautoren darin, dass sie Esra und Nehemia nicht als Kollaborateure der Besatzungsmacht unsterblich machten, sondern als Retter des Judentums. Ähnliche Fragen stellen Geschichtsforscher wie Silberman heute auch in Zusammenhang mit den Historikern, die im ersten Jahrhundert u. Z. tätig waren. Vielleicht ist es Josephus zu verdanken, dass der jüdische Aufstand als Fehler einer kleinen Gruppe radikaler Außenseiter gilt und nicht als die Folge einer umfassenden gesellschaftlichen Entwicklung. Die Vermutung, bei den Autoren der Schriftrollen vom Toten Meer habe es sich um Essener gehandelt und nicht um verdrossene Angehörige der jüdischen Hauptströmung, erscheint angesichts der vielen neuen archäologischen und historischen Befunde allzu naiv. Selbst wenn man sich der herkömmlichen Vorstellung anschließt, bei den Bewohnern von Qumran habe es sich um Essener gehandelt, erscheint es mittlerweile unmöglich, die Festung der Aufständischen in Masada und das Zentrum der religiösen Gruppe in Qumran völlig getrennt zu betrachten, wie Josephus es versucht hatte. »Hat sich schon einmal jemand gefragt, aus was für Familien oder aus welcher Nachbarschaft die Verfasser der Rollen kamen?«, wollte Silberman von seinem Publikum wissen, womit er Gelächter erntete.

Am Schrein des Buches, den man im Zentrum des Israel-Museums als Heimstatt für die in israelischem Besitz befindlichen Schriftrollen gebaut hat, werden solche Fragen sicher in der Regel nicht gestellt. Seine charakteristische weiße Kuppel hebt sich leuchtend vom Hintergrund der Jerusalemer Hügel ab. Die Konferenz über die Rollen ist seit ein paar Wochen vorüber, und im Museum herrscht wieder der Alltag. Die Wissenschaftler sind abgereist, die Tische voller Wein und Snacks hat man weggeräumt. Jetzt bestimmen Schulklassen das Bild, die lärmend durch den Innenhof toben. Einige Mütter sitzen, die Kinderwagen neben sich, im Schatten der Bäume auf den Bänken. Touristen mit Plänen in der Hand schlendern durch den Garten, der sich zwischen den Gebäuden erstreckt. Im Schrein des Buches selbst ist es ein ruhiger Vormittag. Die Museumsverantwortlichen versuchen mit einer Ausstellung einen Tag im Leben der Essener nachzuzeichnen, so weit man aus den wenigen schriftlichen Aufzeichnungen überhaupt etwas über ihre Lebensweise weiß. Die Ausstellung besteht im Wesentlichen aus kleinen Fundstücken, Überresten des Alltags in der Wüste. Man sieht Nägel, die auf dem Weg von den Ruinen Qumrans zu den nahe gelegenen Höhlen aus Sandalen gefallen sind, und die Schneide einer breiten Hacke, mit der man eine primitive Freilufttoilette gegraben hatte. Neben den Funden sind fein säuberlich gedruckte Zitate aus den Werken von Flavius Josephus angebracht, dessen Bücher über den jüdischen Aufstand gegen Rom unsere wichtigste Informationsquelle über die Essener sind.

Heute Morgen führen die meisten Reiseleiter ihre Schutzbefohlenen schnell durch die Ausstellung und wiederholen nur, was auf den Beschriftungen des Museums steht; dann steuern sie direkt auf die Schriftrollen zu. Ein Fremdenführer jedoch, der mit einer kleinen Gruppe junger Amerikaner durch das Gebäude geht, macht es anders. »Wir versuchen zu zeigen, wie sich in der Lebensweise [der Essener] ihre Vorstellung von Separation widerspiegelt«, liest der Reiseleiter aus der Einführung vor, die am Eingang der Ausstellung aufgehängt ist. Die Studenten wirkten desinteressiert – es ist nur eine von vielen Stationen auf ihrer zweiwöchigen Israel-Rundreise. Aber dann weist der Fremdenführer darauf hin, dass alle Funde offensichtlich schon der Idee des Einzelgängertums widersprechen. Noch über die kleinsten Gegenstände ist er begeistert, und allmählich steckt er die jungen Leute an. Sie stellen ihre eigenen Unterhaltungen ein, und schon bald hört man in dem Ausstellungssaal nur noch die Stimme des Reiseleiters, die vor Enthusiasmus überschäumt. Er zeigt auf die Kämme, an denen man noch Reste von Läusen gefunden hat, und schildert, wie das Leben in Judäa zu jener Zeit aussah. Dann hält er mit der Gruppe an einer Vitrine inne, in der das abgetragene Paar Sandalen zu sehen ist, einschließlich der Nägel, die dazu gehörten und von den Archäologen sorgfältig eingesammelt wurden. »Alle trugen die gleichen Sandalen, unabhängig davon, ob sie in der Wüste oder in Jerusalem wohnten«, sagt der Reiseleiter. Als sie zu dem Bild mit den rituellen Bädern (Mikwe) kommen, berichtet er über die große Bedeutung, die alle Schichten der Gesellschaft in Judäa dem Eintauchen in die Wasserbecken beimaßen, und er erzählt, dass man solche Einrichtungen sowohl in den Häusern wohlhabender Adliger in Jerusalem als auch in der Wüste bei Qumran gefunden hat. »Wir sollen viel zu oft auf das achten, was uns trennt«, sagt der Fremdenführer, »aber häufig kann man an denselben Funden auch erkennen, was alle diese Menschen gemeinsam hatten.«

Bis vor sehr kurzer Zeit bestand die wichtigste Verbindung zwischen Esras Epoche, den Autoren der Schriftrollen und unserer eigenen Zeit darin, dass alle im Wesentlichen dasselbe Alte Testament lasen. Immer wieder bestimmten verschiedene Religionsrichtungen darüber, welche Bücher sie in ihren Kanon aufnehmen wollten, sodass Zusammensetzung und Zahl der heiligen Schriften stark schwankten: vom jüdischen Kanon mit 39 Büchern bis zum äthiopisch-orthodoxen mit 81. Dennoch spürte man, dass alles von einem einzigen Ursprung ausgegangen war – von dem Buch, das Esra in jener Woche nach seiner Rückkehr aus Babylon in Jerusalem vorgelesen hatte. In den Berichten von Esra und Nehemia wird dieser Text als Gesetz Moses, Gesetz Gottes oder einfach nur »das Gesetz« bezeichnet. Aber die jüdische Überlieferung behauptet bis heute, Esra habe die fünf Bücher Mose vorgelesen, auf die sich der masoretische Bibeltext stützt. Darauf basiert die heutige allgemein verwendete Hebräische Bibel; seinen Namen hat der Text von den Masoreten, einer Gruppe von Schriftgelehrten, die im 10. Jahrhundert u. Z. in der Stadt Tiberias am See Genezareth tätig war. Ihre Umschrift war bis zur Entdeckung der Schriftrollen vom Toten Meer die älteste erhaltene Bibelversion. Das orthodoxe Judentum beharrt bis heute darauf, diese Bibel habe sich in ihrem Wortlaut seit Moses Zeit nicht verändert. Die meisten Bibelexperten erkennen aber heute die so genannte dokumentarische Hypothese der Bibelentstehung an, die ein Produkt der Bibelforschung des 19. Jahrhunderts darstellt. Nach dieser Theorie, die vor allem auf die Arbeiten des deutschen protestantischen Theologen Julius Wellhausen zurückgeht, gab es für die Bibel vier verschiedene Überlieferungsstränge, die von verschiedenen Personen zu verschiedenen Zeiten niedergeschrieben wurden, bevor ein einziger Herausgeber sie später zusammenfügte und überarbeitete. In den rund 150 Jahren, seit diese Vorstellung zum ersten Mal formuliert wurde, hat sie sich kaum weiterentwickelt. Eine Veränderung allerdings ist heute bei den meisten Fachleuten anerkannt: Der letzte Herausgeber war Esra, und der heute gebräuchliche Text ähnelt vermutlich stark jenem, den er nach seiner Rückkehr in Jerusalem vorlas. Für diese Vorstellung, Esra sei der endgültige Tora-Gelehrte gewesen, spricht auch der Talmud, das Buch der jüdischen Gesetze, der um 220 u. Z. zusammengestellt wurde. Das Traktat Sanhedrin schreibt: »Wäre Mose ihm nicht vorausgegangen, wäre Esra würdig gewesen, dass die Tora durch ihn gegeben wurde.«

In jüngster Zeit wurde die Vorstellung, wir würden heute Esras Buch lesen, wenn wir die Bibel aufschlagen, durch die Erforschung der Schriftrollen vom Toten Meer in Frage gestellt. Eugene Ulrich, Professor für hebräische Literatur an der Universität Notre Dame, hat an der Veröffentlichung der 127 in Qumran entdeckten biblischen Rollen mitgearbeitet. Dabei gelangten er und seine Mitarbeiter zu der Überzeugung, der Zusammenhang zwischen der Bibel in ihrer heutigen Form und dem von Esra vorgelesenen Gesetz bestehe weniger im fertigen Produkt als vielmehr in dem Vorgang, der zu seiner Entstehung führte.

Als die Schriftgelehrten die verschiedenen in Qumran aufbewahrten Bücher der Bibel kopierten, blieben sie im Allgemeinen der Vorlage und der Überlieferung treu. Andererseits aber »erweiterten und veränderten sie [die Bibel] auf kreative

Weise, sodass sie zu den neuen Umständen und Bedürfnissen passte, denen die späteren Gemeinschaften sich durch die Wechselfälle der Geschichte gegenübersahen«, schrieb Ulrich in einer seiner Arbeiten. Dazu nahmen sie neue Texte auf, die nach ihrem Eindruck bestimmte Aussagen für die Leser deutlicher oder prägnanter machten. Die Schriftgelehrten, so Ulrich, hielten nämlich nicht nur die Weitergabe der Bibel für wichtig, sondern sie wollten auch dafür sorgen, dass ihre Wirkung erhalten blieb. Das führte dazu, dass regelmäßig neue, veränderte Bibelausgaben auftauchten. Der Auslöser für solche neuen Versionen waren politische, wirtschaftliche oder gesellschaftliche Ereignisse.

Wie Ulrich durch seine Untersuchung der Schriftrollen vom Toten Meer nachweisen konnte, gab es auch in den Jahrhunderten nach Esras angeblich endgültiger Bibelbearbeitung unter den vielen religiösen Gruppen keine Einigkeit darüber, welche Texte als Heilige Schriften galten und welche aus dem Kanon ausgeschlossen blieben. Darüber hinaus ist Ulrich überzeugt, dass auch die einzelnen Texte sich weiterhin veränderten. Die Rollen von Qumran enthalten nach seiner Zählung mindestens vier Versionen des zweiten und vierten Buches Mose, vielfältige Texte des fünften Buches Mose und mindestens zwei Versionen der Psalmen; weitere Ausgaben, so sein Verdacht, sind nicht erhalten geblieben. Viele Fachleute gelangten durch die Untersuchung der biblischen Rollen zu der Vermutung, die ständige Aktualisierung der Texte sei erst durch die Bedrohung des gesamten Judentums zum Stillstand gekommen, möglicherweise im Jahr 70 u. Z., als die Römer den Zweiten Tempel zerstörten, oder sogar erst 135, als römische Truppen die zweite jüdische Revolte niederschlugen und die Juden aus Jerusalem vertrieben. »Vermutlich stellte Esra tatsächlich eine Form der Thora zusammen, aber die Bibel entwickelte sich auch lange nach seiner Zeit noch weiter«, ist Ulrich überzeugt.

Im Juli 1997, auf der Tagung in Jerusalem, berichteten die Experten über alle möglichen Aspekte der modernen Forschung in Zusammenhang mit den Schriftrollen. Es gab Vorträge über die Radiokarbondatierung der Rollen, über die Analysen der alten Tinte und die DNA-Untersuchung an dem aus Tierhäuten hergestellten Pergament, alles Methoden aus jüngster Zeit, die zu bedeutenden wissenschaftlichen Fortschritten beitragen. Sogar eine Podiumsdiskussion über die Schriftrollen in der Popkultur wurde abgehalten. Esra und Nehemia dagegen wurden nie konkret erwähnt, weder hier noch bei den vielen anderen Ausstellungen und Tagungen, mit denen man während des Jahres 1997 in New York, London und sogar Jordanien die Entdeckung der Rollen feierte. Aber unter den vielen Menschen, die an den verschiedenen Veranstaltungen teilnahmen, ist Eugene Ulrich keineswegs der einzige, der einen Zusammenhang zwischen den neuesten wissenschaftlichen Befunden und den Ereignissen im persisch besetzten Palästina im fünften Jahrhundert v. u. Z. erkennt.

Ein paar Monate nach der großen Jubiläumsfeier kam Philip Davies nach Jerusalem, um an der Hebrew University einen Vortrag über das Dokument von Damaskus zu halten, das die Rituale und Regeln einer jüdischen Sekte beschreibt. Das Dokument von Damaskus wurde 1896 in Kairo in der Genizah der Ben-Esra-Synagoge entdeckt, einem Lagerraum für heilige Texte, die abgenutzt oder verschlissen waren und nicht mehr verwendet werden konnten. Fünfzig Jahre später fanden Wissenschaftler bei der Untersuchung der Schriftrollen von Qumran denselben Text. Ob er aber von den Essenern oder einer anderen, zur gleichen Zeit aktiven jüdischen Sekte verfasst wurde, ist umstritten. Davies ist der Ansicht, das Schriftstück habe große Ähnlichkeit mit den Ideen, die in den Büchern Esra und Nehemia dargelegt werden. Die so genannte Gemeinschaft von Damaskus – den Namen prägten Wissenschaftler, weil die Stadt in dem Dokument häufig erwähnt wird – hatte sich offensichtlich von der Hauptrichtung des Judentums gelöst und betrachtete sich als das wahre Israel. Diese Vorstellung fasziniert Davies am meisten, denn das Thema zieht sich nach seiner Überzeugung von Esra bis in unsere Zeit. Offensichtlich gab es in allen Generationen konkurrierende Richtungen des Judentums, und jede Gruppe betrachtete sich als das eigentliche Bindeglied zur historischen Gemeinschaft der Israeliten, als Wächter über die wahre Deutung der Thora, während alle anderen ausgeschlossen wurden.

Dass Davies so neugierig auf Esra und Nehemia ist, liegt an seinen Forschungsarbeiten über die Zeit, als die Schriftrollen vom Toten Meer geschrieben wurden. »Ich hatte mit Einheitlichkeit gerechnet, mit einem einzigen Judentum, denn so wird es in der späteren Überlieferung der Rabbiner dargestellt«, erzählte Davies eines Tages in der Lobby des Jerusalemer Hotels, in dem er während der Konferenz wohnte. »Aber wie sich herausstellte, gab es viele konkurrierende Arten des Judentums. Nicht einmal die Priester, die den Tempel beherrschten, waren bei allen Israeliten als zentrale religiöse Autorität anerkannt.«

Es seien die gleichen Überlegungen, die auch für die Perserzeit gelten, so Davies. Die biblischen Bücher Esra und Nehemia legen den Gedanken nahe, durch die von den beiden Männern eingeleitete Reform sei ein einziges Judentum, das einzig wahre Israel entstanden. Davies dagegen sieht auch hier eine enorme Vielfalt und vertritt die Ansicht, die meisten Judäer jener Zeit hätten im Wesentlichen eine polytheistische Religion praktiziert. Im 2. Jahrhundert v. u. Z. kamen die Makkabäer von ihrem Stützpunkt in Modiin aus an die Macht, und die Judäer, die von Esra und Nehemia als Fremde bezeichnet und vor die Tore Jerusalems verbannt worden waren, galten nun als gleichwertig mit den Nachkommen jener, die aus Babylon zurückgekehrt waren. Die zuvor Ausgegrenzten hatten sogar die Macht und taten genau das Gleiche wie vor ihnen Esra und Nehemia: Sie vertraten die Vorstellung, sie allein stellten das wahre Israel dar. Die Makkabäer kämpften nicht nur gegen die Griechen, sondern auch gegen ihre jüdischen Glaubensgenossen, die hellenistische Werte und Praktiken übernehmen wollten.

Wenige Tage vor seinem Vortrag in Jerusalem fuhr Davies nach Tel Aviv, um am archäologischen Institut der dortigen Universität an einem Seminar mit Professoren und Doktoranden teilzunehmen. In dem kleinen Tagungsraum herrschte eine gewisse Spannung, als Davies, in ein weißes Hemd und schwarze Hose gekleidet, zu sprechen begann. Israel Finkelstein, der Institutsleiter, gehört zu den wenigen israelischen Archäologieprofessoren, die ihren Studenten tatsächlich Davies' berühmtes Buch *In Search of ›Ancient Israel‹* zur Lektüre empfehlen. Das Werk war von Beginn an äußerst umstritten: Als eines der ersten vertrat es mit stichhaltigen, nachvollziehbaren Argumenten die Ansicht, die Bibel sei zum größten Teil in der Perserzeit und vielleicht noch später nicht nur überarbeitet, sollen überhaupt erst verfasst worden. Damit griff es die traditionelle Vorstellung an, wonach die Bibelautoren viele Ereignisse schon kurze Zeit später aufgezeichnet hatten. »Die Bibel ist nicht völlig unhistorisch«, erklärte Davies den Studenten und Professoren gegen Ende seines Vortrages, »aber sie ist zum größten Teil unhistorisch.« Später begründete er seine Behauptung ausführlicher. »Zu jeder historischen Schlacht gibt es auch ein erfundenes Wunder«, schrieb er mir wenige Monate nach seiner Israelreise. »Ob man die Bibel als erfundene Historie oder als historische Erfindung bezeichnet, ist Geschmackssache. Sie ist eine Mischung aus beiden; die Diskussion dreht sich um die Frage, welchen Anteil die beiden Faktoren daran haben und ob Geschichte oder Erfindung überwiegt.«

In Tel Aviv erklärte Davies den Seminarteilnehmern, der eigentliche Wert der Bibel liege in ihrer Leistung als Religionsgeschichte, und der letzte Beweis dafür sei die Tatsache, dass es das Judentum gibt. »Heutzutage Jude zu sein«, so Davies, »heißt auch, mit dieser Geschichte in Verbindung zu stehen und sie als die Eigene anzunehmen.« Aber die modernen Israelis, so fuhr er fort, hätten eine andere Geschichte. »Israel ist das Land, in dem die Israelis leben, und das Land, zu dessen Geschichte sie gehören.« Sie sollten sich darauf konzentrieren, die Vergangenheit ihrer heutigen Heimat zu erforschen, einschließlich der Geschichte aller, die früher in diesem Land gelebt haben, seien sie nun Juden oder nicht. Gläubige Juden und nichtreligiöse Juden, die außerhalb Israels leben, so seine Schlussfolgerung, seien einfach nicht auf die gleiche Weise an diesem Vorhaben beteiligt. Archäologie und Bibel liefern unterschiedliche Berichte – und unterschiedliche historische Erkenntnisse – über zwei unterschiedliche Israels.

Nachdem Davies geendet hatte, stellten mehrere Professoren einige seiner Ideen in Frage. Ihre Kritik richtete sich gegen seine Theorie, wonach das Alte Testament erst so spät entstanden sei, und mit archäologischen Befunden versuchten sie seine Idee zu widerlegen, man solle in der Bibel keinen historischen Bericht sehen. Die Gelegenheit zu einer echten Diskussion ging ungenutzt vorüber. Seine beunruhigendste, provokativste Aussage griff niemand auf. Davies vertritt offenbar nicht nur die Ansicht, dass die beiden Geschichten sich nicht vereinbaren lassen, sondern er ist auch überzeugt, dass es Farbe zu bekennen gilt: Man muss sich entscheiden, zu welchem Israel man gehört.

Yizhar Hirschfeld hat sich bereits auf eine Seite geschlagen. »Ich möchte Qumran für die Juden zurückgewinnen«, sagte mir der Archäologe eines Morgens an seiner Grabungsstätte in der Wüste. Mit dieser Aussage scheint er sich in die Reihe derer einzuordnen, die ein neues, ausschließliches Israel schaffen wollen. Aber nach eigenen Angaben hat er etwas gegen die Versuche früherer Wissenschaftler, Qumran außerhalb der Hauptströmung jüdischer Geschichte anzusiedeln. »In meinen Augen spiegelt Qumran die Vielfalt des Jüdischen zu jener Zeit wider«, erklärte er mir.

Sechs Monate sind vergangen, seit Hirschfeld in seinem umstrittenen Vortrag behauptet hat, Qumran sei ein Landhaus der Judäer gewesen. Jetzt ist er endlich wieder in der Wüste. Auf kleineren Zusammenkünften überall in Israel hat er weiter über die archäologischen Befunde von Qumran gesprochen, und ein Fachartikel, in dem er seine Ideen umreißt, befindet sich im letzten Bearbeitungsstadium. Aber der Januar ist in der Wüste die Grabungssaison, und Hirschfelds andere Arbeiten können warten. In der kurzen winterlichen Regenzeit wird es in den Häusern von Jerusalem nie richtig warm, und die Stadt wirkt grau und trostlos. In Ein Gedi dagegen, das auf der modernen, zum Toten Meer führenden Straße nur zwanzig Minuten von Jerusalem entfernt liegt, ist es sommerlich. Gerade sind wir auf einem schmalen Pfad auf einen Felsen geklettert. Eineinhalb Kilometer unter uns liegt das alte Dorf Ein Gedi, wo Hirschfeld eine wunderschöne Synagoge aus byzantinischer Zeit ausgegraben hat. Der mit Shorts, T-Shirt und Wanderstiefeln bekleidete Archäologe breitet das Frühstück aus. Es gibt gekochte Eier, ein dickflüssiges Joghurtgetränk namens Eshel und Sandwiches. Seitlich klettern vier Steinböcke den Felshang hinauf. Über dem Toten Meer erhebt sich schwefliger Dunst, der ein gleißendes Licht verbreitet. In der Ferne glühen die Berge von Moab in Rosa und Violett, aus den Sandhügeln unter uns sprießt frisches Grün, und die Palmen am azurblauen Meer schwanken sanft im Wind.

Bei den Grabungen auf diesem Berg bei Ein Gedi hat Hirschfeld eine Struktur freigelegt, die er heute als Essenerdorf bezeichnet. Es umfasst 22 zellenähnliche Gebäude aus grob behauenen Steinen und zwei Teiche in der Nähe einer Quelle, die zuvor unter Schilf und anderen Pflanzen versteckt war. Die Zellen standen auf nackter Erde, und die Dächer bestanden vermutlich aus Palmwedeln; jede Kammer reichte gerade als Behausung für eine Person. In allen Zellen fand man Keramikreste, und zwar ausschließlich von einfachen Krügen und Tellern. Außerdem gibt es drei größere Bauwerke, die nach Hirschfelds Vermutung zum Kochen und als Gemeinschaftsraum dienten. Vor dem Hintergrund dieser Ausgrabungen und einer neuen Deutung einiger historischer Quellen aus der fraglichen Zeit vertritt Hirschfeld die Ansicht, dies sei eher der Wohnort einer asketischen Sekte wie der Essener gewesen und nicht ein Ort wie Qumran. In diesem Punkt stimmt ihm praktisch kein anderer Archäologe zu, und es wurde bereits darüber gemurrt, dass der schlagzeilenversessene Hirschfeld einige Wochen später auf dem Berg eine Aufsehen erregende Pressekonferenz mit Besichtigung der Grabungsstätte abhalten wollte, einschließlich einer Wanderung den steilen Weg hinauf.

»Was sich in der Wüste abspielte, stand immer in unmittelbarem Zusammenhang mit den geistigen und politischen Strömungen in Jerusalem«, sagt Hirschfeld, während er einen abgestoßenen Kaffeebecher zwischen ein paar Steine klemmt und darunter eine kleine Pyramide aus Holzkohle aufhäuft. »Die Hauptrichtung des Judentums war immer breiter, als die meisten Leute annehmen.«

Die neuesten archäologischen Befunde aus der Wüste scheinen diese Vorstellung zu unterstützen. Die Wüste diente tatsächlich als Zufluchtsort. Der biblischen Überlieferung zufolge kam David, damals noch nicht König, hierher und entging so dem Zorn seines Schutzherren, des Königs Saul, der zu Recht den Verdacht hegte, der junge Krieger wolle ihm den Thron streitig machen. Die Propheten Jeremia und Elia lebten ebenso wie Johannes der Täufer und Jesus von Nazareth eine Zeit lang in der Wüste, und die Berge rund um Ein Gedi sind von kleinen Höhlen durchlöchert, die Einsiedlern und Mönchen, Exzentrikern und Denkern als Zuflucht dienten. Bei ihren Grabungen entdeckten die Archäologen hier Archive, Briefe und Schriftrollen, und alles weist darauf hin, dass die Wüste über mehrere Jahrhunderte hinweg und während vieler Aufstände gegen verschiedene Besatzungsmächte auch als Verwaltungszentrum für Exilregierungen diente, die in der Nähe Jerusalems und der dortigen politischen Ereignisse bleiben wollten.

Zu den interessantesten Funden gehört bis heute ein 1962 entdecktes Lager mit persönlichen Schriftstücken, die das Eigentum einer Frau namens Babatha gewesen waren. Sie belegen, dass das Gebiet rund um das Tote Meer nur sechzig Jahre, nachdem die Essener angeblich isoliert in Qumran gelebt hatten, alles andere als öde war. Die Babatha-Dokumente wurden auf einer Expedition unter Leitung von Yigael Yadin entdeckt, der auch Ausgrabungen in Masada und Megiddo vorgenommen hatte. In einer Höhle nicht weit von Hirschfelds heutigem Grabungsfeld bei Ein Gedi fanden Archäologen verschiedene Schriftstücke, die Juden am Ende des zweiten jüdischen Aufstandes (132 bis 135 u. Z.) auf der Flucht vor der römischen Armee zurückgelassen hatten. Babathas Dokumente wurden noch in den Schatten gestellt, als man in derselben Höhle mehrere Briefe entdeckte, die Simon bar Kochba, der Anführer des Aufstandes, an zwei seiner Offiziere geschrieben hatte. Aber ihre Schriftstücke sowie die Schmuckschatulle, die Bratpfanne und andere persönliche Habseligkeiten, die Babatha sorgfältig versteckt hatte, lieferten die umfassendsten Aufschlüsse über das israelitische Alltagsleben im 2. Jahrhundert u. Z. Die Dokumente belegen, dass Juden und Nichtjuden miteinander Geschäfte machten – Nabatäer, Römer, Griechen und Juden erscheinen nebeneinander mit Ihrer Unterschrift oder als Auftraggeber in den Papieren, darunter Kreditverträge, Rechnungen und Geschäftsabmachungen. Das Bild, das orthodoxe Schriften wie Mishna und Talmud zeichnen – ein jüdisches Leben, das irgendwie von den sonstigen Vorgängen im römischen Reich getrennt und ethnisch isoliert war – spiegelt sich in dem Archiv nirgendwo wider. In Babathas Welt lebten Juden friedlich mit ihren Nachbarn zusammen, und dabei befolgten sie zwar die überlieferten jüdischen Sitten und Gesetze, aber das geschah im Rahmen des lokal Üblichen. Babatha pflegte ein dichtes Geflecht von Kontakten, das sich sogar über die Grenzen Judäas hinaus erstreckte.

In den fünfziger Jahren des 20. Jahrhunderts reiste der amerikanische Schriftsteller Edmund Wilson in die Wüste, um über die Entdeckung der Schriftrollen vom Toten Meer zu schreiben. »Die Wildnis um das Tote Meer ist eine monotone, überwältigende, bedrohliche Landschaft«, schrieb Wilson später über seine Rundfahrt, die ihn von Jerusalem tief in die Wüste und bis nach Qumran führte. »Dieses Land ist völlig unpersönlich. Es ist eine Landschaft ohne Physiognomie: Die Form der Berge erinnert nicht an Gesichter von Göttern oder Menschen, nicht an ruhende Tiere. ›Hier konnte nichts anderes als ein Monotheismus entstehen‹, sagte einer meiner Begleiter.«

Der Monotheismus kam aus der Wüste und existierte dann

neben den übrig gebliebenen Resten älterer Tempel, jener Stätten des kulturellen Austausches, wo Reisende ihre Götter anbeteten, wenn sie mit den Karawanen quer durch die Wüste zogen. Die kreuz und quer durch den Sand verlaufenden Handelswege verbanden Jerusalem und die Wüste nicht nur miteinander, sondern auch mit den großen Städten und Handelszentren des gesamten Nahen Ostens. Babatha und ihresgleichen hatten erkannt, dass ihr Schicksal nicht nur mit ihrer eigenen Nachbarschaft verknüpft war, sondern auch mit der Welt jenseits davon. In der Bibel ist Jerusalem die Stadt auf dem Berg, der Ort von Ruhm und Erlösung; die Wüste ist der Ort des Wanderns – rau, öde und unbarmherzig. Die Wanderung nach Jerusalem, der lange Weg vom Stamm zur Nation, ist eines der zentralen Themen der Bibel. Die beiden Orte liegen an entgegengesetzten Enden der biblischen Welt.

Auf den Bergen von Ein Gedi sieht alles ganz anders aus. Hier erkennt man die Bibel in ihrer ganzen Fülle und Vielschichtigkeit, die weit über die engen Beschränkungen einer einzigen Religionsgemeinschaft oder politischen Lehre hinausgehen. Dies ist das wahre Israel, das eine gewaltige Vielfalt umfasst und seine Geschichte als Teil einer breiteren Strömung erkennt. Auf der Rückfahrt nach Jerusalem zeigt sich die Landschaft einen Augenblick lang anmutig. Wir biegen um einen Hügel, und plötzlich macht das Grau von Ein Gedi einer Flut von Farben Platz. Unvermittelt, so scheint es, verwandelt sich die Wüste in die purpurgoldenen Berge Jerusalems. Es erinnert uns lebhaft daran, dass die Wüste sich nicht an den Rand drängen lässt und dass die Bibel uns unausweichlich zurück ins Zentrum des Geschehens führt.

*Die Chronologie wichtiger Ereignisse in der*
*Geschichte des antiken Israel*

Eine zuverlässige Zeittafel für die Geschichte des alten Israel aufzustellen, scheint auf den ersten Blick eine einfache Aufgabe zu sein. Die Bibel gibt vor, eine Geschichte Israels seit seinen Anfängen zu sein, und als solche enthält sie nicht nur Psalmen, Erzählungen und Gesänge, sondern auch Zahlen. Ihre Autoren zeichneten pedantisch jede Generation der Nachkommen Abrahams auf, wobei die Namen der Väter und ihrer Ehefrauen sich manchmal über ganze Seiten hinziehen. Wir erfahren, Abraham, der Stammvater der Israeliten, habe im Alter von 75 Jahren das Haus seines Vaters in Ur verlassen und sich nach Kanaan aufgemacht, und als sein Sohn Isaak geboren wurde, sei er 100 Jahre alt gewesen. Das zweite Buch Mose (auch Exodus genannt) beschreibt die wundersame Befreiung der Israeliten aus der Herrschaft des Pharao in Ägypten und stellt dabei fest, die Zeit der Sklaverei habe 430 Jahre gedauert. König David regierte dem biblischen Bericht zufolge 40 Jahre lang, und sein Sohn und Nachfolger, König Salomo, herrschte noch einmal 40 Jahre. Anhand derartiger Anhaltspunkte nahmen die Bibelforscher an, das so genannte Zeitalter der Patriarchen von der Geburt Abrahams bis zum Tod seines Enkels Jakob müsse etwas mehr als 300 Jahre gedauert haben und 1876 v. u. Z. zu Ende gewesen sein. Der Auszug aus Ägypten fand danach 1446 v. u. Z. statt.

Aber in dieser Zeittafel stecken mehrere schwer wiegende Probleme. Zunächst einmal stimmt sie nicht mit den anderen vorhandenen Befunden überein, beispielsweise mit außer biblischen historischen Aufzeichnungen und archäologischem Material. Außerdem erfordert sie die Anerkennung der Vorstellung, die Patriarchen hätten unglaublich lange gelebt. Auch die biblischen Texte selbst sind, was die Dauer entscheidender Vorgänge angeht, nicht immer einer Meinung. Ein Buch behauptet etwa, der Aufenthalt in Ägypten habe »vier Generationen« gedauert, eine andere Stelle spricht von 401, eine dritte von 430 Jahren. Darüber hinaus sind viele Zahlen in der Bibel nicht wörtlich, sondern symbolisch gemeint. Die Bibelautoren schrieben beispielsweise häufig, bedeutsame Vorgänge hätten 40 Jahre gedauert.

Dennoch haben die Fachleute im Laufe der Jahre biblische Texte, archäologische Funde und historische Aufzeichnungen von Stätten bei den Nachbarn des einstigen Israel gegeneinander abgewogen und daraus eine allgemein anerkannte Struktur für die Geschichte der Israeliten aufgebaut. Dabei stützt sich die Datierung mancher Perioden, beispielsweise des Zeitalters der Patriarchen, auf die Ähnlichkeiten zwischen biblischem Bericht und archäologischen Befunden; bei anderen, wie dem Auszug aus Ägypten und der Herrschaft der späteren israelitischen Könige, orientiert sie sich an historischen Annahmen oder an Parallelen zu externen Quellen wie ägyptischen oder assyrischen Texten. Der so aufgestellte zeitliche Ablauf erfreut sich seit über 100 Jahren bei den Fachleuten allgemeiner Anerkennung. In jüngster Zeit veranlassten jedoch neue archäologische Funde und Analysen der Bibeltexte einige Archäologen, Bibelforscher und andere Wissenschaftler, gewisse Abwandlungen der Zeittafel vorzuschlagen. Manche von ihnen vertreten die Ansicht, man sollte bestimmte Ereignisse auf einen früheren oder späteren Zeitpunkt verlegen, auch hätten manche Vorgänge vielleicht überhaupt nie stattgefunden. Über viele derartige Diskussionen wird in diesem Buch berichtet. Dennoch orientiert sich das Werk an der bis heute allgemein üblichen Datierung für entscheidende biblische Ereignisse, also jener historischen Abfolge, an der sich alle neuen Gedanken messen müssen; Abweichungen und auffällige Meinungsverschiedenheiten werden im Text ausdrücklich erwähnt.

Die Abkürzungen v. u. Z. (vor unserer Zeitrechnung) und u. Z. (unserer Zeitrechnung) sind gleichbedeutend mit v. Chr. und n. Chr.

| | |
|---|---|
| 2000–1500 v. u. Z. | wahrscheinliche Lebenszeit von Abraham, Isaak und Jakob |
| 1260 oder 1250 v. u. Z. | Auszug der Israeliten aus Ägypten unter Moses Führung |
| 1200–1000 v. u. Z. | Besiedelung Kanaans durch die Stämme der Israeliten unter der Führung von Moses Nachfolger Josua |
| 1001–969 v. u. Z. | Gründung des israelitischen Reiches unter König David, das auf seinem Höhepunkt das Gebiet von Dan bis Beersheba umfasst |
| 970/969–931 v. u. Z. | Davids Sohn Salomo übernimmt den Thron und erweitert das Großreich |
| 931 v. u. Z. | Salomo stirbt; sein Sohn Rehabeam übernimmt die Macht, kann aber das Reich nicht zusammenhalten. Es zerfällt in zwei politische Gebilde: das Nordreich Israel und das Südreich Juda. |
| 931–913 v. u. Z. | Rehabeam herrscht in Juda. |

| 931–910 v. u. Z. | Jerobeam herrscht nach seiner Proklamation als König Israels. |
|---|---|
| 885–874 v. u. Z. | Nach Jahren der Instabilität wird Omri zum König Israels; er begründet eine Dynastie, die den Thron 44 Jahre lang inne hat. |
| 874–853 v. u. Z. | Omris Sohn Ahab ist König in Israel, das unter seiner Herrschaft militärisch und wirtschaftlich an Macht gewinnt. |
| 723/722 v. u. Z. | Die Assyrer, regionale Großmacht, erobern Israels Hauptstadt Samaria; das Reich Israel hört nach rund 200 Jahre zu existieren auf. (Anschließend werden die zehn Stämme verschleppt und zu den »verlorenen Stämmen«). Die assyrische Armee kann Jerusalem nicht erobern, und Juda bleibt verschont. |
| 605–587/586 v. u. Z. | Das Assyrerreich zerfällt, Babylon steigt zur neuen Regionalmacht auf. Der Babylonierkönig Nebukadnezar lässt 597 Jerusalem plündern. Nachdem der König von Juda sich mit Ägypten verbündet hat, belagert und zerstört die babylonische Armee die Stadt. Der Erste Tempel wird niedergebrannt (587/586), und die Judäer werden ins Exil vertrieben. |

| | |
|---|---|
| 587/586–538 v. u. Z. | Babylonische Gefangenschaft. In Juda herrschen die Babylonier. Gedalja wird als Statthalter eingesetzt, und die Hauptstadt wird von Jerusalem nach Mizpa verlegt. |
| 538 v. u. Z. | Der Perserkönig Kyrus der Große erobert Babylon und bestimmt in einem Erlass, dass die Judäer in ihre Heimat zurückkehren können. |
| 538–332 v. u. Z. | Juda wird vom Perserreich kontrolliert. Unter den Vertriebenen, die aus Babylon nach Juda zurückkehren, sind der Schriftgelehrte Esra und der Verwalter Nehemia. Sie werden zu Führern des Wiederaufbaus und der religiösen Wiederbelebung Jerusalems. Die Stadtmauern werden neu errichtet, der Zweite Tempel wird gebaut und geweiht (538–515). |
| 336 v. u. Z. | Alexander der Große wird König der griechischen Stadtstaaten; er erobert 332 v. u. Z. Judäa. Nach seinem Tod herrschen die Ptolemäer und später die Seleukiden in Judäa. |
| 141 v. u. Z. | Nach 25 Bürgerkriegsjahren gegen die Seleukiden errichten die Hasmonäer (auch Makkabäer genannt) eine Monarchie und etablieren die jüdische Souveränität |

in Judäa. In dieser Periode entstehen die Werke, die als Schriftrollen vom Toten Meer bekannt sind.

**63 v. u. Z.**

Der römische Herrscher Pompeius erobert Judäa; der jüdische Staat wird aufgelöst. Die Römer übernehmen die Macht und setzen die Herodes-Dynastie ein, die nach ihrem berühmtesten Herrscher, Herodes dem Großen, benannt ist.

**37–4 v. u. Z.**

Herudes der Große herrscht in Judäa, baut Masada sowie das Herodium und lässt den Zweiten Tempel wieder aufbauen.

**4 v. u. Z.**

Herodes stirbt; in Judäa herrschen mehrere von Rom eingesetzte Präfekten; am berühmtesten wird Pontius Pilatus (Regierungszeit 26–36 u. Z.), der die Hinrichtung Jesu anordnet.

**66 u. Z.**

Unter dem Feldherrn Vespasian, der bald darauf Kaiser wird, schlagen die Römer den ersten jüdischen Aufstand nieder. Beim Angriff auf Jerusalem steht die römische Armee unter dem Befehl von Vespasians Sohn Titus.

**70 u. Z.**

Jerusalem fällt nach längerer Belagerung. Der Zweite Tempel wird zerstört.

| 73/74 u. Z. | Den Römern gelingt es, die Mauern der Wüstenfestung Masada zu durchbrechen, wo sich die letzten jüdischen Widerstandskämpfer verschanzt haben. Nach dem Bericht des jüdischen Historikers Josephus aus dem 1. Jahrhundert begingen die Aufständischen Selbstmord, um sich nicht ergeben zu müssen. |
| 132–135 u. Z. | Der zweite jüdische Aufstand unter Simon bar Kochba wird brutal niedergeschlagen. Jerusalem wird zerstört, Judäa dem Erdboden gleichgemacht. Das Judentum wird verboten. |

# Quellen

Die Informationen in diesem Buch stützen sich zu einem großen Teil auf meine eigenen Besuche archäologischer Stätten im Nahen Osten sowie auf Interviews mit Archäologen, Historikern und Bibelforschern. Viele Personen, mit denen ich mich unterhielt, unterrichteten mich über unveröffentlichte Erkenntnisse und laufende Arbeiten. Sie haben aber auch vieles publiziert, und diese Arbeiten waren für mich von großem Nutzen. Die Riesenzahl an Büchern über die Bibel und nahöstliche Archäologie vollständig zu lesen, wäre unmöglich, aber ich habe die Werke zu Rate gezogen, die ich für die wichtigsten hielt. Hier alles zu zitieren, was ich gelesen habe, würde viel zu weit führen; deshalb habe ich nur diejenigen Bücher und Artikel aufgeführt, die mir besonders nützlich waren und auf die ich mich in meinem Text vorwiegend gestützt habe. Alle Bibelzitate der deutschen Ausgabe stammen aus der Bibel in der Übersetzung Martin Luthers (Stuttgart 1991). Ein unverzichtbares Nachschlagewerk für jeden, der sich für die Bibel interessiert, ist *The Anchor Bible Dictionary* (New York 1992). Eine umfassende Darstellung der Archäologie und Geschichte des antiken Israel und seiner Nachbarn findet sich in Amihai Mazar, *Archaeology of the Land of the Bible* (New York, 1990), Amnon Ben-Tor, *The Archaeology of Ancient Israel* (Tel Aviv, 1992), Ephraim Stern, *The New Encyclopedia of Archaeological Excavations in the Holy Land* (Jerusalem, 1993) und Thomas Levy, *The Archaeology of Society in the Holy Land* (London, 1995). Hershel Shank, *Ancient Israel: A Short History from Abraham to the Roman Destruction of the Temple* (Washington, 1988) ist eine gute Aufsatzsammlung über die wichtigsten Perioden des biblischen Berichtes. Shank gibt außerdem die unschätzbare *Biblical Archaeology Review* heraus, eine Monatszeitschrift mit Grabungsberichten, die von führenden Archäologen aus dem Gebiet in einer für Laien verständlichen Form verfasst werden. *Near Eastern Archaeology*, das Monatsmagazin der American Schools of Oriental Research, ist ein eher fachlich orientiertes Blatt, in dem man aber ebenfalls neue Entwicklungen und Diskussionen in der Archäologie verfolgen kann. Eine ausgezeichnete Quelle über die vielen Ausgrabungen in Jordanien ist *The Annual of the Department of Antiquities of Jordan*.

## Einleitung
### Der Blick vom Berg Nebo

Man kann keine Geschichte über den Nebo schreiben, ohne auf *Mount Nebo: New Archaeological Excavations, 1967–1997* von Michele Piccirillo und Eugenio Alliata (Jerusalem, 1998) zurückzugreifen. Dieses Buch war unentbehrlich, als ich die Erkundung der Stätte nachzeichnen wollte. Die Zitate der beteiligten Forscher stammen aus Piccirillos fesselndem Kapitel »The Exploration of Nebo«. Zitate von Piccirillo selbst stammen aus einem Interview von 1999.

Bruce Routledge wurde 1998 von mir befragt. Die Zitate stammen aus seinem Vortrag bei der Tagung 1998 in Philadelphia, an der ich teilnahm.

Ich besuchte 1998 die Jahrestagung der Israel Exploration Society in Jerusalem. Dort hörte sie Finkelsteins Vortrag, aus dem das Zitat stammt.

Philip Davies wurde 1998 in Jerusalem und Tel Aviv von mir befragt.

Das Zitat von Israel Finkelstein stammt aus seinem Aufsatz »Pots and People Revisited: Ethnic Boundaries in the Iron Age I«, in *The Archaeology of Israel: Constructing the Past, Interpreting the Present*, hrsg. Von Neil Asher Silberman und David Small (Sheffield, 1997).

Paula Wapnish und Brian Hesse machten mir einige ihrer Untersuchungen und Aufsätze über Tierknochen von Fundstätten im Nahen Osten zugänglich. Unter anderem schickten sie mir ein Vorabexemplar des Artikels »Pig Use and Abuse in the Ancient Levant: Ethnoreligious Boundary Building with Swine«, das mir sehr nützte. Aus diesem Artikel stammt das Zitat von Gösta Ahlström. Ihr Aufsatz »Can Pig Remains Be Used for Ethnic Diagnosis in the Ancient Near East?« in dem von Silberman herausgegebenen Buch erläutert in allgemein verständlichem Stil die so genannten »Schweineprinzipien«.

In demselben Buch wird die Frage von Archäologie und Ideologie in einer ganzen Reihe nützlicher Artikel erörtert, unter anderem von Amos Elon, Yaakov Shavit, William Dever und Neil Asher Silberman. Das klassische Buch über politische und religiöse Beweggründe hinter der archäologischen Erkundung des Nahen Ostens ist nach wie von Silberman, *Digging for God & Country: Exploration, Archaeology, and the Secret Struggle for the Holy Land, 1799–1917* (New York, 1982). Über die Geschichte der amerikanischen Bibelarchäologie berichtet Silberman in dem Kapitel »Whose Game Is It Anyway? The Political and Social Transformations of American Biblical Archaeology« in *Archaeology Under Fire: Nationalism, Politics and Heritage in the Eastern Mediterranean and Middle East*, hrsg. von Lynn Meskell (London, 1998). Eine weitere gute Quelle zur biblischen Archäologie ist John R. Bartletts Artikel »What Has Archaeology to Do with the Bible – Or Vice Versa?« in *Archaeology & Biblical Interpretation* (London, 1997).

Kamal Salibi erläuterte seine Theorie über Bibelschauplätze in Saudi-Arabien in einem Gespräch mit mir in Amman und in seinem Buch *The Historicity of Biblical Israel* (Amman, 1998). Auf dem Nebo war ich 1998.

Das Werk *The Bible as It Was* (Cambridge, 1997) trug stark dazu bei, dass ich verstand, wie die Bibeldeutung abläuft. Richard Elliott Friedman, *Wer schrieb die Bibel: So entstand das Alte Testament* (Wien, Darmstadt 1989) ist ein sehr gut lesbarer, wichtiger Bericht über die Bibelforschung des 19. Jahrhunderts und ihren bis heute anhaltenden Einfluss auf unsere Gedanken über die Bibel.

*Kapitel 1*
*Genesis: Abrahams Irrfahrt*
Die Informationen über die volkstümliche Überlieferung in der Region im Zusammenhang mit Abraham stützen sich auf den Inhalt des Dokumantarfilms *Abraham's Odyssey*, Regie Yehuda Yaniv. Über die wissenschaftliche Diskussion um die zeitliche Einordnung Abrahams informierte ich mich 1998 in persönlichen Gesprächen mit den Bibelforschern Ronald Hendel, Kyle McCarter Jr. und Richard Elliott Friedman. In *Biblical Archaeology Review* und *Bible Review* erschien eine Reihe von Artikel über die Entdeckungen von Ebla und die anschließenden Meinungsverschiedenheiten; einer davon war »Ebla and the Bible – What's Left (If Anything)?« von Alan Millard, *Bible Review*, April 1992. Das Zitat von James L. Kugel stammt aus *The Bible as It Was* (Cambridge, 1997). Alle Informationen über die Entstehung von Abraham's Odyssey stammen aus Gesprächen mit Yaniv im Jahr 1998. Über die Ausgrabungen an den Stätten Bab edh-Dhra' und Numeira unterrichtete ich mich im persönlichen Gespräch mit R. Thomas Schaub sowie durch Grabungsberichte von Schaub und Walter Rast in der *New Encyclopedia of Archaeological Excavations*. Eine eher allgemein verständliche Untersuchung über ihre Funde erschien in der *Biblical Archaeology Review*: »Has Sodom and Gomorrah Been Found?«, September/Oktober 1980, Seite 26.

David Ilan machte mir ein unveröffentlichtes Exemplar eines Vortrages zugänglich; sein Titel: »The Archaeology of Immigration: A

Case Study from the Middle Bronze Age in the Levant«. Außerdem erläuterte er mir im Skirball Museum die Funde von Tel Dan. In *The Archaeology of Society in the Holy Land* erschien sein Artikel »The Dawn of Internationalism – the Middle Bronze Age«.

Der Bericht über die Grabungen in Hebron stützt sich auf ein persönliches Gespräch mit Avi Ofer und einen Grabungsbericht, den er in hebräischer Sprache in *Qadmoniot* 22 (1989) veröffentlichte. Ofers englischsprachiger Aufsatz »All the Hill Country of Judah: From a Settlement Fringe to a Prosperous Monarchy« berichtet ausführlich über seine Übersichtuntersuchung im Bergland von Juda; er erschien in *From Nomadism to Monarchy: Archaeological and Historical Aspects of Early Israel*, hrsg. Von Israel Finkelstein und Nadav Na'aman (Jerusalem, 1994). Ich interviewte Ofer im Jahr 1999.

Informationen über die Diskussion unter den Bibelforschern über die Datierung der Patriarchengeschichten und ihren Wandel stammen aus persönlichen Gesprächen mit Kyle McCarter, Ronald Hendel, Oded Lipschits und Steven Fine im Jahr 1998. McCarter erläutert viele seiner Argumente in einem großartigen Kapitel über Abraham in *Ancient Israel: A Short History*. Hendel schickte mir freundlicherweise ein Vorabexemplar seines Artikels über das Patriarchenzeitalter, der in einer überarbeiteten Neuauflage desselben Buches erschien.

Der Abschnitt über das heutige Hebron und den Umgang seiner arabischen und jüdischen Bewohner mit der Vergangenheit stützt sich auf zahlreiche Reportagereisen in die Stadt und viele persönliche Gespräche. Das Interview mit Mustafa Abdel Nabi Natsheh, dem Bürgermeister von Hebron, führte Khaled Abu Toameh 1999 in meinem Auftrag.

Die Geschichte des sich wandelnden Architekturstils in der Höhle der Patriarchen steht zusammengefasst in einem Artikel von Nancy Miller über die israelischen Erkundungsarbeiten an der Stätte; der Titel: »Patriarchal Burial Site Explored for First Time in 700 Years«, erschienen in *Biblical Archaeology Review*, Mai/Juni 1985. Steven Fine schickte mir einen Entwurf seines unveröffentlichten Aufsatzes »Between Beth She'arim and Eden: The Cave of Makhpelah in Rabbinic Literature«; darin beschreibt er viele Legenden aus der Zeit des Zweiten Tempels, die mit Abrahams Begräbnisstätte zu tun haben.

*Kapitel 2*
*Exodus: Pharao spricht*
Die Widersprüche im Text des zweiten Buches Mose und die verschiedenen wissenschaftlichen Erklärungsversuche werden erörtert in Nahum M. Sarna, *Exploring Exodus: The Origins of Biblical*

*Israel* (New York, 1986), einer traditionellen, gut geschriebenen Abhandlung über den Exodus, und in Jonathan Kirsch, *Moses: A Life* (New York, 1998).

Wie die Ägypter ihre Vergangenheit sehen, erörtert Neil Asher Silberman in *Between Past and Present: Archaeology, Ideology, and Nationalism in the Modern Middle East* (New York, 1989). Neuere Informationen stammen aus Gesprächen mit Zahi Hawass, Kent Weeks und Beamten des Museums in Kairo. Die ägyptische Einstellung gegenüber den Hyksos wird eingehend erläutert in einem Artikel von Eliezer Oren, »The Hyksos Enigma – Introductory Overview« in dem von ihm herausgegebenen Buch *The Hyksos: New Historical and Archaeological Perspectives* (Philadelphia, 1998).

Das Cairo Museum besuchte ich im Jahr 1998.

Sämtliche Zitate von Hawass stammen aus einem Gespräch mit mir. Hawass stellte mir Informationen über die Arbeitersiedlung in Gizeh zur Verfügung, die in einem unveröffentlichten Manuskript von ihm enthalten sind; der Titel: *The Giza Pyramids: Mysteries Revealed.*

Mansour Radwan wurde von mir auf dem Friedhof von Gizeh befragt.

Das Gespräch mit Mark Lehner fand 1998 statt. Seine Jahresberichte über die Grabungen erschienen beim Oriental Institute in Chicago, dessen Pressereferent sie freundlicherweise sammelte und mir zur Verfügung stellte. Die National Geographic Society verschaffte mir den Text ihrer Sendung *Who Built the Pyramids?*, in der die alte Form des Brotbackens nachgestellt wurde.

Die Informationen über die Funde von Deir el-Medineh und Pi-Ramesse stammen aus Gesprächen mit Hawass, Lehner und Weeks. Eine großartig bebilderte Untersuchung über die Pyramiden ist Mark Lehners Buch *Das erste Weltwunder: Die Geheimnisse der Pyramiden* (Düsseldorf/München, 1997). Ein allgemein verständlicher Artikel über die Funde von Deir el-Medineh von Leonhard und Barbara Lesko mit dem Titel »Pharaoh's Workers: How the Israelites Lived in Egypt« erschien in der *Biblical Archaeology Review*, Januar/Februar 1999.

Eine interessante Biografie über einen der wichtigsten ägyptischen Herrscher ist K. A. Kitchen, *Pharaoh Triumphant: The Life and Times of Ramesses II* (Kairo, 1982).

Weeks wurde in seinem Büro in Kairo interviewt. Douglas Preston schrieb über die Entdeckung des Grabes KV5 einen ausgezeichneten Artikel mit dem Titel »All the King's Sons«, der 1996 in *The New Yorker* erschien. Die Chronik der Entdeckung von KV5 und ein Bericht über seine Bedeutung ist Weeks' Buch *The Lost Tomb* (New York, 1998).

Die Informationen über die Entstehung von *The Prince of Egypt* stammen aus dem Gespräch mit Penney Finkelman Cox, der Produzentin des Filmes. Mein Kollege Bruce Orwall von der Washington Post half mir, mich in der Bürokratie bei Dream-Works zurechtzufinden.

Die wechselnden Ansichten über Mose sind zusammengestellt in Kirschs Mose-Biografie und Jan Assmann, *Moses der Ägypter: Entzifferung einer Gedächtnisspur* (Frankfurt/M., 2000). Assman beantwortete mir freundlicherweise auch schriftliche Fragen.

Zu den wenigen Werken, die den Exodus aus ägyptischer Sicht betrachten, gehört nach wie vor *Exodus: The Egyptian Evidence*, hrsg. Von Ernest S. Frerichs und Leonard H. Lesko (Winona Lake, 1997). Jill Kamil weist in *The Ancient Egyptians: Life in the Old Kingdom* (Cairo, 1984) nach, dass die ägyptische Geschichte über alle Zeitalter hinweg großen Einfluss auf das Land ausgeübt hat.

Itzhaq Beit-Arieh und Eliezer Oren wurden von mir über ihre Arbeiten in der Sinai-Wüste befragt. Beit-Arieh schrieb außerdem einen allgemein verständlichen Artikel mit dem Titel »Fifteen Years in Sinai«, der im Juli/August 1984 in der *Biblical Archaeology Review* erschien; darin erörtert er seine Funde und die anderer israelischer Archäologen, die das Gelände vor Unterzeichnung des Friedensvertrages mit Ägypten erkundeten. Der Artikel berichtet auch über Ze'ev Meshels Vorstellung, wonach die Sitten der Beduinen ihre Vorläufer im Bibeltext haben.

## Kapitel 3
### Die neuen Kanaaniter

Der Einleitungssatz zu diesem Kapitel ist in veränderter Form der kluge Titel eines Vortrages, der im Rahmen eines Seminars der von Hershel Shank geleiteten Biblical Archaeology Society gehalten wurde und sich mit der Debatte über den Ursprung der Israeliten befasste. Die Kapitel des aus dem Seminar hervorgegangenen Buches *The Rise of Ancient Israel*, hrsg. Von Hershel Shanks, William G. Dever, Baruch Halpern und P. Kyle McCarter Jr. (Washington, 1992) sind höchst aufschlussreich und prägnant.

Ze'ev Herzogs Forschungsarbeiten über Kanaaniterstädte erschienen auf Hebräisch in einem Tagungsbeitrag mit dem Titel »New Directions in the Archaeology of the Land of Israel«, Bar-Ilan University, 3. Juni 1999, und auf Englisch in seinem Buch *Archaeology of the City: Urban Planning in Ancient Israel and Its Social Implications* (Tel Aviv, 1997). Herzog wurde außerdem 1998 von mir interviewt.

Amnon Ben-Tor unterhielt sich ausführlich mit mir über seine Arbeiten in Hazor und führte mich 1998 durch die Grabungsstätte.

Besonders hilfreich waren einige seiner Artikel, darunter »The Yigael Yadin Memorial Excavations at Hazor: 1990–93: Aims and Preliminary Results«, erschienen in dem Buch von Silberman und Small, *The Archaeology of Israel*, und »Season of 1991: Introduction« im *Israel Exploration Journal* 42 (1992). Außerdem verfasste er eine zweiteilige Serie über Hazor, die im März/April und Mai/Juni 1999 in der *Biblical Archaeology Review* erschien. Die religiöse Praxis der Kanaaniter und Israeliten in der Antike beschreibt Susan Niditch in *Ancient Israelite Religion* (New York, 1997).

Der Bericht über die Knochenanalysen von Megiddo und anderen Stätten stützt sich auf ein Gespräch mit Paula Wapnish, die zusammen mit ihrem Mann Brian Hesse viele interessante Artikel über das Thema schrieb. In dem Sammelband von Silberman und Small erschien »Can Pig Remains Be Used for Ethnic Diagnosis in the Ancient Near East?«. Sie schickte mir Exemplare von »Urbanization and the Organization of Animal Production at Tell Jemmeh in the Middle Bronze Age Levant«, *Journal of Near Eastern Studies* 47:2, und »Faunal Remains from Tel Dan: Perspectives on Animal Production at a Village, Urban and Ritual Center«, *Archaeozoologia* 4:2.

Ronny Reich wurde 1998 in Jerusalem von mir interviewt und führte mich auch durch die Grabungsstätte. Informationen und Zitate über die Ziele von Elad in der Davidsstadt stammen aus der Befragung des offiziellen Elad-Vertreters Yigal Naveh, ebenfalls im Jahr 1998.

Jalal Kazzouh befragte ich 1998 in Nablus; er führte mich durch die Stätte und das archäologische Institut der An-Najah University.

Die Zitate von Marwan Abu Khalaf stammen aus einem Gespräch mit ihm 1997 in Jerusalem. Albert Glock formulierte seine Ziele für die Archäologie Palästinas in einem Artikel, der nach seinem Tod erschien: »Archaeology as Cultural Survival: The Future of the Palestinian Past«, *Journal of Palestine Studies*, Frühjahr 1994. Zu ähnlichen Themen äußert sich auch die palästinensische Historikerin Beshara B. Doumani in »Rediscovering Ottoman Palestine: Writing Palestinians Into History«, *Journal of Palestine Studies*, Winter 1992.

Mit Khaled Nashef unterhielt ich mich 1998 mehrmals in Bir Zeit. Er führte mich durch die Grabungsstätte Khirbet Bir Zeit und sorgte dafür, dass seine Studenten mit mir in seinem Universitätsbüro über ihre Vorstellungen von palästinensischer Archäologie diskutieren konnten. Aus diesem Gespräch stammen die Zitate seines Studenten Nail Jelal. Hamdan Taha, der Leiter der palästinensischen Altertümerverwaltung, wurde von mir in seinem Büro in Ramallah interviewt. Er gab mir seinen 1996 erschienenen Aufsatz »Two Years of Archaeology in Palestine«, der die offiziellen Ansichten der Palästinenserregierung über die bisherigen archäologischen Leistungen zusammenfasst.

Ein gutes Beispiel für die alternative archäologische Anschauung, der die Palästinenser zum Durchbruch verhelfen wollen, ist *All That Remains: The Palestinian Villages Occupied and Depopulated by Israel in 1948*, hrsg. Von Walid Khalidi (Washington, 1992). Kahlidi vertrat seine Ansichten auch in einem Gespräch mit mir in Cambridge, Massachusetts.

Der Archäologe Robert Schick übersetzte einen arabischen Aufsatz von Khaled Nashef, der am 8 Februar 1999 in der in Jerusalem erscheinenden Zeitung *Al-Quds* erschien. Er trug dazu bei, dass ich die Vorbehalte der Palästinenser gegen archäologische Ausgrabungen durch Ausländer besser verstand. Der Titel: »Palästinensische Archäologie … auf Französisch und Italienisch«. Mehr über die politische Seite der palästinensischen Archäologie erfuhr ich auch in Gesprächen mit John Worrell und Uzi Baram. Baram schickte mir ein Exemplar seines Aufsatzes »Entangled Objects from the Palestinian Past: Archaeological Perspectives for the Ottoman Period, 1800–1900«, in dem dieses Thema angeschnitten wurden.

Über die Theorien zur israelitischen Besiedelung Kanaans wurde viel geschrieben. Möglichkeiten und Probleme, wenn man ethnische Zugehörigkeiten in der Antike anhand der Keramik abgrenzen will, schildert Ann E. Killebrew in ihrer 1998 erschienenen Dissertation der Hebrew University: *Ceramic Craft and Technology During the Late Bronze and Early Iron Ages: The Realtionships Between Pottery Technology, Style and Cultural Diversity*.

Die klassische archäologische Darstellung über die Israeliten in Kanaan ist nach wie vor Israel Finkelsteins auf Hebräisch erschienenes Buch *The Archaeology of the Israelite Settlement* (Jerusalem, 1988). Eine fesselnde Zusammenfassung von Forschungsarbeiten und Theorien über die israelitische Besiedelung bietet Nadav Na'aman in seinem Artikel »The ›Conquest of Canaan‹ in the Book of Joshua and in History«, erschienen in dem Buch *From Nomadism to Monarchy*. Die Zitate von Finkelstein stammen aus einem Gespräch, das ich 1997 in seinem Büro in Tel Aviv mit ihm führte. Adam Zertal interviewte ich 1998 mehrere Male, und ich durfte an einer seiner Freitags-Untersuchungen teilnehmen. Artikel von Larry Herr und Adam Zertal, in denen sie Ähnlichkeiten ihrer Grabungsfunde aus Israel und Jordanien erörtern und über Auswirkungen auf die Rekonstruktion der israelitischen Siedlungsgeschichte berichten, finden sich in dem Buch *Mediterranean Peoples in Transition: 13th–10th Century B.C.E,* hrsg. von Seymour Gitin, Amihai Mazar und Ephraim Stern (Jerusalem, 1998).

Die Geschichte über die Suche nach Ebal stützt sich auf meine Gespräche mit Zertal. Er schrieb über seine Ebal-Forschung auch in der *Biblical Archaeology Review* (Januar/Februar 1985). Eine ganze

Ausgabe von *Tel Aviv* war dem vorläufigen Grabungsbericht von Zertal und Mitarbeitern gewidmet; der Bericht half mir, die Stätte und die Funde zu verstehen. Zertal veröffentlicht nach wie vor alle paar Jahre eine Fortsetzung seiner monumentalen *Survey of Har Menashe* (auf Hebräisch, Haifa). Die Zitate von Shuki Levin stammen aus dem Jahr 1998, als ich mit Zertal am Ebal war.

*Kapitel 4*
*Auf der Suche nach David und Salomo*
Den ersten Hinweis auf die missverstandene Geschichte des Museums im Davidsturm gab Meron Benvenisti in seinem großartigen Buch *City of Stone: The Hidden History of Jerusalem* (Berkeley, 1996).

Eine Sammlung von Artikel, die erstmals einige wichtige Fragen im Zusammenhang mit der Erforschung von David und Salomo sowie der Datierung der Tore von Megiddo und Gezer aufwarfen, erschien im *Bulletin of the American School of Oriental Research*, Nr. 277/287 (1990). Als einer der Ersten stellte David Ussishkin die Frage nach der Datierung des Tores von Megiddo in »Was the Solomonic City Gate at Megiddo Built by King Solomon?« *BASOR* 239. *The Origins of the Ancient Israelite States*, hrsg. von Volkmar Fritz und Philip R. Davies (Sheffield, 1996) stellt entscheidende Fragen nach der Datierung und dem Großreich. Mehrere Artikel mit Gedanken über das Tor von Megiddo schrieb Yigael Yadin schon 1958.

*Levant* widmete große Teile seines Jahrganges 1998 der Debatte zwischen Israel Finkelstein und Amihai Mazar über die Datierung von Megiddo und Finkelsteins Bestrebungen, entscheidende Stätten aus dem 10. Jahrhundert zeitlich früher einzuordnen. »The Archaeology of the United Monarchy: An Alternative View« von Finkelstein erschien in *Levant* 28; »Iron Age Chronology: A Reply to I. Finkelstein« folgte in *Levant* 29. Der Artikel, der unter Archäologen so viel Aufruhr verursachte, war Finkelsteins letzter Beitrag: »Bible Archaeology or the Archaeology of Palestine in the Iron Age: A Rejoinder« in *Levant* 30.

Die Zitate von Finkelstein stammen aus meinen Gesprächen mit ihm im Jahr 1998. Zusammen mit Ussishkin führte er mich im Sommer 1998 durch die Grabungen. Neil Asher Silberman, der an dem Gespräch während dieses Besuches ebenfalls teilnahm, gab mir ein Manuskript seines Vortrages; daraus stammt das Zitat mit dem Spiegel.

Wie Israel und Juda im 10. Jahrhundert v. u. Z. aussahen, beschreibt Israel Finkelstein in seinem Artikel »State Formation in Israel and Judah: A Contrast in Context, a Contrast in Trajectory«, in *Near Eastern Archaeology* 62:1 (1999). Adam Zertals Befunde aus

320

Israel und Avi Ofers Untersuchungen in den Bergen von Juda sind ebenfalls in ihren Artikeln in dem Buch *From Nomadism to Monarchy* von Finkelstein und Na'aman beschrieben.

Die entscheidenden Bücher von den Mitgliedern der so genannten Kopenhagener Schule sind Philip R. Davies, *In Search of ›Ancient Israel‹* (Sheffiled, 1992) und Thomas Thompson, *Early History of the Israelite People from the Written and Archaeological Sources* (Leiden, 1992). Keith W. Whitelam, *The Invention of Ancient Israel: The Silencing of Palestinian History* (London, 1996) steht oft im Mittelpunkt hitziger Debatten über die Politik früherer Zeiten. *Can a History of Israel Be Written?*, hrsg. von Lester L. Grabbe (Sheffield, 1997) enthält zahlreiche Aufsätze von Wissenschaftlern, die dem historischen Wahrheitsgehalt der Bibel mit unterschiedlich großer Skepsis begegnen. Der bekannteste Kritiker der Kopenhagener Schule und ein sehr produktiver Autor ist William Dever. Er schickte mir mehrere Aufsätze, durch die ich besser verstand, warum er ein Gegner der Gruppe ist. Besonders nützlich war sein Beitrag zu D. V. Edelman, *The Fabric of History: Text, Artifact and Israel's Past* (Sheffield, 1991). Außerdem sprach ich mehrmals mit ihm. Ebenso hilfreich war der Artikel von J. M. Miller »Is It Possible to Write a History of Israel Without Relying on the Hebrew Bible?«, der ebenfalls in dem Buch von Edelman enthalten ist.

Mit Thomas Tompson und Niels Lemche unterhielt ich mich 1998 während eines Aufenthaltes in Kopenhagen. Außerdem korrespondierte ich mit ihnen.

Mit Joshua Schwartz sprach ich 1998 an der Bar-Ilan University. Er lud mich ein, mir Lemches Vortrag vor der Studenten der Hochschule anzuhören und an einem privaten Mittagessen für ihn und die israelischen Archäologen teilzunehmen. Die Zitate von Dever stammen aus einem Gespräch, das ich 1998 in Philadelphia mit ihm führte.

Michael Niemann formuliert seine Vorstellung, David und Salomo seien typische nahöstliche Stammesführer gewesen, am deutlichsten in seinem Artikel »The Socio-Political Shadow Cast by the Biblical Solomon« in *The Age of Solomon: Scholarship at the Turn of the Millennium* (Leiden, 1997). Der Aufsatz von Nadav Na'aman in demselben Buch ist eine gründliche Untersuchung der Quellen, mit denen der Text vielleicht zusammengestellt wurde, und ihrer Datierung. Mit Na'aman sprach ich 1998 in Tel Aviv.

Von Ann Killebrew und Silberman stammen die Informationen über die schriftliche Darstellung und Multimediashow, an denen sie arbeiten; Killebrew stellte mit einen Entwurf des Projektantrages zur Verfügung.

*Kapitel 5*
*Das geteilte Reich – der Aufstieg des Nahen Ostens*
Judas Entwicklung zum Staat wird im Einzelnen beschrieben in David W. Jamieson-Drake, Scribes and Schools in *Monarchic Judah: A Socio-Archaeological Approach* (Sheffield, 1991). Ebenso nützlich zum Verständnis der Staatsbildung in Juda war R. Kletter, »The Inscribed Weights of the Kingdom of Judah«, *Tel Aviv* 18 (1991). Israel Finkelstein verfasste zu dem Thema mehrere Artikel und hielt Vorträge darüber; Kopien seiner Arbeiten stellte er mir zur Verfügung. Besonders hilfreich fand ich »Israel vs. Judah in Biblical Times: Origins, Material Culture and Socio-Political Formations«, einen Vortrag, den er 1997 an der Hebrew University in Jerusalem hielt.

Immer mehr Bücher und Artikel geben einen ausgezeichneten Überblick über diese Epoche. Gute Quellen sind die Artikel von William Dever, »Social Structure in Palestine in the Iron 2 Period on the Eve of Destruction« und John S. Holladay Jr., »The Kingdoms of Israel and Judah: Political and Economic Centralization in the Iron IIA-B (ca. 1000–750 B.C.E.)« in dem Buch *The Archaeology of Society* von Levy.

Die Informationen über die Geschichte Moabs stammen aus mehreren Untersuchungen, insbesondere aus J. M. Miller, »Early Monarchy in Moab« in *Early Edom and Moab: The Beginning of the Iron Age in Southern Jordan*, hrsg. von Piotr Bienkowski (Sheffield, 1992). Randall Younker äußert seine Gedanken über die Entstehung des Moabiterstaates besonders eindeutig in seinem Artikel »Moabite Social Structure«, *Biblical Archaeologist* 60:4 (1997).

Finkelstein teilte mir seine Ansichten über die Omridenarchitektur in mehreren Gesprächen in den Jahren 1997 und 1998 mit und schickte mir auch das Manuskript eines Vortrages, den er im November 1998 an der University of Pennsylvania bei einer Tagung über Archäologie und Bibelforschung gehalten hatte; der Titel: »Omride Architecture: The Rise of the National States in the Iron Age: Archaeology and Text«. An der Tagung nahm ich ebenfalls teil.

Norma Franklin unterrichtete mich freundlicherweise 1999 in einem persönlichen Gespräch über ihre Untersuchungen an den Mauerzeichen in Megiddo und an anderen Stätten.

Immer mehr Forschungsarbeiten befassen sich mit der Propaganda in der Antike. Einen der ersten interessanten Artikel schrieb Keith Whitelam im September 1986 in *Biblical Archaeology*; der Titel: »The Symbols of Power: Aspects of Royal Propaganda in the United Monarchy«. Peter Feinman schnitt das Thema 1998 in seinem Vortrag bei der Jahrestagung der American Schools of Oriental Research an: »Nebo: Why North Moab Was Important to Israel – Claiming the Past to Legitimate the Present«. Eine Kopie des Vortragsmanuskriptes stellte Feinman mir zur Verfügung. Mit dem gleichen Thema befasst sich auch Nadav Na'aman in »King Mesha and the Foundation of the Moabite Monarchy«, *Israel Exploration Journal* 47 (1997).

Die Rekonstruktion von Hasaels Aram wurde vor allem möglich durch die Arbeiten von Benjamin Mazar und seinen Aufsatz »The Aramaean Empire and Its Relations with Israel«, *Biblical Archaeologist* 25. Na'aman setzte die Tradition fort und trug beträchtlich zur Erweiterung der Kenntnisse über Hasael bei. Auf eine Reihe seiner Arbeiten habe ich in diesem Kapitel zurückgegriffen, unter anderem auf »Hazael of 'Amqi and Hadadazer of Beth-rehob«, *Ugarit-Forschungen* 27 (1995); »Sources and Composition in the History of David«, in *The Origin of Ancient Israelite States*, hrsg. von V. Fritz und P. R. Davies (Sheffield, 1996); »Sources and Composition in the History of Solomon«, in *Age of Solomon*; und »Historical and Literary Notes on the Excavations of Tel Jezreel«, in *Tel Aviv* 24 (1997). Das Buch *Ancient Damascus* von W. T. Pitard (Winona Lake, 1987) zeichnet ein Bild Syriens unter Hasael. Nützlich war auch der Artikel »Hazael's Booty Inscriptions« von I. Eph'al und J. Naveh, *Israel Exploration Journal* 39.

Die Informationen über die Funde von Tel Jezreel stützen sich auf vorläufige Berichte, die von den Grabungsbeteiligten veröffentlicht wurden: »Excavations at Tel Jezreel 1990–91 Preliminary Report«, *Tel Aviv* 19 (1992); »Excavations at Tel Jezreel 1992–92 Second Preliminary Report«, *Levant* 26; und »Excavations at Tel Jezreel 1994–96 Third Preliminary Report«, *Tel Aviv* 24 (1998). Vergleiche zwischen Keramikfunden aus Jezreel und Megiddo zieht O. Zimhoni in »Clues from the Enclosure Fills: Pre-Omride Settlement at Tel Jezreel«, *Tel Aviv* 24 (1998). Ein ausgezeichneter Artikel, in dem Bibelforschung und Archäologie zusammenfließen, ist H. G. M. Williamson, »Tel Jezreel and the Dynasty of Omri«, *Palestine Exploration Quarterly* 128 (1996).

Mehrere Male befragte ich Rami Arav, einen der Grabungsbeteiligten in Bethsaida. *Bethsaida: A City by the North Shore of the Sea of Galilee*, hrsg. von Rami Arav und Richard A. Freund (Kirksville, 1995) enthält mehrere interessante Untersuchungen über die dortigen Funde. Arav schickte mir auch ein Exemplar seines Artikels »Bethsaida Revealed«, der im März/April 1999 in *Eretz* 63 erschien und die Geschichte der Geschuriter in neuem Licht betrachtet. Zitate von Finkelstein über Hasael in Hazor stammen aus einem unveröffentlichten Artikel, den er mir schickte (»Hazor and the North in the Iron Age: A Low Chronology Perspective«), und aus persönlichen Gesprächen.

Die Bedeutung der Dan-Stele wird erörtert in A. Biran und J. Naveh, »An Aramaic Stele Fragment from Tel Dan«, *Israel Explora-*

*tion Journal* 43, und in »The Tel Dan Inscription: A New Fragment«, *Israel Exploration Journal* 45.

## Kapitel 6
### Babylonische Gefangenschaft – die Daheimgebliebenen

Über die Befunde der Bibelforschung in Zusammenhang mit der Entvölkerung Judas nach der Vertreibung berichtet Hans M. Barstad in seiner Monografie *The Myth of the Empty Land* (Oslo, 1996). Der Wandel der Ansichten über die Zeit der Vertreibung ist zusammenfassend dargestellt in *Leading Captivity Captive: ›The Exile‹ as History and Ideology*, hrsg. von Lester L. Grabbe (Sheffield, 1998). Mit Grabbe unterhielt ich mich auch im Jahr 1998, und er schickte mir seinen unveröffentlichten Artikel »Israel's Historical Reality After the Exile«, in dem er seine Vorstellungen über die Zeit des Exils darlegt. Die Monografie *Post-Exilic Palestine: An Archaeological Report* von Saul S. Weinberg erschien 1968 bei der Israel Academy of Sciences and Humanities; sie ist heute noch nützlich, wenn man wissen will, wie der Stand der Kenntnisse bis vor kurzem war.

Die Informationen über die Funde in der Davidsstadt stammen aus meinen Gesprächen im Jahr 1998 mit Jane Cahill, der damaligen Grabungsleiterin an der Stätte, und mit Dan Bahat, der heute dort eine Grabung leitet. Die Zitate von dem Elad-Sprecher Yigal Naveh stammen aus einem persönlichen Gespräch im Jahr 1998. Spekulationen über das Aussehen Jerusalems vor, während und nach der Vertreibung sowie ein Bericht über die Grabungen in der Davidsstadt unter Cahill und David Tarler finden sich in den Artikeln und Berichten in *Ancient Jerusalem Revealed* (Jerusalem, 1994).

Jeffrey Zorn führte mich im Sommer 1998 durch die Grabungsstätte von Mizpa und überließ mir das Manuskript eines Vortrages, in dem er seine Vorstellungen vom Leben in Juda während der babylonischen Gefangenschaft darlegt; der Titel: »New-Old Discoveries at Biblical Mizpa of Benjamin: The Recovery of Jewish Life in Israel During the Exile«. Er hat viel über die Stätte geschrieben. Die nützlichsten Artikel waren »Mizpah: Newly Discovered Stratum Reveals Judah's Other Capital« in der *Biblical Archaeological Review*, September/Oktober 1997 und eine Reihe von Aufsätzen über die Funde an der Stätte in *Tel Aviv* 20 (1993), *Tel Aviv* 22 (1995) und *Tel Aviv* 23 (1996). Über die an der Stätte gefundenen Stempelabdrücke berichten Zorn, Joseph Yellin und John Hayes im *Israel Exploration Journal* Band 44, 1994.

Die Informationen über die Forschungsarbeiten von Oded Lipschits stammen aus mehreren Gesprächen mit ihm im Jahr 1998 und aus Vorträgen, die er in archäologischen Seminaren hielt. Lipschits überließ mir freundlicherweise ein Exemplar seiner unveröffentlichten, auf Hebräisch verfassten Doktorarbeit *The ›Yehud‹ Province Under Babylonian Rule, 586–539 B.C.E.: Historic Reality and Historiographic Conceptions* (Januar 1997, eingereicht an der Universität Tel Aviv). Darin findet sich eine Fülle von Informationen über archäologische Funde und Ergebnisse der Bibelforschung über jene Zeit. Die Informationen über die Tagung von 1998 stammen aus der Sammlung von Vortragszusammenfassungen und aus persönlichen Gesprächen mit Lipschits. Er schickte mir einen unveröffentlichten Aufsatz, in dem er seine Theorien über die Politik Nebukadnezars darlegt; der Titel: »Nebuchadrezzar's [sic] Policy in Hattu-Land and the Fate of the Kingdom of Judah«. Das Ephraim Stern zugeordnete Zitat stammt aus Sterns Vortrag bei der Tagung 1998.

Die Informationen über die Ausstellung des Babylonian Jewry Heritage Center entstammen meinen eigenen Beobachtungen während eines Besuches 1998. Ebenso sprach ich mit Oded Bustenay.

Zusammen mit Gabriel Barkay besichtigte ich 1998 die Stätte Ketef Hinnom. Barkays Artikel über die Stätte, »Excavations at Ketef Hinnom in Jerusalem«, erschien in *Ancient Jerusalem Revealed*.

Der amerikanische Archäologe John Worrell, der im Westjordanland tätig ist, berichtete mir als Erster über die Grabungen von Khirbet Shuweykeh und über die politischen Auseinandersetzungen um die Bestrebung, dort und in Mizpa gemeinsame israelisch-palästinensische Grabungen vorzunehmen.

*Kapitel 7*
*Lots Kinder – was geschah wirklich mit den Ammonitern?*
Die Archäologen des Madaba Plains Project verfassen über ihre Befunde regelmäßige Berichte, die im *Annual of the Department of Antiquities of Jordan* erscheinen. Diese Berichte halfen mir sehr, als ich die Befunde und die Entwicklung ihrer Theorien nachzeichnen wollte. Ein Bibliothekar der Andrews University verschaffte mir vorläufige Berichte der Grabungsleiter über das Madaba Plains Project, die im Frühjahr 1996 und im Herbst 1997 in zwei Bänden der *Andrews University Seminary Studies* erschienen. Larry Herr schickte mir schon vor der Veröffentlichung einen Entwurf des vorläufigen Berichts für 1998, der mir beim Nachzeichnen der Ereignisse sehr von Nutzen war. Das Nachrichtenblatt *Jordan Antiquity* von Rami Khouri brachte zahlreiche Veröffentlichungen über die Grabungen von Hisban und Umayri. Mit Larry Herr, Oystein LaBianca, Douglas Clark und Larry Gerarty sprach ich mehrere Male, und 1998 führten sie mich durch ihre Grabungsstätten. Die meisten Informationen des Kapitels stammen aus diesen Gesprächen und ihren Berichten. Herr schrieb über seine Funde in Umayri einen allgemein verständlichen Artikel mit dem Titel »What Ever Happened to the Ammonites?«, der

in der November/Dezember-Ausgabe 1993 von *Biblical Archaeology Review* erschien. In seinen Artikeln im Annual der Altertümerverwaltung umreißt Herr seine Theorien über das Schicksal Umayris unter den Persern und über die in der Umgebung gefundenen Weinkeltern; auch diese Veröffentlichungen waren äußerst nützlich.

Über seine »Widerstandsstrukturen« berichtete LaBianca in dem Vortrag »A Hardy People: Local Responses to Environmental, Sociopolitical and Economic Uncertainties in Jordan through the Millennia« bei der siebten internationalen Tagung für Geschichte und Archäologie Jordaniens, die im Juni 1998 an der Universität Kopenhagen stattfand und an der ich teilnahm. LaBianca stellte mir für meine Recherchen das Vortragsmanuskript zur Verfügung. Einige Gedanken seiner Arbeitsgruppe über die Verbindungen zwischen antiken Ammonitern und heutigen Jordaniern finden sich in dem Buch *Ancient Ammonites & Modern Arabs: 5000 Years in the Madaba Plains of Jordan*, hrsg. von Gloria A. London und Douglas R. Clark (Amman, 1997). Dort sind auch die Entdeckungen und Theorien zusammengefasst, die hinter dem Madaba-Projekt stehen.

Auf der Tagung in Kopenhagen hörte ich den Vortrag von Dr. Osamah Abu-Qorah; die Zitate stammen aus meinen Notizen.

Leen Fakhouri und Kathy Sullivan wurden 1999 in Amman in meinem Auftrag von Ghadeer Taher interviewt; von ihm erhielt ich die Übersetzung der Gespräche, aus der die Zitate stammen.

Im Jahr 1998 besichtigte ich das Museum in der Burg von Amman, und ich nahm an der Feier zum dreißigsten Jahrestag der Grabungen von Hisban teil. Die Zitate von Yousef Msalam al Awalda, dem Bürgermeister von Hisban, und Mafous Abdul Hafez stammen aus meinen Gesprächen mit ihnen während eines Besuchs der Stätte. Oystein LaBianca stellte mir eine Entwurf des Lehrplanes über die Stätte zur Verfügung; das Papier mit dem Titel »Tall Hisban: Gateway to the Archaeology of Central Jordan« wurde verfasst von Asta Sakala LaBianca, Oystein LaBianca und Mafous Abdul Hafez. Zahlreiche Berichte über die Grabung und die zugehörigen Funde sind in *Hesban After 25 Years*, hrsg. von David Merling und Lawrence T. Gerarty (Berrien Springs, 1994) veröffentlicht.

Das Zitat aus dem Bericht von Herr steht in seinem Aufsatz in dem Band *Mediterranean Peoples in Transition*.

*Kapitel 8*
*Esaus Erstgeburtsrecht – ein neues Bild der Edomiter*
Wie sich die wissenschaftlichen Ansichten über Edom und seine Beziehungen zu Juda wandelten, erfuhr ich in persönlichen Gesprächen mit Itzhaq Beit-Arieh und Piotr Bienkowski.

Die Geschichte Edoms wird in mehreren Werken aus den letzten

Jahren eingehend beschrieben. Am nützlichsten waren *You Shall Not Abhor an Edomite for He Is Your Brother: Edom and Seir in History and Tradition*, hrsg. von Diana Vikander Edelman (Atlanta, 1995); *Early Edom and Moab: The Beginning of the Iron Age in Southern Jordan*, hrsg. von Piotr Bienkowski (Sheffield, 1992); und J. R. Bartlett, *Edom and the Edomites* (Sheffield, 1989). Oystein LaBianca und Randall Younker verfassten einen guten Überblick über archäologische Arbeiten in Ammon, Moab und Edom; der Titel: »The Kingdoms of Ammon, Moab and Edom: The Archaeology of Society in Late Bronze/Iron Age Transjordan (ca. 1400–500 B.C.E.)« in Levys Buch *Archaeology of Society*. Eine geistreiche Diskussion über Edoms Geschichte und ihre Bedeutung für die Datierung in der Region führten Israel Finkelstein und Piotr Bienkowski in dem Magazin *Levante*, Band 24, 1992.

Die Informationen über Edoms Beteiligung am Kupferbergbau stammen aus einer ganzen Reihe von Werken. Vom Kupferbergbau und dem arabischen Handel in dem Gebiet handelt Finkelsteins Aufsatz »Under the Empires: Arabs, Edomites and Judahites in the Late Iron Age II« in seinem Buch *Living on the Fringe: The Archaeology and History of the Negev, Sinai and Neighboring Regions in the Bronze and Iron Ages* (Sheffield, 1995). Interessant war auch sein Artikel »Horvat Qitmit and the Southern Trade in the Late Iron Age II«, *ZDPV* 108. E. A. Knauf und C. J. Lenzen schrieben über die »Edomite Copper Industry« in *Studies in the History and Archaeology of Jordan III*, hrsg. von Adnan Hadidi (Amman, 1987). Mehrere Berichte über den Bergbau schrieb Rami Khouri 1998 in seinem Mitteilungsblatt *Jordan Antiquity*. Besonders nützlich war ein Aufsatz mit dem Titel »Firing the Furnaces of Early Bronze Age Feinan« über die Rekonstruktion der Kupfergewinnung an der Stätte durch ein deutsches Archäologenteam. Mit Dr. Andreas Hauptmann vom Deutschen Bergbau-Museum in Bochum sprach ich 1999. Er teilte mir viele Einzelheiten über seine Befunde mit. Sämtliche Zitate von ihm stammen aus diesem Gespräch.

Wie sich die Region in der Assyrerzeit veränderte, wird hervorragend nachgezeichnet in *Israel Eph'al, The Ancient Arab: Nomads on the Borders of the Fertile Crescent, 9th–5th Centuries B.C.E.* (Jerusalem, 1982). Nadav Na'aman berichtete über die Macht der Assyrer in der Region in »Israel, Edom and Egypt in the 10th century B.C.E.«, *Tel Aviv* 19 (1992).

Piotr Bienkowski befragte ich 1998 während der Tagung in Kopenhagen und 1999 per E-Mail. Von ihm stammen viele Werke über die Geschichte Edoms. Besonders hilfreich waren »The Edomites: Archaeological Evidence from Transjordan« in dem Buch von Edelman, *You Shall Not Abhor*; »The Beginning of the Iron Age in

Southern Jordan: A Framework«, in dem Buch *Early Edom and Moab*; und der 1995 erschienene Artikel »The Architecture of Edom«, in *Studies in the History and Archaeology of Jordan* 5.

Die Informationen über Horvat Qitmit stammen aus mehreren Gesprächen mit Itzhaq Beit-Arieh, der mich 1998 auch durch die Stätte von Malhata führte. Sehr hilfreich war sein Buch über die Stätte: *Horvat Qitmit: An Edomite Shrine in the Biblical Negev* (Tel Aviv, 1995). Sein Aufsatz »The Edomite Shrine at Horvat Qitmit in the Judean Negev: Preliminary Excavation Report« erschien in *Tel Aviv* 18 (1991). Außerdem schickte er mir ein Exemplar des Artikels »The Excavations in Tel Malhata: A Preliminary Report«, der auf Hebräisch in *Qedmoniot*, Ausgabe 1998 erschien.

Die Zitate von Rudolph Cohen stammen aus einem Interview, das ich 1998 in seinem Büro in Jerusalem mit ihm führte.

Die Informationen über Parallelen zwischen Funden aus Buseirah und Juda stammen aus einem unveröffentlichten Aufsatz, den Bienkowski mir schickte: Bienkowski und Leonie Sedman, »Buseirah and Judah: Stylistic Parallels in the Material Culture«.

*Kapitel 9*
*Die Rückkehr ins Gelobte Land*
Die Entwicklung der wissenschaftlichen Kenntnisse über Esra und Nehemia wird dargestellt von Charles Carter in »The Changing Face of the Persian Period« in *Second Temple Studies*, hrsg. von Philip Davies (Sheffield, 1991). Seine Untersuchung der Archäologie von Yehud, *The Emergence of Yehud in the Persian Period: A Social and Demographic Study* (Sheffield, 1999) ist die derzeit umfassendste Darstellung zu diesem Thema. Die Buchreihe *Second Temple Studies* mit Bänden über die Perserzeit und ihre Tempelgemeinde bietet einen guten Überblick über neueste Forschungsergebnisse. Kenneth G. Hoglund, *Achaemenid Imperial Administration in Syria-Palestine and the Missions of Ezra and Nehemiah* (Atlanta, 1992) stellt Ezra und Nehemia in den größeren Zusammenhang der politischen Ziele des Perserreiches.

Nützliche Aufsätze von Carol L. Meyers, Eric M. Meyers und Ephraim Stern über die Geschichte Yehuds stehen in *Scripture and Other Artifacts: Essays on the Bible and Archaeology in Honor of Philip E. King*, hrsg. von Michael D. Coogan, J. Cheryl Exum und Lawrence E. Stager (Louisville, 1994).

Die Informationen über archäologische Funde aus dem 6. Jahrhundert v. u. Z. in Jerusalem stammen aus einem Gespräch mit Jane Cahill und aus ihrem Artikel in *Ancient Jerusalem Revealed*. Sie schickte mir mehrere interessante Berichte über die Grabungen in der Davidsstadt, darunter »Excavations at the City of David,

1978–1985«, erschienen in *Qedem* 30 (1990) und »Stratigraphical, Environmental and Other Reports« in *Qedem* 33.

Die Informationen über Modiin stammen aus meinen Gesprächen mit Oded Lipschits und Shmuel Gibson, der mich 1998 durch sein Grabungsgelände führte.

Bücher über die Schriftrollen vom Toten Meer gibt es in Hülle und Fülle. Eine großartige Lektüre ist auch nach 45 Jahren noch Edmund Wilson, *Israel and the Dead Sea Scrolls* (New York 1954). Eine sehr wertvolle Zusammenfassung über die immer noch vorhandenen Meinungsverschiedenheiten in Zusammenhang mit den Rollen ist Hershel Shanks, *The Mystery and Meaning of the Dead Sea Scrolls* (New York, 1998).

Der Bericht über die unterschiedlichen Deutungen der Funde von Qumran stützt sich auf meine Gespräche mit Yizhar Hirschfeld und Jean-Baptiste Humbert. *Biblical Archaeology Review* präsentierte in mehreren interessanten Artikeln unterschiedliche Theorien über die Stätte, unter anderem in »The Enigma of Qumran« in der Ausgabe vom Januar/Februar 1998. Hirschfeld berichtete 1998 an der Hebrew University vor einer Gruppe von Archäologen über seine Vorstellungen von Qumran; den Vortrag hörte ich ebenfalls. Er stellte mir auch ein Exemplar eines in Arbeit befindlichen Artikels zur Verfügung, in dem er über die ähnlichen Architekturstile in Qumran und frühen römischen Landhäusern berichtete; der Titel: »Early Roman Manor Houses in Judaea and the Site of Khirbet Qumran«.

Im April 1998 besuchte ich in New York die Tagung »Dead Sea Scrolls and the Future of the Past in the 21st Century«, auf der Neil Asher Silberman einen Vortrag hielt. Silberman gab mir das Manuskript seines Vortrages »The Politics of the Dead Sea Scrolls«, damit ich daraus zitieren konnte.

Im Israel-Museum besuchte ich im Sommer 1998 die Ausstellung über die Essener.

Die umfassendste Darstellung der dokumentarischen Hypothese und ihrer Entwicklung ist Richard Elliott Friedman, *Wer schrieb die Bibel: so entstand das Alte Testament* (Wien, Darmstadt, 1989).

Mit Eugene Ulrich sprach ich 1999; er schickte mir auch mehrere Artikel über die Frage, wie die Rollen vom Toten Meer unsere Ansichten über die Entstehung der Bibel verändert haben; besonders nützlich waren »The Bible in the Making: The Scriptures at Qumran«, »The Community of the Renewed Covenant« und »The Dead Sea Scrolls and the Biblical Text«, alle aus dem *Notre Dame Symposium on the Dead Sea Scrolls*.

Im Jahr 1998 hörte ich an der Hebrew University und der Universität Tel Aviv Vorträge von Philip Davies; ich unterhielt mich mit ihm in Jerusalem und befragte ihn per E-Mail. Das Zitat in dem Kapitel stammt aus einer E-Mail, die er mir nach seinem Besuch schickte.

Die Informationen über Ein Gedi stammen aus meinen Gesprächen mit Yizhar Hirschfeld und einer Führung durch die Stätte im Jahr 1998. *Biblical Archaeology Review* brachte in der Ausgabe vom März/April 1998 einen interessanten zusammenfassenden Berichte über die Briefe von Babatha: Anthony J. Saldarini, »Babatha's Story«. Das Zitat von Wilson stammt aus seinem Buch *Israel and the Dead Sea Scrolls*.

# Register

Aaron 63, 71, 86, 96
Abdul Hafez, Mafouz 237 f.
Abraham 41–66, 70, 105, 114,
    177, 272 f.
Absalom 59, 153, 182 f.
Abu Khalaf, Marwan 8, 114
Abu-Qorah, Osamah 228 f.
Abu Simbel 82
Achaea 289
Adam 63
Ägypten 16, 23, 36, 41, 64,
    67–99, 103, 117 ff., 142, 152,
    183, 190, 206, 209 f., 219, 223,
    251 f., 262, 266, 273, 278 ff.,
    282
Ahab 43, 121, 137, 160, 162,
    170 f., 175 f., 178, 180 f., 186
Ahasiahu 181
Ahiel 192
Ahlström, Gösta 38
Ai 127
Ajarmeh 237 f.
Akhenaton 103
Akko 153, 155
Albright, William Foxwell 30,
    119, 236
Alexander der Große 278
Al Kutba Publishers 228
Allenby Bridge 11, 48
Allenby, Edmund 24, 216
Al-Quds University 114, 202
Alt, Albrecht 120
Altes Testament 13, 43, 61, 69,
    106, 132, 145, 148, 186, 228,
    272 ff., 293, 299
Amalekiter 219
Amenophis III. 176
American Palestine Exploration
    Society 22 f., 31 ff.

Amman 9, 40, 49, 221, 223,
    230–233, 252
Ammon, Ammoniter 32 f., 37 f.,
    40, 134, 161, 173, 183 f., 197,
    218–245, 248, 251 ff., 259,
    267, 281
Amnon 182 f.
Amoriter 136, 237 f.
Amun-her-khepeshef 86, 88
Anatolien 55, 254 f., 258, 279 f.
An-Najah University 112, 115
Ansky, Alex 48 f.
Antisemitismus 94, 146
Araber 42, 48, 56, 63 f., 114, 169,
    193 ff., 265
Arabien 40, 61, 249, 265 f.
Arad 247
Aram (Person) 177, 179
Aram, Aramäer 134, 162, 171,
    175–185
Arav, Rami 8, 183 f.
Armageddon 138, 157
Armenien 254
Arorer 288
Artaxerxes I. 278, 280
Asa 203
Asherah 232
Ashkelon 37, 73
Assmann, Jan 93 ff.
Assyrien, Assyrer 159 f., 162,
    164 ff., 171, 176, 186, 188, 235,
    248 f., 256–261, 265 f.
Awalda, Yousef Msalam al 238

Ba'al 105 f., 112 f., 160, 232
Baalis 222, 224
Baalyasha 224
Babatha 301 ff.
Bab edh-Dhra' 51 f.

Babylon 190 f., 196 f., 201,
    209–214, 228, 234 f., 269 f.,
    272, 277, 293, 297
Babylonian Jewry Heritage Center
    210, 213
Babylonien, Babylonier 62, 160,
    188, 190–193, 196 ff., 200,
    204, 206–210, 214, 216, 218,
    220, 222, 224, 234 ff., 243 f.,
    246, 266, 275, 283
Babylonische Gefangenschaft 62,
    150, 190, 196 f., 201, 207,
    210 f., 222
Bade, William Frederic 198–203
Bagdad 42, 212 f.
Bahat, Dan 8, 194 f.
Balaam 15
Balak 15
Baq'ah-Tal 252
Bar-Ilan University 149
Barkay, Gabriel 8, 215 ff.
bar Kochba, Simon 302
Beduinen 12, 20, 95 f., 205, 220,
    249, 261 ff, 272
Beersheba 8, 39 f., 43, 57, 96,
    132, 249, 253 ff., 258, 261, 265
Beit-Arieh, Itzhaq 8, 247,
    261–265, 268
Ben-hadad 171, 177
Benjamin, Stamm 198, 204, 206
Bennett, Crystal 268
Ben Sira 17
Ben-Tor, Amnon 8, 103–106,
    117, 121
Bethel 196, 206
Bethlehem 40, 130, 133, 217
Bethsaida 182–185
Bienkowski, Piotr 8, 259 f.,
    266 ff.

331

Die englische Erstausgabe erschien 2000 unter dem Titel
*The View from Nebo. How Archaeology Is Rewriting the Bible
and Reshaping the Middle East* bei Little, Brown and Company,
Boston, New York, London.

© Amy Dockser Marcus 2000

www.deuticke.at

Deutsche Erstausgabe
© 2001 Franz Deuticke Verlagsgesellschaft m. b. H.,
Wien–Frankfurt/Main
Umschlaggestaltung: Robert Hollinger
Umschlagfoto: © Tony Stone Bilderwelten; Associated Press
Druck: Wiener Verlag, Himberg
Printed in Austria
ISBN 3-216-30440-X